A museologia

A museologia

André Gob
Noémie Drouguet

HISTÓRIA,
EVOLUÇÃO,
QUESTÕES ATUAIS

FGV EDITORA

Título original: *La Muséologie: Histoire, développements, enjeux actuels*
Copyright © Armand Colin, Paris, 2014, quarta edição
Copyright © 2019 FGV Editora
ARMAND COLIN é uma marca da editora DUNOD

Direitos desta edição reservados à
FGV EDITORA
Rua Jornalista Orlando Dantas, 37
22231-010 | Rio de Janeiro, RJ | Brasil
Tels.: 0800-021-7777 | 21-3799-4427
Fax: 21-3799-4430
editora@fgv.br | pedidoseditora@fgv.br
www.fgv.br/editora

Impresso no Brasil | *Printed in Brazil*

Todos os direitos reservados. A reprodução não autorizada desta publicação,
no todo ou em parte, constitui violação do copyright (Lei no 9.610/98).

Os conceitos emitidos neste livro são de inteira responsabilidade dos autores.

1ª edição: 2019

Cet ouvrage, publié dans le cadre du Programme d'Aide à la Publication 2013 Carlos Drummond de Andrade de l'Institut Français du Brésil, bénéficie du soutien du Ministère de l'Europe et des Affaires étrangères.
Este livro, publicado no âmbito do Programa de Apoio à Publicação 2013 Carlos Drummond de Andrade do Instituto Francês do Brasil, contou com o apoio do Ministério francês da Europa e das Relações Exteriores.

Tradução: Dora Rocha e Carlos Alberto Monjardim
Preparação de originais: Ronald Polito
Revisão tipográfica: Fatima Caroni
Índice remissivo: Gabriella Russano
Projeto gráfico e diagramação: Mari Taboada
Capa: Studio 513

Ficha catalográfica elaborada pela Biblioteca Mario Henrique Simonsen/FGV

Gob, André
  A museologia: história, evolução, questões atuais / André Gob, Noémie Drouguet; tradução Dora Rocha e Carlos Alberto Monjardim. — Rio de Janeiro : FGV Editora, 2019.
  376 p.

  Tradução de: La muséologie: histoire, développements, enjeux actuels.
  Inclui bibliografia.
  ISBN: 978-85-225-2164-7

  1. Museologia. 2. Museus. I. Drouguet, Noémie. II. Fundação Getulio Vargas. III. Título.

                                                          CDD – 069

SUMÁRIO

Agradecimentos 11

Nota prévia à quarta edição francesa 13

Prefácio da segunda edição francesa 15

Prefácio da quarta edição francesa 19

INTRODUÇÃO 25

A museologia 25

Algumas precisões terminológicas: museologia, museografia, cenografia, expografia 29

Origem e desenvolvimento dos museus 33

O colecionismo 34

Os primeiros museus 40

A criação do Musée du Louvre 41

O século XIX, a expansão dos museus 45

Um museu cada vez mais científico 48

A nova museologia 49

O mundo museal hoje 51

1. DEFINIÇÃO E DIVERSIDADE DOS MUSEUS

O que é um museu? 53

Diversidade dos museus 57

Diversidade das temáticas 58

Diversidade da zona geográfica abordada 62

Diversidade de tamanho 63

Diversidade de estatuto 64

Diversidade de forma 65

Museu e patrimônio imobiliário 78

2. Museus para quê? Papéis e funções do museu   81

As quatro funções do museu   82

Ausência de hierarquia das funções museais   83

As expectativas dos usuários do museu   86

O projeto museal   87

   Os componentes de um projeto museal   88

   Um processo evolutivo   93

   O museu, um projeto político   94

   O papel das coleções   98

Museu e identidade   103

   Da nação ao grupo social   106

   As "primeiras nações"   107

   Restituição dos bens culturais   108

3. Museus para quem? O público dos museus   113

A importância do público   113

A frequência dos museus   115

Conhecer o público   118

   A abordagem estatística   118

   A abordagem comportamental   121

O acolhimento do público   123

O site da internet   124

   Os espaços de acolhimento e a sinalética   125

   Um museu aberto   126

Uma preocupação de democratização   127

   O preço da entrada nos museus   128

O público-ator   130

   Os amigos dos museus   130

   Os museus participativos   131

4. A exposição: a função de apresentação   137

A exposição, um instrumento de comunicação   137

   A linguagem da exposição   139

   As noções de expôt e de "coisa verdadeira"   139

   O sentido da exposição   140

Uma mensagem acessível 142

Diferentes abordagens da exposição 142

Exposição permanente *versus* exposição temporária 146

O programa museográfico 149

A escolha de uma estruturação 150

O roteiro 153

O percurso 154

Espaços diferenciados 157

A seleção dos objetos 158

Salas "grande público" e salas especializadas 160

Os textos na exposição 162

Cenários e reconstituições 169

Novas tecnologias e multimídia 176

O projeto cenográfico 187

A cenografia 188

Que papel para o cenógrafo? 189

Elementos de cenografia 190

Complementos da exposição 198

O audioguia 198

Auxílios e prolongamentos da visita 198

A recepção da exposição 200

O que faz o visitante de uma exposição? 200

A avaliação das exposições 201

5. PERSPECTIVA PATRIMONIAL: A FUNÇÃO DE CONSERVAÇÃO 207

Para uma definição do patrimônio 207

O museu como ator do patrimônio 209

A inalienabilidade dos objetos de museu 209

Conservação, conservação preventiva, restauração 210

Uma abordagem global 212

Espaços de exposição e reservas 213

A aquisição 215

O mercado de arte 216

A coleta in situ 218

As doações (de particulares) e o mecenato (de empresas) 218

Os empréstimos e as cessões 220

As condições de conservação dos objetos 220

A conservação: riscos ligados à luz   222

    A natureza da luz   223

    A fotometria   224

    A quantidade de luz   225

    Fontes de luz utilizadas nos museus   225

    Síntese sobre a iluminação dos museus   233

A conservação: riscos ligados às condições atmosféricas   234

    Efeitos do calor e medidas de proteção   235

    Efeitos da umidade e medidas de proteção   236

    A poluição atmosférica   240

A conservação: riscos biológicos   241

    Mofos   241

    Insetos   242

A conservação: riscos ligados à embalagem e à fixação   243

    A embalagem   243

    A fixação   244

Limpeza e restauração dos objetos de museu   246

A vigilância e a segurança dos museus   248

    Duas abordagens da vigilância   248

    Três ameaças diferentes   250

    Proteções em vários níveis   251

    A avaliação dos riscos e a prevenção   252

A proteção contra os grandes riscos   253

    Os conflitos armados   253

    Os riscos naturais   254

    O incêndio   255

6. A PESQUISA NO MUSEU: A FUNÇÃO CIENTÍFICA   258

Uma atitude científica   257

A pesquisa, base de apoio de todas as atividades do museu   258

O catálogo   261

    Inventariar, gerir, documentar as coleções   262

    Um banco de dados informatizado   263

    Modalidades de acesso ao catálogo   266

O acesso dos pesquisadores às coleções do museu   267

As pesquisas de campo   269

Publicações   271

A pesquisa em museologia   272

7. O MUSEU COMO ATOR CULTURAL: A FUNÇÃO DE ANIMAÇÃO   275

A inserção do museu na vida cultural e social   275

Uma abertura sempre maior   276

A interpretação ou mediação   277

Os serviços anexos   279

As atividades culturais   279

As exposições temporárias   280

A visita guiada   281

O teatro no museu   283

Outras atividades culturais   284

As animações pedagógicas   286

Objetivos das animações pedagógicas   287

O acolhimento dos jovens no museu   288

As relações museu/escola   289

As ações de mediação   291

O público adolescente   293

8. A ARQUITETURA DOS MUSEUS   297

A invenção de uma arquitetura específica   297

A sala, a galeria, a rotunda   298

Materiais e formas novas   299

As primícias da arquitetura moderna dos museus   299

Modéstia e imodéstia da arquitetura do museu   301

Um prédio para abrigar todas as funções do museu   305

Convivialidade dos espaços de acolhimento   306

Flexibilidade dos espaços de exposição   307

Restrições especiais ligadas à conservação   308

A reforma e a transformação de edifícios antigos   310

O programa   316

O funcionamento do museu   318

9. Gestão da instituição museal 319

A instituição museal 319

Uma instituição sem fins lucrativos 320
Necessidade de uma gestão cultural 322
Papel dos poderes públicos 323
Normas, controle e classificação dos museus 323

Diversidade de estatuto dos museus 325

O museu (de direito) público 326
O museu associativo e a fundação 327
O museu privado 330

A gestão dos museus 331

As produções 332
O organograma funcional 333
Um organograma funcional, mais que hierárquico 334
Novas funções 334
A terceirização das tarefas 336
Uma administração disciplinar ou gestora? 337
A formação do pessoal 338

Os recursos financeiros 338

As subvenções públicas 338
As doações e os legados, o mecenato 339
As receitas próprias 339
O patrocínio 341
Um certo equilíbrio 343
Os investimentos 344

Conclusão 345

Bibliografia geral 347
Índice 363

AGRADECIMENTOS

Este livro é fruto de muitos anos de ensino de museologia na Université de Liège e na École Supérieure des Arts Saint-Luc de Liège. Ele se beneficiou das reflexões, dos estudos e dos trabalhos de pesquisa das sucessivas gerações de alunos que nos proporcionaram o prazer de lecionar essa matéria. Que eles encontrem aqui a expressão do nosso profundo reconhecimento.

Nossos agradecimentos também aos nossos colegas do mestrado em museologia da ULg e do mestrado em conservação-restauração das obras de arte da ESA Saint-Luc, e especialmente a Pierre-Jean Foulon, companheiro de primeira hora, sem o qual a formação em museologia em Liège não teria alcançado seu desenvolvimento atual.

Várias outras pessoas contribuíram de maneiras diversas para a preparação das sucessivas edições desta obra. Pensamos especialmente em Vanessa Amormino, Julie Bawin, Viviane Bechoux, Isabelle Bourleau, Denis Chevallier, Michel Colardelle, Patrice Dartevelle, Jean Davallon, Sophie Decharneux, André Desvallées, Philippe Dubé, Jean-Patrick Duchesne, Émile Flon, Alessandra Frontini, Carmen Genten, Catherine Guillou, Carl Havelange, Jacques Hainard, Daniel Jacobi, Marie-Paule Jungblut, Renske Langebeck, Isabelle Lecocq, Françoise Lempereur, Daniel Lesage, Stéphanie Levecq, Agnès Levillain, François Mairesse, Véronique Mille, Raymond Montpetit, Nathalie Nyst, Joaquim Pais de Brito, François Poncelet, Jean-Marc Providence, Martin Schärer, Martine Thomas-Bourgneuf, Laurier Turgeon, Marguerite Ulrix-Closset†, Benoît Van den Bossche, Nathalie Vanmunster, Sonia Wanson. Nosso muito obrigado a todos... e àqueles que porventura nos tenhamos esquecido de mencionar.

Queremos também exprimir nossa gratidão a todos os diretores e curadores de instituições museais[1] que nos acolheram e aceitaram dedicar seu tempo a nos apresentar suas instituições e a responder às nossas perguntas. Um agradecimen-

---

1. Os termos *conservateur* e *muséal* do texto original foram aqui traduzidos por "curador" e "museal". Para uma discussão sobre os usos e significados de tais termos, remetemos o leitor aos verbetes "Coleção" e "Museal" em *Conceitos-chave de museologia*, obra editada por André Desvallées e François Mairesse, com tradução e comentários de Bruno Brulon Soares e Marília Xavier Cury (São Paulo: Comitê Brasileiro do Conselho Internacional de Museus; Pinacoteca do Estado de São Paulo; Secretaria de Estado da Cultura, 2013. Disponível em: <http://icom.museum/fileadmin/user_upload/pdf/Key_Concepts_of_Museology/Conceitos-ChavedeMuseologia_pt.pdf>). (N. do T.)

to especial a Fernand Collin, Pascal Lefèbvre e Damien Watteyne, colaboradores do Seminário de Museologia.

Agradecemos aos nossos colegas que contribuíram para a redação de alguns trechos: Fanchon Deflaux sobre os centros de arte contemporânea, Jean-Louis Postula sobre os museus da cidade, Céline Éloy sobre a arte sonora, Mélanie Cornélis sobre as novas tecnologias na exposição, Marie-Aline Angillis sobre o Musée de la Mémoire Vivante em Saint-Jean-Port-Joli (Quebec), Carle Goffard sobre a conservação preventiva. Somos gratos a todos.

Expressamos nossa gratidão em especial a Serge Chaumier, autor do prefácio da segunda edição, que tantas vezes nos apoiou com sua atenção e seus conselhos, e a Yves Bergeron, que assina o prefácio desta quarta edição e nos dá o prazer de nos esclarecer sobre os museus e a museologia na América do Norte.

O conjunto das fotos da obra provém do Seminário de Museologia da Université de Liège, com exceção da foto da p. 133, fornecida pelo Musée de la Mémoire Vivante de Saint-Jean-Port-Joli, de Quebec, e a foto da capa, proveniente de um trabalho dos alunos da ESA Saint-Luc (nossos agradecimentos a Valentine Depreay, Maxime Roggemans e Renaud Zajac).

NOTA PRÉVIA À QUARTA EDIÇÃO FRANCESA

La muséologie selon Georges Henri Rivière foi publicado em 1989, consagrando o papel fundador desse homem fora do comum. Homenagem, mais que manual, trata-se de um livro que permanecerá insubstituível.

Vários manuais de museologia ou de museografia foram publicados ao longo das últimas décadas. Na bibliografia geral no fim deste volume encontram-se as respectivas referências. São obras que se atêm sobretudo aos aspectos práticos do funcionamento dos museus. Elas abordam prioritariamente, e muitas vezes de modo extensivo, as questões relativas à conservação, à gestão e à montagem de exposições.

Nosso objetivo é ao mesmo tempo mais amplo e menos ambicioso: mais amplo do ponto de vista do leque de perspectivas a partir das quais se pode considerar o museu, menos ambicioso em seu detalhamento.

Como se verá a seguir, o desenvolvimento histórico dos museus mostra sua origem comum. Se eles se especializaram ao longo do tempo de acordo com a natureza dos objetos e das disciplinas científicas, todos têm uma mesma origem e, para além das especificidades e das problemáticas particulares, compartilham um conceito comum. Nosso trabalho se interessa pelo conjunto dos museus, qualquer que seja sua natureza. As especificidades dos museus de arte, dos museus de ciências, dos museus sociais serão abordadas quando necessário. Mais que acentuar as diferenças, preferimos enfatizar os pontos comuns e as convergências a fim de destacar os traços específicos da instituição museal.

Que não se espere encontrar neste manual dissertações aprofundadas sobre cada um dos temas que serão abordados; trata-se de uma obra de introdução geral à museologia. Sua estrutura é simples.

Os três primeiros capítulos definem e delimitam o campo museal. Uma definição centrada na compreensão e uma apresentação voltada para a extensão do campo dão a medida de sua diversidade antes que sejam expostos os papéis e as funções do museu na sociedade. Para quem são feitos os museus? O terceiro capítulo mostra que o visitante deve ser uma das preocupações essenciais dos profissionais dos museus.

Em seguida, cada uma das quatro principais funções sociais atribuídas ao museu é objeto de uma exposição mais detalhada num capítulo específico: o sentido do museu (a exposição é portadora de uma mensagem); o museu numa perspectiva patrimonial; a pesquisa científica no museu; o museu como ator cultural de sua cidade, de sua região.

Por fim, os dois últimos capítulos são dedicados a dois aspectos que caracterizam o museu como instituição. Sua arquitetura: se o edifício abriga as funções mencionadas anteriormente, ele é também um sinal pelo qual o museu é conhecido e reconhecido. Sua gestão hoje: o papel econômico dos museus não corre o risco de fazê-los perder sua alma?

Uma breve conclusão indica algumas pistas para a evolução futura do museu.

Cada capítulo é construído a partir de um mesmo modelo. O texto principal é documentado por citações, exemplos e ilustrações apresentadas em boxes. A seleção dos museus descritos foi guiada pela preocupação com uma boa representatividade da diversidade temática e geográfica, privilegiando a Europa e os museus que tivemos a oportunidade de visitar pessoalmente. Também evitamos, na medida do possível, descrever museus muito conhecidos – não serão encontrados em nossos boxes nem o Louvre, nem o Orsay, nem o British Museum – ou ainda aqueles de que outras obras tratam extensamente.

Notas de pé de página, que limitamos ao máximo, completam o texto com referências bibliográficas, exemplos suplementares, informações secundárias ou esclarecedoras de um ponto específico. A referência completa só é dada na nota quando se trata de uma obra não mencionada na bibliografia geral.

Um índice remissivo facilita o uso do manual como obra de referência.

A bibliografia geral no fim do volume é organizada por temas; ela reúne, às vezes com um breve comentário, as principais referências relativas à museologia, privilegiando o campo francófono, mas não retoma todas as referências apresentadas nas notas. Ela inclui também uma lista de abreviações.

O êxito alcançado pelas três edições anteriores nos levou a não alterar a organização geral da obra. Mantivemos, pois, a mesma estrutura dos capítulos, na mesma ordem. Entretanto, nossas pesquisas, nossas leituras, nossos encontros e nossas discussões contribuíram para mudar nosso ponto de vista sobre diferentes aspectos da museologia e dos museus. Isso se torna evidente sobretudo na nossa visão da história dos museus, que foi totalmente reescrita na segunda parte da Introdução. Os capítulos dedicados à exposição, à animação e à gestão foram reestruturados e em grande parte reescritos. Os demais foram acrescidos de complementos, atualizações e, por vezes, correções. Os novos textos inseridos em boxes visam acompanhar a atualidade dos novos museus… e das nossas visitas.

Em suma, esta quarta edição foi amplamente revista e ampliada.

PREFÁCIO DA SEGUNDA EDIÇÃO FRANCESA

Obra de museologia ou de museografia? As duas coisas, sem dúvida,[2] já que a reflexão sobre o objeto acompanha aqui as modalidades de sua construção. A ideia é fornecer uma introdução ao que se constitui progressivamente, se não como uma disciplina plena (a exemplo dos *museum studies* anglo-saxões), ao menos como um verdadeiro campo de pesquisa, uma reflexão teórica e histórica sobre o museu. Mas a ambição é também oferecer instrumentos práticos àqueles que pretendem produzir o museu e fazê-lo viver concretamente. A intenção não é a de uma súmula erudita, uma enciclopédia destinada a definir e acompanhar o aprofundamento de conhecimentos ou de habilidades, e sim a de um manual que permita aos que pretendem se profissionalizar abraçar o conjunto dos problemas ligados aos museus. Pois se André Gob e Noémie Drouguet são particularmente atentos às questões teóricas e participam plenamente dos debates intelectuais, eles estão antes de tudo envolvidos na formação de jovens profissionais para o universo dos museus. Qualidade rara entre os acadêmicos, eles se preocupam acima de tudo com a profissionalização e, para tanto, se apoiam numa pedagogia que privilegia o aprendizado concreto do ofício.

Seu envolvimento nas redes profissionais, mas também seu conhecimento do meio, adquirido pela confrontação com as técnicas, fazem com que tenham condições de dominar as duas pontas de uma realidade museal: implementar e analisar as práticas. A formação com que estão envolvidos é a parte recebedora das realizações museográficas, das concepções de exposições, da participação em conselhos e comitês científicos. Esse conhecimento do terreno permite-lhes irrigar seus ensinamentos e suas reflexões a fim de evitar o perigo do esoterismo e do palavrório estéril. Se os autores zombam da escrita pretensamente erudita que encontraram em textos afixados nos museus, escrita que ignora a compreensão e a acessibilidade do público, não é para se entregarem a ela em sua própria produção. Por isso a redação deste livro é clara e cuidada, simples para ser eficaz. Os leitores devem poder encontrar para cada tema uma entrada que lhes permita constituir uma cultura museal a partir da qual poderão desenvolver sua própria competência. Assim, os estudantes poderão buscar nele uma matéria até aqui dispersa ou pouco acessível.

---

2. A julgar pelas definições criteriosamente arroladas por André Desvallées e François Mairesse em: Sur la muséologie. *Culture & Musées*, n. 6, p. 131, dez. 2005.

Não é anódino que a obra não imponha como centro da reflexão os objetos, que, no entanto, durante muito tempo foram considerados a finalidade da instituição, e menos ainda os recursos financeiros, que hoje se tornaram uma verdadeira obsessão para as estruturas. São os públicos que conduzem a argumentação. Todo manual, para além das aparências de objetividade, revela uma face oculta. Estruturar a linha de pensamento a partir do objeto, das finanças ou do público decorre de uma opção ideológica. Os autores assumem plenamente que o sentido do museu reside antes de tudo em seus destinatários, e que são os públicos que devem justificar a pertinência das ações empreendidas. É nessa acepção moderna do museu que se inscreve esta obra, mas também numa abordagem deliberadamente ancorada na ação cultural. O lugar só tem sentido pelo que produz entre os que o frequentam, e só se desenvolve por sua preocupação com os que o ignoram. Sensibilizar, esclarecer, fazer chegar à consciência novos olhares, para que cada um revele da melhor maneira suas potencialidades, eis as missões mais elevadas que o museu deve se impor diante de cada um. Dignos herdeiros da nova museologia, André Gob e Noémie Drouguet afirmam assim que o acompanhamento por meio das mediações e da animação constitui plenamente o museu como ator cultural, o que deve transparecer tanto nas escolhas relativas à apresentação da exposição quanto na própria arquitetura do lugar.

Contrariamente a Claude Lévi-Strauss, que, fiel à antiga escola, afirma que "os museus são feitos primeiramente para os objetos e só depois para os visitantes", este livro sustenta o oposto. O museu não é mais um lugar de estudo para os aprendizes de sábios, e sim um lugar de prazer para todos. O aviso arcaico que convida o visitante a "respeitar o silêncio", como numa biblioteca destinada ao estudo, dá lugar ao convite ao intercâmbio, tal como ele se desenvolve, talvez melhor, numa midiateca de múltiplas atividades. Lugar de vida, fórum ou espaço social de controvérsia quando se faz centro de interpretação, o museu é necessariamente um lugar de discurso, e não apenas de acumulação e apresentação. É justamente por ser um lugar de representação que ele necessita, como o teatro, de uma interpretação. Cenografada, a exposição se desenrola num espaço por meio de dimensões materiais e imateriais, para conduzir o visitante em seu percurso, o que implica a estruturação de uma narrativa segundo uma progressão lógica. Essa filosofia hainardiana, segundo a qual a exposição conta uma história[3] ou mesmo sustenta uma tese, e a partir desse momento deve assumir sua coerência, ainda suscita debates na França. Os autores a adotam resolutamente e defendem sua pertinência. Se o leitor os sentir mais receptivos aos museus históricos, científicos, técnicos e sociais do que aos museus de arte,

---

3. Ver GONSETH, Marc-Olivier; HAINARD, Jacques; KAEHR, Roland. *Cent ans d'etnographie sur la colline de Saint-Nicolas*. Neuchâtel: MEN, 2005.

Prefácio da segunda edição francesa

é porque estes últimos ainda se mostram tímidos nesse aspecto. Eles não se mostram nem um pouco propensos a se apoderar das obras como signos para falar. Por conseguinte, mantêm-se quase sempre em silêncio, contentando-se em montar belas vitrines para exibir sua riqueza.

Os instrumentos necessários para guiar pesquisas científicas, inventários, medidas de conservação, ou ainda as recomendações técnicas para a realização de uma exposição constituem conhecimentos capitais a serem adquiridos pelo jovem profissional, quaisquer que sejam as funções que lhe caiba cumprir, mas isso só tem sentido a serviço de um projeto, cultural e científico, que deve ser claramente compreendido e assimilado. A obra convida a essa visão geral que permite que todos se situem. Conhecer a história dos museus, avaliar a diversidade e, portanto, a amplitude das problemáticas que podem ser mobilizadas, compreender todos os aspectos atualizados em uma instituição, é já permitir estabelecer essa primeira base sobre a qual será possível construir e se desenvolver. Se o museu é cada vez mais uma instituição em que a divisão social do trabalho cresce, com um corpo de novos ofícios e funções que vem aumentando, especialmente nos últimos 30 anos, é importante que cada um conheça o papel do outro para que o sistema se comunique e seja operacional. Para tanto, é fundamental uma cultura museológica comum. Até agora, poucos manuais em língua francesa permitiam reunir aspectos díspares.[4] A literatura encontra-se essencialmente distribuída segundo as áreas de competência.

Certamente é possível perceber o reverso dessas qualidades. Ter a ambição de reunir o conjunto dos motivos e dos pontos de intervenção é assumir o risco de tratar apenas muito rapidamente de cada uma dessas áreas, de passar por alto, até mesmo de omitir certos aspectos ou algumas referências. O especialista nessa ou naquela questão achará que muito pouco é dito a respeito dela. A frustração é inerente a esse tipo de obra, irritante para todos a quem o tema apaixona, mas o que importa é que ela suscite paixões futuras nos novatos que dela se apossam. Para tanto, esta obra, abundante em referências, convida a prosseguir na leitura oferecendo uma alentada bibliografia. Um bom manual não é a síntese de tudo quanto se escreveu, para não se ter mais que ler, e sim um caminho para a descoberta e o aprofundamento de novas questões. A cada uma das entradas temáticas o livro convida a ler, mas também a visitar, porquanto os numerosos exemplos mostram que os autores não apenas se trancaram em bibliotecas. Seu grande conhecimento das instituições museais do mundo inteiro transparece e

---

4. O *Manuel de muséographie. Petit guide à l'usage des responsables de musées*, de Marie-Odile de Bary e Jean-Michel Tobelem, é um trabalho generalista precioso para aprofundar especialmente os aspectos mais técnicos. Consultar também, em inglês, LORD, Gail Dexter; LORD, Barry. *The manual of museum planning*. Altamira Press, 2001.

dá ao leitor o prazer de ver, o que é essencial na museologia. Os boxes permitem perceber melhor o assunto, esclarecê-lo e tornar o texto ágil e pertinente.

Esta segunda edição desenvolve novas questões, como a do patrimônio imaterial, ideia em plena expansão, a das restituições, especialmente delicada, ou ainda a da evolução dos museus rumo à indústria do entretenimento, inquietante e controversa. Se as questões de gestão financeira, administração e recursos humanos merecem menos atenção,[5] os riscos de equívocos são, no entanto, bem identificados. Esperemos que eles possam prevenir os jovens profissionais e prepará-los para a vigilância. O museu vê sua imagem revalorizar-se, e seu público torna-se cada vez mais numeroso à medida que o lugar de peregrinação se combina com parque de diversões, mas não é nesse sentido que a democratização deve se efetuar, e sim permitindo a todos o acesso aos códigos de percepção e utilização. Para tanto é indispensável que as instituições conheçam melhor os públicos, para melhor sensibilizá-los e acompanhá-los; não para atender a uma demanda pré-formatada, mas para serem eficazes em seus propósitos. Trata-se de pôr ao alcance de cada um a exigência e o elitismo, e não de renunciar a eles para todos. Se as pressões econômicas demandam a cada dia que se favoreça o mais demagógico e o mais cotado, compete aos museus resistir, não se isolando, mas desenvolvendo sua competência e dando mostras de sua missão de serviço público.

A dimensão administrativa deve estar a serviço do objetivo cultural e da missão científica, e não o contrário. As lógicas comerciais ou políticas jamais deveriam prevalecer sobre as científicas ou sociais; no entanto, frequentemente se veem exemplos de ultrapassagem dos limites. É desenvolvendo uma maior consciência das responsabilidades de cada um, o conhecimento do setor, de sua história e de suas implicações, que o meio profissional poderá no futuro consolidar uma ética e afirmar seus princípios. Um livro como este evoca alguns deles e contribui para formar futuros profissionais competentes. Ele não se contenta em prescrever receitas, mas as apresenta em perspectiva segundo uma visão global. Agradeçamos aos autores por este formidável instrumento. Esperemos que ele venha a impregnar as vocações das novas gerações.

Serge Chaumier
Professor do Master Expographie-Muséographie
Laboratoire Textes et Culture,
Université d'Artois em Arras

---

5. Pode-se ler sobre essas questões as análises que lhes são dedicadas em TOBELEM, Jean-Michel. *Le nouvel âge des musées*. Les institutions culturelles au défi de la gestion. Paris: Armand Colin, 2005.

PREFÁCIO DA QUARTA EDIÇÃO FRANCESA
Museus e museologia do outro lado do Atlântico

"O museu é um sucesso." Assim começava a obra de André Gob e Noémie Drouguet publicada pela primeira vez em 2003 e que hoje chega à sua quarta edição. Uma década depois, é forçoso reconhecer que essa constatação continua atual. Os museus estão mais populares do que nunca. Sua frequência não diminui, e os projetos de grandes exposições, de ampliações, de novos museus e "de eventos culturais especiais, fortemente midiatizados", prosseguem tanto na Europa quanto na América.

Contudo, alguma coisa mudou desde a primeira edição da obra de André Gob e Noémie Drouguet. Parece inegável que a museologia se afirmou como disciplina. O interesse pelos museus não para de crescer, e observa-se nas universidades uma multiplicação dos cursos e dos programas dedicados aos museus, mais especificamente à museologia e ao patrimônio. Esse movimento certamente não é desvinculado da grande difusão desta obra que tem o mérito de propor uma síntese da evolução da instituição museal, de dar conta da diversidade do mundo dos museus e de lembrar a importância do público ao qual o museu se dirige.

No primeiro capítulo, os autores demonstram bem a diversidade dos museus. Diversidade, primeiro, das temáticas, diversidade das zonas geográficas (museus universais, internacionais, nacionais, regionais, locais e de sítio), diversidade de tamanho, diversidade de *status* e diversidade de forma. Se existe de fato uma grande heterogeneidade nos tipos de instituições museais, observam-se igualmente importantes disparidades em áreas geográficas afastadas e áreas culturais distintas.

Ao recuperar a origem e o desenvolvimento dos museus, André Gob e Noémie Drouguet propõem uma trama histórica que se articula em torno do colecionismo. Ora, o desenvolvimento das coleções museais na Europa e na América apresenta distinções significativas.

Uma origem comum: finalidades distintas

Existem distinções entre a museologia tal como ela é encarada na Europa e a realidade da América do Norte? Essa pergunta ao mesmo tempo simples e complexa me foi muitas vez feita por alunos inscritos no mestrado em museologia. Quando descobrem os museus de Montreal, de Ottawa, de Toronto, de Nova York e de Washington, os alunos estrangeiros e particularmente europeus sentem intuitivamente que estão diante de instituições que não são inteiramente conformes àquilo que conhecem. Essa intuição é correta. Mesmo que as instituições americanas tragam o nome de museu, elas se distinguem sob diferentes aspectos.

As distinções entre os museus da Europa e da América do Norte não aparecem de modo claro à primeira vista. Entretanto, existem diferenças fundamentais entre essas duas tradições museais. Se o Século das Luzes desempenhou um papel no processo de democratização dos patrimônios nacionais na Europa, o movimento de independência das colônias americanas foi imediatamente seguido do aparecimento dos primeiros museus. Embora existissem algumas grandes coleções privadas, foi somente após a independência dos Estados Unidos que se viu aparecer o museu de Charles Willson Peale na Filadéfia, em 18 de julho de 1786. Esse museu propôs então ao público uma coleção de pinturas e de ciências naturais. Ainda que tivesse pretendido obter a ajuda do novo governo formado por George Washington, Peale teve de usar a imaginação a fim de manter a atenção dos visitantes que aceitavam pagar para visitar seu museu. O sucesso foi tal que ele se tornaria um modelo para a montagem de museus nas grandes cidades da América do Norte, entre elas Montreal e Quebec (1824), no Canadá. Ao contrário dos países europeus, onde os museus se tornaram instituições públicas financiadas pelo Estado, os primeiros museus americanos eram privados e se definiam como instituições culturais com fins lucrativos em que o entretenimento ocupava um lugar importante. Esses museus se dirigiam, portanto, a um grande público, pondo em prática estratégias baseadas no prazer e na sedução a fim de capturar os visitantes, que eram vistos como clientes.

Foi preciso esperar o meio do século XIX para ver aparecerem os primeiros museus públicos. O Canadá criou em 1841 o Geological Survey of Canada (GSC), com a incumbência de recensear os recursos naturais no conjunto do território. O trabalho dos geólogos deu origem a uma coleção nacional formada inicialmente por coleções científicas (geologia, zoologia, entomologia, botânica), que foram rapidamente enriquecidas com objetos etnográficos recolhidos entre as primeiras nações no conjunto do território. Essa rede se estendeu rapidamente em meados do século XIX graças à criação de museus universitários (Quebec, Montreal e Toronto) que favoreciam igualmente o desenvolvimento das coleções e a pesquisa em ciências naturais. Essas coleções estão, portanto, na origem da rede de museus nacionais canadenses (Museu Canadense da Natureza, Museu Canadense da História, Museu das Ciências e da Tecnologia). Em suma, os museus nacionais canadenses se desenvolveram inicialmente em meados do século XIX em torno das coleções científicas.

Na mesma época, o Congresso dos Estados Unidos criou em 1843 a Smithsonian Institution, que se atribuiu objetivos científicos similares aos da Comissão

Geológica do Canadá, mas cuja estrutura se baseava numa associação entre o público e o privado. A Smithsonian daria origem à rede de museus públicos americanos incumbidos de conservar os tesouros nacionais. Hoje, o complexo da Smithsonian Institution reúne 19 instituições museais. Com exceção dos museus nacionais e da rede de parques americanos (National Park Service), responsáveis pelos sítios históricos nacionais, a rede museal nos Estados Unidos é constituída de museus privados cujo financiamento é assegurado pelo público e pelos benfeitores que desempenham um papel de primeira importância. São os museus históricos e os museus sociais que formam o núcleo central da rede museal norte-americana. Eles estão reunidos principalmente na American Association for State and Local History (AASLH).

A rede de museus ditos históricos e sociais se desenvolveu rapidamente em meados do século XIX. Esses pequenos museus se formaram no seio de associações culturais e históricas, que desempenharam um papel importante na consolidação das identidades nacionais. Ainda hoje os museus históricos representam no Canadá perto de 60% da rede museal. Eles formam, em suma, a categoria de museus mais frequentada.

Ao contrário da Europa, onde constituíram o centro da rede museal, os museus de arte começaram verdadeiramente a se desenvolver na segunda metade do século XIX, depois dos museus de ciências e dos museus de história e de entretenimento, graças ao trabalho dos colecionadores e mecenas que se inspiraram no modelo europeu. Desse modo, emergiram museus de arte nas capitais e nas grandes cidades norte-americanas. Além de colecionar obras europeias cujo mercado estava bem definido, esses museus também adquiriram obras de artistas norte-americanos. Como os museus históricos, os museus de arte participaram da definição de identidades nacionais.

Em função da natureza dos museus da América do Norte, as coleções encontradas na rede museal norte-americana são constituídas principalmente de objetos históricos que testemunham a construção das identidades nacionais. Esses objetos são de certo modo aparentados ao conceito de "relíquias". Na maior parte das vezes objetos singulares, eles apresentam um caráter memorial na medida em que evocam um personagem histórico, um acontecimento ou uma lembrança ancorada na memória coletiva. Os visitantes que penetram nos museus descobrem mais relíquias que obras-primas.

Como os museus norte-americanos na maioria das vezes são privados, eles têm a responsabilidade de gerar renda. Consequentemente, cuidam particularmente daquilo que hoje em dia é chamado de "serviço da clientela". Uma atenção especial é dada à escolha das exposições temporárias, bem como às atividades educativas e à programação cultural. Essa postura constitui uma exigência fundamental para a sobrevivência da rede dos museus. Peale havia entendido isso desde a abertura de seu museu no fim do século XVIII, e John Cotton Dana reiterou esses princípios em *The new museum*, publicado em 1917. Essa abordagem da museologia norte--americana foi sintetizada por Freeman Tilden em sua obra intitulada *Interpreting our heritage* em 1957. O exame atento dessa obra, que de certa forma se tornou o quadro de referência da museologia norte-americana, especifica as chaves da mediação do patrimônio por meio do trabalho dos guias, animadores e "intérpretes" da rede museal. O museu e mais particularmente os museus históricos propõem uma experiência de visita. Foi assim que o National Park Service se atribuiu como divisa "*Experience your America*". Os cidadãos e as empresas são convidados a participar da proteção e da valorização dos recursos culturais nacionais.

Desde o século XIX, portanto, cuida-se aí de uma museografia que propõe uma experiência de visita imersiva. Essa imposição favoreceu o desenvolvimento de uma museografia elaborada que foi muitas vezes criticada. É o que expõe Raymond Montpetit em seu artigo *Une logique d'exposition populaire: les images de la muséographie analogique*. Desde o século XIX, os museólogos norte--americanos recorrem especialmente ao diorama, ao *period room*, ao panorama e ao *habitat group*. Como sublinha Montpetit, o recurso a encenações elaboradas permite aos museus se dirigir aos visitantes "comuns". Não surpreende, portanto, que a museografia de exposição se tenha desenvolvido.

Já que cada museu deve gerar renda, os museus se inspiram no modelo das empresas privadas. Todos eles, mesmo os museus nacionais, são dirigidos por conselhos de administração que cuidam das grandes orientações. São esses CA que designam os diretores, e suas escolhas frequentemente recaem em pessoas que demonstram qualidades de empreendedores. Consequentemente, podemos compreender que cada CA trate com cuidado da programação das exposições levando em conta o potencial das rendas que elas podem gerar. Foram esses valores que permitiram a emergência do conceito de economuseu desenvolvido por Cyril Simard.

Além das estruturas de gestão que foram montadas, são os valores subjacentes que estruturam fundamentalmente os museus norte-americanos. O museu se tornou na América do Norte um empreendimento cultural que se transformou em mídia de massa na segunda metade do século XX e que evoluiu rapidamente para se tornar uma multimídia de primeiro plano.

A preocupação dos museus com os públicos levou à montagem de mecanismos de avaliação das exposições e da experiência de visita. Essa obsessão pelos públicos explica a riqueza da literatura americana dedicada à gestão e ao *marketing* dos museus.

Como sublinham Gob e Drouguet, o Museu da Civilização inaugurado pelo governo do Quebec em 1988 se tornaria rapidamente o exemplo típico dos museus sociais na perspectiva norte-americana. Roland Arpin, que implantou o

Prefácio da quarta edição francesa

conceito museológico, deixou vários textos que permitem compreender os princípios e os mecanismos que animam esse tipo de museologia.[6]

Do outro lado do Atlântico desenvolveram-se museus que se inspiram no modelo europeu e que evoluíram num contexto cultural, econômico e político diferente, dando origem a uma rede de instituições museais que tem seus próprios valores (visitantes, rentabilidade, mecenato, voluntariado). Esses valores estão estreitamente ligados ao que os pesquisadores definiram como as grandes características da "nova museologia", baseada nos cidadãos e no papel social do museu.

No prefácio que escreveu para a segunda edição, Serge Chaumier sublinhava a importância deste manual, que se distingue por uma "pedagogia que privilegia o aprendizado concreto do ofício". Ele lembrava com razão que, "contrariamente a Claude Lévi-Strauss, que, fiel à antiga escola, afirma que 'os museus são feitos primeiramente para os objetos e só depois para os visitantes', este livro sustenta o oposto". Nesse ponto, a abordagem de André Gob e Noémie Drouguet se aproxima dos valores da museologia norte-americana.

Para saber mais, pode-se consultar a bibliografia dedicada à museologia norte-americana.

Yves Bergeron
Professor de museologia e patrimônio
Département d'Histoire de l'Art
Programmes d'Études Supérieures en Muséologie
Université du Québec em Montreal

---

6. ARPIN, Roland. *Des musées pour aujourd'hui*. Quebec: Musée de la Civilisation, 1997.

INTRODUÇÃO

> Nós também devemos ter em Munique
> aquilo que em Roma eles chamam de museu.
>
> Carta do Kronprinz Ludwig (futuro Luís II)
> a seu pai Maximiliano II, rei da Baviera, 1808

O MUSEU É UM SUCESSO. As últimas décadas assistiram a um florescimento inédito de construções e reformas de museus, e ao mesmo tempo a um extraordinário entusiasmo do público pelas grandes exposições e por esses "novos museus" cuja inauguração assume proporções de grandes eventos culturais, fortemente midiatizados.

Todos sabem – ou julgam saber – o que é um museu, especialmente nos campos da arte e da arqueologia. No entanto, o museu é um objeto complexo, multiforme e multifuncional. Não basta abrir ao público as portas de uma coleção privada para transformá-la em museu.

As expectativas da sociedade e a exigência dos visitantes são cada vez maiores em relação aos museus, e esse desejo justificado deve ser atendido. Compete às instituições museais, a seus responsáveis e àqueles que as concebem elaborar instrumentos mais eficazes que atendam melhor as necessidades da sociedade atual. Nessa perspectiva, torna-se ainda maior a necessidade de uma reflexão aprofundada e de um estudo sistemático sobre o fenômeno museu. Este é o objetivo da museologia.

A museologia

A museologia, entendida como a disciplina que estuda os museus – a ciência do museu –, é relativamente recente. Tem menos de um século. Foi no segundo quartel do século XX que surgiram as primeiras pesquisas sobre o museu, sua função e a maneira de concebê-lo. Decerto podemos encontrar antes desse período reflexões sobre a exibição de obras e objetos, mas são sempre observações ou descrições pontuais e circunstanciais, propostas de exibição no contexto da organização de um museu específico. Nada de sistemático. Aliás, a palavra "museologia" era às vezes utilizada para designar a exibição das obras; só recentemente veio a adquirir sua acepção atual mais corrente.[7]

---

[7] André Desvallées e François Mairesse apresentam cinco acepções diferentes do termo no artigo "Muséologie" em: DESVALLÉES, André; MAIRESSE, François (Dir.). *Dictionnaire encyclopédique*

A museologia de início se preocupou com questões ligadas à conservação dos objetos e das obras de arte, bem como à arquitetura dos museus. A primeira conferência internacional de museologia, organizada em Madri em 1934 pelo Escritório Internacional dos Museus (precursor do Icom), foi dedicada ao tema da arquitetura e da organização dos museus. No âmbito anglo-saxão, constata-se desde essa época um grande interesse pelo papel didático do museu e pelo estudo de seu público.

O International Council of Museums (Icom, Conselho Internacional de Museus)

O Icom é a associação internacional dos museus e dos profissionais de museu. Criada em 1946, essa organização não governamental, sem fins lucrativos, mantém uma relação formal de associação com a Unesco. Conta com 30 mil membros (institucionais e individuais) em 136 países, 114 comitês nacionais, 31 comitês internacionais e 20 organizações afiliadas. Desde a publicação de seus Estatutos em 1946, propôs uma primeira definição de museu: "A palavra 'museu' designa todas as coleções de documentos artísticos, técnicos, científicos, históricos ou arqueológicos abertas ao público, inclusive os jardins zoológicos e botânicos, mas exclusive as bibliotecas, com exceção daquelas que mantêm permanentemente salas de exposição".[8] Essa definição é evolutiva: com o passar dos anos e das assembleias gerais, ela foi modificada para, na medida do possível, ficar em sintonia com a realidade dos museus. Esses ajustes são guiados sobretudo pela necessidade de delimitar com precisão as instituições admitidas pelo Icom como museus, e portanto como seus membros.

O Icom desempenha um papel fundamental, principalmente no que diz respeito a problemáticas éticas. De um lado, ele participa da luta contra o tráfico ilícito de bens culturais e da proteção do patrimônio material e imaterial, em aliança com a Unesco, a Interpol e o Comitê Internacional do Escudo Azul. De outro, ele elaborou e desde 1986 divulga seu *Código de ética para museus*,[9] traduzido em 37 línguas, que constitui uma referência na comunidade museal mundial para fixar as regras de conduta, os valores e as boas práticas. Cada membro do Icom se compromete, por meio de sua adesão à associação, a respeitar esse código.

O desenvolvimento da semiologia e, posteriormente, da teoria da comunicação lançou novas luzes sobre o museu e especialmente sobre a exposição, cuja linguagem e cujas especificidades procuraremos definir. Isso coincidiu com a "crise do museu" dos anos 1960, quando alguns prognosticaram a morte do museu, particularmente do museu de arte: "Já é tempo, sem dúvida, de pôr o museu no museu", afirmou Jean Clair na revista *L'Art Vivant* em 1971.

---

de muséologie. Paris: Armand Colin, 2011. p. 334-383. Obra daqui em diante designada pela sigla DEM. N. do T.: as cinco acepções também são indicadas no verbete "Museologia" em *Conceitos-chave de museologia*, op. cit.

8. A definição atual proposta pelo Icom encontra-se no capítulo 1, p. 54.

9. Esse código foi reformulado em 2006 e pode ser conferido no site: <http://icom.org.br>.

Introdução

Essa crise veio a resultar, nos anos 1970 e 1980, em uma renovação e um aprofundamento da reflexão museológica, movimento que foi chamado na França de "nova museologia" e que se afirmou na esteira do pensamento, da ação e dos ensinamentos de Georges Henri Rivière.[10] Os dois volumes da antologia *Vagues* reúnem, em tradução francesa, os textos mais importantes desse movimento que afetou o conjunto da Europa e das Américas.

Um fundador: Georges Henri Rivière

Georges Henri Rivière[11] (Paris, 1897-1985) foi uma das figuras mais marcantes do século XX no mundo dos museus e da museologia. Antes de tudo, foi um profissional: já em 1928 foi encarregado da reorganização do Musée d'Ethnographie du Trocadéro, sob a tutela de Paul Rivet. Em 1937, esse museu tornou-se o Musée de l'Homme e separou-se da seção de etnografia francesa. Graças a Rivière, esta última deu origem ao Musée des Arts et Traditions Populaires, abrigado numa ala do Palais de Chaillot antes de se instalar, no início dos anos 1970, no prédio do Bois de Boulogne. Nesse meio tempo, Rivière montou uma série de exposições temporárias, graças às quais desenvolveu uma museografia inovadora: a sobriedade e a estética das mostras (os famosos fios de náilon) serviram a um discurso pedagógico baseado em uma pesquisa extremamente bem-sucedida. Seu "estilo ATP" foi consagrado nas novas instalações, que, segundo foi dito, representavam o "mausoléu de Rivière", em virtude de sua imutabilidade.

Rivière foi também, à sua maneira, um teórico do museu e um pedagogo. Contribuiu fortemente para a criação em 1946 do Icom, do qual se tornou o primeiro diretor-geral, até 1966. Exercendo um papel internacional, empenhou-se em propor e depois burilar uma definição de museu, que quis evolutiva, como a própria instituição museal. Onipresente, renovou a museografia na França e fez escola, sugerindo a criação ou a renovação de numerosos museus regionais. Foi um inspirador da "nova museologia" e o inventor, junto com outros, do ecomuseu. De 1970 a 1982 ministrou um curso de museologia na Sorbonne. Se por um lado contribuiu enormemente para o desenvolvimento da museologia, por outro publicou muito pouco. *La muséologie selon Georges Henri Rivière*, obra de referência editada em 1989 por seus antigos alunos e colaboradores, é o testemunho de sua ação, ligada tanto à teoria quanto à prática.

---

10. *La muséologie selon Georges Henri Rivière*. Paris: 1989. Trata-se da edição póstuma, por iniciativa de vários de seus ex-alunos, dos apontamentos de aula de Rivière, acrescidos de numerosos textos de autores que diziam pertencer à "escola de Rivière". Daqui em diante a obra será designada pela sigla GHR.

11. A biografia de Rivière foi resumida por Jean-François Leroux-Dhuys (Georges Henri Rivière, um homme dans le siècle. GHR, p. 11-31). Ver também CHIVA, Isaac. Georges Henri Rivière: un demi-siècle d'ethnologie de la France. *Terrain*, n. 5, p. 76-83, out. 1985. A obra biográfica de Nina Gorgus (*Le magicien des vitrines*. Paris: 2002) traz uma visão mais diferenciada da personalidade de Rivière, notadamente sob a Ocupação. Ver também SEGALEN, Martine. *Vie d'un musée, 1937-2005*. Paris: Stock, 2005.

Sem negligenciar os aspectos materiais ligados à conservação e apresentação dos objetos, a museologia situa-se, desde os anos 1980, na interseção de diferentes disciplinas das ciências humanas. É sociologia quando se interroga sobre o lugar do museu na sociedade e analisa seus públicos. É pedagogia na medida em que se preocupa com a missão didática do museu. Participa plenamente das ciências da comunicação, contribuindo para o estudo da exposição como mídia específica. E está intimamente ligada à história pela dimensão patrimonial do museu.

Alguns pesquisadores, sobretudo da Europa central, privilegiam uma visão mais ampla e mais teórica da museologia.[12] Stransky ambiciona mesmo fundar uma *metamuseologia*, uma teoria da teoria museológica, inserida na teoria do conhecimento.[13] O objeto da museologia não é mais o museu, e sim a "musealidade", uma relação específica do homem com a realidade, relação que é ao mesmo tempo conhecimento e juízo de valor: ela leva a selecionar objetos que julga dignos de serem conservados indefinidamente e transmitidos à sociedade futura.[14] Assim definida, a "musealidade" parece corresponder ao conceito de patrimônio ou do que poderíamos chamar de "patrimonialidade". Contudo, a visão de Stransky é ainda mais ampla. Para ele, o conceito de musealidade abarca o conjunto dos processos pelos quais os homens conservam objetos, sejam quais forem as razões por que essa conservação ocorre (e portanto, não apenas por questões patrimoniais). A museologia ultrapassa então em muito o contexto limitado do museu: "O objeto do projeto gnoseológico da museologia não pode ser o próprio museu, pois este não é um fim em si mesmo, mas apenas um meio".[15] Tal abordagem coloca no centro de sua reflexão o objeto e a coleção, e se baseia no princípio de que haveria uma qualidade intrínseca ao objeto chamada "musealidade". Esses dois elementos nos parecem refletir uma visão redutora do museu, baseada na coleção, da qual não compartilhamos. Nos capítulos 2 e 4, veremos o lugar que convém reservar ao objeto de museu.

Martin Schärer[16] especifica essa abordagem stranskiana da museologia, concretizando-a:

> Privilegiamos um campo de pesquisa [a museologia] definido de maneira muito ampla e que engloba uma atitude específica do homem em relação aos objetos (ou seus valores ideais). Essa atitude inclui os procedimentos de conservação ("mu-

---

12. Uma boa explanação dessa corrente da museologia encontra-se em MAIRESSE, François. *Le musée temple spectaculaire*. Une histoire du projet muséal. Lyon: PUL, 2002. p. 123-127.
13. STRANSKY, Zbynek. *Introduction à l'étude de la muséologie*. Brno: Université Masaryk, 1995. p. 14-21.
14. WAIDACHER, Friedrich. *Handbuch der allgemeinen Museologie*. Viena: Bölhau, 1999. p. 32-37.
15. Zbynek Stransky, *Introduction à l'étude de la muséologie*, op. cit., p. 19.
16. SCHÄRER, Martin. La relation homme-objet exposée: théorie et pratique d'une experience muséologique. *Publics & Musées*, n. 15, p. 31-43, 1999. cit. p. 32.

sealização"), de pesquisa, de comunicação ("visualização"). Esse tipo de atitude é encontrado sempre e em toda parte. Institucionalizado e analisado no museu, esse fenômeno dele extraiu seu nome, o que não raro leva a mal-entendidos, na medida em que se identifica a museologia apenas como a "ciência do museu".

No Alimentarium de Vevey,[17] museu que fundou e dirigiu durante 25 anos, Schärer pôs em prática uma museografia de alta qualidade, em que a coleção ocupa um lugar relativo.

Ao longo do século XX, a museologia foi aos poucos encontrando seu lugar entre as disciplinas acadêmicas. Em 1921, Paul J. Sachs, diretor associado do Fogg Art Museum de Harvard, promoveu um seminário intitulado *Museum work and museum problems*, tendo como finalidade oferecer uma formação mais aprofundada aos (futuros) curadores de museu. Foi a primeira experiência de ensino específico de museologia. Na Europa, a École du Louvre foi criada em 1945. Mas seria preciso esperar os anos 1960 para que cursos de museologia fossem introduzidos de maneira sistemática nos currículos universitários, principalmente de história da arte e de arqueologia. Formações específicas em museologia organizadas como cursos de pós-graduação surgiram nos anos 1980.[18] Por fim, a chamada reforma "de Bolonha", destinada a uniformizar o ensino superior no âmbito europeu, levou à criação de mestrados especializados em museologia.

Algumas precisões terminológicas: museologia, museografia, cenografia, expografia

No senso comum, fora do contexto acadêmico, o termo "museologia" é usado para designar tudo quanto diz respeito ao museu. Por conseguinte, derivando dessa acepção, afinal muito difundida, o termo "museólogo" se aplica a toda profissão museal, inclusive aos organizadores de exposições independentes. Contudo, para os pensadores do museu, que observam a instituição do exterior, essa definição é demasiado vaga.

Georges Henri Rivière assim definiu a museologia em 1981:[19]

Uma ciência aplicada, a ciência do museu. Ela estuda sua história e seu papel na sociedade, as formas específicas de pesquisa e de conservação física, de apresentação,

---

17. Todos os museus citados estão arrolados no índice com sua localização.
18. Ver ALLARD, Michel; LEFEBVRE, Bernard (Ed.). *La formation en muséologie et en éducation muséale à travers le monde.* Montreal: Multimonde, 2001.
19. GHR, p. 84.

de animação e de difusão, de organização e de funcionamento, de arquitetura nova ou musealizada, os sítios recebidos ou escolhidos, a tipologia, a deontologia.

E definiu a museografia como "um conjunto de técnicas e práticas aplicadas ao museu". Desde então esses conceitos evoluíram, ao mesmo tempo que a prática do trabalho em museu se transformava consideravelmente. Um novo termo – cenografia – surgiu então, tomado de empréstimo às artes do espetáculo.

Se quisermos nos referir a seus empregos mais correntes hoje em dia, poderemos definir esses termos como se segue.

■ *A museologia* é o estudo do museu em seu sentido mais geral; engloba todos os tipos e todas as formas de museus, bem como todos os aspectos sob os quais o museu pode ser percebido.

Para alguns, os museus são demasiado atípicos, demasiado variados para que a museologia constitua uma ciência (humana). Ela seria, em primeiro lugar, uma historiografia: escrever a história de cada museu. Em seguida, uma prática geral e cotidiana dentro do museu. Essa corrente vê essencialmente a museologia como a história dos museus.[20]

Poderíamos distinguir uma museologia teórica, interessada no "campo museal" entendido como "uma relação específica entre o homem e a realidade caracterizada como a documentação do real pela apreensão sensível direta",[21] uma museologia geral e museologias especializdas, relativas, cada uma, a uma categoria específica de museus. No campo anglo-saxão, fala-se de *museum studies*; essa expressão às vezes é utilizada tal e qual em francês para evocar um conceito ligeiramente diferente, orientado mais para o papel social, econômico e político do museu.

Chama-se de "muséologo" todo aquele que exerce uma atividade de pesquisa ou de ensino sobre os museus e instituições a eles identificadas, sua história, sua tipologia, suas funções, seu papel na sociedade, seus visitantes. Muitos muséologos exercem sua profissão nas universidades. Se um certo número de muséologos pode ser encontrado nos museus, a maior parte dos membros das equipes dos museus – aí incluídos os curadores – não é composta de museólogos.

■ *A museografia* é uma atividade intelectual voltada para a aplicação prática, aquela que consiste em definir ou descrever e analisar a concepção de uma exposição (seja ela permanente ou temporária), sua estrutura, seu funcionamento. É também o resultado dessa atividade: falaremos da museografia de uma exposição para designar sua concepção, sua organização, sua estrutura. Como assinala

---

20. Ver, por exemplo, *Il libro dei musei*, p. 130.
21. Essa é a visão da museologia privilegiada por André Desvallées e François Mairesse no DEM, p. 344.

André Desvallées,[22] o uso desse termo tende, em francês, a designar somente a arte – ou as técnicas – da exposição (fala-se em "programa museográfico"), razão pela qual alguns preferem o termo "expografia". Uma acepção mais ampla, mais próxima de Rivière, e que não é favorecida neste livro, define a museografia como o conjunto de técnicas desenvolvidas para cumprir as funções museais (organização do museu, conservação e gestão dos acervos, exposição). Chama-se de "museógrafo" aquele que concebe e estabelece o programa museográfico das exposições, e que geralmente coordena o conjunto das competências ligadas à produção de exposições.[23]

- *A expografia* foi um termo proposto em 1993 por Desvallées para completar o anterior. Segundo o autor, a expografia é "a arte de expor"; refere-se à espacialização e às técnicas ligadas às exposições (excluindo outras atividades museográficas como a conservação, a segurança etc.), quer estas se situem num museu ou num espaço não museal. Visa à busca de uma linguagem e de uma expressão fiel para traduzir o programa científico de uma exposição. Nesse sentido, o termo corre o risco de ser confundido com a cenografia. O termo "expógrafo" até hoje quase não é utilizado.

- *A cenografia* reúne os aspectos formais, materiais e técnicos da montagem do espaço de exposição: trilhos para pendurar quadros, cores, vitrines, iluminação etc. Tomado de empréstimo ao mundo do teatro, o termo remete a uma representação do mundo num espaço de atuação e de ação. Aplicada à exposição, a cenografia consiste em criar um espaço de relacionamento entre um público e um conteúdo e a partir daí favorecer a apreensão intelectual de um programa museográfico de exposição. "É uma obra do espírito, o resultado de uma ação intelectual e artística."[24] Não se pode reduzi-la à decoração, que utiliza as coleções e outros elementos da apresentação unicamente em função de critérios estéticos.

Os limites entre os diferentes termos mencionados[25] nem sempre são muito claros: de fato, de um projeto para outro, de um ator para outro, de um museólogo para outro, constata-se certa permeabilidade entre as acepções. Estas, além disso, evoluíram ao longo dos últimos anos, o que é fonte de incessantes con-

---

22. DESVALLÉES, André. Cent quarante termes muséologiques ou petit glossaire de l'exposition. In: DE BARY, Marie-Odille; TOBELEM, Jean-Michel (Ed.). *Manuel de muséographie*. Petit guide à l'usage des responsables de musée. Biarritz: Séguier/Option Culture, 1998. p. 205-251.
23. Desde 2012 existe na França uma associação de museógrafos que tem, entre outros objetivos, o de definir a profissão. Disponível em: <http://les-museographes.org>.
24. Ver o site da Association Scénographes (www.scénographes.fr) e a publicação *Projet d'exposition. Guide des bonnes pratiques*, publicada pela associação em 2014 e disponível no site.
25. A esses termos Serge Chaumier propõe acrescentar "expologia"; o tema será tratado no capítulo 4, dedicado à exposição.

fusões. Se historicamente o termo museografia engloba todos os componentes da exposição (ou mesmo é sinônimo de cenografia), a concepção mais atual o reserva apenas aos conteúdos (a matéria científica, o discurso, os objetos e documentos, a estrutura) e portanto o distingue dos elementos cenográficos.

De onde vem a palavra "museu"?

Na Antiguidade, a palavra μυσειον – *museíon* – designava um bosque sagrado dedicado às Musas, companheiras de Apolo, filhas da Memória e inspiradoras das artes liberais. Em geral, tratava-se de um local destinado a homenagear os mortos da família e, por meio do culto rendido às Musas, ajudá-los a conquistar a imortalidade.[26] Foi em Alexandria que se criou o *Museíon*, instituído por Ptolomeu Sóter, rei do Egito, por recomendação de dois filósofos vindos de Atenas, Demétrio de Falero e Estratão de Lâmpsaco. Esse *Museíon*, descrito por Estrabão em sua *Geografia*, era um lugar, um conjunto de prédios e de pórticos, onde se reunia uma comunidade de sábios mantidos pelo rei a fim de que pudessem dedicar-se inteiramente ao estudo. Era lá que se encontrava a célebre biblioteca. Não se tratava, pois, de um museu no sentido moderno da palavra.

O termo ressurgiu em sua forma latina (*muaseum* ou *museum*) e italiana (*museo*) no século XV para designar um sítio ou uma obra relacionados com as Musas. Por volta de 1540, Paolo Giovio chamou de *Musaeum* a sala ornada com as figuras das Musas em sua casa perto de Como. Na França, a palavra *musée* surgiu por volta de 1560 para designar a "casa de campo que o preboste de Paris, Antoine Duprat, fizera construir em Vanves pelo humanista florentino Gabriel Simeoni".[27] O museu era então, antes de tudo, um lugar de estudo privado: "O museu é o lugar onde o erudito se senta sozinho, separado dos outros homens, preso a seus estudos, lendo livros", escreveu Comenius em 1659 em seu célebre manual ilustrado de aprendizagem do latim.[28] Até o fim do século XVIII, "museu" designava coisas e situações muito variadas, em concorrência com vários outros termos, mais ou menos sinônimos. O verbete "museu" na *Encyclopédie* fala do *Museíon* de Alexandria e assinala que a palavra designa também o Ashmolean Museum de Oxford, criado em 1683. Seria preciso esperar o fim do século XVIII para que seu emprego se restringisse à sua acepção atual.[29]

---

26. GOB, André. Le musée d'Epicteta. Considérations sur la polysémie du mot musée. *Les Cahiers de Muséologie*, n. 1, 2014.

27. POMMIER, Édouard. Le problème du musée à la veille de la Révolution. *Les Cahiers du Musée Girodet*, Montargis, n. 1, p. 8, 1989.

28. COMENIUS, Johannes. *Orbis sensualium pictus*. Londres: n. XCIX, 1659. p. 120: "*Museum est locus ubi studiosus, secretus ab hominibus, sedet solus deditus Studiis, dum lectitat Libros* [...]." Essa definição é retomada em vários dicionários no século XVIII, notadamente o *Dictionnaire de Trévoux* de 1743.

29. Para a definição de museu, ver o capítulo 1.

Introdução · 33

Origem e desenvolvimento dos museus

No princípio era a coleção... É nessa perspectiva quase bíblica que se inscreve a história dos museus tal como ela é contada pela maioria dos autores depois de Germain Bazin, que em 1967 publicou *Le temps des musées*, a primeira síntese verdadeira sobre o tema.[30] Se Bazin atribui à Revolução Francesa e à criação do primeiro Louvre – o Musée Central des Arts – o princípio institucional do museu, ele projeta a origem dos museus num passado distante, na Grécia antiga. Como historiador da arte, Bazin encara o museu exclusivamente do ponto de vista da arte e o confunde com um conjunto de situações ou de práticas ligadas a esta última: gosto pela arte, mercado, interesse por obras antigas e, é claro, coleção. Poderíamos dizer sem trair seu pensamento que, para ele, lá onde estão reunidas obras de arte, lá está o museu.

Foi a existência desde a Antiguidade de coleções de obras de arte que levou Bazin a situar num passado tão distante a origem do museu. Entretanto, a maioria dos historiadores dos museus e dos museólogos concorda, em princípio, em dizer que o museu moderno nasceu na segunda metade do século XVIII, dentro do espírito do iluminismo, sob a forma de uma instituição pública, ou seja, destinada ao público.[31] Para resolver essa incoerência aparente, os historiadores do museu, na esteira da obra de Germain Bazin, arrolaram, com base numa ligação imaginária que uniria o museu moderno a seu suposto ancestral helenístico, casos, práticas e instituições que oferecessem qualquer analogia, real ou suposta, com o museu moderno. Estabeleceu-se assim uma longa história – de mais de 20 séculos – da passagem da coleção ao museu.

Contudo, mais que o desenlace passivo de uma longa evolução do colecionismo, mais que o resultado de uma institucionalização pública da coleção, o nascimento do museu se inscreve no movimento do iluminismo.[32] Ele é essa ampliação radical das novas práticas do século XVIII "sob a forma de um ideal

---

30. Para a história dos museus, ver principalmente POULOT, Dominique. *Patrimoine et musées* (Paris: Hachette Supérieur, 2001), que enfatiza o desenvolvimento paralelo dos museus e do conceito de patrimônio; do mesmo autor, *Musée et muséologie* (Paris: La Découverte, 2005); SCHAER, Roland. *L'invention des musées*. Paris: Gallimard, 2007; e *Il libro dei musei*, que tem uma abordagem interessante (e não apenas centrada nos museus italianos). Será também interessante consultar GHR; BAZIN, Germain. *Le temps des musées* (1967) et HUDSON, Kenneth. *A social history of museums* (1975).

31. Não é o estatuto jurídico do museu que determina seu caráter público.

32. Baseado no racionalismo, o movimento se desenvolveu desde o fim do século XVII, primeiro na Grã-Bretanha, depois nas Províncias Unidas, na Alemanha e nos outros países do continente europeu, em especial na França. Não surpreende que os primeiros museus tenham surgido na Inglaterra e na Alemanha.

pedagógico e patrimonial de amplitude coletiva" de que fala Pascal Griener.[33] O museu moderno é revolucionário, não tanto no sentido do contexto político da criação do Louvre – a Revolução Francesa –, mas porque ele rompe com o colecionismo e reinterpreta radicalmente a coleção humanista na perspectiva do iluminismo. O museu é destinado ao público e à sua educação; o museu é um instrumento de conhecimento e de patrimonialização.

Antes de descrever mais detalhadamente a criação dos primeiros museus na segunda metade do século XVIII e a evolução do conceito a partir de então, será útil evocar rapidamente o colecionismo, em contraste com a instituição museal, mas cujas coleções por vezes estiveram na origem de museus.

O colecionismo

Tomada em seu sentido mais amplo, a palavra "coleção" recobre realidades muito diversas, que vão muito além do universo museal e estão largamente presentes em todas as atividades humanas, de todas as épocas, em todos os continentes. As motivações de tais conjuntos de objetos são múltiplas, indo desde as razões mais práticas (por exemplo, a panóplia de ferramentas de um artesão, as amostras de um representante comercial) até as mais simbólicas (o tesouro de uma igreja). Os fundamentos psicológicos e sociológicos do colecionamento – designamos com esse termo a ação de reunir uma coleção – foram analisados várias vezes desde Goethe, tanto na literatura científica quanto no romance.[34]

A palavra "colecionismo" – cujo sufixo -ismo revela um valor mais teórico, mais conceitual – designa, por sua vez, um fenômeno muito mais restrito, situado de modo preciso no tempo e no espaço. Seguindo os historiadores italianos, reservamos esse termo para caracterizar o gosto pela coleção que se desenvolveu entre os séculos XIV e XVIII, primeiro na Itália, depois em toda a Europa.[35] O

---

33. GRIENER, Pascal. *La république de l'oeil. L'expérience de l'art au siècle des Lumières.* Paris: Odile Jacob, 2010. p. 84-85.

34. GOETHE, Johan W. *Le collectionneur et les siens* (1799); MÜNSTENBERGER, Werner. *Le collectionneur: anatomie d'une passion.* Paris: Payot, 1996; BALZAC, Honoré de. *Le cousin Pons* (1847).

35. DE BENEDICTIS, Cristina. *Per la storia del collezionismo italiano. Fonti e documenti.* 2. ed. Milão: 1998 [1. ed. 1991]; MACGREGOR, Arthur. *Curiosity and Enlightenment.* Collectors and collections from the Sixteenth to the Nineteeth Century. (New Haven; Londres: Yale U. P., 2007.) Frederico II de Hohenstaufen, imperador da Alemanha e rei da Itália (de 1220 a 1250), que reuniu uma coleção em Palermo (Sicília), e Jean, duque de Berry (1340-1416), que fez o mesmo em seu castelo de Mehun-sur-Yèvre (França), estão entre os exemplos mais precoces. Em 1471, o papa Sisto IV (de 1471 a 1484) restituiu "ao povo de Roma" quatro bronzes antigos conservados no palácio de Latrão desde a Antiguidade. As obras foram então expostas na fachada e numa sala do Palácio dos Conservadores, no Capitólio, sede do poder "laico". Esse gesto foi antes de tudo um ato político;

Introdução

papa, os cardeais e o alto clero, os reis e os aristocratas, depois os ricos burgueses eruditos, todos se puseram a reunir coleções de importância variável em que conviviam livros preciosos, ourivesaria, marfins, objetos exóticos e curiosidades, antiguidades e obras de arte.

O colecionismo do Renascimento se inscreveu plenamente no desenvolvimento do humanismo, graças à conjunção de vários fatores.

– Os autores antigos, gregos e latinos, foram redescobertos e traduzidos; os manuscritos foram buscados, às vezes muito longe, e vieram enriquecer as bibliotecas dos colecionadores.

– O humanismo colocou o homem no centro de sua reflexão: as criações artísticas encontraram aí uma justificação desligada de qualquer referência religiosa.

– O significativo desenvolvimento do comércio e o advento do capitalismo, graças aos importantes recursos financeiros que concentraram, favoreceram o surgimento e o enriquecimento de coleções particulares.

– O gosto pela Antiguidade, decorrente da redescoberta dos autores antigos, iria encontrar uma oportunidade extraordinária de se fortalecer com o retorno definitivo dos papas a Roma (após o exílio em Avignon de 1310 a 1377 e o Grande Cisma do Ocidente)[36] e as grandes obras de reforma da cidade que se seguiram.

A partir de meados do século XV, empreenderam-se grandes obras urbanísticas em Roma para modernizar a cidade e facilitar o acolhimento dos peregrinos. Foi a época de numerosas e importantes descobertas de antiguidades (arquitetura, mármores, bronzes) que vieram enriquecer as coleções nascentes. A partir do papado de Júlio II (1503-13), que comprou o célebre *Laocoonte*,[37] descoberto em 1506, o pátio do Belvedere no Vaticano passou a reunir as mais famosas obras antigas da coleção pontifical. Todas as grandes famílias romanas passaram então a rivalizar na compra das milhares de estátuas e baixos-relevos antigos exumados do solo da *Urbs*. Todas essas obras, que mais ilustram do que documentam o gosto e o conhecimento da Antiguidade, foram fortemente "restauradas", ou antes transformadas, para corresponder ao gosto da época e às necessidades da coleção.[38]

---

não se deve ver aí, como fazem muitos historiadores dos museus um tanto apressadamente, o ato de fundação do Museu Capitolino, onde essas obras se encontram atualmente.

36. A expressão designa o período de crise do papado, de 1378 a 1449, durante o qual dois e mesmo três papas assumiram simultaneamente o pontificado.

37. O *Laocoonte* figura entre as obras descritas por Plínio, o Antigo, na *Domus Aurea* de Nero. Escultura helenística do século II a.C., a obra ilustra de forma dramática o fim trágico do sacerdote troiano Laocoonte e de seus filhos.

38. Colocava-se uma cabeça isolada sobre um torso acéfalo, acrescentavam-se atributos para identificar facilmente uma divindade, transformava-se uma Vênus em Atena, um Marte em Júpiter. Francis Haskell e Nicholas Penny, em *Pour l'amour de l'antique. La statuaire gréco-romaine et le goût européen* (Paris: Hachette, 1988), analisaram de maneira notável esse fenômeno.

O exemplo mais emblemático do colecionismo humanista é sem dúvida o da família Médicis em Florença.[39] De Cosme, o Velho (1389-1464), a Giovanni Gastone (1671-1737), do rico mercador de tecidos, bibliófilo apaixonado pelo pensamento antigo, ao último Médicis grão-duque da Toscana, uma quinzena de gerações reuniu uma importante biblioteca e coleções de antiguidades, de obras de arte, de espécimes naturais e de curiosidades. O conjunto, com os palácios e as terras, foi legado ao Grande Ducado da Toscana em 1737 pela última descendente da família. Uma tal continuidade é no entanto excepcional.

Surgida na Itália, a paixão pela escultura antiga e pelas coleções ultrapassou as fronteiras. Apesar do fracasso de suas ambições territoriais na Itália, Francisco I de França reuniu uma importante coleção de antiguidades e de obras de arte que instalou no castelo de Fontainebleau e que constituiu a base das coleções reais. Nas terras do Império, constata-se o desenvolvimento de grandes coleções na Áustria, nas numerosas cortes de principados alemães, na Espanha e nos Países Baixos. Os ricos mercadores flamengos, especialmente em Antuérpia, reuniram em suas casas coleções de pinturas e de antiguidades que mostravam com orgulho a seus clientes e amigos. Um gênero pictórico singular, em que se destacou particularmente Frans Francken, o Moço, nos oferece uma representação alegórica dessas coleções.[40] Ainda em Antuérpia, Rubens reuniu uma importante coleção em que conviviam suas próprias aquisições e as obras ganhas de presente. Por ocasião de sua morte, a coleção foi dispersada pela viúva do artista.

Em meados do século XVI, separaram-se as coleções de arte, de antiguidades e de pinturas, que passaram a ser expostas em uma galeria preparada para esse fim – ao menos nas casas dos colecionadores mais ricos –, das coleções de história natural e de curiosidades, reunidas num gabinete. *Gabinetto, studio, studioo, museo, câmera, Wunderkammern*, foram vários os nomes usados para designar o lugar.[41] Catálogos foram publicados. Esses gabinetes de curiosidades, locais de estudo privados onde eram reunidos e classificados todos os tipos de objetos – curiosidades naturais ou artificiais, raridades exóticas, fósseis, corais, animais "fabulosos", conchas, peças de ourivesaria, pedras preciosas, gemas, moedas, objetos etnográficos trazidos por viajantes –, ocupavam todos os espaços

---

39. Um relato detalhado sobre a coleção Médicis pode ser encontrado em BECCHERUCCI, Luisa. *Lezioni di museologia*. Florença: Universidade Internationale das Arts, 1995. p. 32-39.

40. VAN SUCHTELEN, Ariane; VAN BENEDEN, Ben. *Kamers vol kunst in zeventiende-eeuws Antwerpen* (catálogo de exposição). Anvers: Rubenshuis – Zwolle, Waanders Uitgevers, 2009.

41. VON SCHLOSSER, Julius. *Die Kunst-und Wunderkammern der Spätrenaissance*. Leipzig: 1908; SCHNAPPER, Antoine. *Le géant, la licorne et la tulipe*. Les cabinets de curiosités en France au XVIIe siècle. 2. ed. rev. e ampl. Paris: Flammarion, 2012 [1. ed. 1988 com o título *Collections et collectionneurs dans la France du XVIIe siècle*].

Introdução

disponíveis, a crer nas gravuras que os representam. A exposição estruturava-se com base nas semelhanças ou nas ligações simbólicas atribuídas às peças pelo próprio colecionador. Esses conjuntos constituíam um microcosmo, uma representação do mundo.[42] No castelo de Ambras (Tirol), o arquiduque Ferdinando II reuniu, no fim do século XVI, uma extraordinária coleção (da qual existe um inventário *post mortem*) para a qual mandou construir uma sala ao lado da biblioteca. Tornada célebre por sua excepcional importância, essa coleção foi contudo dispersada nos séculos seguintes.

Novas do gabinete de curiosidades

Os gabinetes de curiosidades *stricto sensu* desapareceram no fim do século XVIII. Entretanto, estamos vendo florescerem novamente gabinetes curiosos ou, ao menos, modos de apresentação que os tomam como referência. A estética, a historicidade, a reunião de coleções enigmáticas inspiram museógrafos, cenógrafos e artistas contemporâneos. As vitrines dos antiquários e galeristas também acompanham essa moda, e publicações recentes são a ela dedicadas. Em alguns casos — não são os mais frequentes —, pode tratar-se de uma tentativa de reconstituição de um gabinete de curiosidades que já existiu e cuja coleção original ainda está em parte disponível.

O recurso à referência ao gabinete de curiosidades pode servir para evocar um contexto histórico, como o dos estudos de pesquisadores-amadores em uma época anterior às classificações taxionômicas das ciências naturais ou ao desenvolvimento de disciplinas como a etnografia. Ele remete também à exploração do mundo, às descobertas que maravilham e desconcertam, à fome de conhecimentos. A estética do gabinete de curiosidades se tornou a tal ponto popular que toda justaposição de objetos insólitos, exóticos ou simplesmente heteróclitos basta para evocá-la, mesmo numa cenografia sóbria e contemporânea. Podemos citar o Museu Nacional de História Natural e da Ciência de Lisboa, onde uma parede é preparada para que se afixem, sobre um fundo negro, objetos e espécimes de todos os gêneros. A motivação é também apresentar uma grande quantidade de coleções e promover o gosto do colecionismo, tanto pela qualidade dos objetos como pelo cuidado com sua disposição. Pelas mesmas razões, vemos instituições proporem acumulações, pseudorreservas abertas ou conjuntos que sublinham a paixão dos doadores. O museu público magnifica a coleção privada.

Evidentemente, a natureza de certas coleções é um estimulante. O que é uma curiosidade? Poder-se-ia dizer que, numa visão atual, simplista, todo objeto capaz

---

42. Em Munique, Samuel Quiccheberg, conselheiro do duque Alberto da Baviera, publicou em 1565 uma obra sobre a organização ideal de uma coleção de curiosidades. Ver a edição feita pelo Musée Royal de Mariemont em 2004 num catálogo de exposição (*RTBF 50 ans. L'extraordinaire jardin de la mémoire.* Morlanwelz: Musée Royal de Mariemont.

de ostentar uma estranheza, até mesmo de provocar medo, poderia ser considerado uma curiosidade. Pois há também uma busca do sensacionalismo e do espetacular nessa reinterpretação do gabinete de curiosidades que, por meio da revelação de monstros, de horrores ou de aberrações da natureza em que o grotesco da cópia nem sempre é assumido, faz pensar mais no circo ou na feira. Como no Gabinete de Curiosidades de Pairi Daiza, o parque zoológico mais visitado da Bélgica, em que o verdadeiro e o falso se misturam para oferecer ao visitante uma imagem atrativa mas muito deformada dos gabinetes de estudo do século XVII. Essas propostas, que não são desprovidas de encanto, de interesse ou às vezes de humor, são porém muito redutoras em comparação com a complexidade da pesquisa e da organização dos gabinetes autênticos.

A estética do gabinete de curiosidades foi também atualizada por artistas modernos e contemporâneos que o revisitam. Pensamos assim no Atelier de André Breton, exposto no Centre Pompidou, ou no Castelo de Oiron, em que o espaço é ocupado por obras e instalações contemporâneas, livremente inspiradas num gabinete antigo. Essas obras talvez se aproximem mais do espírito dos gabinetes de curiosidades por seu desejo de cartografar o mundo, a vida, a memória do artista, traçando os contornos de um universo mental e das pesquisas pessoais.

É preciso sublinhar que o colecionismo não exerce ação patrimonial. Vimos, a propósito da estatuária antiga, como o mercado de arte e de antiguidades, que alimenta as coleções, formata as obras e os objetos para adaptá-los aos gostos e às necessidades do colecionador. Este compra e vende, ao sabor de seus desejos e de seu gosto do momento. Com sua morte, o destino de suas aquisições é incerto. Com raras exceções (os Médicis, por exemplo), as coleções são fadadas a serem dispersadas. Vimos o caso da coleção de Rubens e da do castelo de Ambras. A coleção de pintura reunida entre 1624 e 1642 pelo rei Carlos I da Inglaterra é emblemática a esse respeito, como bem mostrou o historiador da arte inglês Francis Heskell.[43] Amador esclarecido e bem aconselhado por algumas pessoas, Carlos destinou grandes somas de dinheiro à aquisição de numerosas obras no mercado internacional. Adquiriu particularmente uma boa parte da coleção dos duques de Mântua, que o duque Vincenzo II de Gonzaga foi forçado a vender. A Guerra Civil inglesa que começou em 1642 levou à prisão do rei Carlos I, à sua condenação e finalmente à sua execução em 1649. Seus bens foram postos à venda pela Câmara dos Comuns. A coleção de quadros foi dispersada entre numerosos compradores na Grã-Bretanha e no exterior. Entre eles encontravam-se a rainha Cristina da Suécia, Felipe IV de Espanha, o cardeal Mazarino, assim

---

43. HASKELL, Francis. *L'amateur d'art*. Paris: Librairie Française, 1997. p. 147-221.

Introdução   39

como o banqueiro Jacob Jabach, enriquecido pelo comércio com as Índias. Este último foi depois forçado (por Colbert) a vender sua coleção para Luís XIV. Integrada ao Gabinete do Rei em 1671, ela hoje se encontra no Louvre.

Outra coleção célebre, num registro totalmente diferente, é emblemática dos imponderáveis do colecionismo. O padre jesuíta Athanase Kircher (1602-80) reuniu uma importante coleção de espécimes da natureza e de curiosidades e instalou-a no Colégio Romano, a universidade jesuíta em Roma.[44] Aproveitando-se das missões da Companhia de Jesus implantadas em todos os continentes, especialmente na China e na América Latina, também adquiriu documentos e objetos científicos, arqueológicos ou históricos extraeuropeus. Ao morrer, doou sua coleção ao colégio, constituindo assim o Musaeum Kircherianum. Quando da supressão da Ordem dos Jesuítas pelo papa Clemente XIV em 1773, a coleção foi dispersada.Uma parte foi comprada para o novo Museu Clementino em constituição no Vaticano.

Como se pode ver nesses dois exemplos, o colecionismo não garantiu a patrimonialização dos objetos e das obras reunidas, a despeito da importância ou do prestígio do colecionador. O caso de Kircher é ainda mais significativo na medida em que os eruditos do iluminismo, sobretudo na Inglaterra, rejeitaram as várias teorias do sábio jesuíta porque elas careciam de um discernimento baseado na razão e misturavam a observações pertinentes grande número de crenças não comprovadas.[45] Foi com um espírito inteiramente diferente que foi inaugurada em Oxford uma instituição que prefigurava o verdadeiro museu moderno.

Com efeito, no final do século XVII, assistiu-se à criação, na cidade universitária inglesa, do Ashmolean Museum, a partir das coleções reunidas de lorde Tradescant (responsável pelo Jardim do Rei, morto em 1662) e de lorde Elias Ashmole, ambas legadas à Universidade de Oxford em 1677. Um novo prédio foi construído e inaugurado em 21 de maio de 1683, nas proximidades do Sheldonian Theatre e da Bodlean Library. No frontão podemos ler a inscrição: Musaeum Ashmoleanum – Schola Naturalis Historiae – Officina Chimica. A inauguração do museu foi acompanhada da criação de um novo curso de história natural, seguindo a linha da filosofia da Natureza de Francis Bacon. O doutor Robert Plot, encarregado desse curso, foi o primeiro "guarda" do museu.

"O museu é uma nova biblioteca, que pode conter as partes mais notáveis do grande livro da Natureza e assim rivalizar com a coleção bodleiana de manuscritos e impressos", declarou o vice-chanceler da Universidade de Oxford quando da inauguração do museu.

---

44. A respeito de Kircher, ver FINDLEN, Paula. *Possessing nature*. Museums, collecting, and scientific culture in early modern Italy. Berkeley: UCP, 1994.
45. Seu interesse pelos dragões em especial foi objeto de troça. Ibid., p. 404 e segs.

O Ashmolean Museum constitui certamente, no contexto particular da universidade, o primeiro museu moderno, aberto dentro da perspectiva nascente do iluminismo.

Os primeiros museus

O exemplo pioneiro do Ashmolean permaneceu por muito tempo isolado. Ainda em 1751, o verbete "museu" da *Encyclopédie*, assinado por Jaucourt, não citava outro. O conceito de museu não era evidente. Sua emergência progressiva ao longo do século XVIII respondeu a uma necessidade social: os fundamentos da coleção privada, os motivos para colecionar, não coincidiam com as missões que a sociedade atribuía então, de modo mais ou menos implícito, à nova instituição. Se o museu se abriu ao público, se de propriedade do príncipe ele passou a ser propriedade do Estado, foi porque isso era necessário para satisfazer às expectativas da sociedade, que evoluiu ela própria sob o efeito da difusão do iluminismo. O museu nascente se inscreveu no espaço público que então estava sendo criado.[46]

Contudo, seria preciso esperar a Revolução Francesa para que a sociedade, pela voz de seus representantes políticos, exprimisse claramente o que esperava de um museu. E essas expectativas eram múltiplas, por vezes contraditórias: preservar, conservar, salvar o patrimônio (ameaçado pelo vandalismo), apropriar-se do legado dos reis, dos aristocratas, da Igreja e das abadias para mostrá-lo ao povo, à nação, para educar o povo, formar o gosto dos artistas, estudar a história e a arqueologia por meio daqueles tesouros, mas também edificar o povo, justificar a nação.

A mudança de estatuto das coleções, que de privadas passaram a públicas – o Estado, e não mais o príncipe, passou a ser o responsável por elas –, foi um sinal palpável do caráter radicalmente inovador do museu. Assistiu-se a isso em Florença, onde, porém, seria preciso esperar até 1790 e o livre acesso do público à Galleria degli Uffizi para que se pudesse considerá-la verdadeiramente um museu.

Em 1753, o Parlamento britânico adquiriu a coleção de história natural e de curiosidades de Hans Sloane e fundou um museu, o British Museum, instalado num edifício comprado para esse fim em Londres (Montagu House). A coleção foi aberta ao público – de modo muito limitado – a partir de 1759, mas seria preciso esperar 1820 e a vontade do primeiro-ministro, o duque de Wellington, de rivalizar com o Musée du Louvre, para uma verdadeira abertura ao público.[47]

---

46. Ver a esse respeito HABERMAS, Jürgen. *L'espace public*. Archéologie de la publicité comme dimension constitutive de la société bourgeoise. Paris: Payot, 1978.

47. Nesse meio tempo, a coleção do British Museum foi enriquecida com várias antiguidades adquiridas no Egito (Pedra da Roseta), na Grécia (mármores do Partenon) e na Itália, dando à instituição londrina sua orientação definitiva na direção da arqueologia.

Introdução

Na Alemanha, as galerias principescas de pinturas de Dresden e de Düsseldorf se transformaram em museus públicos por volta de 1785, por vontade do duque de Saxe e do Eleitor Palatino. Na entrada da Gemälde Galerie de Dresden, Augusto-Frederico de Saxe mandou inscrever: "MUSEUM USUI PUBLICO PATENS".

De "coleções de curiosidades", de galerias desordenadas, passou-se aos conjuntos sistemáticos de objetos, documentos, quadros, espécimes etc., e a exibição tornou-se mais pensada.[48] Adotaram-se igualmente as classificações sistemáticas nas ciências naturais: Daubenton (curador do gabinete de história natural do Jardin du Roi, em Paris, em 1745), Buffon (intendente do Jardin du Roi, a partir de 1739), mas sobretudo Lineu (botânico do rei da Suécia) elaboraram classificações que logo passaram a ser incluídas na apresentação das coleções.

Em Roma, sob o impulso de Giambattista Visconti, comissário das antiguidades pontificais impregnado pelo iluminismo, um museu foi criado a partir do antigo pátio do Belvedere durante os pontificados de Clemente XIV (1769-1774) e de Pio VI (1775-1799). O Museu Pio-Clementino reuniu antiguidades adquiridas pouco tempo antes, sobretudo por um programa sistemático de escavações arqueológicas, e as expôs racionalmente em novos edifícios construídos com essa finalidade em torno do velho Belvedere (arq. Simonetti e Camporese).

A criação do Musée du Louvre

Uma primeira iniciativa. Movido por um verdadeiro senso do bem público, e ao contrário de seus predecessores, que eram eles próprios colecionadores, Colbert, primeiro-ministro de Luís XIV, contribuiu para enriquecer as coleções reais. No Palais du Louvre, abandonado pela corte em favor de Versalhes, ele criou uma galeria aberta ao público para "a educação do público e a instrução dos artistas". A grande galeria foi inaugurada em 1681, mas dois anos depois, quando Colbert morreu, os quadros voltaram para Versalhes. A ideia foi retomada no século XVIII: reivindicou-se o acesso às coleções reais (para os artistas, sobretudo) a fim de que elas servissem de modelo para os pintores, "para que eles redescobrissem o gosto antigo".[49]

---

48. Curadores competentes foram encarregados das galerias de Dresden, Düsseldorf e Florença. Em 1780 Christian von Mechel organizou a galeria imperial de Viena com base na classificação por escolas e quatro anos mais tarde publicou um arrazoado nesse sentido, justificando-se pelo caráter didático que uma tal coleção deve apresentar (texto citado em Poulot, p. 31). A coleção permaneceu, contudo, destinada à corte imperial.

49. Assim se exprimiu em 1747 o marquês de La Font de Saint-Yenne em suas *Réflexions sur quelques causes de l'état présent de la peinture en France*, escrito panfletário de tom reacionário.

Na *Encyclopédie*, o verbete sobre o Louvre, assinado por Jaucourt, apresentava um plano ideal do museu projetado. Após a abertura provisória do Palais du Luxembourg,[50] o projeto de criar um museu no Louvre foi retomado pelo conde de Angiviller, nomeado diretor dos edifícios do rei por Luís XVI e incumbido das obras do Louvre. Ele estabeleceu um vasto programa de transformação do palácio num museu em homenagem aos grandes homens e à monarquia. Mas as obras se realizaram com lentidão, por escassez de fundos. Foram feitos vários estudos sobre a iluminação (na época não havia gás nem eletricidade) e a organização museográfica. Um projeto de iluminação natural zenital foi adotado e teve sua primeira realização no Salon Carré em 1788, como preparação para a exposição a ser realizada no verão de 1789.

O MUSEU REVOLUCIONÁRIO (1789-1793)

Nos primeiros meses da Revolução, tomaram-se decisões que puseram em questão as obras de arte e sua conservação. Em meio à efervescência revolucionária, estabeleceram-se as bases da museologia moderna: a responsabilidade coletiva em relação ao patrimônio, o papel dos poderes públicos, a necessidade do museu como conservatório, seu papel didático.

■ *2 de novembro de 1789*: nacionalização dos bens eclesiásticos. A presença entre eles de numerosas obras de arte criaria o problema – inteiramente novo – da dessacralização dos objetos do culto. Além de seu papel sacerdotal, eles pertenciam ao patrimônio da nação. Num primeiro momento, eles foram vendidos (mas começou-se pelos bens imobiliários). Depois, a partir de outubro de 1790, tomou-se consciência de seu valor cultural: o Estado deveria tornar-se "conservador", ou "curador". Os departamentos foram incumbidos de inventariar e garantir a conservação dos bens confiscados; criou-se uma Comissão dos Monumentos. Em 1792 seria a vez dos bens da coroa e, em seguida, daqueles pertencentes aos "emigrados" (nobres que apoiavam o rei e se haviam refugiado na Alemanha).

■ *10 de agosto de 1792*: insurreição popular. A República foi proclamada. O regime integrista instaurado por Robespierre levou a ondas de vandalismo.[51]

---

50. Esse palácio abrigava principalmente a série de quadros encomendados a Rubens por Maria de Médicis e executados entre 1621 e 1625, quadros (atualmente no Louvre) que ilustravam os fatos marcantes da vida de Maria de Médicis. Lá foi reunida uma parte das pinturas das coleções reais. O Palais du Luxembourg seria aberto ao público alguns dias da semana de 1750 a 1779.

51. A palavra foi criada pelo abade Henri Grégoire num relatório à Convenção. Sobre o vandalismo e o debate – fundamental – entre os defensores do patrimônio (Grégoire, Roland e Talleyrand, principalmente) e os que pretendiam "fazer *tabula rasa*" e destruir os símbolos da opressão, ver Poulot, p. 57-61.

Introdução

O ministro do Interior, Roland, mandou que fossem levados para o Louvre os "quadros e outros monumentos relativos às belas-artes". Uma Comissão do Museu foi encarregada de estudar a disposição do prédio.

■ *27 de julho de 1793*: decreto da convenção criando simultaneamente, no Louvre, o Muséum Central des Arts e, no Jardin des Plantes, o Muséum National d'Histoire Naturelle. Esses dois museus foram inaugurados em 10 de agosto de 1793, data de aniversário da queda da monarquia. O Musée du Louvre foi realmente aberto ao público em 18 de novembro de 1793. Foi logo fechado para obras de instalação indispensáveis e só reabriu as portas definitivamente em 1799.

O Louvre não foi certamente o primeiro museu inaugurado na Europa. Várias instituições o precederam, como foi visto anteriormente.[52] Mas sua criação é exemplar sob vários aspectos:

– pelo contexto revolucionário em que se inseriu;
– pela motivação política que presidiu à sua criação: não se tratava de comprar a coleção de um particular, como fez o Parlamento inglês, nem de receber a herança de uma família em extinção, como na Toscana; aqui, o Estado se apropriou dos bens da família real, dos aristocratas e da Igreja para colocá-los à disposição da nação;
– pela amplitude das coleções assim formadas;
– pela problemática patrimonial suscitada;
– pelo caráter simbólico do próprio palácio do Louvre, antiga sede do poder real;
– pelo caráter universalista que em breve lhe seria atribuído, pela primeira vez.

O Musée des Monuments Français de Alexandre Lenoir[53]

Um decreto de 1791 instituiu o convento desativado dos Petits Augustins, em Paris, como depósito destinado a abrigar as esculturas confiscadas às congregações religiosas. Um jovem pintor, Alexandre Lenoir, assumiu sua guarda. Desolado com os estragos e danos irreparáveis causados aos monumentos, especialmente os religiosos, pelo frenesi iconoclasta, Lenoir tratou de recolher tudo quanto pôde em matéria de escultura. Guardou principalmente as tumbas reais da basílica de Saint-Denis, que seriam recolocadas no lugar em 1815. Em 1795, o depósito foi transformado no Musée des Monuments Français, no qual Lenoir implantou uma museografia baseada em reconstituições de ambientes. As esculturas, dispostas em ordem cronológica, foram

---

52. Sobre este ponto, ver POMMIER, Édouard. *Les musées en Europe à la veille de l'ouverture du Louvre*. Paris: Éditions du Louvre, 1995.
53. Para uma descrição detalhada dessa iniciativa museal fora do comum, ver Poulot, p. 61-66; MATOSSIAN, Chaké. *Fils d'Arachné*. Les tableaux de Michelet. Bruxelas: La Part de l'Oeil, 1998. p. 103-126; e também HASKELL, Francis. *La norme et le capriche* (Paris: Flammarion, 1986), que traça um retrato menos lisonjeiro de Lenoir (p. 125).

agrupadas "em tantas peças separadas quanto a arte nos oferece épocas notáveis". Elas foram integradas num cenário que evocava o período referido. Mas a obra de Lenoir era mais pitoresca do que arqueológica; ele não hesitou em completar uma estátua medieval com uma cabeça moderna, ou em reunir elementos díspares para constituir, com todas as peças, uma obra. Alguns veem na museografia do Musée des Monuments Français um antecedente remoto dos *period rooms* (ver capítulo 4, p. 170). Essa museografia muito expressiva marcou os espíritos: "Foi ali, e em nenhum outro lugar, que primeiro senti a viva impressão da história", escreveria Michelet em *Le peuple*. O museu foi fechado em 1815, e as esculturas foram dispersadas. Algumas delas mais tarde foram parar no Musée National du Moyen Âge de Cluny, em Paris.

1794-1815

O Musée du Louvre existia; cumpria organizá-lo. Várias comissões – reunindo pintores (Louis David, Hubert Robert) e especialistas (Lebrun) – e ministros dedicaram-se à tarefa antes que, em 1802, Dominique Vivant Denon fosse nomeado curador, cargo que exerceria até 1815. Em 1803, um ano antes de Napoleão se tornar imperador, o museu foi rebatizado de Musée Napoléon.[54] Empreendeu-se então um enorme trabalho de catalogação.

A partir de 1792, veio a guerra contra os nobres emigrados e os poderosos do Antigo Regime, que pretendiam restaurar a monarquia. As conquistas da República acarretaram, a partir de 1794, o confisco das obras de arte mais prestigiosas da Bélgica, da Holanda e da Renânia e, por fim, a partir de 1796, da Itália. Em suas *Lettres à Miranda* (1796), Antoine Quatremère de Quincy se insurgiu com veemência contra a pilhagem artística de Roma, estimando que não poderia haver melhor lugar para as obras, notadamente as antigas, do que a cidade para a qual elas haviam sido criadas. Em vão. Em julho de 1798, comemorou-se a entrada triunfal no Louvre dos "monumentos da Itália". O Louvre pretendia ser e de fato se tornou um museu universal, já que "as produções de gênio não podem ser senão o patrimônio da liberdade".[55]

Durante esses anos, assistiu-se a um verdadeiro vaivém de coleções: em 1801, o ministro Chaptal criou uma rede de 15 museus de província destinados a receber em depósito obras do Muséum Central. Encontramos aí as principais

---

54. En 1814, com a queda do imperador, o Musée Napoléon se tornou o Musée Royal. Foi apenas em 1848, quando da instauração da Segunda República, que este assumiu o nome de Musée du Louvre.
55. Poulot, p. 67, relatando as ideias do abade Grégoire.

Introdução   45

cidades francesas, como Lyon, Bordeaux e Marselha, mas também Bruxelas,[56] Genebra e Mayence, nas províncias integradas à República. Em 1815, com a queda do Império, a maioria dessas obras faria o caminho no sentido inverso: restituição nos dois sentidos.

O século XIX, a expansão dos museus

Com base no modelo do Louvre, foram criados museus em várias cidades da Europa, sobretudo depois de 1815, quando do repatriamento das obras confiscadas. Podemos distinguir três grandes categorias.

– Os *museus de arte*. Foram os mais numerosos. Originados das antigas coleções particulares, reuniam pinturas, esculturas, antiguidades, moldagens; alguns deles eram mais especializados.[57]

– Os *museus de ciências naturais ou muséums*. Alguns expunham espécimes empalhados, fósseis, cristais e rochas, herbários, pranchas ilustradas; outros, plantas e animais vivos: jardins botânicos[58] e coleções de animais.[59]

– Os *museus de história*, ainda pouco numerosos. Em geral, eram galerias de retratos e de quadros históricos.

Observou-se em seguida, até o fim do século XIX, um verdadeiro frenesi de criação de novos museus e a diversificação de sua temática. As palavras de ordem seriam ecletismo, romantismo e nacionalismo.

■ Assistiu-se primeiramente ao surgimento e à rápida expansão dos museus de arqueologia, disciplina que ganhou autonomia em relação à história da arte, no rastro das grandes campanhas de escavações na Itália, na Grécia, no Egito e no Oriente Próximo: assim, por exemplo, um departamento de antiguidades egípcias foi criado no Louvre em 1826, em Berlim em 1859, e no British Museum em 1861; o museu etrusco foi criado no Vaticano em 1838. Um primeiro museu fora da Europa foi criado em 1857 no Egito, o Museu de Bulaq, transferido para

---

56. Não foram as obras levadas em 1794 que retornaram à Bélgica em 1801: a ideia era constituir, em cada um desses museus de província, uma amostra representativa "de todos os mestres, de todos os gêneros, de todas as escolas".

57. Havia também pinacotecas (pinturas), gliptotecas (esculturas) e gipsotecas (moldes em gesso).

58. Os primeiros jardins botânicos foram criados dentro de universidades: em Leyde, em 1590, e na Faculdade de Medicina de Montpellier, em 1593. Mas o mais célebre é o jardim real de ervas medicinais, que foi fundado em Paris por Gui de La Brosse em 1626 e, com o nome de Jardin des Plantes, se desenvolveu sobretudo no século XVIII, quando Buffon assumiu sua direção (1739).

59. Esses jardins zoológicos, como o de Lourenço de Médicis, apresentavam sobretudo animais exóticos, trazidos para a Europa após a exploração da África, da Ásia e da América a partir do século XV.

o Cairo em 1903. Em 1862, inaugurou-se o Musée des Antiquités Nationales em Saint-Germain-en-Laye. Foi o coroamento das grandes escavações célticas em Gergóvia e Alésia, e a consequência do desenvolvimento de uma nova ciência, a pré-história. Foi também o reconhecimento de uma arqueologia "não clássica",[60] e a manifestação do clima nacionalista que marcou o século.

Esse nacionalismo, que contagiou tanto as grandes e velhas potências como as jovens nações surgidas do Congresso de Viena ou aquelas que buscavam emancipar-se, levou à criação de museus cujo objetivo era exaltar a identidade nacional: Museu Nacional de Budapeste (1802), Museu Patriótico de Praga (1818), Germanisches National Museum de Nuremberg (1852), Nationalmuseet de Copenhague (1849), entre muitos outros exemplos. Foram dedicados à Idade Média museus específicos (Musée de Cluny em Paris, Germanisches National Museum de Nuremberg), que satisfaziam ao mesmo tempo o gosto romântico e os sentimentos nacionalistas.

■ Museus de arte "contemporânea" foram criados para acolher os artistas vivos, os românticos, os pintores históricos, todos aqueles cuja produção era pouco compatível com o classicismo (Neue Pinakothek em Munique, Musée des Artistes Vivants, no Palais du Luxembourg em Paris).

■ Durante todo o século XIX, a apresentação dos museus de arte permaneceu caracterizada por seu elitismo. Por outro lado, surgiram em toda a Europa, geralmente por iniciativa de associações eruditas, museus locais e de caráter mais burguês ou mesmo mais popular. Em Liège, por exemplo, o Musée Curtius foi fundado em 1851 pelo Institut Archéologique Liégeois, associação de eruditos locais.

■ Foi na primeira metade do século XIX que surgiram em Londres as primeiras verdadeiras exposições temporárias importantes, reunindo obras de arte antiga provenientes de diversas coleções particulares. A British Institution, fundada em 1805, desempenhou um papel pioneiro nesse campo, organizando grandes exposições em suas três salas em Pall Mall (também chamadas de British Gallery).[61]

■ Ciências e técnicas. O desenvolvimento da indústria não deixou o mundo dos museus indiferente: já em 1799, por iniciativa do abade Grégoire, fora inaugurado em Paris o Conservatoire National des Arts et Métiers;[62] a criação em Londres, em 1852, do South Kensington Museum,[63] dedicado às artes industriais, marcou o início de uma onda, apoiada financeiramente pelas empresas, que se

---

60. Não baseada nas grandes civilizações mediterrâneas.
61. Sobre a história das exposições temporárias, ver HASKELL, Francis. *Le musée éphémére. Les maîtres anciens et le essor des expositions*. Paris: Gallimard, 2002.
62. Criado por decreto de 10 de outubro de 1794, mas inaugurado somente em 1799.
63. Passou a chamar-se Victoria and Albert Museum em 1909.

Introdução

estendeu à maioria das capitais e centros industriais da Europa. Cerâmica, vidro, armas e têxteis deveriam ao mesmo tempo fazer a alegria dos visitantes e servir de modelo para as produções da época; para tanto, muitos desses museus tinham também uma escola de desenho. Inaugurado em Londres em 1857, o Science Museum tinha como tema as ciências exatas e a mecânica.

• Etnografia. Quando da Exposição Universal de Paris, em 1878, foi exibida a coleção de etnologia de Francisco I no Palais du Trocadéro, construído para esse fim. Essa foi a origem do Musée du Trocadéro, que veio a se tornar o Musée de l'Homme. Esse interesse pelo exotismo e pelos povos "primitivos", bem na linha do romantismo, beneficiou-se das conquistas coloniais dos países europeus na África e na Ásia. Museus de etnografia foram criados em toda parte na Europa (Londres, Amsterdã, Bruxelas, Roma). No final do século, o interesse voltou-se também para a etnografia das regiões da Europa (falava-se então em museus de etnologia): após a criação do Nordiska Museet em Estocolmo, em 1873,[64] uma "sala da França" foi instalada no Trocadéro em 1884. O Museon Arlaten,[65] fundado em Arles em 1903, dedicou-se à conservação das tradições populares provençais; pioneiro, ele serviria de modelo a vários outros museus na França e na Europa.

A museografia do século XIX é bastante característica. O romantismo introduziu nos museus o gosto pela superabundância, pelo exagero: coleções heteróclitas, apresentação por acumulação, mistura de cópias e originais. Mostrava-se tudo o que se tinha. Todavia, observa-se a continuidade do interesse surgido no século XVIII pela classificação: as pinturas eram classificadas por escolas, os espécimes empalhados por gêneros e espécies (museografia sistemática ou tipológica).

No campo das ciências naturais, nota-se uma evolução na apresentação das plantas e dos animais vivos:[66] a partir das coleções de animais das cortes, fruto da curiosidade do príncipe, criaram-se jardins zoológicos, onde o interesse científico pelas espécies exóticas era alimentado por expedições através do mundo. O europeu descobriu assim animais desconhecidos e aprendeu a conhecer seus hábitos. O Zoológico de Londres foi inaugurado em 1828 (ver boxe, p. 159-160), o de Antuérpia, em 1843, e o de Berlim, em 1844; em Paris, um primeiro zoológico no Bois de Boulogne deu continuidade à coleção de animais do Jardin des Plantes em 1860.[67] Um novo conceito, que privilegiava a criação de animais em meio

---

64. O Skansen Museet, um museu ao ar livre, o primeiro do gênero, foi criado no subúrbio de Estocolmo em 1891.

65. Ver boxe no capítulo 2.

66. Ver especialmente BARATY, Éric; HARDOUIN-FUGIER, Elisabeth. *Zoos*. Histoire des jardins zoologiques en Occident (XVIe-XXe siècles). Paris: La Découverte, 1998.

67. Substituído pelo atual Zoo de Vincennes em 1934.

natural, em vez do cativeiro, não tardaria a surgir nos Estados Unidos, onde o primeiro parque natural, o Yellowstone Park, foi criado em 1872. Foi no contexto dos parques naturais americanos que se conceberam a prática da interpretação e a ideia dos centros de interpretação (ver capítulo 1). O conceito de parque natural, importado pela Europa após a Primeira Guerra Mundial, inspirou também a G. H. Rivière a ideia dos ecomuseus em meados do século XX (ver capítulo 1).

Surgido na Europa, o museu viria a difundir-se pelos outros continentes. Vimos um primeiro museu ser inaugurado no Egito em 1857 com base no modelo europeu, concebido mais como um depósito local, visto que os grandes museus da Europa não podiam abrigar todos os vestígios arqueológicos descobertos. Os museus criados nos Estados Unidos, precisamente em Nova York, por volta de 1870 deram mostras de um caráter mais original. O Metropolitan Museum of Art, em 1869, e o American Museum of Natural History, em 1871, introduziram um novo elemento na história da instituição museal: foram fundados por – e ainda hoje pertencem a – uma associação de pessoas físicas (*trustees*). Trata-se, pois, de grandes museus de estatuto privado. Eles comprovam, além disso, um novo interesse pela ciência e a arte do Novo Mundo: são a flora e a fauna do continente americano que se encontram expostas no Museu de Ciências Naturais de Nova York desde a sua inauguração. Em 1924, o Metropolitan criou uma American Wing onde são expostas as obras de artistas americanos. Por fim, em 1929 foi criado, sempre em Nova York, o Museum of Modern Art (MoMA).

Um museu cada vez mais científico

A criação intensa de novos museus e sua diversificação caracterizaram os 125 anos que se seguiram à inauguração do Musée du Louvre. O século XX foi marcado por uma inflexão que se situa no final da década de 1960: até então, uma evolução lenta, como a cauda do cometa "século XIX"; a partir de 1970, na esteira da "nova museologia" mencionada anteriormente, uma criatividade renovada que se acelerou nos anos 1980.

A primeira parte do século XX foi ponderada, científica. Consolidou e aprofundou os avanços rápidos do século precedente. Criaram-se laboratórios científicos nos museus para estudar e restaurar os objetos arqueológicos descobertos nas grandes escavações realizadas no Oriente Próximo e no Oriente Médio. O primeiro deles foi inaugurado nos museus de Berlim em 1888, visando à restauração das obras monumentais trazidas da Mesopotâmia.[68] O British Museum

---

68. A Porta de Ishtar da Babilônia requereu um tratamento especial dos tijolos envernizados antes de ser remontada no interior do Pergamon Museum.

fez o mesmo em 1922. Um laboratório foi criado em Paris em 1931. Sob a direção de Madeleine Hours, de 1958 a 1982, o laboratório do Louvre, que passou a chamar-se Laboratoire des Musées de France, conheceu um desenvolvimento extraordinário, somente comparável ao da instituição londrina. Em 1998 ele se fundiu com o laboratório de restauração para formar o Centre de Recherche et de Restauration des Musées de France (C2RMF). Em Bruxelas, um laboratório foi criado nos Musées Royaux d'Art et d'Histoire por Jean Capart, então curador-geral dos museus. Sua direção foi confiada a Paul Coremans. Como em Paris, o laboratório de Bruxelas tornou-se autônomo em 1948, antes de ganhar seu nome atual, Institut Royal du Patrimoine Artistique (Irpa), em 1957.

Paralelamente, desenvolveram-se as atividades científicas dos museus. A catalogação valeu-se primeiramente do desenvolvimento da mecanografia e, depois, da informática, para fornecer aos pesquisadores, ao menos nos grandes museus, uma base documental sólida e confiável. Trabalhos de campo, científicos, arqueológicos e etnográficos vieram a enriquecer as coleções. Mas a preocupação maior dos curadores, pelo menos na Europa, parecia ser então a conservação.[69] As preocupações didáticas, o interesse pelo público, que desde muito cedo caracterizaram os museus americanos,[70] incluindo os museus de arte, pareciam deixar os curadores europeus indiferentes.

A nova museologia

Uma certa renovação adveio, nos anos 1970, das "novas fronteiras": os novos países surgidos da descolonização maciça e a arte contemporânea. Assim como as "nacionalidades" da Europa central e oriental em meados do século XIX, os países da América Latina, primeiro, e os da África e da Ásia, em seguida, quiseram ter instituições museais que valorizassem sua identidade nacional. Só lentamente souberam distanciar-se da museografia europeia, como denunciou com veemência Stanislas Adotevi na Assembleia Geral do Icom em 1971:[71]

---

69. Fato significativo: os responsáveis pelo Louvre reclamavam incessantemente novos espaços de reserva indispensáveis para fazer face ao crescimento das coleções em condições aceitáveis de conservação; só viriam a obtê-los após 1981, quando essa legítima reivindicação se inseriu na perspectiva mais amplamente aberta para o público do projeto Grand Louvre.

70. Ver CONFORTI, Michael. La tradition éducative et le concept des musées de beaux-arts aux États-Unis. In: GALARD, Jean (Ed.). *Le regard instruit*. Paris: Musée du Louvre, 2000. p. 53-67.

71. ADOTEVI, Stanislas. Le musée dans les systèmes éducatifs et culturels contemporaines. In: ACTES de la neuvième conférence générale de l'Icom. Grenoble: 1971. Texto republicado em *Vagues*, v. 1, p. 119-138.

É claro que o museu, lugar do discurso impostor da museologia europeia, deve desaparecer, expulso de cena por uma ruptura imposta por uma prática museográfica nutrida da experiência desses bilhões de homens que continuam a ser ignorados e que sabem, cada vez mais, que têm a propor outros modelos que não aqueles legados pela Grécia clássica e o Renascimento. A consciência dessa realidade é explosiva. Ela há de levar, por bem ou por mal, a museografia a manifestar em sua função crítica da cultura, sua função verdadeira de saber, a adesão a uma história experimental. O museu deve ceder lugar aos "centros de formação e de reciclagem histórica".[72]

A criação do Museu de Antropologia do México em 1964 é emblemática dessa "descolonização museal" (ver boxe, p. 104-105).

Os tradicionais museus de belas-artes dificilmente poderiam acolher as obras muitas vezes monumentais dos artistas contemporâneos; além disso, parecia difícil proceder à seleção qualitativa indispensável ao ingresso de uma obra no museu em meio a incontáveis correntes tão efêmeras quanto dissidentes. Criaram-se novos museus, especificamente destinados à arte contemporânea: o Guggenheim em Nova York, o Beauburg em Paris e a Neue Nationalgalerie em Berlim balizaram um percurso modernista do qual os museus mais tradicionais extrairiam uma lição. Mas foi a partir dos anos 1980 que os museus de arte contemporânea se tornaram verdadeiramente os pioneiros da renovação museológica. Quer se trate do reaproveitamento de prédios industriais ou comerciais, onde os amplos espaços indiferenciados propiciam um ambiente ideal para a criação contemporânea, ou de novas construções encomendadas aos melhores arquitetos, os museus de arte moderna ou contemporânea que são criados buscam numa arquitetura diferente a atratividade junto ao grande público que suas coleções, muitas vezes de difícil abordagem, nem sempre asseguram. O Museu Guggenheim de Bilbao constitui-se num símbolo dessa renovação (ver outros exemplos no capítulo 8).

A "nova museologia", que marca um aprofundamento considerável da pesquisa sobre os museus, concretizou sua constituição como disciplina científica autônoma. Muitos museus da Europa, quando de sua inauguração ou reforma, se beneficiaram dos progressos dessa nova disciplina. A criação dos ecomuseus a partir de 1971 e a recriação, em um novo prédio, do Musée des Arts et Traditions Populaires em Paris em 1975 sublinham o papel fundamental desempenhado por Georges Henri Rivière nessa renovação museológica. Sua influência foi muito forte na França, mas também no âmbito internacional, com a criação, em 1947, do International Council of Museums (Icom), do qual foi um dos cofundadores e o primeiro secretário-geral (1948-1966).

---

72. Sobre os museus africanos, ver também DIOP, A. L'action muséale dans les pays d'Afrique, son rôle et sa finalité. *Museum*, v. 25, n. 4, 1973.

Introdução

O mundo museal hoje

O desenvolvimento do turismo cultural e a conscientização do papel social e econômico do museu constituíram uma tendência importante do fim do século XX. Essa tendência permitiu descongelar os orçamentos públicos necessários à renovação e à criação de museus nos últimos 20 anos do século. Primeiramente a Alemanha, depois a França, a Grã-Bretanha e os Países Baixos, por fim a Itália e a Bélgica se lançaram então em amplos programas de renovação da paisagem museal.

A museografia também se beneficiou da renovação que atingiu o mundo dos museus no último quartel do século XX, abandonando um modo de exposição exclusivamente centrado no objeto em prol de uma expografia mais diversificada. Sem dúvida, foram os museus de ciências e técnicas os primeiros a promover essa "revolução" (para retomar aqui o título de um livro fundamental),[73] que depois se estendeu ao mundo dos museus de etnografia e dos museus de história e arqueologia. Os museus de belas-artes visivelmente ficaram para trás; se eles se beneficiaram, como os demais, dos efeitos dessa renovação museológica – notadamente pela construção ou reforma dos prédios –, em geral se limitaram a um *lifting* cenográfico no que concerne à exposição. Neles, a "revolução" ainda está por ser feita.[74]

Esses anos foram igualmente marcados pelo gigantismo de certos projetos (Grand Louvre, Cité des Sciences de La Villette, Getty Center...) e pela criação de museus em zonas economicamente desfavorecidas, na esperança de que viessem a contribuir para sua revitalização (Guggenheim em Bilbao, Louvre-Lens). A criação do Musée de la Civilisation em Quebec, em 1988, marcou uma ruptura importante que concretizou o advento do que viria a ser chamado de museus sociais. Inovador por sua denominação e seu projeto museal, que concilia o interesse pela sociedade quebequense e a abertura para o mundo, o museu de Quebec o é também por uma política de exposição original, que fez escola (ver boxe p. 280-281). Enfim, ele introduziu um novo modo de gestão dos museus em que o curador tem um papel mais apagado, ligado principalmente às coleções, enquanto a política dos públicos encontra seu lugar no organograma. Esse reequilíbrio das funções se difunde lentamente no mundo museal (criação de um departamento do público no Louvre em 2008).

As duas últimas décadas, para as quais falta o distanciamento necessário à análise, foram marcadas por um movimento em direção ao "espetacular

---

73. SCHIELE, Bernard; KOSTER, Emlyn H. (Ed.). *La révolution de la muséologie des sciences. Vers les musées du XXIe siècle.* Lyon: PUL, 1998.
74. GOB, André; MONPETIT, Raymond (Ed.). 'La (r)évolution des musées d'art', número temático da revista *Culture & Musées*, n. 16, 2010.

museal",[75] que se caracteriza por uma arquitetura onipresente (tanto nos novos projetos quanto na reforma dos museus existentes), pela cultura do evento, pelo ludismo e o politicamente correto, que associam a visita a um museu a um entretenimento etc. A influência dos parques temáticos não é alheia a isso. Paralelamente, como nos outros setores culturais, nota-se uma ingerência cada vez mais evidente da lógica do mercado no setor dos museus, fazendo deles "empresas" ou "produtos" culturais como os outros. A gestão desses grandes projetos, cujo orçamento atinge centenas de milhões de euros, requer competências que ultrapassam, aos olhos de certas autoridades, as de um curador. Eis por que a gestão é confiada cada vez mais a administradores de alto nível (na França, aos *énarques*, formados pela École Nationale d'Adminastration, ENA), na maioria das vezes estranhos ao campo cultural, mas aguerridos nas relações complexas com os grandes grupos construtores de obras públicas e com as administrações financeiras. Ocorre que esses administradores continuam no posto após a conclusão do projeto e a abertura do museu, como se viu na França no Musée du Quai Branly.

O número de instituições museais continua a crescer, tanto no âmbito das iniciativas modestas, ligadas sobretudo ao desejo de preservar e valorizar coleções locais, quanto no das instituições *superstars*, desde logo destinadas a se tornar polos de atração extremamente importantes (projeto Louvre Abu Dhabi), e não destituídas de uma nova forma de elitismo. Entretanto, projetos ambiciosos como o do Musée des Confluences em Lyon, grande projeto do Departamento do Rhône que deve ser inaugurado em dezembro de 2014, procuram conciliar atratividade junto ao grande público e respeito às missões museais.

---

75. Tal conceito foi proposto por François Mairesse, *Le musée, temple spectaculaire*, op. cit.

1. Definição e diversidade dos museus

> O museu: espelho do nosso olho.
>
> Carl Havelange, 1999[76]

A palavra "museu" é de uso corrente, mas não é fácil de definir. O breve panorama histórico apresentado na Introdução mostrou como, a partir de uma origem comum, os museus se diversificaram numa ampla gama de instituições que à primeira vista apresentam muito poucos pontos comuns. Na hora de oferecer uma definição, cada um tem em mente uma categoria particular de museu: uns, um museu de arte, outros, um museu de ciências naturais, outros, um museu de etnologia, outros ainda, um museu de arqueologia ou de história.

O que é um museu?

Busquemos uma definição que englobe o conjunto das instituições museais. Os dicionários e enciclopédias não especializados descrevem o museu apoiando-se essencialmente em suas características mais visíveis: o lugar (a arquitetura), a reunião de uma coleção de objetos, a exposição. A maioria destaca que tais objetos apresentam um interesse particular, nos planos artístico, histórico, técnico ou científico.

Os livros de museologia e as associações de museus também tentam definir o termo.

A definição citada com mais frequência é aquela proposta pelo Icom[77] e adotada pelos estatutos dessa associação (ver também boxes nas p. 25 e 55):

> O museu é uma instituição permanente sem fins lucrativos, a serviço da sociedade e do seu desenvolvimento, aberta ao público, que adquire, conserva, estuda, expõe e transmite o patrimônio material e imaterial da humanidade e do seu meio, com fins de estudo, educação e deleite.

---

76. HAVELANGE, Carl. Le musée mélancolique. Tentative pour photographier nos manières de voir. *Publics & Musées*, v. 16, p. 11-16, 1999.

77. Art. 3º, seção 1 dos Estatutos do Icom, adotados pela 22ª Assembleia Geral do Icom (Viena, Áustria, 24 ago. 2007). N. do T.: a tradução do artigo segue a adotada no verbete "Museu" em *Conceitos-chave de museologia*, op. cit.

A Associação Inglesa de Museus adotou desde 1998 a seguinte definição:[78]

Os museus permitem às pessoas explorar coleções para daí extrair inspiração, saber e prazer. São instituições que coletam, conservam e tornam acessíveis ao público artefatos e espécimes, cuja guarda elas garantem para a sociedade.

Para alguns, é a coleção por si só que define o museu; assim, Alessandra Mottola Molfino se atém a uma definição muito restritiva:[79]

Por exemplo, o Musée de la Science em La Villette, Paris, é tudo (inclusive um *luna-park*), mas não um museu. O que, então, caracteriza de modo inequívoco um museu? Os objetos, as obras, as coleções que nele são conservadas. O museu existe onde existe uma reunião de objetos que devem ser conservados. Sem objeto, não existe museu. As atividades ditas museais, culturais e ligadas ao público são uma consequência da existência dos objetos; uma consequência que poderia muito bem não ter ocorrido. Tanto é assim que também existem museus fechados.

Essa atitude que reduz o museu à sua coleção tem sua origem, como vimos, na história da instituição museal. Ela está longe de ter desaparecido e com frequência é encontrada entre curadores dos museus de arte e de arqueologia.

Essa é também – apesar de alguns sinais de abertura – a posição adotada pela lei francesa referente aos museus,[80] que assim define o museu em seu art. 1º:

É considerada museu, no sentido da presente lei, toda coleção permanente composta de bens cuja conservação e apresentação se revestem de um interesse público, e organizada tendo em vista o conhecimento, a educação e o prazer do público.

Destacamos, nessas definições, vários elementos comuns.
- O museu é uma instituição permanente: a permanência é indispensável à sua missão de conservação. Isso o opõe a uma sala de exposição que não possui nem coleção, nem temática permanentes, e a uma organização efêmera, criada para alguma ocasião especial.
- O museu visa ao interesse geral, não tem fins lucrativos: a finalidade do museu não é gerar lucro, ele cumpre missões a serviço da sociedade, o que não impede nem um estatuto privado (associação, fundação), nem atividades comerciais (tíquetes de entrada, lojas).

---

78. Para o texto original da definição adotada pela Museums Association em 1998, ver o site: <www.museumsassociation.org>.
79. *Il libro dei musei*, p. 129.
80. Lei de 4 de janeiro de 2002, *Journal Officiel*, 5 jan. 2002., p. 305.

Definição e diversidade dos museus   55

– O museu é aberto ao público: uma coleção privada não constitui um museu.
– Sua coleção é classificada, estudada, é objeto de pesquisas: não se trata de mera estocagem; uma coleção não inventariada e não estudada é como se estivesse perdida.
– O museu deve expor, apresentar ao público: não se trata de um patrimônio econômico, como aquele guardado nas caixas-fortes dos bancos.

A definição adotada pelo Icom é sem dúvida aquela que permite abranger mais amplamente as instituições em toda a sua diversidade. É também a única a mencionar o interesse do museu em dedicar-se igualmente ao patrimônio imaterial.

A "Declaração de Calgary"

O Comitê Internacional do Icom para a Museologia (Icofom) propôs outra definição, conhecida como "Declaração de Calgary":[81]

"O Comitê Internacional para a Museologia, reunido em Calgary (Canadá) para seu simpósio anual, de 30 de junho a 2 de julho de 2005, propõe ao Conselho Executivo do Conselho Internacional de Museus a seguinte definição de museu, a fim de que seja levada em consideração tendo em vista os novos estatutos do Icom.

O museu é uma instituição a serviço da sociedade, que tem por missão explorar e compreender o mundo por meio da pesquisa, da preservação e da comunicação, notadamente por meio da interpretação e da exposição, dos testemunhos materiais e imateriais que constituem o patrimônio da humanidade. É uma instituição sem fins lucrativos.

Entende-se por instituição uma organização formalizada que desenvolve seus objetivos a longo prazo.

A serviço da sociedade sublinha a missão social do museu. Tal conceito está no cerne da Declaração de Santiago do Chile (1972), da qual se originou a definição do Icom de 1974.

A pesquisa engloba o estudo e a documentação dos testemunhos ligados ao campo de atividade do museu, bem como as questões relativas à coleta.

A preservação compreende a aquisição, a gestão das coleções, a conservação e a restauração.

A comunicação compreende a interpretação, a exposição e a publicação, tanto para as gerações atuais quanto futuras.

Os testemunhos materiais e imateriais abrangem os objetos materiais ou elementos imateriais. Pode tratar-se de um sítio que abrigue um patrimônio imobiliário natural ou cultural, ou de coleções mobiliárias, tanto naturais quanto culturais. Tais testemunhos podem ser também substitutos materiais ou imagens digitais.

Sem fins lucrativos significa que o museu não tem um objetivo comercial."

---

81. MAIRESSE, François; DESVALLÉES, André. Introduction. Vers une nouvelle définition du musée. In ____; ____ (Dir.). *Vers une redéfinition du musée?* Paris: L'Harmattan, 2007. p. 13-20, esp. 14-15.

Alguns autores e algumas legislações recentes[82] introduziram uma distinção entre museus e instituições museais: essa expressão, de alcance mais geral, designa instituições próximas dos museus, mas que não possuem necessariamente todas as suas características. Tal definição deve, porém, ser usada com prudência: podemos imaginar incluir sob essa designação um estabelecimento que tenha tudo de um museu, mas cuja finalidade seja o lucro? Ou, ainda, uma instituição que não seja aberta ao público?

Ao que parece, os promotores dessa ideia tinham em mente sobretudo os "museus sem coleção"; de fato, como foi dito, essa questão frequentemente opõe os defensores de uma posição estrita e mais conservadora, que identifica o museu com sua coleção, àqueles que são abertos a formas novas de museus cujo fundamento não é necessariamente a coleção. No Quebec, "instituição museal" é um termo genérico que designa

> os estabelecimentos de fins não lucrativos, museus, centros de exposições e centros de interpretação, que, além das funções de aquisição, de conservação, de pesquisa e de gestão de coleções assumidas por alguns, têm em comum serem lugares de educação e de difusão dedicados à arte, à história e às ciências.[83]

Essa definição insiste na ausência de busca de lucro, o que impede de incluir nela qualquer iniciativa com objetivo comercial. Veremos adiante o que se deve entender por "centro de exposições" e "centro de interpretação".

Neste manual nos atemos à definição do Icom, e a expressão "instituição museal" é sinônima de "museu". O uso que fazemos dela denota simplesmente a intenção de designar os museus em toda a sua diversidade.

Foi a diversificação dos temas e das formas da instituição museal durante a segunda metade do século XX que tornou tão difícil – e ainda mais indispensável – a tarefa de estabelecer uma definição precisa, mas aberta, do museu. Essa diversificação, que como vimos suscita por vezes reflexos cautelosos, é fruto de diferentes fatores.

▪ *A democratização*, ou seja, a ampliação dos públicos, levou ao museu pessoas menos ou pouco impregnadas da cultura "museu" e que tinham em relação ao museu expectativas diferentes daquelas do público tradicional de frequentadores, um público de amadores esclarecidos.

---

82. Na Bélgica, o Decreto da Comunidade Valônia-Bruxelas de 17 de julho de 2002 (*Moniteur Belge*, 9 out. 2002), em seu art. 1º, dá uma definição do museu baseada na descrição do Icom de 2001. O art. 2º diz respeito às instituições museais.

83. Observatoire de la Culture et des Communications du Québec, 2003; *Système de classification des activités de la culture et des communications du Québec*. Quebec: Institut de la Statistique du Québec, 2004. p. 36.

Definição e diversidade dos museus

- *A globalização* levou à implantação do museu, conceito europeu, nos outros continentes. Mas, ao deixar a Europa, o museu se adaptou, certamente de modo parcial e imperfeito, às realidades e necessidades locais. Ao fazê-lo, ele se diversificou assumindo temáticas e formas novas.

- *O turismo cultural* se interessou pelo museu e introduziu nele, juntamente com um público mais amplo e mais diversificado, uma necessidade de novas formas museais, mais bem adaptadas à exploração turística.

- *As novas tecnologias* constituíram um trunfo importante para a comunicação do museu; elas se integraram nele progressivamente e contribuíram para o desenvolvimento de novas formas de museus: centros de interpretação, percursos-espetáculos, cujo objetivo não é mais necessariamente a conservação, o estudo e a divulgação de uma coleção de objetos.

Diante dessa maior diversidade, é compreensível a preocupação das autoridades e das organizações profissionais como o Icom no sentido de delimitar o campo da palavra "museu" e as formas de organização, de proteção e de ajuda financeira (subsídios) a ele ligadas. Todavia, as definições formuladas visam menos, talvez, a responder à pergunta "o que é um museu?" do que a separar o que é um museu daquilo que não é, enunciando critérios "técnicos" e normas de funcionamento. Como assinalou Mairesse,[84] não se faz menção ao conteúdo das mensagens comunicadas pelo museu... Poderíamos deduzir daí que um museu totalmente inútil ("Museu do Queijo de Cabra" ou "Museu Nacional do Palito de Dente"),[85] desde que atenda a certas convenções funcionais, pode expor tudo, ser reconhecido pelas autoridades e receber subvenções? É preciso insistir na utilidade social do museu, assim como na atitude crítica, na postura científica que ele adota em suas diferentes atividades.

Diversidade dos museus

Os sítios e monumentos naturais, arqueológicos, etnográficos, históricos, os jardins botânicos e zoológicos, os aquários, os centros científicos e os planetários, as galerias de arte com fins não lucrativos, as galerias de exposições das bibliotecas e arquivos, as reservas naturais... Todas essas instituições podem perfeitamente corresponder à definição do Icom.[86] A enorme diversidade dos museus deve ser

---

84. François Mairesse, *Le musée, temple spectaculaire*, op. cit. p. 163.
85. WEIL, Stephen. La véritable responsabilité du musée: les idées ou les choses? In: DESVALLÉS, André. *Vagues*. Une anthologie de la nouvelle muséologie, 2. Mâcon: Savigny-le-Temple, 1994. p. 433-452.
86. Essa enumeração inspirou-se, aliás, na definição do museu utilizada pelo Icom, com algumas emendas, de 1989 a 2007.

analisada segundo vários critérios. A orientação temática das coleções – ou a ausência destas – e o tamanho da instituição são as características que aparecem claramente aos olhos dos visitantes (e que alguns encaram como medida de prestígio), mas não são as únicas. Há ainda a natureza da autoridade de tutela, o estatuto territorial, o sistema de funcionamento, a forma museal.

Diversidade das temáticas

Vimos como a expansão geográfica, científica e cultural do saber ao longo dos últimos dois séculos levou à proliferação de museus mais ou menos especializados. Tomemos o exemplo de Paris e dos museus de arte e arqueologia. O Louvre, tido como museu universal, limitou no entanto seu campo de ação à história da arte e, secundariamente, à arqueologia; não abrange nem as Américas, nem a África,[87] nem o Extremo Oriente (Musée Guimet), nem a arte pré-histórica, cuja importância é contudo bem conhecida na França, nem a arte celta e galo-romana (Musée des Antiquités Nationales em Saint-Germain-en-Laye), nem a arte moderna (Musée d'Orsay) e contemporânea (Beaubourg e Palais de Tokyo). Além desses grandes museus nacionais, existem muitos outros dedicados a temas ainda mais específicos.

Mas se considerarmos o conjunto do universo museal, será então uma vasta galáxia, bastante anárquica, que teremos que evocar. A temática a que um museu se dedica é função de múltiplos fatores locais, históricos ou de oportunidade: alguns são museus generalistas ou museus de síntese, que cobrem de modo sistemático um campo do conhecimento (por exemplo, o Institut Royal des Sciences Naturelles da Bélgica, em Bruxelas), enquanto outros são especializados em um sítio, um material, uma técnica, um episódio histórico, uma personalidade célebre. Não se constata nenhuma organização, nenhuma racionalidade nessa repartição; e assim é, de fato.

Do Museu do Erotismo (Bonn e outros lugares) ao Museu das Práticas Funerárias (Frankfurt), do Musée de la Pierre (Sprimont) ao Musée du Parfum (Grasse), do Musée Alpin (Chamonix) ao Musée de la Mer (Biarritz), do Musée de la Grande Guerre (Péronne) ao Musée de la Légion d'Honneur (Paris), do National Football Museum (Manchester) à Fondation Cartier (Paris), o espaço dos museus abarca todo o campo das atividades humanas. Tudo é "musealizável".[88]

---

87. A partir de 2000 criaram-se no Louvre, de modo muito marginal, algumas salas dedicadas às "artes primitivas" (*arts premiers*), mas foi o Musée du Quai Branly, inaugurado em 2006, que desde então passou a cobrir essa temática (ver boxe p. 156-157). De toda forma, as obras-primas expostas no Louvre lá permanecerão.

88. Ver p. 207-209.

É POSSÍVEL ESTABELECER UMA TIPOLOGIA TEMÁTICA DOS MUSEUS?

G. H. Rivière propôs uma classificação hierárquica em quatro grandes categorias.[89]
1. Museus de arte
   a. Artes plásticas, gráficas e aplicadas
   b. Artes do espetáculo
   c. Música e dança
   d. Literatura
   e. Artes da fotografia e do cinema
   f. Arquitetura
2. Museus das ciências do homem
   a. História, incluindo arqueologia e pré-história
   b. Etnologia, antropologia, folclore
   c. Pedagogia
   d. Medicina, higiene
   e. Lazer
3. Museus das ciências da natureza
4. Museus das ciências e das técnicas

Tal classificação, mais pragmática do que sistemática, é por natureza discutível, especialmente pelas subdivisões secundárias: por que isolar a medicina, por exemplo, mas juntar história, arqueologia e pré-história numa (demasiado) vasta categoria? Os grupos das ciências naturais e das ciências e técnicas mereceriam ser subdivididos da mesma forma que os demais, e de fato o são no comentário de G. H. Rivière, mas não da maneira sistemática como ele detalha as artes e as ciências humanas.

O costume prefere que se agrupem os museus de belas-artes, de artes decorativas e de arqueologia num conjunto que se justifica sobretudo pela formação comum dos historiadores da arte e arqueólogos.

Muitos museus concernem a várias dessas categorias, em particular quando se trata de museus locais, que tendem a ser polivalentes. Rivière propõe uma quinta categoria, a dos "museus multidisciplinares e dos museus interdisciplinares". Ele dá o exemplo (p. 146-147) do Musée du Vin de Bourgogne, em Beaune. O vinho está presente ali de diferentes pontos de vista: científico (a geologia do solo da Bourgogne, a química da fermentação), histórico (origem e evolução dos vinhedos), arqueológico, etnográfico (o trabalho das vinhas e do vinho), artístico (apresentação de obras de arte inspiradas no tema do vinho).

---

89. GHR, p. 90-140.

60   A museologia

Atualmente costuma-se falar em "museus sociais" quando se trata desse gênero de instituição; em geral essa expressão recobre os museus de história, de etnografia e de etnologia, os museus da vida local. Mas é menos por sua temática do que pela forma de abordá-la que esses museus se caracterizam. Eles privilegiam um enfoque multitemático, em que os diferentes componentes da vida social são valorizados. Um museu de arqueologia assim concebido não seria também um museu social?

Expor a cidade, um desafio interdisciplinar

Na segunda metade do século XIX, algumas grandes cidades europeias criaram museus para expor sua história. Em seguida, durante o século XX, esse movimento se expandiu por todo o mundo. As cidades tornaram-se assim o tema de centenas de museus e centros de interpretação, geralmente reunidos sob a etiqueta "museus de cidade", e desde então constituem uma temática de vocação plenamente interdisciplinar. O fenômeno urbano é musealizável em função de pontos de vista variados, dependendo da natureza das coleções conservadas ou do foco de interesse dos idealizadores: a lembrança dos eventos importantes ou dos grandes vultos, o desenvolvimento urbanístico, a história do povoamento e das migrações, as tradições locais e o folclore...

Dois grandes "modelos" de museus de cidade parecem coexistir no cenário museal contemporâneo, o primeiro centrado na riqueza e qualidade das coleções, enquanto o segundo visa principalmente a apresentar um conteúdo ou conhecimentos.[90] Um exemplo famoso do primeiro tipo de instituição é o Musée Carnavalet em Paris, inaugurado em 1880. Em 1866, o barão Haussmann, prefeito do Departamento de la Seine, havia ordenado a compra da mansão Carnavalet pela municipalidade de Paris a fim de conservar as lembranças da capital, que passava então por uma radical reforma urbanística. Hoje, o Carnavalet mais parece um museu de artes decorativas do que um museu de história. A ênfase recai de fato particularmente nos séculos XVII e XVIII: várias dezenas de salas mostrando objetos de arte e mobiliário são decoradas com revestimentos de madeira ou tetos provenientes de monumentos desaparecidos e evocam o modo de vida das elites abastadas do Antigo Regime.

O segundo modelo de museu de cidade pode ser ilustrado pelo Musée d'Histoire de la Ville de Luxemburgo, criado em 1986 sem nenhuma coleção preexistente. Uma equipe de pesquisadores foi encarregada de elaborar o conceito do futuro museu, ficando a constituição das coleções subordinada ao discurso. O museu foi inaugurado em 1996, com uma exposição permanente (hoje renovada) mostrando um número restrito de peças adquiridas ou emprestadas. As exposições temporárias focalizam

---

90. Evidentemente, essa distinção entre "museologia do objeto" e "museologia da ideia" concerne apenas à temática da exposição da cidade. Ver p. 140-141.

temas contemporâneos e ultrapassam o quadro estrito da história de Luxemburgo (a espoliação dos bens dos judeus durante a Segunda Guerra Mundial, os ciganos, a fé, o crime...). Mais aberto para as realidades socioeconômicas das cidades e sua atualidade, o museu se inscreve portanto numa dinâmica do tipo "museu social".

Não obstante a diversidade de enfoques que possa haver entre os diferentes museus de cidade, estes vêm se tornando cada vez mais conscientes da especificidade temática que os une. Uma Associação Internacional de Museus de Cidade foi assim fundada em 1993, seguida em 2003 da criação de um grupo de trabalho sobre os museus de cidade no seio do Icmah, comitê do Icom para os museus de história e de arqueologia. Por fim, em 2005, instituiu-se um novo comitê especificamente dedicado às coleções e às atividades dos museus de cidade, o Camoc.

Edson e Dean[91] esquematizaram a diversidade dos museus estruturando-a em torno de três polos principais constituídos pela arte, a história e as ciências.

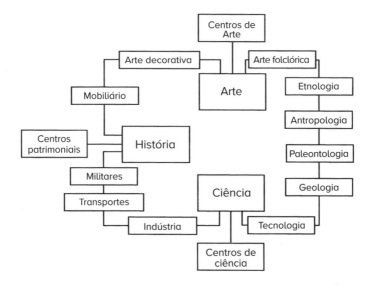

Extraído de Edson e Dean (p. 8).

As tipologias são instrumentos que permitem apreender a extraordinária diversidade dos museus, que elas classificam e descrevem de maneira sistemática. Podemos de toda forma nos interrogar sobre a legitimidade de tipologias exclusivas, particularmente no plano das temáticas: a despeito de seu objetivo

---

91. EDSON, Gary; DEAN, David. *The handbook for museums*. 2. ed. Londres; Nova York: Routledge, 1996.

pragmático, muitas vezes elas causam problemas. A ideia de que a identidade de um museu seja essencialmente baseada numa temática está hoje superada. As classificações temáticas ou disciplinares não dão conta da riqueza das instituições que tendem cada vez mais a abordagens multitemáticas e interdisciplinares. Um museu não deve mais ser "disto" *ou* "daquilo", e sim "disto" *e* "daquilo". Um museu de cidade (ver o quadro anterior) pode entrar plenamente na categoria dos museus históricos mas também dos museus sociais. Um museu de arqueologia industrial pode também propor um olhar societal, atual, mesmo tratando de história e de artes decorativas!

Uma questão subjacente diz respeito à adesão dos museus a determinada associação, grupo de trabalho ou rede.[92] Como se posicionar quando a instituição oferece uma identidade múltipla, complexa? O caso do "museu de cidade", que pode ser encarado como uma categoria independente, mostra os limites das tipologias e das etiquetas que separam as instituições.

Diversidade da zona geográfica abordada

Do mais geral ao mais particular e para uma determinada temática, é possível distinguir os museus de acordo com a zona geográfica pela qual se interessam:
- museus universais: são os grandes museus que se desenvolveram no século XIX, como o Louvre, o British Museum, o Metropolitan Museum de Nova York, e que têm a pretensão de mostrar a universalidade das civilizações humanas;
- museus internacionais: são instituições cujas coleções e cujo objetivo estão ligados aos países vizinhos e, de maneira muito pontual, a outras civilizações ou continentes. Podemos citar os Musées Royaux d'Art et d'Histoire em Bruxelas, o Palazzo Pitti em Florença, o MuCEM em Marselha ou o Museum Europäischer Kulturen em Berlim, que se interessam pela história e pela cultura respectivamente mediterrânicas e europeias. Muitos museus de história natural têm uma vocação internacional;
- museus nacionais: o qualificativo "nacional" pode se referir à autoridade de tutela, mas mais amplamente à vontade de cobrir um assunto na escala do país, como o Musée des Antiquités Nationales de Saint-Germain-en-Laye, o Germanisches Museum em Nuremberg, o Museo Nazionale Romano em Roma;

---

92. Por exemplo, a associação Musées et Société en Wallonie (MSW), que reúne instituições e não pessoas, propõe a seus membros investir mais especialmente numa rede temática: Archéopass (arqueologia), Art&Mus (arte), HOmusée (etnologia) e Piste (patrimônio industrial, científico e técnico).

Definição e diversidade dos museus

- museus regionais: podem ser museus temáticos que apresentam uma ancoragem territorial, como o Musée de la Préhistoire d'Île-de-France em Nemours, o Musée de la Vie Wallone em Liège, ou museus interdisciplinares que têm como vocação falar da história e da cultura no nível de uma província, de um departamento, de um cantão, como o Musée d'Aquitaine em Bordeaux ou o Fries Museum em Leeuwarden nos Países Baixos;
- museus locais: são os museus que se voltam para uma temática no nível essencialmente local ou que apresentam coleções cuja fabricação ou cujos proprietários/usuários são de origem local, como é o caso da Maison de la Métallurgie et de l'Industrie de Liège ou do Musée Calvet em Avignon, por exemplo. Os centros de interpretação geralmente se interessam por uma área geográfica limitada (aglomeração, comuna, "terra").

Diversidade de tamanho

É escusado insistir na distância que separa o maior museu do mundo, o Louvre, de um pequeno museu local, concebido e criado por um só indivíduo, por vezes um voluntário, havendo evidentemente toda uma gama de tamanhos intermediários. Compreende-se facilmente que o conjunto das questões de museologia, tal como apresentadas neste manual, ainda que elas se apliquem de modo geral a todos os museus, devem ser abordadas levando-se em conta o tamanho da instituição. Os problemas, assim como os meios de resolvê-los, têm sua proporção ditada por esse fator.

Algumas redes ou associações de museus foram criadas especificamente para responder às necessidades dos museus modestos e para, graças ao compartilhamento dos meios e à troca de serviços ou de experiência, dar um "corte crítico" a esses grupos de instituições. Na maioria das vezes, os esforços dão ênfase antes de tudo às comunicações, de modo a melhorar a visibilidade dos museus, e à profissionalização das pequenas equipes.

> **Muséum d'Histoire Naturelle de Neuchâtel,
> um pequeno museu com grandes ambições**
> Sem qualquer hesitação, Christophe Dufour, curador, afirma: "Eu não gostaria de deixar o meu 'pequeno' museu por outro maior!". Com uma frequência oscilando entre 30 mil e 80 mil visitantes por ano, para uma cidade de 32 mil habitantes, o Muséum d'Histoire Naturelle de Neuchâtel vai bem. Conta, segundo Dufour, com uma ótima estrutura de funcionamento, que lhe permite sobretudo dedicar-se pessoalmente à montagem de exposições temporárias, em vez de limitar-se ao papel de administrador. A equipe do museu tem cerca de 20 membros, cada um deles podendo se mostrar polivalente.

Seu porte modesto não o impede, muito ao contrário, de figurar entre os museus mais dinâmicos: uma rica coleção herdada do século XIX, um centro de cartografia de distribuição da fauna e um importante polo de pesquisa conferem mais credibilidade a essa pequena estrutura, o que lhe permite encontrar parceiros e pesquisadores externos para garantir sua política de exposições temporárias. De fato, o museu joga dos dois lados montando exposições que marcaram época, como *Rats* em 1997, *La grande illusion – mort ou vif* em 2001 ou, ainda, *Mouches* em 2004 ou *Donne la patte* em 2003. Muitas delas se tornaram, aliás, exposições itinerantes. Mas não se trata de coproduções, pois Dufour não se prende a compromissos; essa independência lhe permite assinar realizações originais e por vezes até mesmo experimentais. Ele se vale do *know-how* de que dispõe internamente e recorre a outros parceiros ou colaboradores conforme os projetos de exposição. Esse modo de funcionamento possibilita-lhes também certa rapidez de ação (não mais que 18 meses para montar uma grande exposição) e estar atentos à atualidade. Interessado em campos variados, o museu e sua equipe privilegiam temas de exposição à margem das ciências naturais tradicionais[93] e buscam ideias nos museus de arte contemporânea ou nos museus de etnografia. Frequentemene, contam com a participação de personalidades do mundo da arte, do teatro e do cinema, a fim de variar os modos de expressão. Sem dúvida, reina em Neuchâtel um clima de emulação museográfica, como prova também uma outra instituição de porte médio, o Musée d'Ethnographie.

Diversidade de estatuto[94]

Na Europa, muitos museus são organizados pela autoridade pública. É preciso distinguir de acordo com o nível do poder organizador.

– O Estado central. Na França e na Itália, os museus nacionais (Louvre, Beaubourg, Museu da Villa Giulia); na Bélgica, os museus federais (Musées Royaux des Beaux-Arts da Bélgica, Musée Royal de l'Afrique Centrale de Tervuren).
– Os poderes locais: região, província, departamento, comuna. São os mais numerosos.
– As associações controladas pelos poderes públicos: cada vez mais frequentemente, as autoridades locais, em especial as comunas, confiam a gestão de seus museus a associações nas quais detêm, no entanto, o poder de decisão.

---

93. DUFOUR, Christophe. 'De "rats" aux "petits coq-à-lâne", comment exposer la science? Une retrospective des expositions au Muséum d'Histoire Naturelle de Neuchâtel. In: MARIAUX, Pierre-Alain. *L'objet de la muséologie*. Neuchâtel: Institut d'Histoire de l'Art et de Muséologie, 2005. p. 119-144.
94. Ver também o capítulo 9.

Associações criadas por organismos diversos (igrejas, congregações religiosas, universidades etc.) e por grupos privados (associações, fundações) estão na origem da criação de numerosos museus. Tais associações e grupos não têm finalidade comercial; agem em nome do interesse geral, se bem que, do ponto de vista jurídico, devam ser consideradas de direito privado.

Em muitos países, a lei regulamenta o reconhecimento e a classificação dos museus, qualquer que seja o poder organizador.

O "museu" privado, onde a coleção e o prédio que a abriga são propriedade de um particular e não de uma associação, não é obrigado a respeitar as mesmas obrigações em termos de abertura mínima, de vocação social e cultural, de preservação da coleção etc. No limite, um museu desse tipo poderia abrir apenas um fim de semana por ano para vender ou trocar objetos que ele "conserva". Tais museus não podem ser reconhecidos e tombados e, por isso mesmo, não podem obter subsídios para suas atividades. Eles podem, contudo, ostentar o nome de museu, já que este não é protegido como tal, e podem ser repertoriados em guias culturais ou turísticos.

Diversidade de forma

A forma clássica do museu tem sua origem no colecionismo, na progressiva abertura ao público por influência do iluminismo e na diversificação temática durante o século XIX.

As características essenciais do modelo clássico são:[95]
- a presença de uma coleção de objetos materiais e de obras de arte;
- o caráter multifuncional da instituição que cumpre todas as missões (expor, conservar, estudar, animar), quer estas se expressem em três, quatro ou cinco verbos, dependendo dos autores e das definições;
- a identificação do museu com um prédio ou um lugar construído, que às vezes lhe dá o nome;
- a distinção fundamental entre as salas onde os objetos são expostos de modo permanente, de acordo com uma estrutura copiada da disciplina científica, e aquelas em que são apresentadas exposições temporárias, de curta duração, cuja abordagem pode ser mais livre;
- o lugar marginal conferido ao visitante, tanto do ponto de vista da infraestrutura de acolhimento quanto no plano da mediação e da abertura a públicos diferenciados;

---

95. Ver GOB, André. *Le musée, une institution dépassée?* Paris: Armand Colin, 2010. p. 26-30.

– o papel central exercido pelo curador, que assume a direção da instituição e encarna todas as funções do museu.

Ao longo do século XX, e de modo mais marcante a partir dos anos 1970, esse modelo clássico foi progressivamente se diluindo, e novas formas, cujo caráter ou denominação de museu é por vezes contestada, se desenvolveram. O museu clássico nem por isso desapareceu – ainda hoje vários museus se encaixam nesse modelo –, mas se abriu a abordagens renovadas. Vimos que a definição de museu está em constante evolução, de modo a poder abranger essas formas novas. Todas se caracterizam por um novo enfoque da coleção, que não se situa mais no centro do processo museal. Muitas vezes, tais instituições abandonaram o termo "museu" em seu nome em favor de expressões em que entram as palavras *casa, centro, espaço*. Isso é por vezes justificável, como no caso dos centros de arte contemporânea, que assim se distinguem dos museus de arte contemporânea. Na maioria das vezes, porém, como dizem seus responsáveis, o intuito é evitar a "imagem empoeirada do museu"; isso é lamentável na medida em que é injustificado e que, se as instituições museais que renovam o modo de ser de um museu abandonam esse nome, isso só reforça a impressão passadista que muitas vezes adere ao museu.

OS PARQUES NATURAIS

O primeiro parque natural foi inaugurado nos Estados Unidos (Yellowstone Park) em 1872. Esses "museus da natureza selvagem"[96] iriam propagar-se na América do Norte e depois difundir-se na Europa. Não se trata mais de conservar uma "coleção" de espécimes vivos, como o fazem os zoológicos, e sim de preservar, manter e apresentar ao público, de maneira integrada, uma porção da natureza em sua dimensão ecológica;[97] o que se conserva são as paisagens, os ecossistemas, juntamente com as espécies vegetais e animais que deles fazem parte. As intervenções do homem são mais ou menos invasivas conforme a natureza do parque e o estado mais ou menos antropizado do ecossistema.

---

96. Essa expressão de Rivière (GHR, p. 56) é abusiva: a maioria dos parques naturais, ao menos na Europa, traz a marca mais ou menos intensa do homem, e a conservação não visa a retornar a um estado supostamente selvagem; ao contrário, considera-se que o homem é um dos elementos do ecossistema e busca-se uma gestão equilibrada deste último.
97. No sentido básico da palavra "ecologia": estudo do meio onde vivem os seres vivos e de suas relações entre si e com esse meio.

OS CENTROS DE INTERPRETAÇÃO[98]

Eles surgiram nos Estados Unidos em meados da década de 1950, no contexto dos parques naturais. Desde 1920 já existiam museus de parque, mas estes se haviam tornado então demasiado didáticos, difundindo entre pouquíssimos visitantes, e de uma forma rebarbativa, uma informação muito complicada. Os novos instrumentos turísticos instalados por volta de 1955 pretendiam ser antes de tudo centros de acolhimento para os visitantes. Complementares ao sítio que interpretam, ou seja, que apresentam e explicam ao público, os centros de interpretação não possuem coleção: é o sítio, são os elementos do parque natural que constituem os "objetos" dessa nova forma museal. O centro de interpretação pretende ser uma introdução, um aperitivo, um lugar de sensibilização. Pode-se visitá-lo "de passagem", como uma distração.

Muito rapidamente o conceito de centro de interpretação ganhou outros países, primeiro a Grã-Bretanha e a Austrália, depois o Canadá, no início da década de 1970. Ao mesmo tempo que se internacionalizou, deixou o âmbito dos parques naturais. Importados para o meio urbano, os centros de inter-pretação ainda assim permanecem ligados a um sítio, quer se trate da cidade inteira ou de um bairro, ou mesmo de um só prédio ou monumento, ao qual conferem sentido e que justifica sua criação. Por vezes eles constituem os úni-cos elementos autênticos, visto que os objetos de coleção na maioria das vezes são raros ou inexistentes. Esses centros baseiam-se mais num projeto que eles ilustram recorrendo a uma vasta gama de suportes tais como maquetes, répli-cas e modelos, recursos interativos e "manipulações". A experiência e a sen-sibilidade do visitante são solicitadas a fim de ligar a mensagem apresentada a seus conhecimentos prévios e sua experiência pessoal. Contudo, o conceito de centro de interpretação não implica forçosamente uma ausência completa de objetos autênticos; é antes o papel de suporte da interpretação atribuído à coleção que caracteriza esse tipo de instituição museal. A intenção não é prioritariamente mostrar objetos, e sim comunicar conteúdos, partilhar uma mensagem. Essa fórmula encontra-se hoje amplamente implantada na Europa, sob denominações diversas,[99] em relação com sítios ou parques naturais, sítios

---

98. A ideia de interpretar um sítio natural, um parque ou um monumento histórico surgiu a partir de 1920; o conceito foi teorizado em 1957 por Freeman Tilden, que também cunhou a expressão "centro de interpretação" para designar essas novas infraestruturas de acolhimento (TILDEN, Freman. *Interpreting our heritage*. 3. ed. Chapel Hill: 1977). Ver também CHAUMIER, Serge; JACOBI, Daniel (Dir.). *Exposer des idées*. Du musée au centre d'interprétation. Paris: Complicités, 2009.
99. *Visitors centers* na Grã-Bretanha, *bezoekerscentrum* nos Países Baixos. Nas regiões francófo-nas, a denominação "centro de interpretação", desconhecida do grande público, enfrenta muita

urbanos ou industriais, monumentos históricos. Alguns centros dedicam-se à interpretação de uma indústria (lã ou aço), de uma atividade artesanal (pão), de um conceito. O Musée de l'Olympisme em Lausanne, a Haus der Geschichte em Bonn, a Grande Exposition, no contexto renovado do aqueduto de Pont-du-Gard, integram, em graus e de formas diversas, o conceito de centro de interpretação. Por outro lado, os museus "clássicos" podem inspirar-se com vantagem na concepção dos centros de interpretação.

Um centro de interpretação em Pont-du-Gard[100]

O aqueduto de Pont-du-Gard é a maior e mais bem conservada construção romana da França. Por iniciativa do Departamento do Gard, o sítio recebeu melhorias a partir de 1995 (espaços de acolhimento, estacionamento, iluminação, lojas e restaurantes), visando ao mesmo tempo sua proteção e maior valorização turística. Nessa operação, um espaço subterrâneo foi reservado para um centro de interpretação, ainda assim chamado de "Museu". Concebida por Martine Thomas-Bourgneuf, essa exposição permanente tem como temas a importância da água na cidade romana antiga, o aqueduto de Nîmes e a construção do Pont-du-Gard. Um sítio, um conceito, uma exposição, temos aí os principais elementos da definição do centro de interpretação. A abordagem museográfica é característica desse tipo de museu. Poderíamos classificá-la como uma museografia de evocação. Buscando instruir sem entediar, os idealizadores privilegiaram uma apresentação agradável e lúdica que põe em jogo recursos cenográficos variados: a própria água – a verdadeira –, a imagem, fixa ou animada, o som, as maquetes e reconstituições e, é claro, os textos. Exceto por alguns raros objetos arqueológicos e obras gráficas, essa exposição não contém nenhum objeto autêntico, a não ser o próprio aqueduto! O percurso é linear, mas apresenta espaços variados, pontos de parada (com bancos e miniauditório), passarelas, a reconstituição monumental do canteiro no qual o visitante penetra. O som foi objeto de atenção especial para evitar interferências desagradáveis: aqui, um som ambiente misturando o marulho da água que corre com os ruídos da cidade; acolá, a leitura de uma história ou de um testemunho difundida num espaço semifechado provido de assentos. É possível fazer a visita em meia hora, mas um visitante particularmente interessado pode desfrutar de duas horas de prazer. *Ludo*, um espaço de atividades e de descoberta de 600 m² para crianças de cinco a 12 anos, e uma midiateca completam a apresentação para o grande público.

---

dificuldade para se impor, ao contrário do Quebec. Muitas vezes se prefere o nome de "museu" ou se recorre a um neologismo, como o "Arqueofórum" (*Archéoforum*) em Liège.

100. Ver DROUGUET, Noémie. Questions méthodologiques autour de la conception des centres d'interprétation. *La Lettre de l'Ocim*, n. 98, p. 13-20, mar/abr. 2005.

Definição e diversidade dos museus

OS ECOMUSEUS

Eles nasceram, no círculo de Georges Rivière e Hugues de Varine,[101] da ideia de apresentar e interpretar o homem em seu ambiente de vida e de trabalho, tanto natural quanto industrial ou urbano; de certo modo, parafrasearam os parques naturais no caso do homem. O advento dos ecomuseus esteve estreitamente ligado às transformações da sociedade francesa nos anos 1960. Por outro lado, novas formas museais, baseadas na participação das populações, surgiram sobretudo nos Estados Unidos com os Community Museums e os Neighborhood Museums, entre eles o Anacostia Neighborhood Museum, criado em 1967 pela Smithsonian Institution num subúrbio abandonado de Washington.[102] O primeiro exemplo data de 1971: o Ecomuseu da Comunidade Urbana Le Creusot-Montceau-les-Mines, num meio industrial e urbano. Em geral, os ecomuseus são instituições museais descentralizadas, divididas em várias unidades dentro de um território, ou conjuntos de instituições congêneres agrupadas em rede.

Le Creusot, o ecomuseu fundador

A história de Le Creusot parece com as de outras cidades: uma epopeia industrial que garante a prosperidade de uma região durante várias gerações e depois fracassa, provocando a desagregação social e econômica da comunidade urbana. A história do ecomuseu começou a ser escrita em 1970, quando a cidade se tornou proprietária da antiga residência patronal para nela instalar um museu municipal clássico, e, com a participação de Georges Henri Rivière e Hugues de Varine, foi inventado um museu de um gênero novo, espalhado por todo o território da comunidade, constituindo esta última um museu vivo.[103] "O museu não tem visitantes, tem habitantes", diria Varine. Não um curador, mas atores para esse museu que subvertia as funções tradicionais, a começar pela conservação das coleções: todos os objetos do território faziam moralmente parte da coleção. Os objetos foram inventariados, mas deixados nas casas dos moradores; foram realizadas pesquisas junto à população, foi feito um inventário do patrimônio industrial – que penou para ser reconhecido na época –, um "comitê de usuários" participou da gestão e da programação do museu. "O ecomuseu é então um estado de espírito, feito do deslocamento no tempo e no espaço e do trabalho nas margens", explicou Bernard Clément.

---

101. A palavra "ecomuseu", adotada oficialmente pelo Icom em 1971, foi inventada por Hugues de Varine, então diretor do Conselho Internacional de Museus. Sobre os ecomuseus, ver GHR, p. 140-165, e o volume 17/18 de *Publics & Musées*, dedicado a esse tema.
102. Ver KINARD, John. Intermédiaires entre musée et communauté. *Vagues*, n. 1, p. 99-108, 1971. Para uma síntese sobre o tema, ver DAVIS, Peter. *Ecomuseums, a sense of place*. 2. ed. Londres: 2011.
103. Guia da exposição permanente evolutiva "L'espace de la communauté urbaine à travers les âges", Le Creusot, 1973.

O projeto suscitou um entusiasmo internacional, mas passada essa fase inovadora e estimulante, o ânimo dos voluntários arrefeceu, a instituição buscou um reconhecimento, se profissionalizou e tendeu a se tornar um museu. Suas diferentes sucursais foram distribuídas pelo território: a Briquetterie em Ciry-le-Noble, o Musée du Canal em Écuisses, a Maison d'École e o Musée des Fossiles em Montceau-les-Mines, le Prieuré em Perrecy-les-Forges. O Château de la Verrerie em Creusot, sede do ecomuseu, abriga hoje o Musée de l'Homme et de l'Industrie e propõe uma exposição permanente na qual não se sente mais o sopro do engajamento social e político.

Segundo a Fédération des Écomusées et Musées de Société,[104] um ecomuseu é

uma instituição cultural que assegura de uma maneira permanente, num determinado território, com a participação da população, as funções de pesquisa, conservação, apresentação, valorização de um conjunto de bens naturais e culturais, representativos de um meio e de modos de vida que nele se sucedem.

Traços característicos dos ecomuseus:
- eles estão sempre ligados a um território, mais ou menos extenso;
- frequentemente são criados dentro de um parque regional de preservação do território;
- surgem quase sempre em regiões em crise de reconversão, em torno de atividades em via de extinção;
- implicam a participação ativa da população, inscrevendo-se assim no processo de reconversão no plano social ou mesmo econômico;
- combinam necessariamente o tempo e o espaço, a história e a geografia, as perspectivas diacrônica e sincrônica;
- o ecomuseu é antes de tudo um instrumento de desenvolvimento comunitário, a serviço do futuro. Um ecomuseu nasce baseado em um projeto militante.

Atualmente os ecomuseus estão em crise;[105] muitos se transformaram a tal ponto que dificilmente se poderiam encontrar neles os princípios de origem. Que dizer do Ecomuseu da Alsácia, inaugurado em 1984 em Ungersheim? Tendo-se tornado gigantesco (parque de mais de 100 hectares, 70 prédios transplantados), ele adotou a partir de 1989 uma estrutura mista em que a gestão foi confiada a uma empresa comercial, a exemplo de um parque de diversões.[106] As

---

104. *Charte des Écomusées*, no site da Fédération des Écomusées et des Musées de Société: <www.fems.asso.fr>.

105. A Fédération des Écomusées et des Musées de Société (Fems) promoveu um colóquio internacional em 2002, e um dos desejos expressos pelos participantes foi o de definir de modo mais preciso os ecomuseus e seu papel atual (ver bibliografia).

106. Em 2008, o Ecomuseu da Alsácia passou ao controle de uma sociedade anônima ativa no ramo turístico. Mais tarde, essa sociedade renunciou ao Bioscope, parque temático que havia

Definição e diversidade dos museus

coleções e o próprio sítio continuam pertencendo à associação fundadora, que também garante as atividades pedagógicas e culturais. Mas como se está longe do espírito comunitário que prevalecia quando de sua inauguração!

Com essa denominação, praticamente só se encontram ecomuseus na Bélgica (Ecomuseu du Pays des Collines, em Ellezelles) e no Quebec (Ecomuseu du Fier Monde, em Montréal); no entanto, formas similares existem em outros países da Europa, da América Latina e da América do Norte.

Big is beautiful!

O parque Kalyna, perto de Edmonton (Alberta, Canadá), inaugurado em 1992, é o maior ecomuseu do mundo. Com uma área de mais de 20 mil km², ele reúne mais de uma centena de pequenas aldeias e vilas, e três reservas indígenas (Cree – Pieds noirs). Sua homogeneidade se deve à imigração ucraniana, que constitui a maioria da população e se reflete no estilo das igrejas, na língua local e no próprio nome do parque: *kalyna* é o nome de um arbusto de bagas vermelhas, muito comum na Ucrânia. A comunidade ucraniana está fortemente envolvida no funcionamento e nas atividades do parque: danças, músicas, organização de festas, gestão dos espaços musealizados, notadamente de um museu ao ar livre com reconstituições de hábitats, que deu origem à criação do ecomuseu. O patrimônio do Kalyna é essencialmente de ordem imaterial: língua, cultura, dança, música.

OS MUSEUS AO AR LIVRE

À primeira vista, os museus ao ar livre se distinguem apenas pela ausência de um prédio, de um teto que sirva para proteger os objetos e as obras. Eles revelam, porém, uma grande originalidade. O primeiro deles, o Skansen Museet, foi criado em Estocolmo em 1891. Trata-se de um museu de etnografia escandinava que reúne edificações desmontadas e transferidas para o museu, oficinas de atividades tradicionais. Guias usando indumentárias tradicionais e apresentações folclóricas completam a reconstituição. Esses museus de arquitetura popular vieram a difundir-se: o Musée de Plein Air des Maisons Comtoises em Nancray (Doubs), o Musée du Fourneau Saint-Michel em Saint-Hubert e o Musée en Plein Air de l'Architecture Rurale da Valônia são bons exemplos. Alguns desses museus vêm tentando abrir-se a temáticas contemporâneas, notadamente transplantando construções rurais mais recentes, ou mesmo imóveis que evocam a vida urbana. O Nederlands Openluchtmuseum de Arnhem, nos Países Baixos,

---

criado ao lado do Ecomuseu da Alsácia, bem como à gestão deste último, que recuperou seu estatuto associativo.

não mais se limita a mostrar a sociedade do pré-guerra: construções dos anos 1960 e 1970 nele encontraram seu lugar há muitos anos, e o último prédio transplantado provém de Amsterdã. Em seu interior, a exposição trata da imigração turca. No mais, a política de aquisições se estende a objetos contemporâneos, testemunhos da vida cotidiana atual.

Museus de arqueologia industrial adotaram a mesma fórmula, em particular na Inglaterra:[107] neles reinstalam-se máquinas retiradas de diferentes sítios industriais em demolição. Nos museus de escultura, trata-se praticamente de arte pública;[108] vários deles, aliás, têm acesso livre e gratuito, como o Musée en Plein Air du Sart Tilman em Liège ou o Parque de Esculturas de Vassivière-en-Limousin. As obras integram-se a um ambiente mais ou menos natural, bem diferente do espaço fechado das paredes dos museus. Mais que isso, a escultura pode ter sido concebida especialmente para o local onde está instalada; não se trata mais, portanto, de uma coleção de objetos – obras de arte – da qual é preciso assegurar a conservação (problemática, sem dúvida, quando exposta às intempéries), mas antes de uma abordagem ecológica paralela à dos parques naturais: a apresentação, a interpretação e a conservação da obra de arte estão indissociavelmente ligadas à do sítio. A escultura faz realmente parte deste último, e qualquer alteração no ambiente da obra pode desvirtuá-la.

OS PARQUES ARQUEOLÓGICOS E OS ARQUEOSSÍTIOS

São museus ao ar livre dedicados à arqueologia e à pré-história. Eles apresentam por vezes vestígios arqueológicos autênticos (podem então ser assimilados aos sítios musealizados; ver adiante), mas em geral reúnem reconstituições de hábitats, de fortificações, de monumentos etc. Com muita frequência, dá-se ênfase principalmente à experiência; o visitante é levado e reviver certas atividades "como na época": cozinhar à moda gaulesa, transportar grandes blocos de pedra e construir um dólmen, atirar com arco e flecha ou besta, lascar a pedra, fabricar cerâmica. Por vezes, um museu coberto completa o conjunto (apresentação clássica de objetos arqueológicos, animações etc.). De um ponto de vista científico, tais museus não raro desenvolveram alguma atividade de pesquisa no campo da arqueologia experimental. A "experiência" que os visitantes são

---

107. Ver SCHROEDER-GUDEHUS, Brigitte (Ed.). *La société industrielle et ses musées*. Demande sociale et choix politiques 1890-1990. Paris: Éditions des Archives Contemporaines, 1992.
108. Como distinguir entre o Louisiana em Copenhague, o mais antigo museu de esculturas ao ar livre a receber esse nome, os jardins de Versalhes ou das Tulherias em Paris e os jardins de Salústio, no Pincio antigo em Roma, que abrigavam no século I mais de mil estátuas?

Definição e diversidade dos museus

levados a viver pode então aparecer como a vulgarização dos resultados dessas pesquisas; é o caso, por exemplo, do Préhistosite de Ramioul[109] (Flémalle), com relação a pesquisas experimentais sobre a produção do fogo.

O patrimônio siderúrgico monumental musealizado

Quem poderia pensar em 1970, quando foi aprovada a Convenção da Unesco sobre o patrimônio mundial, que sítios siderúrgicos em pouco tempo figurariam na lista das obras-primas da humanidade? Eles são dois hoje em dia e, musealizados de maneira notável, atraem centenas de milhares de visitantes por ano.

O *Ironbridge Gorge Museum*, no leste da Inglaterra (Shropshire), é um sítio duplamente pioneiro. Foi lá, em Coalbookdale,[110] que por volta de 1720 Abraham Darby inventou o método revolucionário de fabricação do ferro fundido com carvão mineral, substituindo o carvão vegetal, que rareava. Essa inovação tecnológica está na origem da modernidade na Europa. Conjugando progresso científico e tecnológico, ela permitiu o desenvolvimento da sociedade industrial que caracterizou o continente. O Ironbridge Gorge foi também pioneiro no campo da arqueologia industrial: foi lá que tiveram lugar as primeiras obras de preservação dos vestígios do passado industrial, nos anos 1950. O forno histórico utilizado por Darby, em ruínas, está hoje protegido por uma redoma de vidro e musealizado de modo clássico, por meio de painéis. Mas em todo o perímetro do museu não menos de 10 sítios industriais estão preservados e valorizados. O conjunto constitui hoje um dos destinos preferidos dos passeios de família, já que as crianças encontram ali dispositivos especialmente preparados para elas.

O *Völklingerhütte*, perto de Saarbrucken (Alemanha), é o inverso de Ironbridge. A usina siderúrgica, constituída de uma bateria de seis altos-fornos e de sua fábrica de coque, ainda funcionava em 1986. Dez anos depois, o conjunto foi declarado patrimônio mundial pela Unesco. Foi o estado de Sarre que tomou a iniciativa de proteger esse testemunho exemplar do desenvolvimento industrial da região. A proteção das instalações siderúrgicas e a preparação do sítio para acolher os visitantes foram marcadas por uma vontade de intervenção mínima. No essencial, a usina foi conservada tal e qual. As únicas adaptações importantes foram aquelas exigidas pela segurança da visitação – sobe-se até a plataforma das bocas de carga, a mais de 20 metros de altura – e pelos dispositivos de mediação (painéis, torres de vídeo etc.). Vários espaços de exposição no interior dos prédios industriais foram adaptados: um percurso

---

109. Ver boxe p. 89.

110. Os filhos de Abraham Darby construíram em 1779 a primeira ponte inteiramente de ferro fundido sobre o rio Severn, em Coalbrookdale. Esta deu seu nome (Ironbridge) ao vale e ao museu. A ponte pertence hoje ao English Heritage, a associação britânica de proteção dos monumentos e sítios.

permanente sobre a indústria do ferro e exposições temporárias. As intervenções minimalistas significam que o sítio industrial vai pouco a pouco se degradar. Nada foi previsto para conter a progressão da ferrugem. Em algumas dezenas de anos, não restará mais quase nada da usina siderúrgica de Völklingen. O tempo necessário para a região se despedir dessa indústria de fundição?

OS CENTROS E PARQUES CIENTÍFICOS

O conceito de *science center* surgiu nos Estados Unidos em 1963 com o Exploratorium de San Francisco, antes de difundir-se no Canadá (Ontario Science Centre em Toronto), na Grã-Bretanha (Science Centre de Glasgow) e, depois, pelo mundo inteiro (Science Centre de Pequim). Devemos talvez buscar no Palais de la Découverte, inaugurado em Paris em 1936, um protótipo dessa fórmula, mas é incontestavelmente a Cité des Sciences et de l'Industrie de La Villette (1984) que, na França, constitui o melhor exemplo desse tipo de instituição museal. Ao contrário dos museus de ciências e técnicas mais tradicionais, os centros científicos não se interessam prioritariamente pela história das ciências e geralmente não mantêm coleções (de instrumentos científicos, espécimes etc.). Seu objetivo é antes de tudo didático: expor os conceitos e teorias científicas atuais, mostrar experiências, divulgar os resultados das pesquisas de ponta. Para tanto, eles desenvolveram uma museografia baseada na experimentação, na interatividade e na animação. Seu principal público-alvo é formado pelas crianças e adolescentes. Os resultados de suas pesquisas em matéria de museografia podem hoje ser vistos em outros gêneros de museus.

Cidade, parque ou simplesmente museu?

A Cité des Sciences et de l'Industrie, construída entre 1983 e 1986 no local onde se situavam os antigos abatedouros da Villette em Paris (arquiteto: Adrien Fainsilber), pretende ser uma "cidade do futuro", aberta a um público amplo e diversificado. Seus idealizadores atribuíram-lhe três objetivos principais:

— ajudar o público a se familiarizar com o desenvolvimento da ciência e das técnicas, a compreendê-las e a utilizá-las;

— fazê-lo compreender que ele é também ator do domínio da utilização dessas tecnologias;

— encorajar a inovação, a criatividade, o espírito inventivo técnico.

Cité – cidade – mais que museu, porque a ênfase recai não sobre a história das ciências, e sim sobre sua presença hoje na vida cotidiana e sobre o controle social de sua utilização. É ao cidadão mais que ao cientista ou ao engenheiro que se dirigem suas exposições. A Villette é, numa área de 30 mil m², uma exposição permanente,

Definição e diversidade dos museus

Explora, que apresenta os grandes temas científicos, tecnológicos e industriais de nossa época – matemática, biologia, espaço, genética, sons, saúde, meio ambiente etc. –, e é também uma série de espaços de exposições temporárias, muitas vezes simultâneas, em geral montadas pela própria Cité, e que circulam por outras instituições. Todo o conjunto é baseado numa museografia interativa. A Villette é também a *Géode*, espaço de projeção esférica, um planetário, um submarino, filmes em 3D. E a Cité des Enfants: espaços de exposição especialmente concebidos para elas com base nas pesquisas sobre a didática das ciências realizadas pela equipe educativa da Cité.[111] As motivações que presidiram a criação do Parc d'Aventures Scientifiques (Pass) pela região da Valônia são semelhantes às enunciadas anteriormente. O contexto, no entanto, é muito diferente. O Pass foi implantado nas instalações de uma antiga mina de carvão, testemunho da prosperidade passada da região de Mons, cuja reforma foi conduzida por Jean Nouvel. A Região queria que o Pass desempenhasse ao mesmo tempo um papel propulsor no redesenvolvimento da economia local e contribuísse para a familiarização dos visitantes com as ciências e as técnicas. Inicialmente, o programa museográfico previa exposições semitemporárias (dois a três anos), destinadas a favorecer uma renovação da apresentação e do interesse do público. Porém a instituição não encontrou os meios necessários para manter esse ritmo. O Pass deve seu nome ao fato de ter sido implantado num espaço natural arranjado nos terrenos da antiga mina, e de suas atividades serem também desenvolvidas fora dos prédios (como as trilhas de exploração dos depósitos carboníferos e os dispositivos de exposição ou de animação ao ar livre). Mas deve-o sobretudo ao desejo da Região de atrair o público por meio de um nome que fizesse referência aos parques de diversões. Chamariz? Sem dúvida.

Museus ou não? A nosso ver, a Cité des Sciences et de l'Industrie e o Parc d'Aventures Scientifiques são incontestavelmente museus.[112] Eles cumprem as quatro funções fundamentais do museu: a exposição e a recreação são sem dúvida privilegiadas, mas as duas instituições mantêm coleções (de objetos e de documentos) e exercem uma ação patrimonial. A pesquisa em didática das ciências por meio da exposição é um ponto forte da Villette e também do Pass.

OS CENTROS DE ARTE CONTEMPORÂNEA

Os centros de arte contemporânea surgiram e se desenvolveram nas décadas de 1970 e 1980. Distinguem-se de saída dos museus de arte contemporânea pelo

---

111. Ver os artigos de Jack Guichard, dos quais "Adapter la muséologie aux enfants", em *La révolution* (1998), p. 207-247, constitui a melhor síntese sobre o tema.
112. Ver a opinião contrária de Molfino, p. 30.

fato de que não reúnem coleções. Os centros de arte são lugares de produção e difusão da criação artística mais atual. Dedicam-se à experimentação e à criação, priorizando a função de animação mediante a montagem de exposições temporárias, a edição e o trabalho de mediação junto aos públicos. O tamanho e a reputação dos centros de arte são muito variáveis. Assim, o Palais de Tokyo em Paris é uma instituição importante e renomada, da mesma forma que o PS1 em Nova York, que se tornou uma filial do MoMA.

A partir dos anos 1990 as fronteiras entre centros de arte e museus tenderam a diminuir, mostrando-se os últimos inclinados a alinhar suas atividades e suas políticas ao modelo dos primeiros. De um lado, os museus de arte contemporânea voltaram-se cada vez mais para a criação mais recente, e alguns curadores não hesitaram em assumir o papel de "descobridores de talentos": não é raro encontrar nesses museus exposições coletivas ou monográficas dedicadas a artistas emergentes, ou mesmo a "jovens promessas" recém-saídas das escolas de arte. De outro lado, os museus de arte contemporânea intervêm cada vez mais no segmento da produção de obras, encomendando criações específicas para as exposições temporárias, que nem sempre são integradas à coleção, mas que não raro constituem uma forma de remuneração indireta do artista exposto. Enfim, observa-se certo desinteresse dos museus de arte contemporânea pela lógica da exposição permanente das coleções. Alguns museus dão preferência a mostras semipermanentes (como o MAC/VAL, ver boxe p. 129-130), enquanto outros dedicam todos os seus espaços a exposições temporárias que não se baseiam necessariamente nas coleções próprias do museu.

PARA ALÉM DOS MUSEUS

Outras organizações situam-se além do perímetro mais extenso passível de assumir a definição de museu. Estamos falando de estabelecimentos ou empresas que, sob alguns aspectos, poderiam passar por museus – às vezes eles alimentam a confusão –, mas se distinguem destes por ao menos uma característica essencial. Na maioria das vezes, por seu declarado caráter mercantil ou pela ausência de postura científica.

Os parques de diversões são empreendimentos comerciais cuja finalidade é o lucro. Há quem pretenda distinguir os parques temáticos desse grupo e aproximá-los dos museus. Entretanto, quando se analisa o caso do Futuroscope em Poitiers, que serviu de modelo, ao menos na França, constata-se que não apenas o funcionamento é o de uma empresa comercial clássica, mas também que o "tema" aparece como um álibi.[113] O futuro, a futurologia, as tecnologias do futu-

---

113. A esse respeito, ver CHAUMIER, Serge (Dir.). *Expoland, ce que le parc fait au musée*: ambivalence des formes de l'exposition. Paris: Éditions Complicités, 2011.

Definição e diversidade dos museus

ro, todos esses registros a que se refere a palavra Futuroscope estão totalmente ausentes das diferentes atrações do local. As tecnologias da imagem acionadas são tecnologias testadas que nada têm de futuristas. Mais que isso, o objetivo das diversões é antes de tudo o de atrair o visitante, sem referência particular ao futuro: a descida do Nilo em *rafting*, a descoberta de fundos submarinos ou de galáxias etc. A dança com os robôs é uma diversão de sensações violentas, como as que se pode encontrar em todas as feiras. Nada, no local, permite ao visitante aprender ou descobrir o que quer que seja sobre o futuro. O pequeno *Guide des technologies* publicado pelo Futuroscope explica conceitos científicos conhecidos há um século.

O parque Vulcania, nas encostas do Puits-de-Dôme, inspirado no Futuroscope, poderia ter sido um centro de interpretação do vulcanismo francês. Ele consegue o feito de não falar dos antigos vulcões do Massif Central, mas multiplica as atrações sensacionais baseadas nas grandes catástrofes sísmicas no mundo: Vesúvio, Krakatoa etc. Um pequeno espaço, cheio de painéis rebarbativos, traz o álibi didático necessário. Não basta para camuflar o caráter exclusivamente comercial do empreendimento. Pela mesma razão, e porque não possuem base científica, numerosos parques zoológicos devem ser distinguidos dos zoos propriamente ditos e não podem de modo algum ser incluídos entre as instituições museais.

Porque o museu põe em jogo mecanismos memoriais, porque as Musas são filhas de Mnemosine, Memória, muitos hoje consideram que os memoriais são museus. A leviandade – a não ser que seja um efeito de marketing – com que são utilizadas palavras como memorial e "historial" para designar verdadeiros museus, como em Péronne e em Caen, não facilita a distinção que, a nosso ver, deve ser feita entre os dois registros. Enquanto o museu se inscreve num procedimento crítico e científico, o memorial apela exclusivamente à emoção e à adesão, ao recolhimento. Há qualquer coisa de religioso no memorial que o distingue radicalmente do museu. A presença de uma chama eterna é um sinal revelador que, apagando o espírito crítico, nega todo caráter museal. A presença de espaços de exposição ou de um centro de documentação não muda nada. É a diferença que se pode ver, em Paris, entre o Museu de Arte e de História do Judaísmo e o Memorial da Shoah. Algumas instituições infelizmente misturam os dois registros: o Jüdisches Museum em Berlim, num prédio emblemático projetado por Daniel Liebeskind, compreende, além de vários espaços de exposição, um centro de recolhimento com a chama eterna, mesmo que exista um memorial do genocídio judeu a algumas centenas de metros. Em Charleroi, na Bélgica, o Museu do Bois du Cazier é um museu industrial de qualidade, implantado no sítio de uma antiga mina de carvão onde, em 6 de agosto de 1956, uma terrível explosão de grisu fez 256 vítimas. Infelizmente, uma espécie de capela ardente com uma chama eterna foi instalada no centro do museu, e as visitas guiadas ali se detêm sistematicamente. Teria sido preferível distinguir os dois registros e colocar a capela fora do perímetro do museu. Vários outros exemplos existem e tendem a se multiplicar, especialmente nas regiões – os Bálcãs, por exemplo – em que conflitos recentes deixaram feridas ainda abertas. Aí, distinguir memorial e museu é propor duas abordagens, uma mais emotiva, a outra mais reflexiva, que não podem senão enriquecer a apreensão dos fatos.

Museu e patrimônio imobiliário

A preservação do patrimônio imobiliário teve origem, como o museu, nas crises iconoclastas da Revolução Francesa[114] e na conscientização do valor patrimonial dos monumentos, o qual transcende sua antiga utilização e seu antigo proprietário.

Os monumentos e sítios, protegidos ou não, qualquer que seja seu interesse etnográfico, histórico, arqueológico ou natural, não constituem em si mesmos instituições museais. Por muito tempo, pareceu ser suficiente garantir sua conservação (mais ou menos eficaz) contra as intempéries e sua proteção contra o roubo e o vandalismo. Em raros casos, um museu de sítio próximo reunia vestígios mobiliários relativos ao monumento e dava ensejo a uma apresentação mais ou menos detalhada deste.

Hoje, a preocupação com a valorização dos monumentos e sítios patrimoniais junto ao público leva a multiplicar e diversificar os instrumentos de mediação no local. Geralmente encontramos os seguintes dispositivos, do mais simples ao mais elaborado.

▪ *Sinalética interpretativa fixa*: um conjunto de painéis, resistentes a intempéries (metal serigrafado esmaltado, por exemplo), fornece aos visitantes ao mesmo tempo indicações de percurso e informações textuais e visuais sobre o que ele tem diante dos olhos. Esse tipo de dispositivo convém tanto a um monumento (castelo etc.) quanto a um sítio ou um parque arqueológico.

Nos sítios de grande extensão, como os *campos de batalha*, essa sinalética acompanha o visitante na sua deambulação, pedestre ou motorizada. É o caso, por exemplo, do sítio da batalha do lago Trasimeno, na Úmbria, em que os painéis têm a particularidade de apresentar dois pontos de vista, o dos historiadores e o dos cartagineses.

▪ O recurso a uma tecnologia portátil, o *guia multimídia*, é cada vez mais frequente. O dispositivo posto à disposição pelos responsáveis pelo lugar só con-

---

114. Sobre a história do conceito de patrimônio, ver Poulot (2001).

Definição e diversidade dos museus 79

vém a sítios de amplitude limitada e fechados, de maneira a se poder controlar a devolução do dispositivo. Senão, utilizam-se as capacidades oferecidas pelo equipamento do visitante (smartphone, tablet etc.) baixando-se um aplicativo.

■ A instalação de um *centro de acolhimento e de interpretação* no sítio constitui uma solução mais bem-sucedida que oferece aos visitantes uma introdução mais geral à visita do monumento ou dos vestígios que ele vai descobrir, com a possibilidade de inscrever esses elementos patrimoniais num contexto geográfico, cronológico, histórico ou social (ver o exemplo de Pont-du-Gard).

■ Quando se trata de um sítio em ruínas, a *consolidação dos vestígios* pode ser acompanhada de uma valorização que vai além de uma simples estabilização; a evocação das construções antigas é facilitada pela anastilose, a volta ao lugar de elementos deslocados, até mesmo por reconstruções parciais para facilitar a leitura das ruínas.

São raros os casos em que a restituição das construções antigas é feita de modo durável, por meio da *reconstrução*, em bases as mais científicas possíveis, *com materiais novos* mas semelhantes aos empregados na construção inicial. Os arqueólogos alemães são sob esse aspecto menos medrosos que os italianos ou franceses, como mostra o parque arqueológico de Bliesbruck-Rheinheim, a cavaleiro da fronteira franco-alemã. Do lado alemão, a tumba celta de Rheinheim foi completamente reconstituída,[115] enquanto do lado francês o *vicus* galo-romano foi objeto de consolidações e de remontagens muito parciais das paredes (sobretudo nas termas), respeitando "a estética da ruína".

■ *A implantação de um museu de sítio* constitui a solução mais completa, que se justifica pela importância do monumento ou do sítio em questão e pela abundância dos documentos mobiliários conservados. Mencionamos anteriormente o centro de interpretação do Pont-du-Gard, que não expõe objetos autênticos, mas cuja amplitude de objetivo o torna um verdadeiro museu. Na categoria dos museus que exibem coleções, podemos citar o Museu de Lattes (Hérault) ou o de Marzabotto (Itália), num sítio urbano etrusco, assim como o recente Museu Arqueológico de Xanten (ver adiante). O Museu da Civilização Galo-Romana de Lyon-Fourvière, embora instalado no próprio local do teatro antigo, ultrapassa, pela amplitude de sua temática e de suas coleções, o contexto de um simples museu de sítio.

A musealização de monumentos e sítios apresenta um grande desenvolvimento, especialmente em virtude do aumento da importância do turismo cultural; ela levanta importantes problemas relativos à valorização e à conservação, que fazem alguns pensarem que é preferível o reenterramento após as

---

115. Os objetos estão conservados e expostos no Musée Archéologique de Saarbrucken.

escavações. Enfim, os orçamentos necessários a tais operações, sobretudo no caso de monumentos ou de sítios muito extensos, ultrapassam aqueles exigidos pela montagem de um museu. A Itália, cuja excepcional riqueza nessa área é bem conhecida, empreendeu no fim do século XX uma política voluntarista de valorização de seus sítios arqueológicos e históricos, mas encontra enormes dificuldades para suportar seu custo, a ponto mesmo de ameaçar a sobrevivência dos vestígios em sítios tão renomados como Pompeia.

Xanten, uma vitrine alemã da valorização dos sítios

A cidade romana de Xanten, ao norte de Düsseldorf, foi fundada em 110 pelo imperador Trajano na margem de um braço do Reno, no *Limes* germânico, para uso principalmente do exército. Após o abandono do local pelas legiões, a aldeia medieval se instalou sobre uma pequena elevação a algumas centenas de metros da cidade romana, o que a preservou de qualquer perturbação. Grandes campanhas de escavações, que continuam até hoje, permitiram liberar quase a metade da superfície da cidade. A boa conservação da planta quadriculada permitiu assegurar uma boa legibilidade aos visitantes, graças a uma sinalética interpretativa de qualidade. Mais recentemente, adotou-se a opção de reconstruir inteira ou parcialmente alguns dos monumentos importantes. As muralhas foram assim reconstruídas com pedras num ângulo, enquanto o resto do contorno é evocado por uma cerca contínua. Uma porta também foi reconstruída, assim como uma parte do anfiteatro. Mas a chave das reconstruções é certamente a do albergue romano e suas termas. Ele abriga hoje o restaurante do sítio – onde se pratica a culinária antiga, evidentemente – e as termas podem ser postas em funcionamento. Algumas banheiras são, aliás, cheias d'água.

Em 2012, um museu foi construído exatamente sobre os vestígios das termas urbanas, e sua forma – uma estrutura contemporânea de vidro e aço – reproduz os volumes da arquitetura antiga. Esse museu de sítio expõe unicamente, mas completamente, a cidade antiga de Xanten em todas as suas facetas, numa museografia particularmente atrativa. Encontramos, portanto, em Xanten o conjunto de instrumentos de mediação enumerados anteriormente.

2. Museus para quê?
Papéis e funções dos museus

> A cultura é um fantasma ameaçador que persegue minha juventude em fuga. Meus pais acreditam no desenvolvimento do meu espírito por meio desses galpões de quadros aprisionados como se eles fossem vitaminas que iriam nutrir (segundo eles) meu senso crítico! meu gosto! meu juízo! O museu é uma imensa horta que traz todos os elementos necessários para se crescer culto. Eu nunca pude dizer a eles que, se você não sabe cozinhar, esses legumes nem sempre são comestíveis.[116]
>
> Susie Morgenstern, 1986

Bruno-Nassim Aboudrar atribui quatro missões ao Louvre original, constatando que elas permanecem atuais e valem para todos os museus de arte: "O museu deve expor o patrimônio que conserva, educar e proporcionar prazer".[117]

Em 1922, Jean Capart, curador-chefe dos Musées Royaux d'Art et d'Histoire em Bruxelas, atribuiu duas missões ao museu moderno: científica e interna, de um lado; educacional e de comunicação externa, de outro. Pouco a pouco, os museólogos foram estruturando essa abordagem funcional do museu, e os "cinco verbos" da definição de Rivière e do Icom – faz pesquisas, adquire, conserva, comunica, expõe – passaram a figurar entre as missões atribuídas ao museu. O modelo PRC proposto por Peter Van Mensch[118] e adotado pela "Escola de Brno" (ver p. 27-28) estrutura as missões museológicas com base em três eixos: a conservação (*preservation*), a pesquisa (*research*) e a comunicação (*communication*). Neste último eixo, ele reúne o conjunto das atividades do museu voltadas para o público, os visitantes das salas de exposição e os destinatários das ações educativas ou culturais, assim como os pesquisadores e leitores das publicações do museu. Esse modelo coloca a coleção no centro da atividade museal; é ela que o museu conserva, estuda e dá a conhecer. Ele não pode convir àqueles que, como nós, vemos no museu uma instituição destinada ao público e colocam este último no centro da ação museal.

Para tornar mais clara a exposição deste capítulo, parece-nos conveniente primeiro distinguir as missões, as funções do museu – o que o museu deve

---

116. MORGENSTERN, Susie. *Musée blues*. Paris: Gallimard, 1986. (Col. Folio Cadet).

117. ABOUDRAR, Bruno-Nassim. *Nous n'irons plus au musée*. Paris: Aubier, 2000. p. 19-20.

118. VAN MENSH, Peter. Methodological museology or towards a theory of museum practice. In: NEWHOUSE, V. *Towards a new museum*. DEM, 1998. p. 337 e 665.

82 A museologia

fazer –, e depois o papel que ele desempenha na sociedade, como ele atende às expectativas do público. Em outras palavras, distinguir o museu visto pelo lado da oferta museal do museu percebido pela demanda social.

As quatro funções do museu

Distinguimos quatro funções a serem cumpridas pelo museu.

• *A função de exposição:* O museu é destinado ao público, e a exposição constitui a mídia por excelência da instituição. Sem exposição acessível ao público,[119] não se pode falar em museu. Estaremos então no âmbito ou da coleção privada, ou dos institutos de conservação.[120] A nacionalização do patrimônio cultural – sua gestão pelos poderes públicos – só tem sentido quando esse patrimônio é efetivamente colocado à disposição do público, da "nação", por meio da exposição.

• *A função de conservação:* O museu é um lugar de reunião e de preservação do patrimônio; ele garante a proteção de suas coleções contra o roubo e contra as degradações causadas por agentes de toda natureza que possam comprometer a integridade ou o bom estado dos objetos. O museu cria as condições de conservação adequadas para manter no melhor estado possível, e por tanto tempo quanto possível,[121] os objetos que lhe foram confiados.

• *A função científica:* O museu adota como princípio uma atitude crítica e um procedimento científico. Isso é indispensável tanto para sua missão patrimonial quanto para sua credibilidade junto ao público. Essa postura se manifesta em primeiro lugar por meio da missão de catalogação das coleções. Ela se exprime também mediante os diversos estudos científicos (documentais, arqueológicos, históricos, químico-físicos etc.) dos quais os objetos e seu contexto podem se beneficiar. Tais pesquisas podem ser realizadas no museu pelo pessoal ligado à instituição, mas cabe também ao museu favorecer o estudo dos objetos sob sua guarda por pesquisadores externos. Note-se que, em certos casos, o termo pesquisa pode ser tomado em dois sentidos complementares: a pesquisa de novos objetos para enriquecer as coleções do museu e a pesquisa (científica) sobre as

---

119. Acessível em todos os sentidos da palavra: fisicamente (a exposição deve ser aberta, inclusive para pessoas com deficiência), intelectualmente (e é aqui que a palavra didático adquire todo o seu sentido), socialmente (o preço dos ingressos e o elitismo de certos museus são obstáculos perigosos).

120. Como os centros de arquivos, os depósitos arqueológicos, os bancos genéticos etc.

121. Pode-se pensar que o patrimônio é eterno, mas isso não passa de ilusão. As maiores obras-primas hão de desaparecer um dia. O papel do museu é protelar ao máximo esse momento, a fim de que as gerações futuras possam desfrutar, como nós, da presença de tais objetos.

coleções. Os dois procedimentos podem coincidir, como ocorre nas escavações arqueológicas ou expedições etnográficas.

▪ *A função de animação:* É a função surgida mais recentemente. O museu é um ator da vida cultural e social de sua cidade e de sua região. A animação funciona como um motor na instituição museal e pode assumir diversas formas: atividades pedagógicas, visitas guiadas, conferências, concertos, oficinas, eventos e manifestações de todo gênero. O museu é um lugar privilegiado de animação cultural graças a seu prestígio, seus recursos institucionais, sua atratividade; em troca, beneficia-se da corrente criada por essa animação, especialmente fazendo--se conhecer e atraindo novos visitantes.

Essas quatro funções agrupam as diferentes missões atribuídas ao museu ao longo do tempo. Acaso deve-se dar prioridade a uma ou outra dessas funções? Existe alguma hierarquia entre elas?

Ausência de hierarquia das funções museais

Para muitos, em particular nos museus de arte e de arqueologia, deve-se dar prioridade à conservação. Frequentemente, os curadores de museu consideram que sua missão é essencialmente de ordem patrimonial. Primeiro garantir a perenidade dos objetos, depois expô-los, se for possível. Todavia, constata-se que o estado de conservação médio das obras nas coleções privadas frequentemente é melhor do que nos museus. Alguns consideram que é a exposição das coleções que prejudica sua conservação. Apontamos aqui a natureza do "contrato" que liga o museu à sociedade: expor. Não de qualquer maneira, não a qualquer preço, mas expor, mostrar ao público. A preservação do patrimônio só se justifica em relação à sociedade que decidiu – segundo modalidades variadas – salvaguardá-lo e que é sua destinatária. A ética do museu não seria, pois, estabelecer um equilíbrio entre missões aparentemente contraditórias? Aliás, a comunicação com o público, sobretudo por meio da exposição, constitui um dos meios importantes de assegurar a preservação do patrimônio. O desinteresse, a negligência, o esquecimento representam, para o patrimônio, ameaças mais temíveis que o tempo que passa e os efeitos do ambiente. Assim, expor e conservar não se opõem, e sim contribuem conjuntamente para a missão patrimonial do museu. O equilíbrio necessário entre essas duas funções responde exatamente à dupla responsabilidade do museu e de seus curadores: a responsabilidade em relação ao público é pelo menos tão grande quanto aquela em relação às coleções. Quando o museu privilegia os objetos, ele não se comporta simplesmente como colecionador?

Um modelo de equilíbrio:
o Institut Royal des Sciences Naturelles da Bélgica

Em 31 de março de 1846 foi criado em Bruxelas o Musée Royal d'Histoire Naturelle da Bélgica.[122] Ao longo dos anos, o que inicialmente era apenas um pequeno museu, um repositório de objetos de história natural, foi afirmando e desenvolvendo sua missão científica, até assumir, por volta de 1870, uma missão específica: a de ser um "museu regional de exploração" onde são reunidas e estudadas "as riquezas naturais da Bélgica". "A coleção é inseparável da exploração científica do país."[123] Eis o que define claramente o papel da instituição museal e elucida os caminhos entrecruzados do curador, do pesquisador e do pedagogo que nela atuam. O IrScNB ilustra hoje o equilíbrio a ser estabelecido entre as quatro funções do museu. As amplas salas de exposição foram completamente reformadas ao longo dos últimos 30 anos e associam abordagens museográficas diversificadas e dispositivos cenográficos de qualidade. As salas permanentes são agora consideradas exposições de médio prazo, chamadas a renovar-se e adaptar-se. O número anual de visitantes decuplicou, chegando a cerca de 400 mil no final do século XX. As coleções contam mais de 30 milhões de espécimes! Em certas áreas, constituem coleções de referência em nível mundial. E todo esse pequeno universo é conservado, classificado, identificado, inventariado. A pesquisa científica conjuga no mais alto nível estudo das coleções, sistemática e exploração; missões científicas nos mares austrais, na Antártida, nas florestas tropicais continuam a enriquecer as coleções, mas o estudo do meio e das condições ambientais veio a substituir a coleta maciça de espécimes. É nos dois campos conexos da preservação da diversidade biológica, de um lado, e do desenvolvimento durável, de outro, que o instituto concentra hoje suas atividades de pesquisa. O serviço educacional, criado em 1930, conheceu um desenvolvimento sem precedente sob a direção de Alain Quintart, que também coordenou a renovação das salas a partir de 1981: acolhimento do público escolar, módulos didáticos baseados em manipulações e interatividade, atividades diversas em que colaboram animadores do serviço educativo e científico do museu. Grandes exposições temporárias montadas pelo museu ou importadas atraem grande número de visitantes de todas as idades depois de *Dinosaurs & Co*, em 1992, e *Tous parents, tous différents*, em 1993-1994. A chegada de Michèle Antoine como responsável pelas exposições acentuou o movimento em direção a uma abordagem mais societal, tanto nas exposições temporárias quanto nas salas de referência. Sua partida recente não parece pôr em questão essa orientação.

---

122. Em 1948, passou a chamar-se Institut Royal des Sciences Naturelles da Bélgica. A instituição se ocupa exclusivamente de zoologia e paleontologia; a botânica cabe ao Jardim Botânico em Meise.
123. Édouard Dupont, diretor de 1868 a 1909. Citação extraída de *Du musée à l'Institut. 150 ans de sciences naturelles* (Bruxelas: IrScNB, 1996. p. 17). Em breve, ao território belga viria a incorporar-se o de sua colônia africana.

Para Georges Henri Rivière, a função científica parece ter a primazia:

A função de pesquisa constitui a base de todas as atividades da instituição, ilumina sua política de conservação e de ação cultural. Afirmar o papel fundamental da pesquisa, associando-a à própria definição de museu, significa dizer que o estatuto e a legitimidade da instituição museal dependem dela.[124]

O capítulo "Pesquisa" é o primeiro de sua trilogia "Pesquisa – Conservação – Apresentação". Mas essa primazia é apenas aparente; a pesquisa vem em primeiro lugar porque ela está no início do processo de musealização dos objetos, tanto assim que Rivière nela inclui a aquisição. Isso transparece bastante nas aulas de Rivière sobre o público e o papel do museu na sociedade. Mas convinha e ainda convém insistir na importância da pesquisa no museu como o fundamento (e não a justificação) das outras missões do museu.

Certos museus dão hoje prioridade quase exclusiva à animação: o essencial dos recursos humanos e materiais é mobilizado para a organização de atividades culturais variadas, para a montagem de exposições temporárias mais ou menos surpreendentes que uma midiatização adequada transforma em acontecimentos. O aluguel de salas do museu para fins privados traz também sua cota de notoriedade, de risco para as obras e de recursos financeiros.

Essas atitudes excessivas que se preocupam de modo demasiado exclusivo com uma só das funções põem em perigo a própria sobrevivência da instituição museal: para garantir plenamente sua missão, o museu deve respeitar um equilíbrio entre suas diferentes funções sem negligenciar nenhuma delas. Sua interdependência, já demonstrada por G. H. Rivière, reforça essa necessidade de equilíbrio e justifica a existência do museu: as reservas técnicas e os depósitos garantem a preservação dos objetos, as universidades encarregam-se do trabalho de pesquisa, os centros culturais esmeram-se na animação e montam exposições. Somente o museu garante simultaneamente essas diferentes funções e enriquece suas atividades com suas inter-relações mútuas. Pode-se falar de uma "tríplice coerência" entre conservação, exposição e pesquisa, não sendo possível considerá-las independentes umas das outras. Quanto à animação, ela é igualmente vital para o museu, ainda que não incluída na tríplice coerência referida: ela a engloba, pois dá vida às outras funções do museu, no sentido primitivo da palavra "animar".

Acrescentemos, finalmente, que a importância relativa dessas diferentes funções varia de uma instituição museal para outra. Cada qual define de maneira mais ou menos explícita esse equilíbrio em função dos objetivos de seu projeto

---

124. GHR, p. 169.

museal e das particularidades do museu. Assim, num centro de arte contemporânea, a função de animação será bem mais desenvolvida do que a conservação, mas certamente ocorrerá o inverso num museu de têxteis antigos ou num gabinete de desenhos, materiais mais frágeis. A situação será bem diferente nos "museus sem objetos", como alguns centros de interpretação ou, ainda, os centros de cultura científica, técnica e industrial (CCCTI).

As expectativas dos usuários do museu

As quatro funções definidas anteriormente correspondem às missões que são atribuídas ao museu pela sociedade; aquilo que o museu deve fazer. De certo modo, é a instituição encarada do ponto de vista do profissional do museu. Mas podemos também situar a instituição museal em relação ao usuário: visitante, mas também político, mecenas, patrocinador.

Desse ponto de vista, as expectativas são mais diversas, quer se manifestem de maneira explícita ou não.

■ O museu como *lugar de lazer e de prazer*: O museu é antes de tudo um lugar de prazer, de deleite, de diversão. Seu papel didático não deve rimar com escolar, e sim com lúdico. Sua missão educativa deve ser cumprida de preferência por meio do prazer, da recreação. O museu não é uma escola;[125] é um outro lugar de formação, mais aberto, mais livre e também mais diversificado. E é um espaço que se dirige aos sentidos tanto quanto à razão, onde a emoção tem um papel essencial.

■ O museu como *lugar de descoberta*: De certo modo, é o complemento da função de exposição: a curiosidade abre o apetite do visitante e o torna receptivo ao discurso do museu. Esse ponto é essencial: o museu deve estimular e alimentar essa curiosidade, ele procura intrigar o visitante potencial e, durante a visita, instigar seu interesse por novas descobertas.

■ O museu como *lugar de memória*: Isso não vale para todos os museus: pensemos, por exemplo, nos centros de ciências. Mas muitos museus, quer se trate de museus de arte, de história, de arqueologia, sociais, ou mesmo de ciências naturais, se inscrevem na perspectiva da evocação do passado. O visitante muitas vezes vai ao museu para "encontrar suas raízes", compreender a situação atual relacionando-a com situações anteriores. Ou para não esquecer, como no Historial de la Grande Guerre de Péronne, na Haus der Geschichte em Bonn, no Jüdisches Museum de Berlim, para citar apenas alguns exemplos.

---

125. Não que a escola seja necessariamente algo desagradável, mas ela é o lugar de um ensino sistemático e na maioria das vezes obrigatório. O museu é um espaço de liberdade, onde o visitante pode procurar o que quiser, onde quiser.

- O museu como *indicador cultural*: "Então você esteve em Albi e não foi ao Museu Toulouse-Lautrec?" "O novo Museu de Arte Contemporânea de Strasbourg é um *must!*" É de "bom-tom" visitar um museu; espera-se, ao menos em meios de certo nível cultural, que você tenha ido a este ou àquele museu. O museu é também um instrumento de prestígio ou mesmo de poder: decidir a criação de um museu, no caso de um presidente, um ministro, um prefeito ou uma autoridade local, contribui fortemente para aumentar seu prestígio (e acessoriamente para a renovação de seu mandato). O mesmo vale para a empresa e o homem de negócios que, ao financiá-los, encontram uma justificativa, uma moralização para seus lucros.

- O museu como *atividade turística*: A visita a um museu pode ser a finalidade de uma excursão, uma atividade de férias. O museu tornou-se um ator econômico por sua inserção no setor turístico. O desenvolvimento do turismo cultural ao longo dos últimos 20 anos aumentou sua importância a tal ponto que os projetos de criação ou reforma de museus passaram a atrair a atenção dos responsáveis pelo turismo, que neles veem uma alavanca desse setor econômico.

- O museu *"ritual"*: A visita ao museu frequentemente ainda beira a prática religiosa, em particular nos museus de arte: a arquitetura de templo neoclássico de alguns deles, o silêncio e a gravidade que em geral presidem a visita, a sacralização da obra, o caráter esotérico ou de "iniciação" assumido por vários museus de arte, tudo isso reforça a impressão de que o museu é o *templo da arte*.

Todas essas expectativas são legítimas sob certos aspectos; cumpre aos responsáveis e aos idealizadores de museus levá-las em conta em suas ações.

O projeto museal

Não se pode conceber um museu – nos dois sentidos da palavra "conceber": os conceitos que presidem à sua criação e o modo como ele é recebido pelo público – se ele não tiver uma identidade claramente definida por seus idealizadores e perceptível pelo visitante. É um museu de quê? Destinado a quem? Por que criar um museu? Com que finalidade? O que se pretende dizer através dele?

Seguindo a linha de François Mairesse,[126] podemos designar com a expressão "projeto museal" o conjunto de ideias, conceitos e intenções que estão na base de uma instituição museal, sua criação, seu funcionamento, suas atividades, sua evolução. As intenções dos idealizadores por vezes são explícitas; elas podem mesmo ser publicadas, como mostram os exemplos do Musée Dauphinois e do

---

126. François Mairesse, *Le musée, temple spectaculaire*, op. cit.

MuCEM (ver adiante e p. 91 e 93-94). Entretanto, muitas vezes elas permanecem implícitas: essa falta de definição pode resultar em projetos vagos, que correm o risco de prejudicar a percepção e a compreensão do museu. Uma "declaração de intenções" deveria fundamentar e orientar o conjunto dos procedimentos do museu, a começar pela elaboração do projeto museal.

Os componentes de um projeto museal

A escolha do nome do museu constitui o primeiro elemento, importante, por meio do qual uma imagem é projetada. Frequentemente ela enseja acirrados debates, como se viu recentemente na França, no caso do Musée du Quai Branly (ver boxe p. 156-157), em que a ausência de consenso quanto a uma denominação significativa da temática do museu[127] levou a um nome politicamente correto que reflete apenas o endereço do lugar. No sentido inverso, a substituição do emblemático Musée de Arts et Traditions Populaires pelo Musée des Civilisations de l'Europe et de la Mediterranée, o MuCEM, uma troca de nomes que acompanhou a transferência para Marselha, traduz a nova orientação dada ao projeto museal[128] (ver adiante, p. 82). Do mesmo modo, em Trois-Rivières, o Musée des Arts et Traditions Populaires passou a chamar-se Musée Québécois de Culture Populaire.

Quando a denominação é explícita, ela permite a imediata identificação do objeto do museu, de suas temáticas. O visitante já sabe o que vai ver no Musée du Tire-Bouchon [Saca-Rolhas] em Ménerbes (Vaucluse) antes mesmo de lá chegar. O mesmo vale – de modo mais enigmático, acessível sobretudo aos *habitués* – para os museus K20 e K21 em Düsseldorf, instituições gêmeas dedicadas à arte (K, de *Kunst*) dos séculos XX e XXI. O nome do museu pode também fazer referência ao prédio, principalmente quando este é famoso (Musée du Louvre, Musée d'Orsay, Grand Curtius em Liège), ou mesmo simplesmente à sua localização (Musée du Quai Branly), mas essas denominações nada dizem a respeito do seu conteúdo.[129]

---

127. Musée des Arts Primitifs foi um nome considerado pejorativo, refletindo um etnocentrismo europeu ultrapassado; Musée des Arts Premiers, que não quer dizer nada de diferente, foi contudo mantido como subtítulo.

128. Para o debate sobre a nova denominação, ver COLARDELLE, Michel. *Réinventer un musée*. Le Musée des Civilisations de l'Europe et de la Méditerranée à Marseille. Paris: RMN, 2002. Mais recentemente, o projeto museal do MuCEM foi profundamente modificado, recentrando seu escopo geográfico no mundo mediterrâneo, sem que no entanto o nome do museu fosse alterado.

129. A não ser quando é o próprio prédio que é musealizado (Castelo de Versalhes, por exemplo).

Um museu evolutivo: o Préhistomuséum de Ramioul

Em Flémalle, perto de Liège, na Bélgica, uma gruta situada perto da vila de Ramioul abrigou os homens da pré-história até o médio Paleolítico. Uma sociedade centenária de arqueólogos amadores, Les Chercheurs de la Wallonie, escolheu esse lugar, após a Segunda Guerra Mundial, para implantar um pequeno museu destinado a conservar e a expor as coleções arqueológicas descobertas por seus membros, que são também os principais visitantes.

Um projeto mais ambicioso está nascendo por iniciativa das autoridades comunais. Concebido de início, em 1985, como um museu clássico – o que é comprovado por seu primeiro nome, Musée de la Préhistoire en Wallonie –, o Préhistosite de Ramioul adotou essa segunda denominação quando transformou o museu para desenvolver um sítio – em torno do prédio inicial – destinado a acolher turmas e grupos escolares propondo-lhes "viver a pré-história". O *experimentarium* é o lugar onde os animadores explicam e mostram os gestos da vida pré-histórica: fazer fogo, talhar o sílex, fabricar uma ferramenta, polir a ponta de uma flecha... gestos que as crianças e os adolescentes são em seguida convidados a refazer sozinhos na "vila das experiências", onde eles também podem atirar com o arco, lançar com um propulsor, fabricar e cozer cerâmica, deslocar megalitos. Em 2004, a exposição permanente foi completamente repensada para interessar mais o público individual ou familiar – os grupos escolares representavam então mais de 85% dos visitantes – e para se harmonizar melhor com as outras atividades desenvolvidas no local. O Préhistosite propunha também atividades para os grupos de adultos: vila das experiências e refeição pré-histórica num espaço de atmosfera sugestiva, o *culinarium*.[130] Reconhecido pelo Ministério da Cultura como museu de categoria A, a mais prestigiosa, o Préhistosite pensou novamente em mudar de nome, para honrar esse estatuto.

Em 2013, uma nova fase de transformação teve início. O museu foi fechado para obras durante seis longos meses. Ao reabrir em 2015, ele se estenderá por 15 hectares, abrigará 10 espaços de exposição e de atividades variadas e passará a se chamar Préhistomuséum. Mas a filosofia do projeto museal continua a mesma: a descoberta da pré-história por meio da experiência.

A localização, o prédio, em particular a área e a qualidade dos espaços que ele oferece, os recursos humanos e financeiros disponíveis também constituem fatores, às vezes restritivos, que o projeto museal deve levar em conta. As coleções disponíveis não raro se impõem como um elemento determinante. Mas o cerne do projeto do museu são as intenções dos idealizadores, as quais se concretizam mediante a definição de uma ou várias temáticas, do público-alvo e da abordagem museográfica.

---

130. GOB, André; LEVECQ, Stéphanie; COLLIN, Fernand. "Vivre la préhistoire", une autre approche muséale de l'archéologie. *La Lettre de l'Ocim*, jul./ago. 2006.

• *Temática.* Para nós, esse termo designa o ou os temas escolhidos pelos idealizadores e desenvolvidos nas diferentes atividades do museu (aquisição, exposição, pesquisa, animação) para implementar o projeto museal. Em geral, porém, não há uma temática precisa; é então a dimensão local ou a natureza da coleção, mais ou menos homogênea, que determina, de certa forma na falta de outra opção, o objeto do museu. Ele pode ser tão amplo como "as belas-artes" ou "a etnografia" – nesse caso, trata-se antes de um tipo de museu, revelando a ausência de temática – ou tão específico como a abordagem monográfica de um artista (Musée Picasso em Paris, Musée Matisse em Cateau-Cambrésis, Museo Dalí em Figueres), de um ofício (Musée de la Tonnellerie [Tanoaria] em Chécy, Loiret) ou de um personagem ilustre (Musée du Septennat-de-François-Mitterrand em Château-Chinon). A ausência de temática, que atrapalha, por sua confusão, a percepção de uma identidade clara para o museu, é cada vez menos aceita atualmente: deserção dos visitantes, corte de verbas, falta de dinamismo.

• *Público.* A maioria dos museus não se preocupa em privilegiar um segmento preciso do público, preferindo atrair um público o mais amplo possível (turistas e habitantes locais, jovens e idosos, popular e erudito), na esperança de aumentar a frequência. Raros são aqueles cujo projeto museal é explicitamente voltado para um público específico. É então muitas vezes para os jovens visitantes, em particular estudantes, que ele se volta. É o caso dos centros de ciências que assim concretizam sua vocação didática. Mas na maioria das vezes a orientação para um público-alvo está implícita; é pelas opções museográficas, pelo nível dos textos e cartilhas ou pela presença de textos multilíngues que, talvez de modo não intencional, o museu privilegia este ou aquele segmento do público potencial.

• *Museografia.* Durante muito tempo, parecia haver apenas uma forma de conceber um museu, de criar uma coleção e de mostrá-la ao público; a museografia clássica, focalizada na coleção e econômica em suportes explicativos, baseava-se no cabedal cultural do visitante para fazer funcionar a exposição. Novas abordagens se desenvolveram. Mais didáticas e orientadas para o público adolescente, mais espetaculares para atrair um público mais amplo, estetizantes ao máximo ou, ao contrário, rigorosas, intencionalmente retrógradas e destinadas a um público erudito, por vezes deliberadamente provocantes, essas diferentes abordagens museográficas não são intercambiáveis aleatoriamente. A museografia da exposição é o fator principal na determinação do discurso da exposição, antes dos objetos expostos (ver capítulo 4), e um elemento essencial do projeto museal, que deve cuidar para que as opções museográficas estejam de acordo com a ou as temáticas do museu e o público-alvo.

O projeto museal não pode limitar-se aos aspectos diretamente acessíveis ao público, isto é, a exposição e a animação. Ele implica de saída a busca de *um*

Museus para quê? Papéis e funções dos museus

equilíbrio entre as quatro funções mencionadas anteriormente: exposição, conservação, pesquisa e animação. Tal equilíbrio é próprio do museu e deve servir ao projeto museal. Não se trata, é claro, de uma receita de "bolo quatro quartos" [feito com quatro ingredientes em medidas iguais]. É em função das opções do projeto que a importância relativa das quatro funções básicas é determinada e revista periodicamente.

Não se pode conceber um museu de maneira isolada: ele se insere numa "paisagem", num *contexto museal* cujos diferentes elementos são determinados uns em relação aos outros no âmbito de uma cidade, uma região, um país. Em Paris, os três grandes museus nacionais de arte (Louvre, Orsay, Beaubourg) repartem entre si a arte europeia segundo uma linha cronológica com cortes por volta de 1850 e 1905. Em Berlim, o cenário museal extremamente rico e complexo, perturbado além disso pela Segunda Guerra Mundial e a divisão da cidade em duas partes entre 1945 e 1991, passou por uma profunda reestruturação que envolveu a reforma de prédios, a fusão de museus, uma nova distribuição das coleções, mudanças de pessoal e a integração de todos os museus (do Estado) numa estrutura comum, uma fundação pública – a Preussischer Kulturbesitz[131] –, que organiza, coordena e financia dando grande autonomia a cada museu. Por outro lado, há cidades, em geral pequenas ou médias, onde a incoerência da paisagem museal apenas desorienta o visitante potencial e muitas vezes o afugenta. Em Lisboa, a presença apagada do Estado no campo cultural cede o lugar a numerosas fundações privadas e leva a uma paisagem museal anárquica feita de instituições com projetos – não explícitos, talvez mesmo inexistentes – confusos e redundantes. Em Luxemburgo, foi a concorrência entre duas autoridades – o Estado e a cidade – que levou à coexistência mais ou menos pacífica de dois museus de temáticas semelhantes: o Musée National d'Histoire d'Art e o Musée d'Histoire de la Ville. Felizmente, graças sem dúvida à inteligência dos curadores, os projetos museais dessas duas instituições foram adaptados para que cada qual encontrasse uma identidade própria aos olhos do público.

> **Musée Dauphinois: dinamismo e continuidade do projeto museal 100 anos depois**
>
> Fundado em 1904 por Hippolyte Müller, pré-historiador e etnógrafo autodidata, o Musée Dauphinois de Grenoble foi aberto ao público em 1906. Como Mistral em Arles, Müller foi movido pela urgência de recolher os vestígios culturais característicos dos Alpes da região do Dauphiné, ameaçados de extinção. Desde o início, o museu orientou-se por um sólido projeto museal: reunir os testemunhos materiais do homem, mas também dirigir ao público uma mensagem sobre a unidade da espécie humana.

---

131. Disponível em: <www.hv.spk-berlin.de>.

A pré-história apaixonava Müller, e suas pesquisas tinham como objetivo "ligar os primeiros ocupantes de uma região àqueles que ainda a habitam".[132] Entretanto, diferentemente do Museon Arlaten, seu projeto não tinha a menor intenção de pôr em destaque uma identidade.

Jean-Pierre Laurent tornou-se diretor do museu em 1971. Para fidelizar o público, preferiu abandonar as exposições permanentes, ideia absolutamente inovadora na época. Para impor uma rotatividade às coleções expostas e, sobretudo, modificar a cada vez o olhar lançado sobre elas, Laurent implementou uma política de exposições temporárias de longa duração. Até mesmo a exposição de síntese *Gens de l'Alpe* é regularmente atualizada.

Além disso, Laurent fez da cenografia um elemento essencial da política museográfica. No seu entender, visitar um museu ou uma exposição não rimava com "aprender", e sim com "descobrir", e essa descoberta não envolvia apenas o intelecto, mas todos os sentidos. Ele criou uma "museografia sensível" que integrava principalmente certos princípios da ecomuseologia.[133]

A contribuição essencial de Laurent foi a afirmação do papel do projeto cultural e social do museu, prevalecendo sobre a função conservadora e científica. Isso não significa que ele renunciasse a garantir uma base científica para seu trabalho; ao contrário, essa base foi ampliada graças a diversas colaborações externas, e à coleção foram incorporadas imagens e sons. Além disso, também foi dada atenção aos "novos" patrimônios e fatos sociais. Os sucessores de Jean-Pierre Laurent, Jean Guibal e Jean-Claude Duclos, seguiram a mesma linha. Os temas das exposições abordam os problemas sociais da atualidade, aos quais elas conferem uma dimensão histórica e uma perspectiva renovada. Ao lado do mundo rural e campesino, criou-se um amplo espaço para as comunidades de origem estrangeira presentes em Isère.

Desde sua criação, o Musée Dauphinois não deixou de reafirmar suas missões, fazendo ao mesmo tempo avançar seu projeto museal para permanecer em sintonia com sua época e com o público. Como assinalou Duclos: "Temos a grande sorte de podermos nos basear nas ideias de Müller. A outra sorte é que essas ideias jamais foram traídas. Respeitou-se uma continuidade na gestão dos diversos curadores que se sucederam desde o fundador. Até hoje nos sentimos em perfeita harmonia com essa mesma orientação. E, para mim, ela não envelheceu, continua sendo inteiramente válida".[134]

---

132. Ver TRABUCCO, Karine. Hipollyte Müller: sa bigraphie. In: HIPPOLYTE Müller, 1865-1933. Aux origines de la préhistoire alpine. Grenoble: Musée Dauphinois, 2004. p. 19-29; e DUCLOS, Jean-Claude. Hippolyte Müller et le Musée Dauphinois. *Fondateurs et Acteurs de l'Etnographie des Alpes*, p. 91-107, 1.-4. trim. 2003.
133. LAURENT. Jean-Pierre. Des choses ou des gens? *Vagues*, n. 2, p. 232-243, 1994.
134. Entrevista com Jean-Claude Duclos (Grenoble, 2 jun. 2004).

Um processo evolutivo

Salvo no caso de museus recém-criados ou reformados, raramente o projeto museal é definido de uma vez só, levando em conta simultaneamente todas as facetas da vida do museu. Em geral, trata-se de um processo dinâmico, evolutivo. A situação evolui de acordo com fatores externos (a sociedade, a percepção do patrimônio etc.) e internos (as coleções se enriquecem ou se diversificam, as temáticas se transformam, os conhecimentos se renovam etc.). A revisão do projeto museal muitas vezes intervém em favor de uma renovação profunda ou da reorganização total da instituição.

O exemplo do Musée du Trocadéro e depois de seus avatares ilustra perfeitamente a complexidade que pode apresentar tal processo, sobretudo quando ele se estende por mais de um século e envolve vários museus. O Musée du Trocadéro em Paris foi criado em 1878 para expor a coleção etnográfica cuja origem remontava a Francisco I e que se viu bastante enriquecida com as conquistas coloniais.[135] Em 1884, a etnografia regional passou a integrá-lo com a inauguração de uma "Sala da França", que hesitava entre valorizar o saber popular ou utilizar suas apresentações para oferecer uma imagem sedutora das zonas rurais, na linha das exposições universais. Em 1937, sob a direção de Paul Rivet e Georges Henri Rivière, fez-se a separação entre a etnografia "exótica", a partir de então alojada no Palais de Chaillot sob o nome de Musée de l'Homme, e a etnografia francesa, no Musée des Arts et Traditions Populaires, fundado com o apoio da Frente Popular, então no poder. As ATP só conseguiriam um espaço próprio, no Bois de Boulogne, em 1975. Cada uma dessas instituições conta com um importante laboratório de pesquisa e ensino. O Musée de l'Homme desenvolve suas temáticas em três direções: a etnografia propriamente dita, a antropologia e a pré-história. Tal orientação conduz a uma visão mais científica, mais antropológica da etnografia, tanto no nível da pesquisa e dos trabalhos de campo, quanto na própria exposição. Os projetos museais das duas instituições foram assim progressivamente afastados um do outro, e não apenas devido à divisão das coleções. Ambas conheceram uma crise paralela a partir do final dos anos 1980, marcada pelo desinteresse do público e da comunidade científica.[136] Por fim, optou-se por uma ampla reestruturação temática envolvendo três museus, com o Musée des Arts d'Afrique et d'Océanie (Maao) da Porte Dorée em Paris vindo somar-se aos dois citados anteriormente.

---

135. Ver SEGALEN, Martine. *Vie d'um musée, 1937-2005*. Paris: Stock, 2005; MOHEN, Jean-Pierre (Ed.). *Le nouveau Musée de l'Homme*. Paris: Odile Jacob, 2004; e Michel Colardelle, *Réinventer un musée*, op. cit.
136. Não consideramos aqui a situação dos laboratórios associados.

Após várias tentativas de renovação do museu das ATP, foi aprovada a proposta de Michel Colardelle: criar um Musée des Arts et des Civilisations de l'Europe et de la Méditerranée e instalá-lo em Marselha. Essa mudança sublinha as novas orientações temáticas dadas ao museu: da França passou-se para a Europa e o Mediterrâneo; de um mundo essencialmente rural, para um mundo amplamente urbanizado; de uma visão etnográfica tradicional, para uma abordagem mais societal, traduzida pelo termo "civilizações" incluído no nome do museu. Abriu-se igualmente o leque cronológico, da Idade Média à época contemporânea.

Esse projeto museal, desenvolvido paralelamente ao do Musée du Quai Branly, levou a uma reorganização completa das temáticas e das coleções, com a seguinte distribuição: no MuCEM, a Europa e o Mediterrâneo; no Quai Branly, o resto do mundo (o Norte da África e o Oriente estão presentes nos dois museus, mas tratados de maneiras diferentes), com exceção, no tocante à Ásia, das regiões bem representadas no Musée Guimet, Musée des Arts Asiatiques, enquanto o Musée de l'Homme deveria se reconcentrar na antropologia e na biologia humana de acordo com um projeto que ainda precisa ser detalhado.

As ambições do projeto Colardelle para o MuCEM, baseadas sobretudo na problemática da multiculturalidade, correspondem melhor às questões da sociedade atual. Exageradamente, talvez? O projeto enfrentou uma década de tergiversações políticas e foi várias vezes questionado, por questões diversas. A chegada à presidência da República de Nicolas Sarkozy em 2007 e a definição de uma nova política mediterrânica levaram à destituição súbita de Michel Colardelle e à inserção do museu marselhês nessa nova política. O projeto museal foi reorientado para o mundo mediterrânico, abandonando a Europa continental. A inauguração em 2013 se inscreveu no evento "Marselha, capital europeia da cultura".

O museu, um projeto político

Pelo exemplo dos museus parisienses de etnografia, pode-se ter uma ideia da dimensão política do museu, não só porque é o mundo político que frequentemente decide seu destino, sua criação ou sua extinção, mas sobretudo porque o museu está no cerne das problemáticas societais: a redescoberta da França rural e provinciana sob a Terceira República, o colonialismo, seguido da descolonização,[137] a sociedade multicultural deste início do século XXI. É

---

137. Alguns veem na criação do Musée du Quai Branly um instrumento para "purificar seu acervo de sua origem colonial" (Henri-Pierre Jeudy, em artigo publicado no *Libération* de 20 de junho de 2006 sob o título "Un sanctuaire ethnologique"). Ver também RAULT, Wilfried; ROUSTAN, Mélanie. Du Maao au Musée du Quai Branly. *Culture & Musées*, n. 6, p. 65-83, 2005.

que, por sua inserção na sociedade, pela estima e o respeito que suscita, pela eficácia de seu discurso, por seu caráter "acima de qualquer suspeita", o museu é um meio de ação política importante; ação política no sentido nobre – condução da *pólis*, da nação – e no sentido menos nobre, politiqueiro e eleitoreiro. O projeto museal é, por excelência, um projeto político, no sentido nobre do termo. Vimos isso, de modo particularmente significativo, na criação do Musée du Louvre em 1793 e na sua posterior transformação em Musée Napoléon (ver p. 41-44). Quando Luís Filipe transformou, em 1837, o Castelo de Versalhes em museu histórico dedicado a "todas as glórias da França", era claramente de um projeto político que se tratava. "Reconciliar uma França despedaçada e reunir suas diferentes famílias; convidar todo um povo a descobrir suas epopeias e seus heróis; abrir-se para o mundo e testemunhar uma realidade europeia, essas eram as ambições de Luís Filipe, imaginando a criação em Versalhes de um Museu da História da França".[138] E, mais prosaicamente, justificar seu trono e sua dinastia. Recorrendo aos maiores artistas da época, ele pôs em prática uma museografia à altura dessa ambição. As opções que presidem à atual campanha de "restauração" do castelo não são menos políticas, na medida em que obliteram, contrariando as normas da Carta de Atenas, as reformas do século XIX visando a recuperar o Versalhes de Luís XVI e de Maria Antonieta, o castelo *real* que o povo queria ver. Igualmente político – e revelador do espírito da época – é o espaço deixado aos importantes patrocinadores franceses, suíços e sobretudo americanos, que financiam esses trabalhos e decidem sobre aquilo que desejam ver restaurado. O museu tanto pode vir a "ganhar" com as condições políticas do momento, como as ATP em 1937 sob o governo da Frente Popular, quanto "perder", como as mesmas ATP transformadas em MuCEM há quase 20 anos.

A dimensão política do projeto museal não se manifesta somente no nível mais alto, do Estado. Insere-se igualmente no *contexto sociocultural e econômico local e regional* com que interage. Após um intervalo de 20 anos, foi essa mesma vontade de sair da crise por meio da arte – no caso, a arte contemporânea, significando um projeto de futuro – que motivou as pessoas, autoridades políticas locais e responsáveis culturais, quando da criação do Musée d'Art Contemporain de Saint-Étienne e do Guggenheim de Bilbao, em cidades vitimadas pelas repetidas crises que afetaram as antigas regiões mineradoras e siderúrgicas da Europa. Nos dois casos, o museu é visto como o vetor de uma imagem positiva da cidade, como um recurso cultural para "levantar o moral" da população e também como um importante instrumento turístico para a recuperação eco-

---

138. ALBANEL, Christine. Um château ouvert sur le monde. In: GERVEREAU, Laurent; CONSTANS, Claire. *Le musée révélé*. Paris: Robert Laffont, 2005. p. 3. Esse museu fecharia suas portas no início do século XX.

nômica. Aproveitando, assim como Bilbao e Saint-Étienne, o efeito benéfico dos créditos europeus, a região da Valônia instalou em Mons, nos prédios desativados de uma mina de carvão, um museu de ciências e técnicas, o Pass (ver quadro no capítulo 1), com o duplo objetivo declarado de contribuir para tirar a província de Hainaut da grave crise econômica que a afetara e também suscitar vocações para as carreiras científicas e técnicas. Fato importante: foi o Ministério da Economia e da Pesquisa, e não o da Cultura, que concebeu e financiou o projeto.

Portanto, o museu pode constituir-se num *instrumento de política social e de desenvolvimento*, em particular do desenvolvimento regional. Já afirmada em 1972 na Mesa-Redonda de Santiago do Chile (ver mais adiante, neste capítulo), essa ideia veio a concretizar-se notadamente por meio da criação dos ecomuseus, em geral em regiões em crise nos planos econômico e social (ver capítulo 1 p. 69-71). O Ecomuseu du Fier Monde, instalado num bairro pobre de Montreal, é um dos poucos a manter hoje em dia essa orientação voluntarista. *A contrario*, o retorno a um modelo clássico pelo Écomusée du Creusot (que apesar de tudo manteve seu nome; boxe na p. 58-59) revela uma orientação política "nova" – antípoda do pensamento autogestionário –, para a qual o museu é um instrumento bem pensante e edificante.[139] Essa mudança radical do projeto museal de Creusot se fez acompanhar da recuperação do prestígio do industrial Schneider, onipresente na nova apresentação (e principal patrocinador do museu). Já na América Latina, o ecomuseu continua a ser um ator importante da integração social e do desenvolvimento, sobretudo nos subúrbios pobres das grandes cidades e nas favelas, mas também nas zonas rurais, onde ele acompanha a política – por vezes bastante tímida – de autodesenvolvimento dos grupos autóctones.

A criação do Louvre-Lens, inaugurado em 4 de dezembro de 2012, também se inscreve numa perspectiva de desenvolvimento socioeconômico regional. A Região Nord-Pas-de-Calais e seu presidente Daniel Percheron viram uma boa oportunidade na decisão do governo de abrir na província filiais dos principais museus parisienses e a agarraram, desenvolvendo um projeto ambicioso. Seus objetivos: obter a instalação na região de um museu de prestígio que deverá contribuir para o desenvolvimento cultural local, deixado para trás naquela região industrial marcada por crises sucessivas; desenvolver o turismo no Nord-Pas-de-Calais utilizando o Louvre-Lens como um importante elemento de atração; usar o museu como alavanca para criar localmente novos empregos, especialmente nas profissões ligadas ao patrimônio. Eis por que esse tema é mantido

---

139. DEBARY, Octave. L'écomusée est mort, vive le musée. *Publics & Musées*, n. 17-18, p. 71-82, 2000.

como um dos elementos do projeto museal de Lens, enquanto a região cria perto do museu um instituto de formação de profissionais do patrimônio. Para executar esse projeto ambicioso, a região mobiliza importantes recursos financeiros, já que a quase totalidade do custo do museu – construção, preparação e funcionamento – é da competência dos poderes locais, sendo muito limitada a participação do Estado.

A dimensão política de um projeto museal reside em suas opções de base. Conforme a finalidade que seus idealizadores lhe atribuem, conforme sua decisão de abrir para este ou aquele público, mais amplo ou mais restrito, mais instruído ou mais desfavorecido, conforme sua opção por uma abordagem museográfica espetacular, erudita, científica etc., os responsáveis pelo projeto museal fazem opções políticas, conscientemente ou não, com toda a liberdade ou de acordo com diretrizes recebidas. A determinação das próprias temáticas recobre opções políticas, mesmo quando são as coleções que orientam essas opções. Assim o demonstra o exemplo do Musée du Quai Branly.

Em situações dramáticas extremas, a instrumentalização do museu aparece mais claramente: a exposição de arte "degenerada" (*entarterte Art*) em Munique em 1938, assim como aquelas apresentadas em Paris no Petit Palais, *La franc--maçonnerie devoilée*, em outubro de 1940, e *Le juif et la France*, de setembro de 1941 a janeiro de 1942, bastam para comprová-lo.[140] As guerras, as revoluções, a conquista da independência e os regimes totalitários constituem exemplos de situações críticas que aumentam o risco de se ver um museu "desvirtuado" por um projeto museal a serviço de uma ideologia imposta. Mas não nos enganemos: esse processo está em marcha, de modo certamente menos dramático e menos visível, em todos os projetos museais, mesmo no museu de arte, aparentemente tão neutro, tão etéreo, tão consensual. O Musée du Quai Branly está a serviço "do diálogo entre os povos", a arte contemporânea mobiliza-se "a favor da paz",[141] o museu de ciências pretende suscitar vocações científicas (e ressuscitar o pensamento positivista?), o Louvre de Abu Dhabi se propõe expor no Golfo Pérsico ideias iluministas.[142] Mais ou menos louváveis, mais ou menos realistas, mais ou menos aceitáveis socialmente, tais objetivos nem por isso deixam de ser opções políticas no cerne do projeto museal.

---

140. CORCY, Stéphanie. *La vie culturelle sous l'Occupation*. Paris: Perrin, 2005. p. 115-117.

141. *Declaration. 100 Artists for Peace*, National Museum of Contemporary Art Korea, exposição em Seul en 2004 mostrando 100 criações realizadas para a ocasião por solicitação de Jacques Derrida e Alain Jouffroy.

142. Ver André Gob, *Le musée, une institution dépassée?*, op. cit.

Friedrich Flick em Berlim: a coleção ou a moral?

Os diretores de museu raramente resistem à sedução de uma coleção de prestígio. O exemplo da recente exposição da coleção Flick em Berlim é tanto mais revelador na medida em que nela se misturam os vestígios repulsivos do nazismo. Friedrich Flick foi um dos principais fabricantes de armas da Alemanha nazista, grande amigo de Hermann Göring e grande apreciador de arte. Condenado a sete anos de prisão em Nuremberg em 1945, ainda assim conseguiu conservar boa parte de sua fortuna e de suas fábricas de armamentos e continuar a colecionar arte contemporânea. Seu neto Friedrich Christian, que hoje vive na Suíça, era responsável, em 2004, por uma coleção de quase 2.500 obras. Após oferecê-la a diversos museus suíços que a recusaram, decidiu oferecê-la ao Estado alemão, desde que ela fosse apresentada em bloco e sob o nome de "Coleção Friedrich Flick": é o pecado do orgulho, comum entre colecionadores. Os gritos de indignação contra a imoralidade da origem de tal coleção apenas levaram à substituição do prenome do industrial nazista pelo do neto, mas não impediram que a coleção fosse aceita em comodato pelo Estado para ser exposta no museu de arte contemporânea da Hamburger Banhof em Berlim (Museum für Gegenwart). Inaugurada em 22 de setembro de 2004 pelo chanceler Schröder, a exposição recebeu mais de 250 mil visitantes. "Queremos separar claramente a arte da política", justificou-se E. Blume, diretor do museu, para quem a coleção estava acima de tudo. E Peter-Klaus Schuster, então presidente dos museus de Berlim, acrescentou: "O fato de Berlim ter sido distinguida como um 'lugar' da arte contemporânea graças à apresentação da coleção de Friedrich Christian Flick não é seriamente contestável."[143]

O papel das coleções

Alguns simplesmente assimilam o museu à coleção. No capítulo anterior, vimos que essa posição radical não dá conta da diversidade do museu atual. Além disso, ela corre o risco de *desvirtuar* a busca de um equilíbrio entre as funções em favor da conservação. Contudo, não se deve subestimar o papel da coleção na definição do projeto museal. Não raro, é a existência prévia de uma coleção que determina – ainda hoje – a criação de um museu.

De modo geral, a determinação da ou das temáticas do museu costuma depender *de facto* dos objetos disponíveis, da coleção. E isso é razoável: não teria cabimento manter nas reservas toda uma coleção para atribuir ao museu missões num campo completamente estranho. Razoável, porém arriscado, se não

---

143. Entrevista publicada no *Frankfurter Allgemeine Zeitung* em 31 de março de 2005 (Perguntas: Thomas Wagner e Heinrich Wefing).

Museus para quê? Papéis e funções dos museus 99

se tomar cuidado. Um projeto museal baseado numa coleção preestabelecida, que renuncie assim a uma diretriz precisa e oriente suas temáticas pelo conteúdo dessa coleção, corre grande risco de ser incoerente, inconsistente ou não pertinente. Quase sempre resultante de uma história complexa, a coleção reflete os acasos de sua constituição e conservação, os gostos e preferências do colecionador que a reuniu. O papel da coleção revela-se particularmente significativo no campo da arte. Por vezes, juntam-se aí o colecionador e o político: tal indivíduo de grande notoriedade, que reuniu uma coleção de grande valor, decide doá-la à cidade ou ao Estado sob certas condições, e as autoridades políticas logo tratam de aceitar a coleção, as diretrizes de um novo museu e as condições que lhe dizem respeito. Será a coleção totalmente incoerente? Pouco importa: na melhor das hipóteses, mostrar-se-ão "os gostos e as escolhas do colecionador", cujo nome ganhará destaque. O doutor Franz Delporte e sua mulher, colecionadores ecléticos, ofereceram sua coleção aos Musées Royaux des Beaux-Arts da Bélgica, contando que ela fosse integralmente exposta num só conjunto que levasse seu nome. Resultado? O espaço "Legs Delporte", onde eram expostos amontoadamente vários quadros antigos, entre os quais um Bruegel, outras pinturas e esculturas de épocas diversas, máscaras africanas, objetos de arte, sem qualquer coerência com a estrutura geral do museu. Eram expostos, porque o atual diretor do museu considerou que essa situação não podia mais durar e que o lapso de tempo durante o qual a vontade expressa pelo doador havia sido respeitada era suficiente. O legado Delporte foi assim distribuído pelo interior do museu, com muito mais coerência. Já a coleção que Charles Delsemme legou em 1990 ao Musée de Louvain-la-Neuve também é bastante variada, mas sua integração ao percurso da exposição é exemplar, certamente devido ao discernimento de seu fundador, Ignace Vandevivere, e à sua antiga relação com o futuro doador. Nesse caso, o próprio ecletismo da coleção alimenta o princípio da confrontação entre obras e objetos de origens e épocas diversas, criando um diálogo entre elas.[144]

A volta do colecionador

A criação dos museus no fim do século XVIII traçou uma fronteira nítida entre museu e coleção privada, e, se estas últimas muitas vezes acabavam nas coleções museais, seus antigos proprietários não as acompanhavam. Constata-se, porém, de modo cada vez mais frequente, uma volta do colecionador para dentro dos museus.

O Musée de la Grande Guerre, inaugurado em Meaux (Aisne) em 11 de novembro de 2011, constitui um caso notável. Jean-Pierre Vernet, historiador autodidata da Primeira Guerra Mundial, reuniu ao longo de quase 40 anos uma coleção conside-

---

144. VAN DEN DRIESSCHE, Bernard. *25 dialogues au Musée de Louvain-la-Neuve*. Louvain-la-Neuve: 2004.

rável sobre o tema. Após várias exposições temporárias, nasceu o projeto de criar um museu, e o colecionador multiplicou os contatos, porém sem êxito. Foi o encontro com o prefeito de Meaux, Jean-François Copé, que deu o impulso decisivo. O museu foi construído (arq. Christophe Lab), o percurso foi definido com base na coleção de Vernet e com sua participação, e ele foi designado "conselheiro científico e histórico do Musée de La Grande Guerre du Pays de Meaux". Um comitê científico presidido por Marc Ferro emoldura sua ação. Contrariamente ao que escreveu Copé no prefácio do catálogo – "o museu da Grande Guerre é um museu de história e de sociedade" –, o museu de Meaux é claramente um museu de colecionador. O equilíbrio das temáticas reproduz sua importância relativa na coleção e, se o fim parece apressado, é porque faltavam objetos. A onipresença de manequins usando uniforme – mais de 200 – é outro sinal disso.

Em Antuérpia, o *MAS, Museum aan de Stroom*, mostra de outra maneira essa volta do colecionador. Entretanto, as apresentações desse projeto ambicioso que deveria agrupar quatro museus preexistentes faziam esperar uma abordagem inovadora do museu da cidade. *Hélas*, o resultado foi completamente diferente. Sem dúvida o prédio, projetado pelos arquitetos neerlandeses Neutelings e Riedjik, é notável. Mas as exposições de referência não têm coerência entre si. Um andar é dedicado a um espaço do tipo "reserva visitável", onde são destacados os colecionadores que, por suas atividades ou por seus dons, contribuíram para constituir a coleção do museu. Mas é na apresentação da coleção pré-colombiana do casal Janssen que a volta do colecionador é marcada da maneira mais evidente. Essa riquíssima coleção foi objeto de uma dação ao Estado belga por ocasião da morte de Paul Janssen, um empresário da indústria farmacêutica. Após uma controvérsia sobre seu destino – a "doadora" queria que a coleção fosse para os Musées Royaux d'Art et d'Histoire em Bruxelas, a despeito das disposições legais em matéria de direitos de sucessão –, a coleção foi depositada no MAS, o que veio perturbar fortemente a concepção, já bem avançada, das exposições. Um andar inteiro lhe foi dedicado, e a antiga proprietária se tornou onipresente na exposição, inclusive por um vídeo mostrando uma longa entrevista em que ela explica sua paixão de colecionadora. Nem uma palavra, em compensação, sobre a origem controversa da coleção – as compras de arte pré-colombiana no mercado americano são sempre suspeitas –, ainda que o comitê do Icom para a deontologia tenha iniciado um inquérito, que não teve prosseguimento.

Parece que assistimos hoje a uma certa "volta do colecionador", como vimos a propósito do novo Musée de la Grande Guerre em Meaux. Os dois museus criados na Espanha a partir da coleção Thyssen-Bornemisza são emblemáticos dessa evolução ao contrário. O industrial Heinrich Thyssen (1875-1947), membro da célebre dinastia de empresários do ramo siderúrgico e fabricantes de armas

Museus para quê? Papéis e funções dos museus

renanos, reuniu uma importante coleção de arte em sua Villa Favorita, perto de Lugano, na Suíça. Seu filho, Hans Heinrich von Thyssen-Bornemisza,[145] continuou e ampliou a coleção paterna e abriu a Villa Favorita ao público. Entretanto, com o objetivo de garantir um futuro à sua coleção após a morte e evitar sua dispersão, em 1988 concluiu um acordo com o governo espanhol (país de origem de sua quinta mulher, Carmen Tita Cervera), tendo em vista a criação de um museu com seu nome em Madri. O Museo Thyssen-Bornemisza foi inaugurado em 1992 no Palacio de Villahermosa para acolher 700 obras da coleção, que foram então cedidas em comodato. O governo espanhol comprou uma boa parte delas no ano seguinte, enquanto o barão e a baronesa continuaram a incorporar obras em comodato à coleção do museu. Hoje esta é composta de quatro partes: 1) as obras pertencentes ao reino de Espanha; 2) as obras de propriedade de Carmen Thyssen e dos outros herdeiros de Hans Heinrich (morto em 2002), cedidas em comodato contratualmente dentro do acordo de 1988; 3) as obras, de mesma propriedade, cedidas pelo casal depois de 1993; e 4) as obras de propriedade apenas da baronesa Carmen cedidas após a morte de seu marido em 2002. Essa situação bastante complexa se reflete também na exposição, já que a lógica cronológica, que rege a museografia da antiga coleção do barão Thyssen, foi abandonada na parte do museu que expõe a coleção cedida por Carmen após 2002. O Museo Thyssen-Bornemisza, que no entanto é um museu nacional, financiado pelo Estado, está inexoravelmente ligado à família e singularmente à baronesa Carmen. O mesmo ocorre no outro museu que esta última decidiu criar em Málaga, na Andaluzia. Lá, um acordo com a municipalidade em 2007 levou à abertura do Museo Carmen Thyssen Málaga em março de 2011, num prédio comprado pela cidade para ali instalar um museu da cidade, projeto ao qual a prefeitura renunciou diante do oferecimento da baronesa.[146] Esta cedeu gratuitamente (ainda bem!) por 15 anos sua coleção de pintura espanhola do século XIX, composta de 236 quadros. O museu, cujos custos de preparação inicial e de funcionamento anual foram assumidos pelo orçamento municipal, é administrado por uma fundação presidida pela baronesa Carmen Thyssen (o vice-presidente é o prefeito). Fato revelador da onipresença da proprietária da coleção: o projeto museológico foi elaborado pela diretora *após* a abertura do museu e aprovado pelo governo andaluz em janeiro de 2012. Carmen Thyssen e o prefeito sem dúvida consideravam esse projeto museológico uma simples formalidade administrativa desprovida de interesse.

---

145. Heinrich Thyssen tornou-se barão ao se casar com a baronesa húngara Margit Bornemisza de Kászon Imperfalva.

146. FERNANDEZ, Maria Lopez. *Museo Carmen Thyssen Málaga*. Guia de la colección. Madri: 2011.

A renovação dos museus arqueológicos romanos

Fruto da reunificação política da Itália e do papel de Roma como capital do reino, o grande Museo Nazionale Romano foi criado pelo Estado em 1889[147] e instalado, a partir de 1911, nas ruínas restauradas das termas de Diocleciano. Sua criação foi um ato político que marcou simbolicamente a separação entre o Estado e a Igreja. Enriquecido pelas incessantes escavações realizadas em Roma e na região durante o século XX, o museu das termas tornou-se um tanto saturado, caracterizando-se por uma museografia antiquada. Foi então objeto de um amplo programa de reorganização que revolucionou completamente a paisagem museal romana e deu origem a quatro museus inaugurados entre 1997 e 2004.[148] As coleções foram desmembradas e repartidas entre as cinco instituições, cada qual com suas especificidades em termos de temática e de público, dentro de um projeto museal comum.

Palazzo Altemps. Esse palácio na zona do Campo de Marte abriga obras prestigiosas, entre as quais a coleção Ludovisi. A apresentação é sóbria e eficaz: as esculturas são exibidas como obras-primas. Opção museográfica original: dá-se ênfase às restaurações e às transformações por que passaram tais obras após sua descoberta. Textos explicativos, ilustrados com desenhos, indicam as partes autênticas e os acréscimos modernos e oferecem ao visitante o distanciamento necessário para exercitar seu espírito crítico.

Palazzo Massimo. Inaugurado em 1998 perto das termas de Diocleciano, o Palazzo Massimo (fim do século XIX) abriga em seus quatro pavimentos um conjunto representativo da arte romana em toda a sua diversidade de materiais e técnicas: esculturas, relevos, mosaicos, afrescos, moedas, joias, marchetaria de pedra, ourivesaria. Todas as épocas, da República ao século V, estão representadas, e o Baixo Império não é tratado como parente pobre. O segundo pavimento é dedicado aos afrescos da Villa de Livia e da Villa Farnesina. Esse museu foi concebido de modo a oferecer, por si só, uma visão de conjunto da civilização romana e a satisfazer o público mais amplo graças ao caráter atrativo das obras e a uma apresentação espetacular.

Crypta Balbi é um museu de sítio instalado sobre as ruínas do antigo teatro de Balbus, no Campo de Marte. Aqui, é a Antiguidade tardia e o destino dado às ruínas da Roma antiga ao longo da Idade Média que são valorizados, destacando a continuidade do hábitat nessa parte da cidade. Uma mensagem mais aguda sobre uma temática raramente abordada, a de "Roma depois de Roma", que pretende levar o visitante a questionar o esquema clássico relativo à Idade Média.

---

147. Dois museus de antiguidades criados pelo papado já existiam: os Museus do Vaticano e os Museus do Capitólio, este último sob a autoridade da administração comunal.

148. Um quinto museu, aberto durante certo tempo numa das rotundas das termas de Diocleciano, hoje está fechado.

Museus para quê? Papéis e funções dos museus

> A sede de origem do *Museu das Termas* se dirige principalmente aos eruditos. Uma seção é dedicada à proto-história do Lácio, e a outra reúne uma coleção epigráfica extraordinariamente rica, posta a serviço de um discurso sobre a história e a sociedade romana. Apesar da aridez dessa disciplina, a exposição é acessível mesmo para os que não pertencem ao círculo restrito dos especialistas em epigrafia romana.
>
> Devemos ressaltar a coerência dessa reorganização: a partir de uma coleção muito vasta, foram determinados módulos em função de problemáticas (historiografia das coleções, epigrafia) e públicos diferentes. Tal abordagem permitiu conceber museus complementares cujas temática e cenografia se adaptam ao público-alvo.

Museu e identidade

O museu, como já vimos, originou-se de um modelo europeu. Sua criação se inscreve no pensamento iluminista. A partir do século XIX, ele participou da construção do sentimento nacional nas grandes nações tradicionais, depois das jovens nacionalidades que aspiravam à independência, enquanto os museus de etnografia inspirados no modelo do Museon Arlaten de Arles conservaram e valorizaram as particularidades de cada província, demonstrando, por vezes, um apego excessivo a essa identidade local.

O "Museu da vida viva e da raça" de Arles

Criado por iniciativa de Frédéric Mistral,[149] o Museon Arlaten foi inaugurado no centro da cidade de Arles provisoriamente em 1899 e, depois, no prédio atual, em 1904. Mais do que um museu de etnografia, ele pretende ser um meio de construção da identidade provençal: "Tive então a ideia de criar [...] o Museon Arlaten. Nele serão reunidos todos os objetos de origem popular que evocam o berço da Provença, suscetíveis de fortalecer seu culto e de gravar sua imagem no coração das crianças".[150] A "raça de Arles" aí está representada por moldagens de crânios e seios! O percurso da exposição, que inclui reconstituições de interiores, foi até pouco tempo atrás conservado em sua apresentação de 1909, tal como desejava seu idealizador. Ele terminava no "santuário Mistral", onde estavam reunidos objetos que pertenceram ao poeta, fazendo-se o seguinte convite: "Visitante, recolhe-te devotamente diante do

---

149. Poeta de língua provençal, Prêmio Nobel de Literatura, Frédéric Mistral (1830-1914) é o fundador de um movimento regionalista, o "Félibrige". Sobre a história do museu, ver o catálogo da exposição que foi nele realizada entre 28 de junho de 2002 e 12 de janeiro de 2003: *Histoire des vies, histoire d'objets. Acquisitions récentes (1996-2001)*. Arles: Museon Arlaten, 2002.

150. Citação de Mistral apud LARDELLIER, Pascal. Dans le filigrane des cartels... Du contexte muséographique comme discours régionaliste: l'exemple du Museon Arlaten. *Publics & Musées*, n. 15, p. 63-79, 1999.

berço de teu mestre". Nesse contexto, a visita ao Museon Arlaten assemelhava-se à celebração ritual de um verdadeiro culto, cerimônia que permitia pertencer à comunidade fechada dos verdadeiros arlesianos, constituindo assim um rito de integração ou reintegração.[151]

Um grande programa de renovação está atualmente em curso. Um prédio na periferia da cidade abriga hoje as reservas e os escritórios. O museu está fechado até 2016 para possibilitar uma reforma completa de suas dependências, inadequadas a um museu moderno. O caráter histórico desse museu e de suas exibições impede que tudo seja resolvido no programa museográfico. As reconstituições, em particular, certamente muito belas, devem ser conservadas. O novo museu lançará um olhar distanciado sobre as salas históricas do museu de Mistral, traçando ao longo do percurso uma história da museografia etnográfica.

Após a Segunda Guerra Mundial, o processo de descolonização dos "países do sul"[152] e, depois, sua aceleração a partir de 1960 levaram à criação de museus nesses novos países, museus que têm claramente a finalidade de expressar a identidade dessas jovens nações e de contribuir para a construção de um sentimento nacional, valendo-se sobretudo da valorização das culturas pré-coloniais. O Museo Nacional de Antropología do México, criado em 1964, é exemplar nesse sentido.

Um museu para o Novo Mundo

No México independente, a antropologia tem papel decisivo na construção de uma identidade nacional, produto da mistura de duas tradições culturais, a pré-hispânica e a europeia. O Museo Nacional de Antropología, na Cidade do México,[153] inaugurado em 1964, traduz em sua organização geral uma postura ideológica cujas origens remontam à revolução mexicana de 1910. A grandeza e a qualidade do prédio (arq. Pedro Ramírez Vásquez), que ocupa uma área de quase 80 mil m², atestam a importância conferida pelo México a esse museu e a seu papel na sociedade nacional. A considerável afluência de visitantes, tanto individuais como em grupos escolares, confirma o alcance e a eficácia dessa missão. O prédio de dois níveis circunda um vasto pátio central que garante a circulação entre as diferentes partes do museu. As 12 salas de exposição do térreo são dedicadas ao material arqueológico das culturas pré-históricas que floresceram no território do atual México. O percurso da exposição arqueológica segue uma organização geográfica, e não cronológica. No primeiro

---

151. Ibid., p. 74.

152. Primeiro, América Latina, desde o início do século XX; depois, Ásia e África; por fim, Oceania.

153. BERNAL, Ignacio et al. Museo Nacional de Antropología. *Artes de México*, México, n. 66-67, 1967; GÓMEZ TAGLE, Silvia. *Musée National d'Anthropologie Mexique*. México: GV Editores, 1996.

pavimento há 12 salas destinadas à apresentação dos principais grupos étnicos contemporâneos. Na medida do possível, as salas correspondentes às mesmas regiões se acham superpostas e ligadas por uma escada. Esta permite a conexão direta entre a arqueologia e o presente. Na verdade, não há um circuito obrigatório: a circulação é livre entre as salas, que se comunicam através do pátio, e os andares. A cenografia das salas pré-hispânicas é deliberadamente luxuosa, para dar a essas civilizações o brilho que geralmente se confere às culturas clássicas europeias. Ela se completa com grandes afrescos executados pelos melhores muralistas do momento, como José Chávez Morado, Jorge González Camarena, Rufino Tamayo e Raúl Anguiano, cujas obras ilustram os principais temas das antigas culturas do México, o sincretismo com a cultura espanhola e sua presença no mundo atual. Já as salas do pavimento superior são bem mais sóbrias: apresentação de objetos etnográficos em vitrines, reconstituições de cenas com manequins para expor trajes e utensílios "de época", mapas e painéis explicativos.

Inquieta diante do fosso que se cavou entre o cidadão e as instituições, a própria Europa – a União Europeia – busca no museu um instrumento para construir uma identidade própria, à qual possam aderir seus 360 milhões de habitantes. Desde o final da década de 1990, elaboraram-se diferentes projetos, mais ou menos ligados à comissão. Mas nenhum deles vingou. Apresentamos aqui uma lista, não exaustiva.

O *Museu da Europa*, projeto concebido por uma empresa privada de cenografia (Tempora SA), deveria ser instalado no complexo de prédios do Parlamento Europeu em Bruxelas. Tal projeto, bastante ambicioso, patrocinado por grandes nomes do meio financeiro belga e por ex-deputados europeus, sob a orientação de um ilustre comitê científico, fracassou por falta de financiamento, oficialmente. Mas outros motivos certamente influíram, como o caráter privado da iniciativa ou a inexperiência propriamente museal dos membros da equipe. A Tempora retomou essa ideia em menor escala promovendo regularmente, num espaço privado no sítio de Tour & Taxis, em Bruxelas, importantes exposições temporárias (*C'est notre histoire!, Dieux, mode d'emploi, C'est notre terre*).

Em *Aix-la-Chapelle*, capital de Carlos Magno, tido por alguns como o pai da Europa, concebeu-se outro projeto de museu europeu. Um comitê científico apresentou um esboço de programa museográfico, e chegou-se a contratar pessoal. Depois, o fracasso, também por falta de recursos financeiros.

Um projeto mais modesto se concretizou em junho de 2010 em *Schengen*, pequena aldeia às margens do Mosela que se tornou conhecida depois de certo acordo. Evidentemente, a temática destacada é a da livre circulação transfronteiriça. Situado num espaço de dimensão restrita, trata-se mais de um centro de interpretação do que de um museu.

O Parlamento Europeu criou, no centro de Bruxelas, um espaço chamado *Parlamentarium*. Aí também se trata de um centro de interpretação, ou até mesmo de uma vitrine promocional da União.

O projeto mais recente – *La Maison de l'Histoire Européenne* – talvez venha a ser bom. Também iniciado pelo Parlamento Europeu, ele está sendo elaborado por uma equipe de qualidade formada por especialistas dotados de uma sólida experiência no mundo museal. O projeto é inteiramente financiado pela Europa, com apoio de patrocinadores privados. A instituição deverá ser inaugurada no outono de 2015 no edifício Solvay, perto da sede do Parlamento Europeu de Bruxelas.

A multiplicidade dos projetos e seu repetido fracasso atestam, a nosso ver, a impossibilidade de impor uma conscientização identitária. Os exemplos bem-sucedidos do passado (os museus "nacionais" das jovens nações no século XIX, por exemplo) mostram, ao contrário, que o museu identitário não basta para criar um sentimento de identidade nacional.

Da nação ao grupo social

A Mesa-Redonda de Santiago do Chile em 1972,[154] reunindo responsáveis por museus e especialistas sul-americanos em diferentes disciplinas (sociologia, economia), produziu uma declaração que muito influenciaria o desenvolvimento dos museus na América Latina, nos outros países do Terceiro Mundo e até mesmo na Europa. Tal declaração tratava do papel dos museus na América Latina de então (1972); sem renunciar às missões tradicionais do museu (conservação, estudo, preservação), nela se afirmava principalmente que o museu deve abrir-se a disciplinas externas, deve servir para promover a conscientização dos problemas tanto do meio rural quanto do meio urbano, deve contribuir mais ativamente para o desenvolvimento científico e técnico, e deve cumprir com maior empenho seu papel de educação permanente da comunidade.

Não era mais para a glorificação da identidade nacional ou regional que o museu era convocado, e sim para uma missão social: fazer o cidadão-visitante se conscientizar de seu pertencimento a uma determinada classe social, numa determinada época e num determinado lugar, fazê-lo se identificar com seu meio natural e humano. A identidade não era mais a nação, mas o grupo social.

Tal visão iria encontrar um terreno fértil na crise econômica desencadeada a partir de 1975. Os ecomuseus, em particular, tratariam de pôr em prática esse princípio (ver capítulo 1, p.69-70).

---

154. Résolutions adoptées par la Table Ronde de Santiago du Chili. *Vagues*, n. 1, p. 223-231, 1992.

As "primeiras nações"

Após uma exposição bastante controversa no Glenbow Museum de Calgary (Alberta, Canadá),[155] dedicada às produções artísticas autóctones, o Canadá implementou uma política museal totalmente nova no tocante aos museus e às exposições concernentes às "primeiras nações", para usar a expressão que-bequense que designa os povos que habitavam o território antes da chegada dos europeus. Privilegiando a via da concertação, os museus e os responsáveis políticos decidiram associar sistematicamente os representantes das "primeiras nações" à gestão dos museus que lhes concerniam e, em particular, à concepção das mostras. No Glenbow Museum, um novo espaço de exposição concebido em colaboração com os representantes dos índios Pieds Noirs foi aberto ao lado da exposição inicial, a qual foi mantida, oferecendo de certo modo uma "visão do homem branco" em relação aos autóctones. Outros museus foram abertos na província de Alberta, como o Smashed Head Buffalo Jump Museum, museu de sítio instalado no local de um antigo abatedouro de bisões e inteiramente gerido pelos índios Pieds Noirs. Além de uma exposição bastante tradicional em sua concepção, o visitante pode usufruir de animações sobre o modo de vida dos índios de ontem e de hoje – podendo mesmo os mais curiosos passar a noite sob uma tenda. Desconcertante, em lugar de convincente da autenticidade. No Musée de la Civilisation de Quebec, a mudança de política traduziu-se pela subs-tituição da exposição inicial por uma nova, intitulada "Nós, as primeiras nações", em que os autóctones falam na primeira pessoa e se apresentam literalmente aos visitantes, sobretudo por meio de entrevistas apresentadas em terminal de vídeo. As limitações dessa política se devem ao fato incontornável de que o museu é em si mesmo um conceito europeu: por conta própria, as "primeiras nações" não fariam museus. Evidentemente, sua aculturação justifica a iniciativa e explica por que elas se prestam a isso com interesse. Deve-se notar a falta de quaisquer referências à espiritualidade e à religião nessa exposição. Um novo projeto está sendo elaborado para substituir "Nós, as primeiras nações", que tem quase 20 anos.

O resultado mais positivo desse caso é a tomada de consciência generalizada dos responsáveis por museus:

> Mesmo os mais bem-intencionados foram levados a tomar consciência de que, ape-sar de todos os esforços [...], nada podia ser mudado no fato de que esses objetos são

---

155. A exposição *The spirit sings: artistic traditions of Canada's first people* foi apresentada em 1987 no Glenbow Museum em Calgary. Ver DUBUC, Élise. Entre l'art et l'autre, l'émergence du sujet. in: KAEHR, Roland; HAINARD, Jacques (Ed.). *Le musée cannibale*. Neuchâtel: 2002. p. 31-58.

colecionados por uma outra cultura e interpretados segundo valores estrangeiros, por mais politicamente corretos que eles sejam.[156]

Restituição de bens culturais

Na última década do século XX surgiu uma nova problemática referente a essa utilização identitária do museu: a questão da restituição de bens culturais. É preciso distinguir claramente os casos, conforme se trate de um problema internacional ou interno de um país (reivindicações étnicas ou regionalistas).

Na Europa, a questão da restituição veio à tona na mídia com o caso dos mármores do Partenon, e depois foi rapidamente estendida e um tanto complicada pela questão do "tesouro de Príamo"[157] e pelas reivindições de diferentes povos indígenas, aborígenes ou africanos no tocante a bens de caráter funerário ou religioso conservados em museus de antropologia ou de etnografia europeus.

A complexidade nasce sobretudo da conjunção de duas problemáticas que se interpenetram: uma muito atual, o tráfico ilícito dos bens culturais, e a outra histórica, a constituição das coleções dos grandes museus no século XIX e o que hoje chamamos de arqueologia colonial. Uma e outra, que não são independentes, concernem aos museus.

Para evitar que o patrimônio arqueológico e artístico deixasse em massa o território dos Estados pontífices, uma legislação conhecida sob o nome de Édito Pacca foi promulgada em 1820 pelo papa Pio VII. Ela instituiu o princípio da proibição total da exportação dos bens culturais.[158] Esse édito foi retomado pelo reino da Itália após sua criação em 1861, considerando que esses bens são constitutivos da identidade da nação. O Egito muniu-se de uma legislação similar na década de 1860. Após a descolonização, vários países ricos em bens culturais ambicionados pelos colecionadores adotaram leis que proíbem ou controlam a saída desses bens para fora do país, bens considerados participantes de uma

---

156. Ibid., p. 51.

157. Trata-se de um conjunto de joias e adereços, principalmente de ouro, descoberto no final do século XIX por Heinrich Schliemann no sítio de Troia e doado ao Museu de Berlim. Misteriosamente desaparecido em abril de 1945, quando da tomada da capital alemã pelas tropas russas, veio a reaparecer no Museu Pushkin em Moscou no início dos anos 1990, após a queda do regime comunista. A Rússia recusou-se a restituir à Alemanha tais despojos de guerra, contrariando as convenções internacionais. Aliás, essa coleção está longe de ser a única que a Rússia manteve em seu poder. Ver AKINSCHA, Konstantin; KOSLOW, Grigori; TOUSSANT, Clemens. *Operation Beutekunst. Die Verlagerung deutscher Kulturgüter in die Sowietunion nach 1945.* Nuremberg: Germanisches Nationalmuseum, 1995. Catálogo de exposição.

158. Outras disposições regulamentares, de alcance mais restrito, existiram em Florença desde o século XVII e em Roma no século XVIII.

identidade nacional. No entanto, muitos desses países – sobretudo nas regiões em desenvolvimento – não dispõem das administrações necessárias para controlar de maneira eficaz esse tráfico bastante próspero. Do momento em que os objetos chegam aos países compradores (a Europa, a América do Norte, alguns países ricos da Ásia), o problema se coloca em termos de restituição de país para país e exige regulamentos internacionais.

No caso do tráfico ilícito, vários instrumentos jurídicos internacionais foram adotados para lutar contra esse flagelo. É preciso lembrar que o caráter ilícito se configura em relação à legislação protecionista do país de origem. Desde 1992, existe uma diretriz europeia referente à exportação dos bens culturais; ela se aplica de modo compulsório no conjunto do território da União Europeia. Cada país-membro incluiu em seu direito internacional essa diretriz, que prevê a restituição automática dos bens culturais exportados ilegalmente de um país-membro para outro país-membro. Ela também contém cláusulas relativas às importações a partir de terceiros países. Duas convenções internacionais regulam a questão em nível mundial: a convenção adotada pela Unesco em 1970 e a Convenção Unidroit de 1991. Esses instrumentos jurídicos só têm validade nos países que os ratificaram (a Bélgica só ratificou o Unidroit em 2009!). Esses textos não têm evidentemente efeito retroativo; eles só se aplicam aos bens saídos ilegalmente após a entrada em vigor da convenção internacional.

A restituição da "Cratera de Eufrônio" é exemplar dessa problemática. Trata-se de um imponente vaso grego, obra-prima do pintor Eufrônio, descoberto em 1972 por escavações clandestinas de túmulos etruscos e retirado ilegalmente da Itália através da Suíça. O Metropolitan Museum de Nova York comprou o vaso e o expôs, provocando a reação da Itália, que reclamou sua restituição em nome da convenção da Unesco. O inquérito mostraria que o museu e seu diretor, Thomas Hoving, não poderiam ignorar a origem fraudulenta do vaso. Entretanto, foi preciso esperar até 2002 para que o Metropolitan, então dirigido por Philippe de Montebello, aceitasse restituir a Cratera à Itália. O vaso está hoje exposto no Museo Nazionale Etrusco di Villa Giulia em Roma.

A questão continua no tocante aos objetos e obras incorporados às coleções dos grandes museus europeus durante o século XIX. Os "Elgin marbles" no British Museum constituem um caso emblemático. Em 1802, Thomas Bruce, sétimo lorde Elgin, embaixador do Reino Unido em Constantinopla, obteve autorização para retirar os relevos esculpidos do Partenon na Acrópole de Atenas e enviou-os para a Inglaterra. Em 1816, o governo britânico os adquiriu para expô-los no British Museum. Desde que, em 1982, a atriz Melina Mercouri, então ministra da Cultura do governo grego, reclamou o retorno dos mármores a Atenas, teve início uma disputa ferrenha entre os defensores da restituição e os que se opõem a ela. Para os primeiros, essas obras pertencem à Grécia, a seu "patrimônio nacional", e foram retiradas por lorde Elgin em circunstâncias duvidosas.

O principal argumento dos opositores da restituição é de ordem museológica: ele pretende evitar o desmantelamento dos grandes museus europeus. "[O friso do Partenon] deve permanecer aqui se os museus quiserem atingir seu objetivo, que é mostrar o mundo ao mundo inteiro", afirma Neil McGregor, diretor do British Museum. Esse debate reflete, de certo modo, a oposição entre as dimensões identitária e cultural do museu, mas o espírito do colecionador não está afastado e, desse ponto de vista, um museu sempre enfrenta dificuldades para se desfazer de uma peça de sua coleção, por mais fundamentadas que sejam as razões éticas e jurídicas para fazê-lo. Do outro lado, as motivações dos requerentes não são puramente identitárias. Considerações econômicas, especialmente os aspectos turísticos, são com frequência subjacentes. É o projeto de construção de um novo museu ao pé das pirâmides que claramente motiva a reivindicação do busto de Nefertite que está no Neue Museum em Berlim. O impetuoso e midiático Fekhri Hawas, diretor do museu (com o título de vice-ministro) antes da revolução de 2011, tentou coordenar a insurreição organizando uma conferência dos países reivindicadores. Sem grande êxito.

Para nós, não se deve manter uma atitude de recusa absoluta de qualquer restituição, nem escancarar portas nesse sentido. Os argumentos devem ser examinados caso a caso.

Deter e expor restos humanos?

Parece-nos normal, a nós europeus, expor nos museus restos humanos descobertos em escavações arqueológicas ou missões etnográficas.[159] Os museus egiptológicos regurgitam múmias, que constituem um dos principais elementos de sua atratividade, assim como da egiptomania. Crânios ou outras partes de esqueletos provenientes de populações africanas ou aborígenes são regularmente expostos nos museus de etnografia ou de história natural. Ou melhor, eram expostos. Numerosas reivindicações foram feitas reclamando a restituição ou o repatriamento desses restos humanos. Algumas tiveram êxito. Os restos de Saartjie Baartman, a "Vênus hotentote", foram devolvidos a representantes da etnia Khoisan da África do Sul.[160] Crânios maoris conservados pelo Musée d'Histoire Naturelle de Rouen foram restituídos à Nova Zelândia depois que o Senado francês adotou uma lei autorizando o museu a aliená-los.

---

159. Várias publicações recentes tratam dessa questão: BERGER, L.; TAYLOR, A.-M. (Ed.). *Des collections anatomiques aux objets de cultes*: conservation et exposition des restes humains dans les musées. Paris: Musée du Quai Branly, 2008; BRILOT, M. (Coord.). "Les restes humains", número temático de *La Vie des Musées*, n. 23, 2011.

160. Sobre Saartjie, ver o excelente artigo de LANGANEY, André. Collections humaines et sciences inhumaines: échantillons et reliques. in: BANCEL, N. *et* al. *Zoos humains*. Au temps des exhibitions humaines. Paris: La Découverte, 2002.

Museus para quê? Papéis e funções dos museus

> Outras vezes, é no quadro de uma concertação amigável que é alcançado um compromisso entre as reivindicações identitárias e religiosas dos descendentes das peças humanas envolvidas e as ambições científicas e patrimoniais do museu. É o caso – exemplar – das múmias naturais – 1 milhão! – conservadas pelo Museo Arqueologico Gustavo La Paige em San Pedro de Atacama, no Chile.[161] Lá as múmias foram retiradas das vitrines de exposição, para grande prejuízo dos visitantes, e colocadas numa reserva específica – orientada na direção de um elemento sagrado para os índios Atacamenos, o vulcão Lickanckabur – só acessível aos pesquisadores de bioantropologia e aos Atacamenos.
>
> Os Estados Unidos, por sua vez, adotaram uma via jurídica. A legislação de 1990, conhecida pela sigla Nagpra,[162] prevê a proteção e eventual restituição dos restos humanos indígenas e dos objetos que lhes são associados dentro das tumbas.

Em se tratando de reivindicações "étnicas", o problema é complexo; ele tem a ver ao mesmo tempo com a detenção dos restos humanos e dos objetos pelos museus e com sua exposição. A dimensão identitária é acompanhada de considerações religiosas e morais, particularmente o respeito devido aos defuntos. É em nome de um princípio exclusivamente europeu de "dessacralização" que nós justificamos a presença desses objetos e desses restos humanos nos museus europeus. É preciso acrescentar que a relação de força entre as culturas europeia e autóctone não é sem dúvida estranha a essa problemática. Portanto, parece lógico ceder aos pedidos de restituição, a partir do momento em que se reconhece o caráter abusivo dessa apropriação. Por outro lado, tais objetos adquiriram, aos nossos olhos, um valor documental e científico de que o museu é fiador. Seriam eles ainda elementos identitários da etnia que os reclama? E o museu, originário do Século das Luzes, poderá assim renunciar a um de seus princípios fundamentais, o princípio da separação (ver p. 220-221)?

Cabe ao pessoal dos museus se posicionar caso a caso, mas respeitando o Código de Deontologia do Icom, em particular seu artigo 2.5 – "As coleções compostas de restos humanos ou de objetos sagrados só serão adquiridas sob a condição de poderem ser conservadas com segurança e tratadas com respeito. Isso deve ser feito de acordo com as normas profissionais e, quando forem conhecidos, com os interesses e crenças da comunidade ou dos grupos étnicos ou religiosos de origem" – e os artigos equivalentes relativos ao estudo (art. 3.7) e à exposição (art. 4.3) desses restos.

---

161. É preciso notar que essa negociação se inscrevia no quadro da lei sobre os povos autóctones (*Ley Indigena* de 1993) e não de uma lei específica sobre restituições, ainda inexistente no Chile. Ver RAHIER, Gilles. Le retrait des restes humains exposés au Musée Archéologique Gustavo Le Paige de San Pedro d'Atacama. *La Vie des Musées*, n. 23, p. 63-72, 2011.

162. Native American Graves Protection and Repatriation Act.

3. Museus para quem? O público dos museus

> Ao sair do museu de pinturas antigas de Portici, encontrei com três capitães da marinha inglesa que entravam. São 22 salas. Parti a galope para Nápoles; mas antes de chegar à ponte da Madalena, fui alcançado pelos meus três capitães, que me disseram que aqueles quadros eram admiráveis, e uma das coisas mais curiosas do universo. Eles passaram lá de três a quatro minutos.
>
> Stendhal, Nápoles, 5 de março de 1817[163]

> Para minha surpresa, naquele dia, vi de repente minha infância no museu. Eu tinha só 50 anos e descobri lá, debaixo dos meus olhos, os elementos que tinham constituído a minha primeira vida [...] Turistas visitavam a minha infância e eu avançava no meio deles.
>
> Jean-Claude Carrière, 2000[164]

O museu é uma instituição criada para pôr o patrimônio cultural à disposição do público. A bem dizer, a preocupação com o visitante permaneceu por muito tempo em segundo plano. Os curadores de museus quase sempre se contentavam em "deixar ver"[165] os objetos, especialmente as obras de arte, sem qualquer método específico para exibi-los, apresentá-los, para ir na direção do público. No entanto, é a este certamente que se dirige – ou deveria se dirigir – o museu.

A importância do público

A renovação museológica do último terço do século XX pôs em questão essa visão do museu centrada de modo demasiadamente exclusivo na coleção e propôs colocar o público, a experiência do visitante, mais que o objeto, no centro do processo museal. A quem se dirige o museu? A que público? Como interessar o público pelo museu? O que lhe mostrar e como? Essas são perguntas que, ao longo dos últimos 20 ou 30 anos, provocaram o surgimento de

---

163. STENDHAL. *Rome, Naples et Florence*. 1817.

164. CARRIÈE, Jean-Claude. *Le vin bourru*. Paris: Plon, 2000. p. 9. O autor descreve a impressão que teve ao visitar o Ecomuseu da Alsácia por volta de 1980.

165. Sem falar dos que procuram afastar o público, restringi-lo ao máximo, "eles são incapazes de compreender", "há gente demais nos museus": estes se comportam como colecionadores, cuidando zelosamente de "sua" coleção.

uma série de estudos e pesquisas,[166] mas também de serviços especializados dentro dos museus.

Os museus americanos sempre privilegiaram uma abordagem didática: não admira, pois, constatar que foi nos Estados Unidos, já nos anos 1930, que os primeiros estudos sistemáticos sobre o público foram realizados.[167] Eles tinham como objetivo caracterizar os visitantes segundo critérios sociológicos, estudar seu comportamento, e testar, numa abordagem bastante behaviorista, o efeito da disposição dos objetos sobre a maneira de visitar uma exposição.

O lançamento, em 1969, de *L'amour de l'art. Les musées d'art européens et leur public*, de Pierre Bourdieu e Alain Darbel, teve o efeito de uma bomba no mundo reservado dos curadores de museus de arte franceses. Primeiro estudo sistemático sobre o público de arte na Europa, o livro mostrava o caráter discriminante da cultura e da educação, mais que do nível de renda, na frequência aos museus. Como sociólogos, Bourdieu e Darbel analisaram a visitação dos museus e a motivação dos visitantes em termos de categorias socioprofissionais, de níveis de formação, de níveis de renda e de lugares de origem.

Na mesma época, foram formuladas pelos Estados europeus as políticas de democratização da cultura e de democracia cultural, reivindicando uma maior acessibilidade de todos à cultura, mas também um reconhecimento das práticas culturais das classes populares, já que apenas as práticas culturais das classes dominantes – a cultura legítima – haviam tido até então direito de cidadania na área das políticas culturais. Essas políticas ultrapassam, é claro, o âmbito do museu para atingir todos os campos da cultura,[168] mas não são alheias a uma maior atenção aos visitantes em toda a sua diversidade. Elas têm como efeito sobretudo encorajar a criação de centros culturais e de casas de cultura, que por vezes se tornam parceiras das instituições museais.

No mundo dos museus, distinguem-se em geral três grandes categorias de visitantes.

▪ *Grande público*: a designação indica por si só o caráter heterogêneo da categoria. Corresponde a um conjunto bastante diversificado de visitantes que deve ser objeto de uma análise mais detalhada; nele poderiam ser incluídos os turistas, especialmente os estrangeiros.

---

166. Os títulos de duas revistas, ambas lançadas no início da década de 1990, refletem bem esse movimento: *Publics & Musées*, na França, e *ILS Review. A Journal of Visitor Behaviour*, nos Estados Unidos.

167. Para um histórico dos estudos sobre visitantes nos Estados Unidos, ver SCHIELE, Bernard. L'invention simultanée du visiteur et de l'exposition. *Publis & Musées*, v. 2, p. 71-97, 1992.

168. Para uma crítica das políticas culturais e de sua progressiva substituição pelas indústrias culturais, ver CHAUMIER, Serge. *L'inculture pour tous. La nouvelle utopie des politiques culturelles*. Paris: L'Harmattan, 2010.

- *Público escolar*: crianças e adolescentes que vêm ao museu no contexto de uma visita de grupo organizada pela escola, no contexto de atividades de aprendizagem, mas também de um passeio relaxante. É preciso distinguir subcategorias de acordo com a idade dos alunos e estudantes.

- *Público especializado*: amadores eruditos, estudiosos e pesquisadores, ou seja, visitantes que já dispõem de conhecimentos sobre um tema que eles vêm aprofundar por meio da visita, acima de tudo para ter acesso às coleções.

A esses três tipos de públicos reconhecidos há tempos somam-se categorias de visitantes a que a maioria das instituições só vem dando atenção há poucos anos

- *O público com deficiência*: pessoas com mobilidade reduzida, cegos e deficientes visuais, surdos e deficientes auditivos, pessoas com deficiência ou deficiência intelectual.

- *O público familiar*: grupos pequenos, reunindo pais e filhos, avós e netos, que fazem uma visita livre, ou seja, não acompanhada por um guia.

Cada um desses públicos se diferencia pelo tipo de visita (individual, grupo, animação), tem expectativas ou mesmo exigências peculiares, e demanda ações específicas por parte do museu. Para este, cumprir eficazmente suas missões, tal como definidas no capítulo 2, exige conhecer ou mesmo determinar escolher o público a que se dirige. E cumpri-las inteiramente implica que os responsáveis pelo museu têm o dever de aumentar o número de visitantes e de diversificá-los.

A frequência aos museus

Durante muito tempo, o número de visitantes de um museu não interessou a ninguém, nem mesmo a seu curador. Este último julgava ter cumprido sua missão abrindo ao público as salas de exposição e nelas exibindo as coleções. Que houvesse ou não visitantes, pouco importava. Por pouco, os visitantes poderiam ter sido vistos como intrusos: tocavam em tudo, eram necessários guardas para vigiá-los, impediam, pela preocupação que causavam, que fossem realizados trabalhos mais interessantes, como estudar e publicar as coleções, ou montar uma exposição temporária. Tal atitude infelizmente não desapareceu de todo.

Felizmente, muitos responsáveis culturais e curadores de museu conscientizaram-se de que o museu só cumpre suas missões quando não apenas é aberto ao público, mas é por ele frequentado. Um museu sem visitantes não é um museu digno desse nome.

Esse novo interesse pelo público, que, como vimos, está muito ligado não só ao movimento da "nova museologia", ao estudo da exposição como mídia que produz significado para um público,[169] mas também ao desenvolvimento do turismo cultural, traduziu-se notadamente pelo estudo estatístico da frequência aos museus. Indicadores quantitativos são agora divulgados anualmente na maioria dos países europeus[170] e americanos, e vários estudos analisam seu significado. Essa preocupação certamente tem a ver com a crescente influência do mundo econômico sobre a cultura, e esses números podem ser considerados por alguns uma medida da eficácia das instituições museais. Autoridades políticas e patrocinadores mostram-se igualmente interessados em conhecer esses números para avaliar de algum modo o impacto das verbas que concedem.

Podemos utilizar os dados referentes à frequência de diferentes maneiras:

– para observar e analisar as variações anuais do número de visitantes de determinado museu; verificar o impacto das exposições temporárias; medir o efeito de alguma nova disposição, alguma promoção midiática, algum evento local ou mesmo do clima;

– para estudar a distribuição dos visitantes ao longo do ano em determinado museu, cidade ou região;

– para medir os tamanhos respectivos dos museus, complementarmente à sua área ou à importância quantitativa de suas coleções, pois o indicador da frequência é uma medida global que integra diversos fatores;

– para comparar a frequência aos museus de diferentes países ou regiões;

– para comparar a frequência aos museus em relação às outras atividades e instituições culturais.

Mas é preciso deixar claro: a frequência não é o único nem mesmo o melhor critério para julgar a qualidade ou o sucesso de um museu. O uso indevido desses números só pode levar a distorções e desvios perigosos para a própria existência do conceito de museu. Convém acrescentar que a noção de concorrência não se aplica ao campo museal, a despeito da influência cada vez maior da mercantilização sobre a cultura. A instituição museal, instrumento de educação e de emancipação a serviço da sociedade, teoricamente não deveria ser atingida por essa ideologia. No entanto, o museu hoje se inscreve na sociedade do lazer e na economia do turismo, no seio das quais ele se tornou um setor não desprezível.[171] Observamos ainda assim que nas cidades ou regiões que dispõem de

---

169. Ver o capítulo seguinte dedicado à exposição.

170. Na Grã-Bretanha, a Association of Leading Visitors Attractions publica todos os anos a classificação das instituições no tocante à frequência: <www.alva.org.uk>.

171. Ver o capítulo 9 sobre a gestão dos museus e André Gob, *Le musée, une institution dépassée?*, op. cit., especialmente o capítulo 2: "Si on parlait d'argent?".

Nas visitas familiares, os adultos apreciam os suportes que os ajudam a fornecer explicações adaptadas aos mais jovens. Painéis especiais podem guiar as crianças – sobretudo quando são atrativos e colocados na altura delas!
Um personagem ou um mascote acompanham a visita, dão algumas explicações, propõem jogos ou enigmas, convidam a ver os detalhes mais de perto.

vários museus de qualidade não se assiste a um fenômeno de concorrência entre as instituições e associações dedicadas à cultura, e sim a uma emulação entre os organismos, a uma colaboração mais ou menos estreita entre os atores e a uma frequência globalmente mais importante do público, estimulado pelo dinamismo cultural. É o caso de Lille, especialmente desde o sucesso de *Lille 2004 Capital Européenne de la Culture*, que se desdobrou nos eventos *Lille 3000*. Podemos também apontar o exemplo de Neuchâtel, pequena cidade suíça onde a qualidade dos museus (Musées d'Ethnographie, Musée d'Art et d'Histoire, Muséum d'Histoire Naturelle,[172] Laténium, entre outros) desperta o interesse constante do público.

Conhecer o público

Paralelamente ao reposicionamento do público dentro do projeto museal, confirma-se a importância da pesquisa sobre os visitantes e sobre a visita, mas também, mais globalmente, sobre as práticas culturais da população. Os estudos museais e suas metodologias se desenvolveram primeiro no contexto acadêmico, e depois nos próprios museus, graças à criação de setores de estudos especificamente dedicados à pesquisa, à observação e à reflexão sobre o público, como no Centre Pompidou, na Cité des Sciences et de l'Industrie ou no Musée de la Civilisation de Quebec. Outros museus, que não dispõem de um setor específico, ainda assim realizaram pesquisas dentro de um movimento de renovação (o Muséum d'Histoire Naturelle de Paris, por exemplo). Uma parte dos estudos se volta para a avaliação da exposição, da qual se tratará no próximo capítulo. Estudos e pesquisas são também realizados nas divisões específicas dos ministérios responsáveis, com o objetivo de fundamentar as decisões em matéria de política cultural. O conjunto dos resultados permite entender melhor o público dos museus, as práticas de visita, os elementos determinantes da frequência aos museus.

A abordagem estatística

O estudo quantitativo do público dos museus – ou de um museu particular – baseia-se principalmente na pesquisa: interroga-se uma amostra de visitantes para identificar suas características sociológicas. Trata-se de um método estatístico; a identidade pessoal dos visitantes não interessa, e o anonimato deve ser respeitado. Foi esse o procedimento adotado por Bourdieu e Darbel no final da década de 1960.

---

172. Ver o boxe dedicado a esse museu, p. 63-64.

Museus para quem? O público dos museus

> ## O que nos ensina a pesquisa de Bourdieu e Darbel?
>
> Em 1969, os sociólogos Pierre Bourdieu e Alain Darbel fizeram uma grande pesquisa sobre o público dos museus de arte em seis países europeus.[173] Suas conclusões são bastante reveladoras. São as classes instruídas que visitam os museus de arte. O nível de instrução é um fator mais importante do que o nível de renda, ao qual está em parte ligado. A escola é o primeiro fator a determinar a visita a um museu; sua influência será maior e mais duradoura nos meios culturalmente favorecidos: a frequência do museu se estende aí para além da idade escolar, ao passo que entre as classes popular e média ela diminui rapidamente. O nível de renda, em si, não constitui um fator determinante da visita,[174] embora o custo de uma visita, considerado barato pelos pesquisados, inclua outros gastos pelo menos tão importantes quanto, como as despesas com transporte ou aquelas acarretadas por todo programa familiar. A influência do turismo não é tão grande quanto se diz. Enfim, Bourdieu e Darbel constatam que o público é o mesmo em toda a Europa.

Esse estudo bastante amplo é pioneiro e fundador de uma abordagem quantitativa e sociológica: seu objetivo era caracterizar em geral o público dos museus de arte na Europa. Estudos mais recentes[175] completaram, atualizaram e estenderam a outras categorias de museus os dados fornecidos por Bourdieu e Darbel. Seus resultados não questionam as principais conclusões do estudo inicial. Permitem, todavia, constatar que a imagem dos visitantes é mais diversificada quando as categorias de museus levadas em consideração são mais variadas (museus de ciências e técnicas, museus sociais), fenômeno já observado por Bourdieu e Darbel no tocante aos museus de artes decorativas. Permitem, igualmente, avaliar a crescente importância do turismo.

Vários países[176] criaram um observatório permanente, órgão encarregado de realizar regularmente estudos sobre a frequência e o público dos mu-

---

173. Bourdieu e Darbel, 2. ed. 1985. p. 35-56. A pesquisa cobre a França principalmente, e mais a Itália, a Espanha, os Países Baixos, a Grécia e a Polônia. Ver também BOURDIEU, Pierre. *La distinction*. Paris: Éditions de Minuit, 1979.

174. Embora estivesse, na época dessa pesquisa, fortemente correlacionado com o nível de instrução. Pesquisas mais recentes (ver, por exemplo, EIDELMAN, Jacqueline. Qui fréquente les musées à Paris? *Publics & Musées*, v. 2, p. 19-47, 1997, esp. quadro 6, p. 31) fornecem uma imagem um pouco diferente, em que aparece nitidamente o efeito do grave desemprego que atingiu a Europa a partir do final da década de 1970.

175. Podemos citar ALLAIRE, A. *Études comparatives des publics du Musée de la Civilisation*. Quebec: Service de la Recherche du Musée de la Civilisation, 1990; SOLIMA, Ludovico, *Il publico dei musei*; Roma: 2000; ver também EIDELMAN, Jacqueline; GOTTESDIENER, Hana; LE MAREC, Joëlle. Visiter les musées: expérience, appropriation, participation. *Culture & Musées, Hors série – La muséologie: 20 ans de recherches*, p. 73-113, 2013, que recupera a evolução dos estudos museais, e sobretudo das pesquisas, ao longo dos últimos 20 anos.

176. Por exemplo, na Itália, o centro de estudos do Touring Club italiano realiza esse tipo de pesquisa desde 1995 e publica anualmente os resultados.

seus. Em 1991, a Direction des Musées de France (DMF) montou um órgão desse tipo, depois substituído pelo Departamento de Estudos, Prospectiva e Estatísticas do Ministério da Cultura e da Comunicação. A grande pesquisa *Pratiques culturelles des Français*[177] relaciona as práticas de visita com as variáveis sociodemográficas gênero, idade, local de residência, situação profissional, nível de escolaridade ou de renda. Nesses estudos, a visita a museus e exposições se insere na gama muito ampla de práticas culturais e de lazer. Eles visam sobretudo avaliar o alcance das políticas culturais praticadas nos últimos anos, especialmente os efeitos das medidas tomadas para encorajar a democratização cultural e a democracia, evocadas anteriormente, mas também a questão da diversidade cultural ou, tratando-se diretamente dos museus, a pertinência da gratuidade. O Observatório das Políticas Culturais (OPC), órgão da Federação Valônia-Bruxelas, fez uma "fotografia" dos comportamentos culturais na Bélgica francófona. Esse estudo aprofundado descreve sete perfis de "práticas e consumos culturais": os descompromissados culturais, os nostálgicos, os festivos, os conectados, os amadores (culturais de tendência) clássicos, os amadores modernos e os vorazes culturais.[178] As principais constatações mostram que para mais de 40% da população as práticas culturais são extremamente restritas, que a idade e o nível de educação são os determinantes mais marcantes assim como a influência do fator geográfico.

Um dos estudos voltados para a prática cultural dos franceses[179] mostra que eles passam hoje mais de 30 horas por semana na frente de "telas" (TV, computador, console de jogos e vídeos). Embora se pudesse pensar que a utilização intensiva dessa nova mídia que é a internet aumenta o tempo passado em casa em detrimento das atividades exteriores, parece que seu uso caracteriza as populações jovens e formadas que desenvolvem uma vida cultural intensa e cujas atividades de lazer estão voltadas para o exterior.

---

177. Cinco pesquisas foram realizadas entre 1973 e 2008; a análise retrospectiva pode ser consultada em DONNAT, Olivier. Pratiques culturelles des Français 1973-2008, Dynamiques générationnelles et pesanteurs sociales. *Culture-Études*, 2011, no site: <http://culturecommunication. gouv.fr/deps>.
178. CALLIER, Louise; HANQUINET, Laurie. *Étude approfondie des pratiques et consommation culturelles de la population en Fédération Wallonie-Bruxelles*. Bruxelas: Observatoire des Politiques Culturelles, 2012. No site: <www.opc.cfwb.be>.
179. DONNAT, Olivier. *Les pratiques culturelles des Français à l'ère numérique*. Paris: La Découverte; Ministère de la Culture et de la Communication, 2009.

A abordagem comportamental

Aí incluímos as pesquisas e estudos realizados pelos psicólogos, pedagogos e outros especialistas sobre o comportamento do visitante de museu: trata-se menos de ver quem ele é do que de observar como ele se comporta, como recebe a exposição, e como o contexto sociocultural que lhe é próprio influencia tal recepção. Isso envolve a análise do fluxo de visitantes, pesquisas de opinião dentro e fora do museu, estudos qualitativos etc.

Vários são os meios de investigação utilizados nesses estudos comportamentais:
- questionário mais ou menos detalhado a ser preenchido depois da visita (às vezes antes e depois);
- entrevista segundo uma grade preestabelecida, mas seguindo a lógica discursiva do entrevistado;
- observação direta visual ou sonora durante a visita, à revelia do visitante ou com seu consentimento;
- observadores nos dispositivos multimídia;
- acompanhamento de percurso;
- registro em vídeo da visita.

O que nos informam essas pesquisas?

■ Elas podem se interessar em primeiro lugar pela *motivação dos visitantes*: por que razões eles decidiram visitar o museu? Tais razões podem ser múltiplas, e aquela que o visitante aponta espontaneamente não é necessariamente a única ou a boa; acontece, sobretudo nas áreas culturais, de as pessoas buscarem boas razões (desculpas), se valorizarem alegando motivos nobres, ou, ainda, não estarem de todo conscientes das razões de seu comportamento. Faz-se em geral uma distinção entre as visitas "intencionais" (a pessoa desejava ver a exposição ou o museu) e as visitas "ocasionais" (ela aproveitou as circunstâncias, a ocasião).

■ O *comportamento dos visitantes* é um tema central das pesquisas atuais:[180] observa-se e analisa-se o modo como ele se desloca na exposição, o percurso que ele faz, os objetos que ele contempla e por quanto tempo, os textos explicativos que ele lê, as reflexões que ele faz. O estudo feito em 1983 por Véron e Levasseur[181] distinguia quatro tipos de visitantes segundo sua estratégia de deslocamento no espaço da exposição: as "formigas", os "gafanhotos", as "borboletas" e os "peixes" (ver desenhos adiante). Outros estudos[182] mostram que o visitante

---

180. Ver sobretudo os trabalhos do Comitê para a Educação e a Ação Cultural (Ceca) do Icom, cujas atas foram publicadas por Colette Dufresne-Tassé (ver Bibliografia Geral).
181. VÉRON, Eliseo; LEVASSEUR, Martine. *Etnographie de l'exposition*: l'espace, le corps, le sens. Paris: Centre Georges Pompidou, 1983.
182. O'NEILL, Marie-Clare. *Comment Le visiteur fabrique-t-il du sens avec les éléments de l'exposition?* Barcelona: 2001. Comunicação apresentada à 19ª Assembleia Geral do Icom. Esse estudo focaliza a exposição *Vision du futur: une histoire des peurs et des espoirs de l'humanité*, apresentada no Grand-Palais em Paris.

contempla 50-60% das peças numa exposição de porte médio (150 peças) e lê menos de 40% dos textos. Tais índices são bem mais fracos no caso das salas permanentes dos museus, onde o número de peças expostas é muito maior.

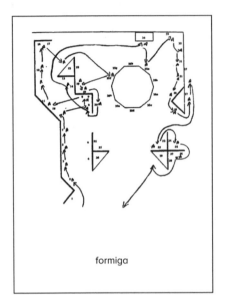
formiga

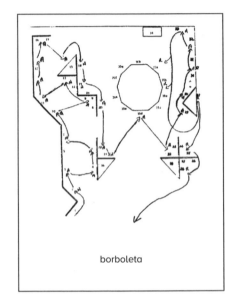
borboleta

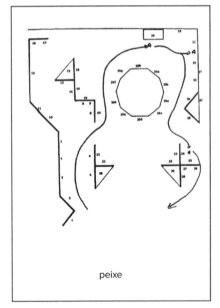
peixe

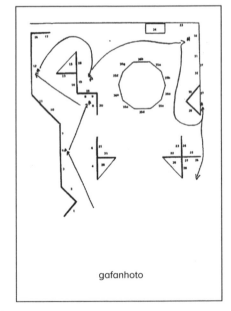
gafanhoto

Tipologia dos visitantes, segundo E. Véron e M. Levasseur.
(*Etnographie de l'exposition: l'espace, le corps, le sens*. Paris, 1983).

Museus para quem? O público dos museus

■ *A sociabilidade no museu*[183] foi objeto de numerosos estudos. Abandonada a ideia de que a visita ao museu se reduz ao face a face entre o visitante solitário e a obra, a questão é saber como as interações entre os visitantes, quer eles tenham ido ao museu em conjunto ou não, influenciam seu comportamento e a percepção do discurso da exposição. Tais interações podem ser intencionais (conversas, cochichos) ou não (ruídos), sonoras ou visuais. Elas podem também ser buscadas pelos idealizadores da exposição. As visitas em família, por exemplo, são encaradas como momentos de descontração, de descoberta e de compartilhamento, e são numerosas as intervenções entre adultos e crianças ou entre crianças. Essas trocas têm sobretudo uma função de enriquecimento mútuo e fazem parte do "horizonte de expectativa" específico dessa categoria de visitantes.

■ *O estado afetivo dos visitantes e a satisfação* são também considerados pelos estudos comportamentais. De fato, a experiência de visita remete a aspectos cognitivos, sociais, mas também afetivos. O papel das emoções não pode ser negligenciado no momento de uma visita a uma exposição: a experiência estética é primordial nos museus de arte; a nostalgia, o encantamento e o imaginário frequentemente também são acionados; as sensações nas exposições imersivas; a atratividade das novas mídias. Todos esses parâmetros contribuem para criar (ou não) um sentimento de satisfação nos visitantes e, na melhor das hipóteses, um reforço da autoestima.

O acolhimento do público

Uma atitude acolhedora em relação ao público constitui uma obrigação para o museu se ele quiser cumprir as funções que a sociedade lhe atribui: o acolhimento físico – melhorias e comodidades –, o acolhimento moral – um museu aberto, acolhedor, e não um *bunker* ou um templo, fortaleza do bom gosto, do belo ou do saber, reservada "àqueles que sabem apreciar" – e o acolhimento intelectual – uma mensagem, um discurso acessível à maior parte dos visitantes.

---

183. O volume 5 (1994) da revista *Publics & Musées* é dedicado a esse tema. Encontramos aí especialmente o artigo de Manon Niquette, "Éléments critiques pour l'analyse de la réception et du partage social des connaissances" (p. 79-97), onde a autora apresenta uma síntese crítica dessa corrente de pesquisa, desenvolvida principalmente no mundo anglo-saxão. Ver também a síntese proposta por J. Eidelman, H. Gottesdiener e J. Le Marec citada anteriormente.

Um museu acessível?

Placa explicando uma mandíbula de caprídeo no Museu de Tautavel:

> dentes superiores
> p³ p⁴ M¹ M² M³ esquerdos
> G14 GAYS 2658, 2592, 2555, 2607, 2659

Outra, que acompanha um fragmento de crânio humano, ou melhor, uma moldagem, o que aliás não está dito na placa (um texto geral referente à sala informa que todos os vestígios ali presentes são moldagens):

> Indivíduo 1
> Parietal e fragmento do bregma direito de um jovem adulto,
> De 20 a 25 anos
> Arago 47
> Sol G moy. – E17 EKYS, 2155
> Fragmento do bregma esquerdo do mesmo indivíduo
> Arago 3
> Sol G moy. Ind. LSJ R11816

Parece que estamos ouvindo Sganarelle:

"Que é causada pela acidez dos humores formados na concavidade do diafragma, acontece que esses vapores... *Ossabundus, nequeis, nequer, potarinum, quipsa milus*. É isso justamente o que faz com que vossa filha esteja muda".

Molière, *O médico à força*, ato II, cena V, 1666

Uma atenção especial é dada ao acolhimento de pessoas com mobilidade reduzida, deficientes visuais ou auditivos e todas as categorias de indivíduos para os quais um detalhe pode revelar-se um obstáculo intransponível à visita ao museu. Em alguns países, a legislação exige "acomodações razoáveis" nos locais públicos para melhorar o acolhimento das pessoas com deficiência.

O site da internet

A visita a um museu em geral começa pela visita a seu site na internet, para procurar informações práticas, comprar um ingresso, fazer uma visita virtual ou ler comentários sobre as obras expostas ou o monumento que se vai visitar.[184] Isso mostra como é importante para todo museu ter um site na internet à altura de todas essas expectativas. O site passa a ter então um papel a cumprir no acolhimento do (futuro) visitante dando-lhe informações claras sobre o preço, o horário de abertura, a localização, mas também sobre as exposições e as atividades propostas. Trata-se de uma questão de visibilidade – e, portanto, de existência – não apenas aos olhos do público, mas também dos órgãos responsáveis e dos eventuais patrocinadores da instituição, muito atentos aos modos de comunicação usados para "atrair" os visitantes. Dito isto, a visita no sentido físico da palavra não é a única relação possível com o museu; a consulta virtual de conteúdos variados é outra. Que os pessimistas fiquem tranquilos: uma "visita virtual" jamais suplantará uma verdadeira deambulação num museu e o encontro com as "coisas de verdade". Ao contrário, ela exerce um papel de atração, atiçando a curiosidade e o interesse dos visitantes. Como foi dito, o público "conectado" é também aquele cujas práticas culturais são mais densas.

Os espaços de acolhimento e a sinalética

Nas últimas décadas, todos os programas de renovação de museus deram ênfase aos espaços de acolhimento:[185] *halls* de entrada mais amplos, mais abertos e mais agradáveis, incluindo não somente a bilheteria, mas também lugares de reunião para os grupos, comodidades mais numerosas e mais confortáveis (vestiários, banheiros etc.), bancos e poltronas. Esse primeiro contato do visitante com o museu é fundamental: aí pode-se já apostar na qualidade da visita e na frequência futura do visitante.

Essa preocupação com o visitante e com o conforto da visita deve estar presente ao longo de todo o percurso traduzida em pictogramas, indicações e textos sinaléticos que possibilitem ao visitante orientar-se através da exposição, escolher seu roteiro e localizar as comodidades, como banheiros, vestiários, bancos, poltronas, e os serviços oferecidos: café, livraria, loja. Sinais direcionais, pequenos mapas e breves textos explicativos atendem a esse objetivo. Para ele contribuem também os títulos e subtítulos das salas.[186] As normas regulamentares de segurança são tanto obrigatórias quanto indispensáveis.

---

184. Um estudo recente mostra que um terço dos franceses usa a internet para uma ou mais dessas finalidades: BIGOT, Régis et al. *La visite des musées, des expositions et des monuments*. Paris: Credoc, 2012. p. 32. Disponível em: <www.credoc.fr/pdf/Rapp/R281.pdf>.
185. Sobre a arquitetura dos museus, ver também o capítulo 8.
186. Ver o capítulo 4, p. 164-165.

Nos grandes museus, deve ser dada uma atenção especial à sinalética, que de preferência será concebida por algum escritório especializado.

Outras indicações para os visitantes assumem a forma de interdições: proibição de tocar, fumar, fotografar, colher,[187] sem falar no aviso obsoleto mas ainda presente: "é proibido cuspir". Ainda bem que não vemos mais o "é proibido falar".[188] É verdade que, nesse ponto, o público já está de tal modo condicionado que um silêncio fúnebre costuma reinar nos museus. Convém limitar ao máximo essas interdições, que prejudicam a imagem de acolhimento dos museus: por que não manipular os objetos quando isso em nada compromete sua conservação? Que mal faz fotografar (sem *flash*)? Acaso não compete também ao museu conscientizar o público quanto à conservação do patrimônio tornando-o responsável? Caso sejam necessários, esses textos sinaléticos devem ser redigidos de maneira positiva e contribuir para colocar os objetos sob a responsabilidade do público.

Um museu aberto

Muitos museus ainda dão a impressão de serem reservados a uma elite; a imagem austera e antipática que transmitem leva os indecisos e acanhados a desistir de entrar. A abertura do museu em relação ao público – a todo o público potencial – pode se manifestar em primeiro lugar, no sentido próprio, por meio de uma arquitetura adequada, largamente aberta para o exterior, para a cidade: durante muito tempo as janelas eram cuidadosamente ocultadas, de modo que o visitante ficava visualmente isolado dentro do museu, sem a perspectiva da cidade, e que o transeunte também não via nada do interior do museu. Hoje, muitos museus se abrem largamente para o exterior – a rua, o parque, a natureza – e se oferecem à vista de todos, como que dizendo: "Entrem".

Essa abertura também se manifesta – e de maneira mais profunda – na atitude do museu em relação ao público: este é acolhido como "convidado", e não mais considerado um intruso ou um ladrão em potencial. O pessoal da vigilância é incumbido de missões de acolhimento, informa e orienta os visitantes.[189] Diferentes formas de auxílio à visita são propostas, a fim de satisfazer da melhor forma possível as expectativas de um máximo de visitantes: visitas guiadas, animações, audioguias, centro de documentação. Uma atmosfera festiva contribui igualmente para tornar a visita mais agradável.

---

187. Quando o museu está instalado num parque, como o Insel Hombroich (ver o quadro no capítulo 4, p. 161).

188. Ainda em 2003, no Museu Thyssen-Bornemisza, em Madri, um aviso advertia o visitante: "Respeite o silêncio!".

189. Sobre a vigilância, ver o capítulo 5, p. 248-253.

Enfim, a própria concepção das exposições visa a torná-las acessíveis ao público-alvo: nem todas se destinam ao grande público; pode-se perfeitamente conceber um museu para crianças ou adolescentes, ou para um público erudito mais restrito. Podem-se escolher vários tipos de público. Mas a exposição, por sua museografia, seus textos e sua cenografia, deve estar de acordo com a opção escolhida. No próximo capítulo veremos que a exposição é o principal vetor da missão do museu de difundir conhecimentos e entreter; é por meio dela que melhor se caracteriza sua abertura em relação ao público.

Uma preocupação de democratização

Considera-se que o curador deve se preocupar também com o não visitante, aquele que não frequenta o museu ou o faz raramente; as missões sociais do museu, em particular sua vocação didática, implicam que os responsáveis não podem se contentar com os visitantes que frequentam espontaneamente o museu; é necessário ampliar, fidelizar e diversificar o público.

- *Ampliar* o público significa convencer o maior número possível de pessoas a frequentar o museu. Os museus foram criados para tornar disponíveis à nação – a todos, portanto – os objetos e obras até então reservados a um pequeno número de privilegiados. O museu deve pôr em prática uma política voluntarista que seja voltada para o público, que busque atraí-lo para sua causa, e o faça retornar. Não a qualquer preço, certamente: não se trata de renunciar aos princípios do museu, à sua razão de ser e às suas missões para "seduzir" o público, como o faria uma empresa de entretenimentos ou de espetáculos, preocupada apenas com a rentabilidade financeira. Como já foi dito, o número de visitantes não pode ser tomado como medida de qualidade de uma instituição museal. Mas ele reflete, quantitativamente, o impacto do museu.

- *Fidelizar*. A fidelização do público que frequenta regularmente o museu e suas exposições é um sinal de eficácia e vitalidade. Ela mostra, igualmente, a relação de confiança estabelecida entre o museu e seus visitantes.

- *Diversificar*. Os estudos de Bourdieu e Darbel, como outros realizados em seguida, mostraram que o público dos museus – em particular dos museus de arte – provém principalmente dos meios culturalmente favorecidos. O curador fracassaria em sua missão se não procurasse abrir seu objetivo para outros tipos de público, atraí-los com ações específicas: adaptação da museografia e dos textos, exposições temporárias, promoção midiática, política de preços, saída do recinto do museu para ir ao encontro do público. A função de animação é particularmente indicada para esse tipo de ação (ver capítulo 7).

O preço da entrada nos museus

O acesso ao museu deve ser gratuito? Não será esse um elemento importante para receber um maior número de visitantes, especialmente entre aqueles menos favorecidos ou entre as pessoas pouco atraídas pela visita a um museu? Sem por ora nos determos nos aspectos econômicos (ver capítulo 9), vejamos os argumentos favoráveis e desfavoráveis.[190] O acesso gratuito é a manifestação do caráter público do museu: no sentido próprio, significa "pôr todos os indivíduos em condições de dele fruir", como diz o relatório da Comissão de Monumentos de 2 de dezembro de 1790. Considerando que os benefícios resultantes não cobrem senão uma pequena parcela dos custos de funcionamento... Em certos museus pequenos, eles não cobrem sequer as despesas com o pessoal que vende os ingressos! Para outros, defensores de uma tarifação razoável, a cobrança da entrada é a maneira mais óbvia de buscar o equilíbrio financeiro e obter recursos para dinamizar o museu. Tanto mais que o benefício é também indireto, na medida em que se constata uma melhoria da gestão geral do estabelecimento, graças a uma mudança de mentalidade no interior do museu. O acolhimento do "visitante-consumidor" é mais cuidado, e o investimento pessoal deste último durante a visita é maior na medida em que a qualidade do museu é por vezes julgada pelo seu preço: "em certos casos, a gratuidade de um museu pode ser interpretada pelo público como um sinal da mediocridade de seu conteúdo".[191] Por que não fazer pagarem pessoas que de toda forma estariam prontas a fazê-lo?

Observa-se atualmente uma dupla tendência em sentidos opostos: de um lado, o preço da entrada não para de subir, chegando às vezes a níveis que realmente tornam o museu inacessível a uma parcela importante da população, principalmente os jovens. De outro lado, na França e na Bélgica, as autoridades políticas tomaram medidas para impor a gratuidade em certos museus, de modo permanente ou em certos dias do mês.[192] Algumas cidades – Dijon, por exemplo – adotam a gratuidade total e permanente nos museus comunais.

A título de experiência, o governo francês decidiu aplicar a gratuidade em cerca de uma dezena de museus nacionais e encomendou um estudo para avaliar o impacto da medida. Eis um ponto essencial: de nada adianta promover um debate, muitas vezes ideológico, sobre a questão da gratuidade sem conhecer seu verdadeiro efeito. Os primeiros resultados parecem indicar que, de fato, as medidas relativas à gratuidade têm um impacto sobre o aumento e a diversifi-

---

190. MAIRESSE, François. *Le droit d'entrer au musée*. Bruxelas: Labor, 2005. (Col. Quartier Libre).
191. Id. La stratégie du prix. *Public & Musées*, v. 11/12, p. 141-163, 1997.
192. Um decreto de 2007 da Comunidade Francesa da Bélgica obriga os museus reconhecidos a concederem gratuidade 12 domingos por ano.

cação do público dos museus. A mobilização dos visitantes pouco habituais dos museus e monumentos, das camadas populares e dos jovens, tornou-se evidente. Contudo, as conclusões dessa experiência limitada não poderiam ser estendidas ao conjunto dos museus franceses ou europeus.

A questão do preço da entrada dos museus não se reduz à alternativa entre gratuidade e cobrança. O "inteiramente grátis" pode parecer atraente. No entanto, essa solução radical encobre seu lado de injustiça social, uma vez que os mais favorecidos dela se beneficiam assim como os mais pobres, e que o ônus recai sobre os orçamentos públicos do Estado ou das coletividades. Uma política tarifária flexível e adaptada à diversidade dos visitantes é sem dúvida uma solução mais razoável do que a opção um tanto demagógica pelo museu gratuito para todos. A gratuidade para os que têm entre 18 e 25 anos, medida adotada em 2009, também foi acompanhada de estudos que demonstram a forte mobilização dessa faixa de idade e sua tradução por uma frequência nitidamente maior dos museus nacionais por parte dos jovens de todas as origens sociais.[193] Uma constatação está em sintonia com outros estudos sociológicos mencionados anteriormente: os jovens adultos se caracterizam por uma diversificação máxima das práticas culturais.

Uma terceira via é a doação: o visitante é convidado a depositar numa caixa sua contribuição, que é deixada a seu critério, embora às vezes seja possível sugerir alguma quantia. O sistema de doação não é estranho ao museu; este, em muitos casos, não poderia sobreviver sem doações em espécie, sob a forma de peças (objetos e obras de arte), ou mesmo de tempo (voluntariado). A lógica da doação na entrada introduz uma relação diferente entre o museu e o visitante, porquanto este último não é induzido a consumir o museu, e sim a doar algo para que o museu continue ativo; ele participa, assim, por meio de um gesto de generosidade, de um esforço coletivo.

Uma outra política dos públicos para a arte contemporânea

O MAC/VAL abriu suas portas em 2005, em Vitry-sur-Seine, para abrigar uma coleção de arte contemporânea reunida pelo departamento de Val-de-Marne desde o início da década de 1980. Único museu de arte situado nos arredores de Paris, é um exemplo da descentralização cultural na França e da progressiva tendência das coletividades locais a se tornarem responsáveis pelas instituições culturais. Mas é sobretudo por sua política em relação ao público que esse museu se distingue.

Desde a inauguração do museu, foi dada especial atenção aos preços praticados, tanto no que concerne às entradas (cinco euros a inteira e gratuidade para várias ca-

---

193. Jacqueline Eidelman, Hana Gottesdiener e Joëlle Le Marec, Visiter les musées: expérience, appropriation, participation, op. cit., p. 73-113.

tegorias de público) quanto às oficinas para adultos e crianças (dois euros por sessão) ou aos cursos de história da arte (gratuitos). Já os dispositivos de acompanhamento das visitas (audioguias, visitas guiadas) na maior parte do tempo são de acesso gratuito. Pretende-se não só incentivar novos públicos (em particular os habitantes do departamento) a frequentar o museu, mas também fidelizar o público existente.

Nessa ótica, é a função de animação que é particularmente desenvolvida no MAC/VAL. Toda uma gama de serviços anexos é proposta ao visitante: um cinema, um centro de documentação aberto a todos sem precisar reservar, um restaurante e uma livraria. Mas no MAC/VAL existe também um serviço particularmente eficaz e criativo: propõem-se várias visitas temáticas e oficinas para todas as idades e todas as categorias de públicos (jovens, famílias, individuais, deficientes etc.). A cada nova exposição instalam-se dispositivos de mediação que podem ser baixados no site da internet, como folhetos CQFD (*"ce qu'il faut découvrir"*, ou o que é preciso descobrir), que oferecem uma abertura temática e pluridisciplinar ao assunto ou artista exposto.

Em matéria de exposição, o museu optou por uma política de rotatividade das coleções em mostras temáticas semitemporárias. A cada 18 meses, reformula-se o percurso das obras, segundo uma perspectiva pedagógica. Além disso, promovem-se exposições temporárias. O museu procura pôr o público em contato não só com as obras expostas, mas também com seus criadores. Assim, os artistas estão presentes nos espaços: seja por meio da organização de encontros com o público, seja de entrevistas filmadas retransmitidas junto às obras, constituindo-se assim um arquivo sistematicamente renovado no caso da aquisição de novas peças. Por último, duas oficinas-galerias destinadas a artistas estrangeiros residentes fazem igualmente desse museu um centro de produção.

Se alguns museus de arte contemporânea se mostram tímidos em matéria de mediação, o MAC/VAL oferece algumas sugestões interessantes para reagir às acusações de elitismo e hermetismo que se costuma fazer a essas instituições.

O público-ator

Os amigos dos museus

As associações de amigos dos museus constituem uma categoria de público bastante particular. Às vezes elas estão na origem da própria criação do museu que elas mantêm, principalmente no caso dos pequenos museus locais. Público fiel e interessado, seus membros visitam regularmente o museu e suas exposições temporárias, participam das atividades de animação e demonstram interesse pela abordagem temática ou mesmo erudita desses estabelecimentos... Tais associações promovem ações pontuais de ajuda ao museu, visando especialmente angariar recursos para manter a instituição ou, mais frequentemente, enriquecer o acervo mediante aquisições ou doações. Verdadeiros embaixadores do museu, os amigos desempenham igualmente um papel importante de relações públicas por meio do boca a boca, da participação em iniciativas específicas de divulgação em favor do museu ou mesmo simplesmente da própria notoriedade de alguns de seus membros.

Mais desenvolvido no continente americano do que na Europa, onde é às vezes contestado pelos curadores profissionais que nele veem uma concorrência desleal, o voluntariado é uma outra faceta da atividade dos Amigos dos Museus. Ele pode assumir a forma de contribuições pontuais, especialmente nos pequenos museus, que muitas vezes não conseguiriam sobreviver sem essa ajuda. Na América, porém, assistimos a atividades organizadas e regulamentadas:[194] os voluntários prestam serviços regulares, obedecendo a horários estabelecidos. Eles podem participar da gestão do museu (tarefas administrativas, solicitações pessoais etc.), da programação de visitas (nos grandes museus, as visitas guiadas geralmente são da competência de profissionais devidamente formados) e de funções de supervisão. A remuneração de tais serviços é sobretudo simbólica e social; quando muito, os voluntários são reembolsados (por seus deslocamentos etc.).[195]

As associações de amigos dos museus se reúnem em associações nacionais e numa Federação Mundial dos Amigos dos Museus, que organiza um congresso a cada cinco anos. Em 2001, foi assinada uma convenção entre essa federação mundial e o Icom, concretizando no mais alto nível a lenta aproximação que se operou entre os amigos e os profissionais dos museus.

Os museus participativos

A noção de "museu participativo" evoluiu ao longo dos últimos anos. Se, no início dos anos 1970, ela designava a participação do público em diferentes níveis da gestão e da programação dos ecomuseus, o desenvolvimento recente das tecnologias da comunicação abriu novas possibilidades de participação do público, sobretudo graças às redes sociais.

---

194. Um "contrato de trabalho voluntário" respeitando as normas promulgadas pela Associação de Museus Americanos ou sua congênere canadense é estabelecido entre o museu e o voluntário. Iniciativas semelhantes, sob diferentes formas, foram adotadas pela Federação Mundial dos Amigos dos Museus (FMAM) e por outras associações de museus.

195. Ver também capítulo 9, p. 343-344.

A EXPERIÊNCIA COMUNITÁRIA

A criação dos primeiros ecomuseus, particularmente do primeiro deles em Le Creusot,[196] acarretou uma revolução nas relações entre o museu e o público. Não se tratava mais aqui apenas dos visitantes ou dos amigos dos museus. Para Rivière, o ecomuseu é "um espelho em que a população se olha para nele se reconhecer, onde ela busca a explicação do território ao qual está ligada, assim como das populações que a precederam, na continuidade ou na descontinuidade da história". A participação da população local na própria elaboração do museu, em suas atividades, na concepção e na montagem de exposições é um elemento intrínseco do ecomuseu. E o desenvolvimento da comunidade da qual ele faz parte é um de seus objetivos.

Pierre Camusat[197] descreveu a experiência de participação da população no ecomuseu de Fourmies-Trelon nos anos 1980 em cinco níveis bem definidos:

■ *decisão*: representantes das diversas sucursais ou comunidades associadas tinham assento no conselho administrativo do ecomuseu;

■ *coleções*: eram constituídas essencialmente de doações, e além disso a população participava emprestando objetos para as exposições permanentes;

■ *"restituição"*:[198] os doadores participavam da escolha e apresentação dos objetos, bem como das reconstituições; a "restituição" se manifestava igualmente no plano das técnicas e habilidades, as quais eram transmitidas pelos mais velhos aos jovens para a proteção dos ofícios ameaçados de extinção;

■ *acolhimento e informação*: foi certamente à qualidade do acolhimento prestado pelos habitantes locais que o ecomuseu deveu grande parte de seu público;

■ *testemunhos*: o papel do ecomuseu era também recolher os testemunhos escritos (diários e anotações pessoais) e entrevistar "aqueles que se lembram", constituindo assim a memória coletiva de uma população.

Raros são os museus que conseguiram perpetuar dessa maneira esse espírito comunitário e participativo, em suma um tanto utópico e oposto à tendência de profissionalizar os museus, mesmo os mais modestos.[199] "Por motivos científicos, imperativos da gestão ou reflexos condicionados herdados de uma cultura museal, eles tenderam a relegar o investimento participativo do qual no entanto

---

196. Ver o destaque dado a esse museu na p. 69.

197. GHR, p. 320-322. Nessa mesma obra encontram-se outros exemplos. Ver também o volume 17-18 (2000) da revista *Publics & Musées*, dedicado aos ecomuseus; e SAUTY, François. *Écomusées et musées de société au service du développement local, utopie ou réalité?* Lempdes: 2001.

198. Esse é o termo empregado por Camusat.

199. Ver CHAUMIER, Serge. *Des musées em quête d'indentité*. Écomusée versus technomusé. Paris: L'Harmattan, 2003; e o site da Fédération des Écomusées et Musées de Societé. Disponível em: <http://fems.asso.fr >.

se faziam arautos."[200] De todo modo, outras formas de participação, inclusive outras categorias museais, nasceram. Nessas novas concepções das práticas participativas, não se procura mobilizar apenas a população local (ou os usuários de um ecomuseu), e sim o público.

O Musée de la Mémoire Vivante

O Musée de la Mémoire Vivante (Saint-Jean-Port-Joli, Quebec) foi instalado na casa senhorial de Philippe-Aubert de Gaspé (1786-1871), autor de *Mémoires* (1866). Essa obra, que reúne as lembranças do escritor e descreve os usos e costumes de seus contemporâneos, constitui o ponto de partida do projeto do museu. Desde sua inauguração em 2008, a instituição dedica toda a sua energia à coleta, conservação e valorização de testemunhos e de histórias de vida, com o "objetivo de enriquecer sua [do público] compreensão do mundo e a fim de transmitir esses vestígios culturais às gerações futuras".[201]

"Lembranças de mesas" é a exposição permanente do Musée de la Mémoire Vivante de Saint-Jean-Port-Joli. Os visitantes podem consultar terminais que contêm as fotos dos objetos apresentados a fim de ouvir os depoimentos que as acompanham. Se desejarem, por sua vez, deixar um depoimento sobre o objeto que lhes evoca lembranças, um mediador os acompanhará ao estúdio de gravação (foto: Jean Beaulieu).

---

200. Id. Société. In: DEM, p. 552
201. Documento de apresentação do Musée de la Mémoire Vivante, 2013, p. 2, PDF disponível em: <www.memoirevivante.org/medias/Musee_memoire_vivante_presentation2013.pdf>.

Cada exposição proposta pelo museu – "Lembranças de mesas" (exposição permanente), "Saint-Jean-Port-Joli, uma história de amor" (2008-2013), "Objetivos memória" (2010-2012), "Brinquedos na memória" (2012-2014) – tem uma dupla finalidade: apresentar os testemunhos coletados e encorajar as doações espontâneas de lembranças por meio da exposição de objetos "detonadores da memória". Dito de outro modo, "as exposições não são um fim em si mesmo. Elas dão lugar às contribuições – testemunhos/objetos – dos visitantes, sendo estes parte interessada, construtores das exposições. Eles são assim chamados a dar seu testemunho sobre os elementos da exposição que os tocam, podendo esses testemunhos tornar-se parte integrante das exposições".[202] O trabalho do Musée de la Mémoire Vivante se baseia portanto num procedimento participativo.

Desde 2011, o museu elabora e constrói um *Jardim das Lembranças*. Esse jardim retoma o mesmo conceito das exposições permanentes ou temporárias do museu: as plantas, oferecidas por particulares ou coletividades, são ao mesmo tempo o receptáculo de testemunhos deixados pelos doadores e "detonadores de memória" para os visitantes e doadores potenciais. Com esse projeto, o Musée de la Mémoire Vivante cumpre sua missão de salvaguarda do patrimônio oral, mas se engaja igualmente na preservação do patrimônio natural.

O MUSEU PARTICIPATIVO 2.0

Vimos como o museu se abriu ao longo das últimas décadas para se pôr a serviço da sociedade recolocando o público no cerne de seu projeto. A relação entre a instituição e seu público continua a sofrer muitas mudanças, graças sobretudo à utilização das novas tecnologias e da internet. Os estudos citados anteriormente mostram a evolução das práticas dos públicos e particularmente o desenvolvimento de uma cultura midiática. Há, é claro, da parte dos museus, esforços de visibilidade e de comunicação – dirigidos sobretudo às jovens gerações –, mas essa relação vai muito além, em direção às trocas e apoios mútuos. A instituição deixa progressivamente seu estatuto de autoridade para construir uma relação de proximidade com um público que não se limita mais aos visitantes propriamente ditos, mas se estende a todas as pessoas que utilizam seus serviços, suas informações, mesmo à distância. A visita não é mais a única relação possível com o museu.

Além do site na internet "oficial", certos museus há alguns anos desenvolveram blogs para contar sua vida, como um diário mais ou menos íntimo. Mostrar a face oculta da instituição, especialmente o que acontece por trás dos muros durante

---

202. Ibid., p. 3.

Museus para quem? O público dos museus   135

um período de fechamento ou de reforma, pode ser o tema de um blog, como foi o do Musée des Beaux Arts de Agen em 2007, que mostrou quase que dia a dia a mudança de lugar de suas reservas técnicas, ou o do Muséum d'Histoire Naturelle de Toulouse no mesmo ano, que usou a internet e as redes sociais para falar das obras de reforma e continuar presente no período de fechamento.

A inscrição do museu nas redes sociais demonstra também essa vontade de diálogo, de troca no cotidiano. As instituições passam a ouvir o público, que pode contribuir, com as informações, comentários ou sugestões, para suas atividades, suas escolhas. As redes sociais constituem uma nova encarnação do museu-fórum.[203]

Nesse quadro, o público é solicitado a trazer suas competências, de agora em diante reconhecidas e não mais esnobadas, a trazer informações, testemunhos, objetos (digitalizados), a alimentar bases de dados. Em Gand, por exemplo, Het Huis van Alijn, um museu social que se abre à coleta do contemporâneo, convida todos a completar uma coleção de fotografias e filmes realizados no contexto familiar. A grande quantidade de documentos reunidos necessita ser tratada e, de novo, o museu apela à população para que organize e classifique os documentos por meio de *tags* (palavras-chave); o visitante (da base de dados) torna-se assim um "*Supertagger*".[204] Um outro projeto diz respeito à coleta de objetos e de memórias relativas às duas guerras mundiais junto a testemunhas, mas também a colecionadores.[205] Os museus de ciências naturais ou os museus de arte contemporânea apelam igualmente a seus usuários para completar bases de dados ou trazer documentos (fotos, quadros, testemunhos).

Essa nova forma de museu participativo sem dúvida se apoia e se inspira nas experiências comunitárias e dos ecomuseus. Ela é seu prolongamento, sua evolução. Não é uma consequência do desenvolvimento tecnológico; este não é uma causa, e sim um meio suplementar que é aproveitado para aproximar o museu e seu público. O museu atribui um papel ao visitante, que não é mais visto como um receptor passivo de suas atividades, e sim como um ator e um parceiro.

---

203. CAMERON, Duncan. Le musée, temple ou forum? *Vagues*, n. 1, p. 259-270, 1971.
204. Disponível em: <www.huisvanalijn.be>.
205. Projeto *Temuse*, conduzido por Michèle Gellereau (Université de Lille 3) no Nord-Pas-de-Calais e na Flandre ocidental.

4. A EXPOSIÇÃO: A FUNÇÃO DE APRESENTAÇÃO

> E no entanto, a pintura está lá, passivamente pendurada em suas cimalhas revestidas de lambris, oferecida. Mas justamente aquilo que a oferece parece proibir que as pessoas a levem.
>
> Bruno-Nassim Aboudrar, 2000[206]

> Um quarteto de antílopes executava seu scherzo agreste e almiscarado, ao mesmo tempo delicado e distante, com seus chifres recortados, seu vibrato intenso, seus pontilhados, seus suspiros, suas insinuações, seus glissandos, suas fugas.
>
> Michel Butor, 1994[207]

A exposição constitui a mais visível e a mais emblemática das funções museais. É essencialmente para descobrir exposições, permanentes ou temporárias, que os visitantes vão ao museu, cujas missões têm uma complexidade que eles obrigatoriamente não percebem.[208] Mesmo que não se possa restringir ao museu a função de exposição nem limitar o museu às suas salas de exposição, esta permanece uma característica específica e essencial da instituição – "a exposição é o meio por excelência do museu, o instrumento de sua linguagem particular"[209] –, respeitado o equilíbrio global das quatro funções postulado no capítulo 2.

A exposição: um instrumento de comunicação

Jean Davallon, que estudou o funcionamento da exposição como mídia, define a exposição "como um dispositivo resultante de uma disposição de coisas num espaço com a intenção (constitutiva) de torná-las acessíveis a sujeitos sociais".[210]

Analisemos essa definição.

---

206. BRUNO-NASSIM, Aboudrar. *Nous n'irons plus au musée*. Paris: Aubier, 2000.
207. BUTOR, Michel. *Les naufragés de l'arche*. Paris: La Différence, 1994. p. 13. O autor descreve a galeria de Zoologia do Muséum d'Histoire Naturelle de Paris, pouco antes de seu desmonte e sua transformação em galeria da Evolução.
208. DESVALLÉES, André; SCHÄRER, Martin; DROUGUET, Noémie. Exposition. In: DEM, p. 136-173.
209. GHR, p. 265.
210. DAVALLON, Jean. *L'exposition à l'oeuvre*. Paris: L'Harmattan, 1999. p. 11.

- *Um dispositivo*: para Davallon, um dispositivo sociossimbólico designa situações ou objetos que não são objetos de linguagem clássicos, que não se constroem apoiando-se no funcionamento da língua, mas que são portadores de sentido; "objetos e processos que visam – pretendem – funcionar como objetos e fatos da linguagem, mas que são antes de tudo práticas sociais".[211]
- *Uma disposição de coisas*: a exposição mostra objetos, documentos, coisas reais, e estas não são apenas justapostas, mas sim dispostas, sua apresentação é organizada.
- *Um espaço*: a exposição se desenvolve nas três dimensões, e o visitante está dentro dela, se desloca nela e a experimenta fisicamente.
- *Uma intenção constitutiva*: mostrar e transmitir uma mensagem são a própria essência da exposição.
- *Um desejo de tornar as coisas acessíveis*: não apenas deixar que sejam vistas, mas utilizar um dispositivo que forneça ao visitante chaves de leitura.
- *Uma preocupação de interessar sujeitos sociais*: os visitantes, em todas as suas dimensões sociais (características socioeconômicas, pertencimento cultural, nível de instrução, mas também condições da visita etc.).

No sentido mais geral, a exposição é um meio de comunicação; constitui um discurso, é portadora de sentido. Seu idealizador deve construí-la de tal forma que ela "oriente o visitante para o objeto, espacialmente mas também conceitualmente [...]. A exposição, portanto, não pode jamais se reduzir, única e diretamente, a um simples dispositivo instrumental para pôr o visitante em contato com as coisas expostas".[212] Uma característica fundamental da mídia exposição é o papel essencial deixado ao receptor – o visitante – na construção do sentido.

> A exposição deve, pois, dar-lhe indicações que lhe permitam ao mesmo tempo reconhecer que se trata de uma exposição (ou seja, aquilo que é constitutivo de uma exposição) e entender o que convém fazer levando em consideração, por exemplo, o estatuto dos objetos (ou para ir logo ao mais elementar: reconhecer o que é um *expôt*[213] e o que não é), o modo de relação proposto (olhar, se deleitar, compreender, imaginar, transpor etc.) ou as informações conexas trazidas sobre os objetos expostos.[214]

---

211. Ibid., p. 25-26.
212. Ibid., p. 17.
213. N. do T. A palavra não tem tradução em português. Ver adiante a definição proposta por André Desvallées.
214. Jean Davallon, *L'exposition à l'oeuvre*, op. cit.

A exposição: a função de apresentação   139

A linguagem da exposição

A exposição possui sua "linguagem própria", que não está contida implicitamente nos objetos expostos, nem é constituída dos textos que os acompanham. Ela é feita da associação de elementos verbais (textos, comentários sonoros) e de elementos não verbais, que podem ser visuais, auditivos, por vezes olfativos e táteis ou, excepcionalmente, gustativos. Nenhum desses elementos é, por si só, totalmente significativo na exposição: são o seu arranjo, a sua combinação e o ambiente em que se acham dispostos que são portadores de sentido. A linguagem da exposição é pouco conhecida e, ao contrário do texto, não se aprende na escola. É preciso familiarizar o visitante com esse modo de comunicação, ensinar-lhe os meios de decifrar a exposição, se possível desde a infância, a fim de permitir que o maior número possível de pessoas desfrute dos museus. Do contrário, o círculo restrito dos iniciados que dominam essa linguagem e a transmitem num meio social escolhido continuará sendo o único favorecido.

Localizar, descrever e analisar as linguagens da exposição, no museu e fora dele, é, segundo Serge Chaumier, o papel da expologia.[215]

As noções de expôt e de "coisa verdadeira"

A exposição lida com "objetos" de naturezas bem diversas: obras e "objetos autênticos", reproduções, maquetes, textos, fotografias, desenhos, imagens animadas (filmes, vídeos etc.). Eles constituem os elementos, as unidades básicas da linguagem da exposição. O museólogo canadense Duncan Cameron foi o primeiro a propor uma classificação desses diferentes elementos, que ele reúne sob o termo *exhibit*.[216] *Expôt* é o equivalente francês proposto por André Desvallées,[217] que assim o define:

> *Expôt*: tudo aquilo que é ou pode ser exposto, sem distinção de natureza, quer se trate de original ou reprodução, de objeto em duas ou três dimensões, de objeto de arte ou objeto utilitário, de estátua, pintura, gravura, utensílio, máquina, modelo, fotografia etc.

---

215. CHAUMIER, Serge. *Traité d'expologie. Les écritures de l'exposition*. Paris: La Documentation française, 2012.

216. CAMERON, Duncan. A view point: the museum as a communication system and implications for museum education. *Curator*, v. XI, n. 1, p. 33-40, 1970. Outra classificação dos *expôts* se encontra em GHR, p. 178 e 283-284.

217. DESVALLÉES, André. Les galeries du Musée National des Arts et Traditions Populaires: leçons d'une expérience muséologique. *Musées et Collections Publiques de France*, v. 134, p. 5-37, 1976 (reproduzido em GHR, p. 290).

Cameron designa por meio da expressão "coisas reais" ou "coisas verdadeiras" os objetos que a exposição apresenta pelo que eles são, e não como a imagem (o substituto, o símbolo, o modelo) de alguma outra coisa. O conceito engloba a noção de autenticidade e de originalidade do objeto e abrange hoje tanto os testemunhos materiais quanto imateriais. A noção remete ainda à emoção que o objeto de museu pode suscitar, à sua "aura".[218] A distinção entre "coisas reais" e outros *expôts* é porém difícil de estabelecer de maneira nítida. O que importa é menos a natureza do objeto do que o papel que lhe é atribuído na exposição. Como diz Desvallées,

> [...] um fac-símile de pão ajuda a compreender como funciona a faca, [...] um fac-símile de biscoito ou bolo permite perceber melhor formatos e decorações do que as próprias formas. Esse complemento [de informação] pode ser igualmente fornecido por objetos reais, que então não são mais apresentados por eles mesmos, mas servem para completar a apresentação de outros objetos reais. É desse modo que o animal empalhado preso numa armadilha serve para explicar como funciona a armadilha, que as espigas de trigo debulhadas com um mangual devolvem a este último sua verdadeira função. Uns e outros não são mais considerados então com base em sua qualidade de original ou de reprodução, e sim em relação ao objeto que acompanham.[219]

O termo *expôt* é utilizado para designar tudo o que pode ser portador de sentido no contexto da exposição, inclusive um elemento ou uma obra sonora, por exemplo (ver boxe na p. 143).

O sentido da exposição

Uma pesquisa realizada com os visitantes de uma exposição em Marselha mostrou que mais da metade (56%) das pessoas entrevistadas priorizava em suas expectativas a "clareza do tema, a ideia de uma exposição, aquilo que torna uma exposição claramente identificável".[220] Raros são os curadores e museógrafos que não consideram que a exposição deva ter um sentido. Para alguns, porém, tal

---

218. DEM, p. 674.

219. GHR, p. 290. Os curadores do Musée d'Ethnographie de Neuchâtel levam essa argumentação ao extremo e incorporam às coleções do museu, após a desmontagem de uma exposição, todos os objetos utilizados na sua encenação: coelho de pelúcia, cenouras de plástico, caixas de fósforos compradas no supermercado da esquina etc.

220. TEBOUL, René; CHAMPARNAUD, Luc. *Le public des musées*. Paris: L'Harmattan, 1999. p. 84-85.

A exposição: a função de apresentação

sentido está implícito: basta mostrar os objetos – com um mínimo de informações – para permitir ao visitante compreender, atribuir um sentido ao que ele vê, mobilizando sua cultura, suas recordações, sua memória, sua inteligência. Essa é a "museologia do objeto".[221] Para outros, o sentido da exposição é construído de maneira explícita por seu idealizador. Os objetos, em si mesmos, não têm sentido, não dizem nada, ou melhor, são polissêmicos: é a exposição – e seu idealizador – que lhes dá sentido, em meio a um grande número de possibilidades. Diz-se então que o museu "conta uma história". Essa é a "museologia da ideia".

Assim como os responsáveis por um museu definem seu projeto museal (ver capítulo 2, p. 87-91), os idealizadores de uma exposição exprimem suas intenções, formulam seus objetivos. Por que montar hoje uma exposição sobre tal tema? A quem ela se destina? O que se quer transmitir ao visitante? Que reflexões se pretende despertar nele? A declaração de intenções redigida no início de um projeto de exposição estabelece uma linha de conduta, à qual a equipe poderá se referir ao longo do processo, e que deverá *in fine* revelar-se ao visitante que, alguns meses mais tarde, virá assistir à exposição.

É em função do sentido global da exposição e das intenções a ela subjacentes que cada "coisa" adquire seu significado. Tomemos um exemplo simples: um martelo. À primeira vista, poderíamos considerar que a função dessa ferramenta é evidente e que o papel da exposição é ressituar tal objeto em seu contexto de utilização. Pode-se, entretanto, lançar sobre ele olhares muito diferentes. Estão sendo expostas as ideias de André Leroi-Gourhan sobre a tecnologia dos tempos primitivos?[222] O martelo é o exemplo típico de percussão arremessada. Se estivermos interessados na evolução tecnológica, situaremos o martelo, constituído de uma cabeça de aço e um cabo de madeira, numa linhagem que inclui o bastão, a maça, a clava de osso ou de chifre de veado, o martelo-pilão, o bate-estaca etc. Os fanáticos por classificações estabelecerão uma tipologia. O aço de que é feita a cabeça e a madeira do cabo atesta as propriedades específicas desses dois materiais. Enfim, o martelo é também um poderoso símbolo das lutas sociais.[223] O importante não é apresentar um martelo, mas utilizá-lo de modo que ele contribua para o discurso e veicule as intenções, de modo a dar sentido ao dispositivo da exposição em seu conjunto.

---

221. DAVALLON, Jean. Le musée est-il vraiment un média? *Publics & Musées*, v. 2, p. 99-123, 1992.
222. LEROI-GOURHAN, André. *Le geste et la parole I*: techniques et langage. Paris: Albin Michel, 1964.
223. Ele foi um dos primeiros emblemas dos sindicatos operários. Juntamente com a foice, figurava na bandeira da URSS, simbolizando a associação na luta do camponês e do operário.

Uma mensagem acessível

Tornar as coisas acessíveis é ao mesmo tempo inseri-las num discurso e fazer com que este seja compreendido pelo público-alvo do museu. É difícil encontrar um equilíbrio entre o discurso pesadamente didático, escolar, feito de textos longos e complicados, de leitura enfadonha – a bem dizer, que nem são lidos –, e a total ausência de suporte didático, que privilegia o público entendedor que conhece e reconhece, já está familiarizado com os objetos expostos, e não se sente deslocado. Essas duas atitudes extremas são fatores de exclusão e fazem, de modo mais ou menos voluntário, com que o museu fique reservado a uma elite escolhida. O museu fracassa então na sua missão.

> **"Meu Deus! Como eu sou burro!"**
>
> O visitante vem ao museu na esperança de obter alguma coisa, diversão, descobertas, conhecimentos. Que fiasco se ele pensar, ao sair do museu: "Meu Deus! Como eu sou burro!". Essa expressão foi utilizada durante um debate por um guia amador para denunciar o jargão, o vocabulário técnico e não raro pedante e elitista, com frequência utilizado nos museus para designar os objetos: a "piroga monóxila" é algo mais que uma piroga escavada num tronco de árvore? A exposição deve buscar satisfazer a expectativa dos visitantes formulando seu discurso em função do público-alvo. Evitando uma abordagem demasiado sistemática e um vocabulário ou um nível de texto que seja excludente. E precavendo-se contra uma perspectiva excessivamente estreita e simplista: o museu também deve permitir ao visitante dar-se conta da extensão do saber, deve abrir o espírito.

Diferentes abordagens da exposição

As exposições apresentam uma extrema variedade; são todas diferentes. No entanto, para além das modas e tendências cenográficas, das categorias de museus, de seu porte e de sua temática, é possível discernir estilos recorrentes, modos de abordar um tema, que propomos agrupar em algumas categorias. Propomos classificá-los segundo a noção de "abordagem", que remete, de um lado, ao discurso da exposição (programa museográfico ou roteiro) e, de outro, à escolha de uma estratégia de comunicação, conforme a experiência que se queira oferecer ao visitante. A abordagem pode aplicar-se ao conjunto de uma exposição ou a cada uma das unidades que a compõem, ainda que na maioria das vezes uma exposição seja dominada por um estilo principal. Não serão consideradas aqui as "exposições" que se limitam à exibição de objetos sem outra mensagem além da própria existência desses objetos, o que corresponde ao grau zero da museografia.

A exposição: a função de apresentação

ABORDAGEM ESTÉTICA

As exposições dessa categoria baseiam-se antes de tudo na exibição de coisas verdadeiras, objetos de coleção valorizados com a intenção de suscitar o prazer, até mesmo o choque estético. O objeto, separado de todo contexto, é exposto como uma obra de arte, e cabe ao visitante admirá-lo – ou venerá-lo – e sentir uma espécie de chamado interior, de contemplação que faz nascer dentro dele uma sensação única. Em geral, poucos objetos são expostos, as informações são reduzidas ao mínimo e sutilmente integradas no conjunto, de maneira a não perturbar o encontro entre o visitante e a "obra". O espaço de exposição e o ambiente externo são tornados discretos, até mesmo neutralizados,[224] a menos que a própria arquitetura ou a paisagem concorram para a experiência estética.

Nada para olhar

A importância do objeto ainda está muito presente nas instituições ligadas à arte. Nelas, a autenticidade e a unicidade baseiam-se essencialmente nas noções de materialidade e de visualidade da obra. Uma relação estreita entre "obra" e "olhar" se instaura para oferecer ao visitante uma experiência antes de tudo contemplativa. O termo "*regardeur*" [olhador] é, aliás, regularmente empregado para designar o visitante de um museu de arte. Entretanto, por certas práticas artísticas atuais, a arte contemporânea derruba essa tendência. A ponto de criar obras sem materialidade aparente e que requerem a utilização de outros sentidos. É o caso da arte sonora, prática artística que utiliza o som como material plástico. O som constitui o próprio elemento da obra e não substitui mais o visual, que permanece ausente. Ao apresentar a arte sonora, a instituição museal se vê confrontada com a imaterialidade visual das obras nas exposições. O visitante é então convidado a experimentar espaços que *a priori* parecem vazios. É o que se chama de exposições "*désoeuvrées*" [sem obras].[225]

Em 2004, a Tate Modern inaugurou a exposição *Bruce Nauman – Raw Materials*, organizada no espaço do Turbine Hall. O artista apresentou ali uma instalação completamente sonora, baseada na noção de linguagem em sua obra. Quando o visitante entrava na exposição, era mergulhado num espaço vazio em que nenhuma obra visual estava exposta. Apenas a arquitetura era aparente. Prosseguindo em seu percurso pelo espaço, ele constatava que alto-falantes, dispostos sobre as paredes, eram visíveis. Esses dispositivos não constituíam a obra em si, eram elementos que permitiam unicamente sua difusão. O que formava a obra era o som que se difundia e se propagava no espaço. Nesse tipo de apresentação, a materialidade dá lugar à imaterialidade das obras, e o "*regardeur*" se torna ao mesmo tempo o visitante, o experimentador e o ouvinte.

---

224. É o caso da "*black box*" ou do "*white cube*".
225. GAUTHIER, Michel. Claude Closky: d'um désœuvrement l'autre. In: *Cathalogue de l'exposition Vlaude Closky. 8002-9891*, Vitry-Sur-Seine, MAC/VAL, p. 158.

ABORDAGEM COGNITIVA

As exposições ditas "referenciais", segundo Montpetit,[226] baseiam-se num saber especializado. O dispositivo se apoia numa ordem preestabelecida, que deve ser conhecida e reconhecida pelo visitante. Essa ordem é a classificação que os pesquisadores adotam para seu estudo e os curadores seguem para a pesquisa, a gestão das coleções e a organização topográfica do museu. O interesse científico pode chegar a determinar a estrutura da exposição. As coleções, vistas antes de tudo como objetos de estudo, são dispostas segundo uma ordem que faz referência às noções e categorias de um saber. Para compreender o sentido da exposição, os visitantes devem possuir conhecimentos prévios do saber apresentado.

As *exposições taxionômicas* seguem rigorosamente as classificações científicas dos objetos; a divisão da exposição se faz segundo as classificações e as tipologias, os materiais ou as técnicas.

As *exposições científicas ou documentais* seguem as estruturas das ciências e de sua história tal como utilizadas no ensino. Essa abordagem, fortemente didática, se aproxima de um manual escolar: pretende-se fazer com que o público adquira certa quantidade de informações, geralmente factuais. Esse tipo de exposição pode incluir dispositivos ou animações demonstrativas (em particular nos museus de ciências e técnicas).

ABORDAGEM SITUACIONAL

As exposições dessa categoria baseiam-se em referências a uma realidade relativamente familiar. *Expôts* e discursos baseiam-se na evocação ou restauração de um contexto ou de um ambiente de modo a tornar tanto os objetos quanto a mensagem mais facilmente apreensíveis pelo visitante, com um mínimo de esforço de abstração. Ele se encontra em "terreno conhecido". A ligação entre os objetos e o mundo que se pretende apresentar é evidente; não raro ele também é apresentado de maneira mais sensível, mais concreta. No caso das exposições *in situ*, que mostram os objetos em seu local de origem, o contexto está presente, e a ideia é explicá-lo ou valorizá-lo com a ajuda de instrumentos museográficos diversos. É o caso dos monumentos e sítios musealizados, assim como das casas-museus.

As *exposições analógicas* (ver p. 169-176) são dispositivos que utilizam as coleções em encenações que se dirigem aos visitantes dotados de poucos conheci-

---

226. MONTPETIT, Raymond. Une logique d'exposition populaire: les images de la muséographie analogique. *Public & Musées*, n. 9, p. 55-100, 1996. cit. p. 87.

A exposição: a função de apresentação

mentos prévios, na medida em que eles criam uma "imagem", uma "cena de vida" que se pode decodificar mais intuitivamente do que as apresentações sistemáticas.

As *exposições de imersão* utilizam dispositivos espetaculares e muitas vezes ilusionistas nos quais o visitante é mergulhado: ele é incluído na apresentação.[227] A museografia se caracteriza por cenários, reconstituições, ambientes dramatizantes, técnicas de simulação. Assim, o visitante vivencia uma experiência sobretudo emocional, absorvido pelo mundo da exposição num dispositivo que suprime as referências ao mundo real.[228]

ABORDAGEM COMUNICACIONAL

Nas "exposições de lógica endógena",[229] a disposição das coisas apresentadas e a estruturação do discurso (roteiro) baseiam-se nas necessidades da própria mostra; decorrem da mensagem a ser comunicada ao público. Não são as coleções que servem de guia, ao contrário: elas cumprem a função que o idealizador da exposição lhes atribui. O visitante não necessita de pré-requisitos importantes para abordar tais exposições, que de certo modo são autossuficientes na medida em que a mensagem a ser transmitida é explícita e o dispositivo inclui um "modo de usar" para ser compreendido.

As *exposições temáticas* se incluem perfeitamente nessa categoria quando a apresentação visa à descoberta e à compreensão, e não à aquisição de conhecimentos (exposições científicas). O tema principal é dividido em unidades temáticas menores e interligadas que podem ser dispostas no espaço sob a forma de "ilhotas" e que não implicam forçosamente um trajeto sequencial.

As *exposições interpretativas* vão ainda mais longe, na medida em que seu funcionamento se baseia na vivência do visitante. Elas apelam aos seus conhecimentos prévios, às suas experiências anteriores, à sua sensibilidade assim com ao seu intelecto. Nesses dispositivos, as "coisas verdadeiras" ocupam geralmente um lugar secundário em relação à cenografia, cabendo-lhes um papel de ilustração de um conteúdo que joga deliberadamente com a estimulação e a interpelação.

As *exposições narrativas* têm a peculiaridade de basear-se num roteiro que narra uma história ou de apresentar um discurso que expõe uma argumentação. São pois construídas segundo um trajeto linear, sequencial, indispensável à compreensão.

---

227. BALAEN, Florence. Les éxpositions d'immersion. *La Lettre de l'Ocim*, n. 86, p. 27-31, 2003.
228. DROUGUET, Noémie. Décors, reconstitutions et illusions. *L'Invitation au Musée*, n. 26, p. 9-13, 2011.
229. Raymond Montpetit, Une logique d'exposition populaire, op. cit., p. 87.

As *exposições interativas* fazem do visitante o ator de sua descoberta, muitas vezes de modo lúdico. Não se trata apenas de confrontá-lo com simulações ou dispositivos acionados por botões para dar-lhe condições de interagir com a exposição; também é preciso que ele tenha liberdade para fazer escolhas e construir por si mesmo uma parte do discurso.

Exposição permanente *versus* exposição temporária

PROPOSTAS COMPLEMENTARES

Com exceção dos mais modestos, a maioria dos museus propõe a seus visitantes uma ou várias exposições permanentes assim como exposições temporárias.[230] De que se trata? Trata-se da duração das exposições, mas também do assunto que elas abordam. Quando falamos em exposição permanente, nos referimos à exposição de referência (ou de síntese) do museu, que se articula em torno da temática central do museu, do qual ela apresenta uma visão de conjunto. Ela é prevista para durar de modo "permanente": em geral, duas décadas. Essa duração, que antes era mais longa, tende a se reduzir ainda mais.

> **Em Marselha, o MuCEM se volta para o Mediterrâneo**
>
> O Musée des Civilisations de l'Europe et de la Méditerranée, herdeiro do Musée des Arts et Traditions Populaires de Paris, foi de início concebido por Michel Colardelle e sua equipe com uma abordagem societal e com uma expansão dos objetivos do antecessor nos planos geográfico e cronológico. O quadro deveria ser estendido ao conjunto do continente europeu e da costa do Mediterrâneo, e abarcar as problemáticas atuais conferindo aos fenômenos societais sua profundidade temporal. Sabemos (ver p. 94-96) que esse primeiro projeto foi depois modificado para se concentrar no Mediterrâneo. O museu foi instalado num terreno desocupado do porto de Marselha, o J4. O prédio principal, projetado pelo arquiteto Rudy Ricciotti, tem a forma de um cubo de cinco andares, cercado de uma capa de concreto perfurado como renda que oferece uma excelente proteção contra o sol. A atmosfera dos ambientes, interno e externo, é serena e agradável.
>
> A estrutura geral das exposições no prédio principal comporta quatro exposições de referência e espaços para exposições temporárias. A seleção dos temas de referência e seu desenvolvimento museográfico se inscrevem bastante bem no espaço mediterrânico. A exposição sobre *agricultura* faz referência diretamente à civilização do trigo, da

---

230. As exposições temporárias também têm um papel a desempenhar na programação cultural das instituições museais. Ver capítulo 7, sobre a função de animação.

A exposição: a função de apresentação

147

oliveira e do vinho cara a Fernand Braudel. No segundo espaço, *Jerusalém, cidade das três religiões* é mostrada de maneira muito clássica e bastante polida, sem asperezas. A sala sobre a democracia, em seguida, toma como exemplos Atenas e, de modo mais surpreendente, a oligárquica República de Veneza. A limitação mediterrânica leva a ignorar quase completamente a Revolução Francesa e a democracia parlamentar britânica. Enfim, o quarto espaço, dedicado às *viagens e explorações*, baseia-se na ideia de que os grandes descobrimentos, na aurora dos Tempos Modernos, foram essencialmente obra de navegadores saídos dos portos do Mediterrâneo; ao mesmo tempo, um lugar considerável é destinado às pinturas e desenhos que ilustram as viagens dos europeus para a Grécia no início do século XIX, o que inverte o objetivo.

No Fort-Saint-Jean, que uma passarela liga ao cubo de Ricciotti, espaços complementares permitem expor conjuntos sobre a temática do lazer (feiras populares, marionetes, circo). Aparentemente, essas apresentações mais tradicionais, de início não previstas e raramente abertas, foram acrescentadas para atender as reivindicações de alguns curadores.

A impressão geral é, no todo, a de exposições bastante convencionais e de uma certa decepção em relação às ambições iniciais.

A exposição temporária trata de uma temática específica, à margem da temática geral do museu, e é apresentada de maneira "temporária", ou seja, por um período médio de três meses. Essa duração é muitas vezes revista, já que certos museus, sobretudo os de ciências, propõem exposições que duram de um a quatro anos. Fala-se então em exposições semitemporárias ou exposições temporárias de longa duração. Às vezes essas exposições são "evolutivas", quando está previsto modificar certas partes ao longo do tempo. Alguns museus apresentam simultaneamente até 10 exposições, temporárias ou permanentes, em função de uma gama de formatos diferentes (dependendo da duração do público visado, da abordagem museográfica, do tamanho).

As exposições temporárias são às vezes utilizadas como "laboratórios" no plano museográfico e cenográfico: ousam-se temas, formas, abordagens no modo temporário que se hesitaria a abordar no modo permanente.

As exposições temporárias preenchem objetivos específicos, múltiplos e às vezes contraditórios.

▪ *Assegurar a rotação das coleções:* A maior seletividade na escolha dos objetos expostos de modo permanente torna ainda mais necessárias exposições temporárias que ofereçam a oportunidade de tirar as coleções "de suas reservas". Os museus montam regularmente exposições temporárias em torno de temas relativos às suas coleções e que levem a mostrar ao público objetos que de modo geral ele não vê; na maioria das vezes essas coleções próprias são completadas com peças emprestadas de outros museus.

- *Estabelecer em que situação se encontra uma questão, renovar os conhecimentos a respeito:* Nesse ponto, a exposição temporária participa da função científica. Trata-se de, por ocasião de uma exposição, realizar pesquisas sobre um período, um assunto, um tema dado e apresentar os principais resultados por meio da exposição e da publicação de um catálogo. As pesquisas mais aguçadas dão lugar às "exposições-dossiês", de abordagem mais difícil. Nem sempre elas alcançam o sucesso que merecem junto ao público e à mídia, que muitas vezes privilegia os valores certos (Picasso, os tesouros egípcios etc.) porém repisados.
- *Reavivar o interesse pelo museu:* Como fazer voltar ao museu o visitante que visitou várias vezes as coleções permanentes, trouxe seus amigos e conhecidos para vê-la? Como atrair aqueles que ainda não tiveram a oportunidade de vir? A exposição temporária constitui um dos meios de fidelizar e aumentar o público. Alguns, contudo, contestam sua eficácia em trazer os visitantes da exposição para as salas permanentes.
- *Diversificar a audiência:* Muitos curadores ficam preocupados em estender o público a categorias – de idade, nível cultural, socioeconômico – que frequentam pouco seu museu. Essa, aliás, deveria ser uma das preocupações permanentes dos responsáveis pelos museus (ver capítulo 3). A exposição temporária representa um dos meios mais utilizados nesse sentido: ela atrai por seu caráter de evento, seu caráter midiático, permite abrir o discurso do museu em direção a novos territórios suscetíveis de interessar esse público novo, muitas vezes oferece uma cenografia mais original e mais atraente.
- *Aumentar as receitas financeiras:* O ingresso de uma exposição é geralmente mais caro do que o que dá acesso às salas permanentes, as gratuidades são mais raras, e os visitantes são mais numerosos; as exposições temporárias constituem uma parte importante dos recursos próprios de um museu. A escolha de uma temática de sucesso junto ao grande público[231] pode se revelar crucial para o equilíbrio financeiro de certos museus, sobretudo no continente americano, onde os recursos próprios representam uma parte importante do orçamento.

AS EXPOSIÇÕES ITINERANTES

As exposições temporárias muitas vezes são montadas pelo próprio museu:[232] é desse modo que ele pode valorizar melhor suas próprias coleções, assegurar sua

---

231. Frequentemente se usa o termo americano *"Blockbuster"* para designar essas exposições que arrastam o público em massa.

232. O que não exclui a intervenção de especialistas externos (científicos), de cenógrafos independentes...

rotatividade, verificar o estado das temáticas diretamente relacionadas com elas. Mas o museu também pode receber uma exposição externa, montada por outro museu ou por outro ator cultural. Essa exposição é geralmente alugada, ou seja, o museu que recebe a mostra participa das despesas com sua concepção e montagem. O custo das exposições temporárias não para de crescer; e mostrá-las em quatro ou cinco cidades diferentes aumenta o público potencial e implica dividir as despesas. Isso permite montar exposições mais prestigiosas, que reúnem mais obras importantes, ou conceber uma cenografia mais atraente, mais espetacular e mais cara. Muitas vezes é preferível que a exposição seja concebida desde o início como itinerante; que sua modularidade e sua adaptabilidade permitam dispô-la em espaços variados, e que seu próprio conteúdo possa ser em parte adaptado às situações locais de cada lugar onde ela é apresentada. Já se a exposição for *standard*, ela nem sempre será adaptada ao público, à região, ao museu. Pode-se então prever um complemento à exposição itinerante de base sob a forma de uma extensão desta ou ainda de uma segunda exposição, mais centrada na produção local, inaugurada ao mesmo tempo e próxima da primeira.

O PERIGO DAS EXPOSIÇÕES TEMPORÁRIAS

As exposições temporárias podem ter um papel importante para a vida do museu, fazer o público vir até ele, suscitar seu interesse. Mas elas podem também se revelar temíveis inimigas do museu quando, ao longo dos anos, mobilizam todos os recursos humanos e financeiros da instituição num procedimento que não tem outra finalidade senão seu próprio sucesso – medido em termos exclusivamente quantitativos de frequência e de retornos financeiros. O objetivo inicial acaba se perdendo, e a exposição temporária pode, no final, matar o museu: tal autoridade política ou tal patrocinador, mais interessados nos eventos midiáticos de repetição, deixam de financiar a atividade permanente do museu em benefício dessas exposições-eventos que costumam se organizar em locais mais amplos, mais bem adaptados, especialmente para acolher a grande massa, mas também os eventos mundanos remuneradores – as noitadas e recepções VIPs – que em geral acompanham essas exposições cercadas de prestígio.

O programa museográfico

É na estrutura, nas modalidades de "disposição das coisas no espaço", que o visitante percebe inicialmente o significado da exposição. Antes de observar os objetos, antes de ler os textos, ele se encontra no interior de um espaço organizado que ele vai descobrir visual e fisicamente. A lógica do desenvolvimento do discurso, a organização espacial dos *expôts*, o ambiente escrito, a abordagem museográfica se combinam para construir o sentido da exposição.

O programa museográfico reflete os objetivos, as intenções da exposição e a reflexão relativa aos públicos. Resultado de um trabalho de reescrita de um *corpus* científico, ele detalha a organização intelectual das temáticas da exposição articuladas ao percurso espacial (às vezes chamado de roteiro) que será sugerido ao visitante nas salas do museu. Esse documento é elaborado na etapa da concepção da exposição; ele inclui também um dossiê técnico relativo ao lugar da exposição e um dossiê metodológico (calendário, orçamento, organização, equipes).[233] Ele permite a comunicação com todos os atores da exposição ao longo das seguintes etapas: produção, cenografia, montagem, comunicação e exploração da exposição.[234]

A escolha de uma estruturação

Várias possibilidades se oferecem ao idealizador de uma exposição para estruturá-la. A escolha é fundamental, pois essa estrutura será o elemento mais visível para o visitante. Nos museus históricos costuma-se dar prioridade à cronologia, mas esta não deve necessariamente se impor. Tomemos o exemplo de um museu de arqueologia galo-romana cujo objetivo seria mostrar a organização da sociedade local, as relações entre o centro urbano e a zona rural, bem como a importância das atividades artesanais. Uma abordagem cronológica seria contraindicada nesse caso, pois reforçaria no visitante o interesse pelo caráter evolutivo dos temas apresentados e privilegiaria sua dimensão diacrônica em detrimento da percepção da estrutura socioeconômica que se desejaria destacar. Opção análoga se oferece aos museus de ciências naturais: vai-se priorizar uma apresentação ecológica que relacione entre si as espécies vegetais e animais apresentadas, que descreva os biótipos e ilustre as interações entre diferentes espécies, ou, ao contrário, optar por uma exposição que mostre a evolução das espécies segundo a perspectiva da história natural?

Essas diferentes abordagens são perfeitamente legítimas, mas devem ser objeto de uma escolha deliberada. A museografia e a cenografia devem contribuir para tornar a opção escolhida sensível ao visitante.

---

233. Ver *Projet d'exposition. Guide des bonnes pratiques*, 2014, no site da Associação de Cenógrafos: <www.scenographes.fr>.

234. BENAITEAU, Carole et al. *Concevoir et réaliser une exposition*. Paris: Eyrolles, 2012. Esse manual apresenta as etapas da montagem de uma exposição de modo simples e pragmático, mas não discute a elaboração dos conteúdos.

Eis algumas estruturações clássicas.

▪ *A cronologia:* A exposição apresenta um desenrolar que segue a linha do tempo. É sem dúvida a mais difundida nos museus de história, de arqueologia, de belas-artes. É também a opção adotada em certos museus de ciências naturais (que seguem o fio da evolução) ou de ciências e técnicas. Os pedagogos nos ensinam que a linha do tempo é difícil de apreender e que em geral é melhor partir da vivência da criança para então recuar no tempo. É o caso do Laténium de Neuchâtel, que adota uma cronologia invertida, da Renascença até o paleolítico, para mostrar as sucessivas ocupações das cercanias do lago.

▪ *A geografia:* Os grandes museus de pintura, assim como muitos outros, são organizados por país, por região, por cidade: a escola italiana, a escola holandesa etc. Na Itália, a maioria dos museus de arqueologia é estruturada de acordo com uma museografia dita topográfica: os documentos arqueológicos são apresentados por sítio de descoberta (como no Museo Nazionale Etrusco di Villa Giulia, em Roma, onde cada seção corresponde a uma cidade etrusca).

▪ *As categorias de classificação (taxionomias):* Mesmo que a abordagem taxionômica esteja sendo progressivamente abandonada, muitos museus de ciências naturais ainda são apresentados segundo as classificações por ordens, gêneros, espécies; muitos museus de arqueologia se organizam segundo as culturas, os materiais ou as técnicas. As exposições estruturadas segundo as categorias classificatórias "põem a ciência em vitrines"; são preparadas mais para os especialistas e os eruditos do que para o grande público (ver também boxe na p. 123-125). Essa é uma opção que teve seu momento de glória no século XIX e no início do século XX. Ainda assim ela continua válida em certos casos.

▪ *As técnicas:* Essa opção é particularmente apreciada nos museus de ciências e técnicas, mas não raro a encontramos nos museus de artes aplicadas (cerâmica, arenito, vidro, latão etc.) e nos museus de arqueologia. E a divisão entre pintura e escultura nos museus de belas-artes não é alheia a ela.

▪ *Os materiais:* Pedra, vidro, metais, terracota. Essas duas últimas categorias são onipresentes em museus de todo tipo. As condições específicas de conservação exigidas por certos materiais justificam por vezes essa organização (ver capítulo 5).

▪ *Os temas da vida:* Eles servem de princípio organizador nos museus de ciências naturais (alimentar-se, reproduzir-se, defender-se), de arqueologia (a alimentação, o artesanato, o fogo, a arte, a morte etc.) e de etnografia (as idades da vida, a cozinha, o quarto de dormir, o trabalho no campo, nas minas etc.).

▪ *As escolas e movimentos artísticos:* É segundo esse princípio que se organiza a maioria dos museus dedicados à arte dos séculos XIX e XX: romantismo, modernidade, impressionismo, expressionismo etc.

Outras opções, menos clássicas, são por vezes privilegiadas.

■ *A confrontação:* Expor objetos ou obras de arte de origens muito diversas, como uma obra medieval e um objeto do Extremo Oriente. Tal foi a opção adotada pelos museus de Louvain-la-Neuve e de Insel Hombroich, perto de Düsseldorf (ver boxe na p. 163).

■ *As particularidades locais:* Pode-se organizar a exposição em torno de documentos ou objetos de grande interesse local, um mapa original, uma obra-prima de ourivesaria, como no Tesouro da Catedral de Liège, por exemplo.

■ *Um texto, um poema:* O módulo da exposição *La grande illusion* organizado pelo Musée d'Etnographie de Neuchâtel[235] em 2001 seguia, verso por verso, um poema de Arthur Rimbaud. O *Librarium* na Bibliothèque Royale de Bruxelas se articula segundo as frases da definição epigráfica de uma biblioteca.

Acrescentemos que a maior parte das museografias combina várias opções. Por exemplo, um museu organizado cronologicamente apresentará, em cada sala ou grupo de salas dedicadas a um período, os objetos segundo a técnica ou o material neles empregado. De modo inverso, a cronologia pode estar presente em cada conjunto temático. O departamento "Egito" do Musée du Louvre optou por uma dupla museografia: um percurso cronológico no primeiro pavimento e uma apresentação temática no térreo, com o objetivo de satisfazer as expectativas de uns e de outros.[236] Duas tendências atuais, que podem recortar parcialmente as estruturas enunciadas anteriormente, são a apresentação por acumulação de uma coleção, privilegiando as escolhas, os gostos, os agrupamentos operados por um colecionador ou um comissário convidado, e a "carta branca" dada a um artista contemporâneo, capaz de tecer laços inéditos entre os *expôts* e de propor uma estruturação totalmente original.

O museu-depósito

Historisches Museum Luzern inaugurou em 2003 uma nova apresentação de suas coleções permanentes intitulada *O Depósito*: a museografia, particularmente original, se inspira nas reservas museais. Milhares de objetos são alinhados nas estantes, classificados ora por materiais e técnicas (têxteis, vidro etc.), ora por tipo de coleção (jogos e brinquedos, arqueologia, armaduras etc.); alguns deles mal foram desembalados ou se acham empilhados, algumas caixas estão entreabertas. O mobiliário consiste em grandes prateleiras toscas, como na loja de um atacadista. Os objetos são protegidos por grades ou compartimentos envidraçados. Marcações feitas no piso com moldes indicam os números das alas, galerias e fileiras de estantes. Destacando

---

235. Tratava-se de uma exposição em três módulos concebidos de modo inteiramente independentemente e montados por três museus da cidade: além do MEN, o Musée d'Art et d'Histoire e o Musée d'Histoire Naturelle.

236. Mas isso só foi possível graças à enorme riqueza do Louvre em documentos egípcios.

A exposição: a função de apresentação   153

ainda mais a analogia com os depósitos de lojas, os "artigos" são providos de códigos de barras. Nenhum texto ou placa. Negação da museografia? Em vez de uma estrutura de exposição privilegiando a narração histórica, uma multiplicidade de percursos é proposta ao visitante. Munido de um *mediaguide* portátil, ele escolhe uma das visitas temáticas (vida cotidiana, turismo, armaduras etc.), cada qual implicando um itinerário diferente através da exposição, e se deixa guiar pelas instruções na telinha. O escâner pode ler os códigos de barras dos objetos, e uma descrição, espécie de placa mais detalhada, aparece na tela.

A estética do depósito também é adotada numa das exposições permanentes do Nederlands Openluchtmuseum de Arnhem (Países Baixos). A exposição pretende ser uma reflexão sobre a coleção e a política de aquisição sem critérios de um museu de etnografia regional: o que se deve conservar? Como preservar as coleções? Os objetos se amontoam nas toscas prateleiras das vitrines sem qualquer outra preocupação museográfica que não a de evocar a acumulação... tal como se vê nas reservas. As coleções são classificadas por material, embora haja alguns conjuntos temáticos que completam a apresentação. Um painel, em forma de jogo infantil, descreve as degradações causadas por insetos e animais.

O roteiro

Termo emprestado do mundo do cinema, o roteiro é um documento que retoma todos os elementos da articulação entre a organização intelectual das ideias e a maneira de torná-las compreensíveis e sensíveis para o visitante, especialmente no que concerne ao deslocamento espacial. Trata-se, de certo modo, de uma prefiguração, no papel, da visita. Além disso, o roteiro corresponde ao produto da negociação entre as diferentes equipes (científica, museográfica, cenográfica, e às vezes o serviço de ação cultural) que trabalham na elaboração da exposição. O roteiro pode seguir o fio de uma narração (*story-line*) ou desenvolver um discurso, uma argumentação, e se encarna num percurso (ver adiante).

O roteiro também descreve o impacto visual e a ambientação dos "momentos" da história que a exposição narra. Muitos idealizadores de exposição e cenógrafos usam esse vocábulo, especialmente no caso das exposições temporárias que tratam de uma temática relativamente restrita. Pretende-se "roteirizar" a exposição, criar cenas ou sequências. Estas apresentam cada uma segmentos do discurso global, que é dividido e hierarquizado. Cada sequência coloca o visitante num meio ou ambiência diferente, permanecendo ao mesmo tempo num universo bastante homogêneo. Nem sempre é dado ao visitante reconhecê-lo como tal, mas ele está presente no percurso da exposição que o materializa.

O percurso

É importante que a concepção de conjunto da exposição fique materialmente sensível na apresentação. Se o percurso é um itinerário de visita, ele participa também da compreensão da exposição tornando perceptível ao visitante, em certa medida, o programa museográfico. As proximidades, as articulações, os encadeamentos que o percurso determina devem refletir tanto quanto possível a estrutura lógica da mensagem. A cenografia, de que trataremos mais adiante, desempenha um papel essencial para tornar perceptível a progressão tanto intelectual quanto espacial na exposição. É preciso distinguir entre o encaminhamento intelectual e físico proposto pelo idealizador da exposição – fala-se muitas vezes de fio condutor ou de "circuito"[237] – e o percurso que o visitante faz ao sabor das salas do museu.

Na escolha de um percurso, a solução mais simples é considerar o discurso uma narração – "a exposição conta uma história" tomada em seu sentido literal – e organizá-lo segundo um itinerário linear imposto: o visitante é obrigado a descobrir sucessivamente e em determinada ordem as diferentes unidades da exposição. Essa solução às vezes se impõe pelo próprio tema da exposição: *La grande illusion* do Musée d'Etnographie de Neuchâtel seguia o desenrolar de um poema de Rimbaud. Pode-se preferi-la também quando a cronologia constitui o fio condutor, como na maioria dos museus de pré-história.

Mesmo que satisfaça a certas expectativas dos visitantes, como a simplicidade e a facilidade de orientação, o percurso estritamente linear faz pouco caso da liberdade do público. Estudos comportamentais mostram (ver capítulo 3) que o visitante faz escolhas em seus deslocamentos pela exposição, que ele olha apenas para a metade dos objetos expostos[238] e lê menos textos ainda. O museógrafo deve respeitar essa liberdade e levá-la em conta ao definir o percurso; o que não significa que cada unidade da exposição possa ser vista como um eléctron livre, e sim que o percurso deve ser estruturado de modo a permitir a compreensão do discurso, mesmo quando os objetos expostos não são vistos numa ordem precisa ou certos textos são omitidos (ver mais adiante). Apesar da dificuldade,

---

237. "Os dois termos são sensivelmente sinônimos para designar o itinerário seguido pelo visitante no espaço de uma exposição, a não ser que consideremos que o circuito é o itinerário definido pelo programa de espacialização, e o percurso é o encaminhamento tomado efetivamente, mas livremente, pelo visitante no contexto desse espaço." (DESVALLÉES, André. Cent quarante termes muséologiques ou petit glossaire de l'exposition. In: *Manuel de muséographie*, 1998. p. 238). A nosso ver, não se pode considerar o percurso efetuado por um visitante numa exposição unicamente como um deslocamento físico; ele implica também certa construção do sentido, da mensagem.

238. E muito menos ainda, provavelmente, nos grandes museus.

A exposição: a função de apresentação 155

Na exposição de referência *History of Sweden*, no Historiska Museet de Estocolmo, a linha do tempo é literalmente utilizada como fio condutor: o visitante pode – se assim o desejar – seguir a serpentina retroiluminada que passa de sala em sala desfiando os anos.

os idealizadores geralmente privilegiam um percurso flexível, que concilia certa progressão na exposição com a liberdade de escolha do visitante. É preciso sublinhar também que a configuração dos espaços da exposição nem sempre apresenta a flexibilidade desejada. Embora não devam, teoricamente, ditar o programa museográfico nem o percurso da visita, as limitações arquitetônicas evidentemente têm seu peso na escolha do modo de exposição. Não se guarnece da mesma forma um vasto platô de estética neutra, o claustro de um convento ou os pequenos cômodos de uma casa de aldeia.

Viagem ao Musée du Quai Branly

A reorganização dos museus parisienses que apresentavam coleções etnográficas (ver p. 93-95) levou à esperada inauguração do Musée du Quai Branly em 2006. Desde antes de sua inauguração o museu foi submetido ao fogo das críticas, especialmente por sua tendência estetizante e pelo confisco arquitetônico de sua concepção (ver o boxe sobre o arquiteto, Jean Nouvel, na p. 304-305), que prejudicaria a compreensão dos objetos e do objetivo. No entanto, o museu é muito visitado: em média, 3 mil pessoas por dia percorrem a passos largos a exposição permanente, chamada de "Platô das coleções". Partindo dessa aparente contradição, Mélanie Roustan e Octave Debary fizeram uma verdadeira pesquisa etnográfica para tentar compreender o "pacto de recepção" que é travado nessa exposição.[239] "Os visitantes veem aquilo que uma parte dos antropólogos ou especialistas não consegue mais ver. Mas o que eles veem?" (p. 22-23). A perspectiva da pesquisa não é absolutamente a avaliação da exposição, a medida da sua eficácia, e sim a compreensão das questões antropológicas ligadas à experiência da visita.

Jean Nouvel construiu um espaço de encontro, e propõe aos públicos fazer a experiência dos outros através de uma viagem iniciática. Os dois pesquisadores mostram que essa viagem começa pela perda de referências, pois, ao penetrar no "Platô das coleções", os visitantes são desorientados e entregues a si mesmos para determinar seus percursos. Em seguida, mergulhados num ambiente sombrio que a alguns lembra a gruta, eles se sentem perdidos, no espaço (museográfico e conceitual) e no tempo (o da visita e o que os objetos expostos exibem). Invadidos por uma agradável sensação de liberdade, contrabalançada pela estranha percepção de se encontrar num labirinto, os visitantes vivem sua visita como uma experiência de descoberta marcada pela incerteza e o mistério. O encontro com os objetos também é feito de interrogações: "O que eu estou vendo?". Se as intenções dos reagrupamentos temáticos e geográficos são bem percebidas, elas não parecem corresponder, aos olhos dos visitantes, a um discurso construído. Rapidamente eles abandonam a busca

---

239. DEBARY, Octave; ROUSTAN, Mélanie. *Voyage au musée du quai Branly*. Anthropologie de la visite du Plateau des collections. Paris: La Documentation Française, 2012.

de conhecimento dos objetos para se concentrar no registro do "passeio", marcado por emoções e sensações provocadas tanto pelas coleções como pela arrumação do espaço, e no modo do "borboleteio", que torna a percepção da história bastante confusa. Entretanto, o afastamento do conhecimento não é incompatível com uma intensa atividade de reflexão; passa-se do desejo "de compreender e de aprender" para um outro que seria mais de "se interrogar e refletir". No final, a maior parte dos visitantes encara a experiência do "Platô das coleções" como uma viagem no coração de um mundo distante, perdido. "Uma viagem leva tanto ao que une como ao que separa" (p. 67-68). Maravilhados, tontos, perturbados, eles têm o sentimento de ter levado a cabo uma busca do outro, uma caminhada no seio de uma humanidade dividida, mas também uma "perambulação em direção a si mesmo" (p. 72-73).

Espaços diferenciados

Certos autores propõem uma estruturação das unidades do percurso e dos espaços de uma exposição de acordo com uma tipologia baseada num enfoque psicopedagógico. No modelo sugerido por Giordan,[240] a exposição deixa de ser considerada de um modo único, com uma série de salas de *status* idêntico. Para dirigir-se a públicos diferentes, ela aborda os temas de maneira diferenciada; espaços com finalidades específicas são elaborados. O autor distingue três níveis:
- os espaços de "concernência", um tempo que permite ao visitante identificar--se com o tema e o local, sentir-se concernido;
- os espaços de "compreensão", que expõem, de formas diversas, o objetivo da exposição;
- os espaços "para saber mais", dispositivos propostos ao visitante para ir mais além por conta própria.

Outros museógrafos diversificam ainda mais os espaços de exposição. Uma introdução e uma conclusão enquadram bem o percurso e permitem ao visitante estruturar sua programação.

Os museus são cansativos, como se pode constatar por meio das pesquisas junto ao público e dos estudos comportamentais; os visitantes se mostram mais atentos no início do percurso e passam pelas últimas salas mais rapidamente. O percurso deve levar isso em conta, mas os idealizadores procuram também aliviar esse cansaço. Pausas para respirar, espaços mais leves se alternam então com aqueles que apresentam uma carga didática mais intensa. E, é claro, são previstas salas de repouso providas de poltronas.

---

240. GIORDAN, André. Repenser le musée à partir de comprendre et apprendre. In: *La révolution*, op. cit., p. 187-205.

Uma atenção especial às crianças ou a outras categorias de visitantes?

Certos museus oferecem, dentro da própria exposição, um percurso especial para as crianças que se materializa em *expôts*, painéis, textos e uma sinalética adaptados. Vejamos alguns exemplos. No Nausicaa em Boulogne-sur-Mer, uma simpática arraia acompanha os pequenos visitantes e lhes indica os textos redigidos para eles, mais simples e colocados na altura dos seus olhos. No Musée de la Vie Bourguignonne Perrin-de-Puycousin em Dijon, são pequenas tiras em quadrinhos na base das vitrines – portanto, na altura das crianças – que dão a elas uma ideia mais clara a respeito da utilização dos objetos etnográficos apresentados. No Palazzo Massimo em Roma (ver boxe p. 102-103), pequenos painéis graficamente atraentes propõem ao mesmo tempo uma explicação, uma contextualização e uma reflexão a respeito da obra apresentada.

Percursos específicos podem igualmente ser concebidos dentro de uma exposição permanente ou temporária e sinalizados como tais. Pode ser um percurso "rápido" que priorize as peças essenciais de uma exposição e dê uma boa ideia de conjunto da temática ao visitante que pretende dedicar à visita apenas um tempo limitado. Pictogramas ou textos particulares podem despertar sua atenção para certas obras ou apresentações (novas aquisições, percursos temáticos etc.) (ver ilustração p. 117).

A seleção dos objetos

O discurso da exposição baseia-se em objetos autênticos.[241] Essa é uma de suas particularidades. Sua presença física solicita a sensibilidade do visitante, suscita sua emoção e distingue fundamentalmente a exposição de qualquer representação virtual. De certo modo, eles certificam que o museu "não mente".[242] Os objetos expostos estão a serviço da mensagem, do discurso da exposição. É por meio deles e dos demais *expôts* que esse discurso se exprime. Todavia, não se trata simplesmente de ilustrar a temática mediante objetos em duas ou três dimensões; a museografia faz os objetos falarem. Testemunhos mudos, eles não podem dizer nada por si mesmos; é a exposição que lhes dá sua significação para nós. Mas sua presença é indispensável.

O objeto, ao entrar na exposição, muda de estatuto e torna-se o elemento de um conjunto, o componente de uma encenação. Em outras palavras: não sendo mais um objeto pertencente ao mundo da prática, ele é de agora em diante um objeto do

---

241. Salvo no caso dos centros de interpretação (ver capítulo 1, p. 66-67).
242. Jean Davallon, *L'exposition à l'oeuvre*, op. cit., p. 217-218.

A exposição: a função de apresentação

159

mundo da linguagem. Seu estatuto e seu significado serão portanto definidos pelas relações que ele estabelecerá com os demais objetos da exposição.[243]

A museografia do século XIX, como vimos, privilegiava a acumulação, a superabundância, tanto nos museus de arte quanto nos outros tipos de instituições museais. Na primeira metade do século XX, os museus aliviaram progressivamente as apresentações e, paralelamente, concentraram-se na organização das reservas. As paredes cobertas de quadros ou de objetos, as vitrines saturadas de coleções felizmente quase desapareceram, embora se possa observar que a estética da acumulação às vezes é buscada nos modos de apresentação. De modo mais geral, procede-se agora a uma seleção rigorosa dos objetos a serem expostos. Menos numerosos, porém mais valorizados, eles exprimem melhor a mensagem de que são portadores.

A seleção dos objetos deve levar em conta vários critérios:
– sua pertinência em relação ao discurso da exposição; eles devem inscrever-se na ou nas temáticas abordadas;
– seu valor documental e sua exemplaridade;
– sua qualidade estética;
– sua importância histórica;
– as condições de conservação;[244]
– sua disponibilidade.

Não se trata apenas de objetos pertencentes às coleções do museu. No capítulo 2, vimos exemplos de museus concebidos sem que já houvesse anteriormente uma coleção, e como ela foi se formando em função do discurso geral da exposição. Porém, mesmo quando se dispõe de uma coleção preexistente, pode revelar-se necessário completá-la em certos aspectos, enquanto numerosas peças são mantidas em reserva. O museu pode então optar por trocas ou empréstimos. É o que ocorre especialmente quando da montagem de exposições temporárias.

Os objetos não expostos ficam nas reservas; a importância delas aumenta com isso (ver capítulo 5, p. 213-214). Mas esses objetos podem igualmente servir para trocas, ser emprestados a outras instituições museais, seja a curto prazo (para exposições temporárias), seja a longo prazo, a fim de completar uma exposição permanente. Enfim, eles são tirados da reserva para serem exibidos em exposições temporárias montadas pelo museu.

---

243. Id. *Claquemurer, pour ainsi dire, tout l'univers*. Paris: Centre Georges Pompidou, 1986. p. 304.
244. Faz-se um revezamento no caso de objetos e documentos particularmente sensíveis (à luz) e que se acham disponíveis em vários exemplares equivalentes (desenhos, gravuras, fotos, tecidos).

Salas "grande público" e salas especializadas

O enxugamento da exposição pela seleção drástica dos objetos expostos levou a certa carência documental para o especialista que deseja ver vários objetos e compará--los uns com os outros. Os amadores lamentam a falta de generosidade de certas mostras. Diante disso, várias soluções foram propostas para remediar esse inconveniente. A criação de um segundo circuito constituído de "salas bis", onde um número maior de objetos é exposto de maneira mais tradicional, complica singularmente o percurso e revela-se uma solução pouco prática (Nemours: ver boxe). No Musée des Arts et Traditions Populaires em Paris, Georges Henri Rivière havia optado pela montagem de uma segunda exposição, a chamada galeria científica, destinada a especialistas e visitável somente mediante solicitação. Todavia, tal segregação pode gerar a frustração de um público interessado que corre o risco de se sentir excluído.

Uma solução cada vez mais frequentemente adotada parece ser a das reservas visitáveis: sem constituir uma verdadeira segunda exposição, certas reservas são organizadas de modo a poderem ser visitadas a pedido ou em circunstâncias particulares (dias de "reservas abertas") (ver capítulo 5 e boxes p. 99-100, 152-153)

> **O Musée de Préhistoire de l'Île-de-France em Nemours**
>
> Inaugurado em 1981, o Musée de Préhistoire de l'Île-de-France[245] é um museu departamental cuja arquitetura foi concebida por Roland Simounet, que também projetou as vitrines e o mobiliário integrado ao prédio. Ele fica na periferia da cidade, num parque arborizado para o qual se abrem as grandes janelas envidraçadas que dão a impressão de que as salas de exposição estão dentro da floresta. Tal efeito é reforçado por quatro pátios que abrigam jardins internos, reconstituições, ou melhor, evocações de quatro biótopos característicos da pré-história. O museu destina-se prioritariamente a crianças e adolescentes, mas um duplo percurso permite satisfazer também a um público mais erudito. Após a rampa de acesso que retraça com o auxílio de algumas silhuetas a evolução do homem, o visitante se depara com a reconstituição de um canteiro de escavações (Étiolles). A sequência do percurso é cronológica, estando a pré-história dividida em quatro períodos repartidos entre outros tantos espaços de idêntica estrutura: duas salas de um lado e de outro de um pátio. As quatro salas "internas" constituem um circuito breve destinado ao grande público e aos estudantes; as salas "externas", destinadas a um público mais informado, apresentam mais informações e documentos arqueológicos, expostos de maneira clássica em séries tipológicas, ao passo que o circuito breve insiste nos dados referentes ao meio ambiente e nos aspectos da vida cotidiana do homem pré-histórico. Esses quatro grupos de salas

---

245. ROY, Jean-Bernard. *Nemours, musée de Préhistoire d'Île-de-France* (Publicação do museu de Nemours, 1992). Ver também GHR, p. 101-103.

A exposição: a função de apresentação

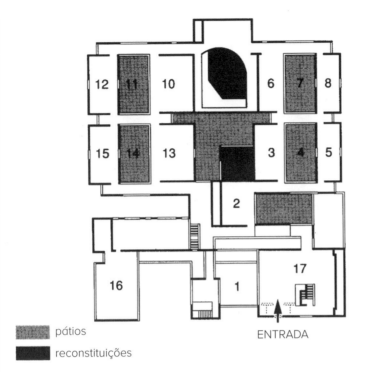

▓ pátios
■ reconstituições

1 – Recepção
Rampa de acesso: a cronologia pré-histórica
2 – O canteiro de escavações
3 – O paleolítico antigo e médio
4 – A flora do paleolítico antigo ou médio (pátio)
5 – Os sítios regionais do paleolítico antigo e médio
6 – Os caçadores de rena
7 – A flora do paleolítico superior (pátio)
8 – Os sítios regionais do paleolítico superior
9 – A reconstituição do solo arqueológico de Pincevent
10 – A vida cotidiana no neolítico
11 – A flora da época neolítica (pátio)
12 – As culturas neolíticas
13 – As idades dos metais
14 – A flora das idades dos metais (pátio)
15 – Os ritos funerários das idades dos metais
16 – Administração
17 – Sala de exposições temporárias

Planta do Musée de Préhistoire de l'Île-de-France em Nemours

organizam-se em torno de uma segunda reprodução do solo pré-histórico (Pincevent), cenografado por uma montagem audiovisual. Além de sua utilização museográfica, tais reconstituições, feitas por equipes de arqueólogos, apresentam um interesse científico, pois conservam uma informação habitualmente destruída pelas escavações. O museu promove intensa atividade de animação: acolhimento de turmas escolares e outros grupos de jovens com animações pedagógicas, montagem de exposições sobre diferentes temáticas pré-históricas. Ele abriga um importante centro de documentação e prossegue as escavações no sítio de Pincevent e outros sítios da região.

Os textos na exposição

O PAPEL DOS TEXTOS

G. H. Rivière declarava em 1973:

> A presença dos textos é objeto de uma polêmica aberta entre os museólogos. Alguns afirmam que os textos são inúteis, atrapalham, são dirigistas, ofensivos, e que o melhor é poupar os visitantes de sua leitura.[246]

Mas o próprio Rivière não compartilhava dessa opinião e considerava que a má qualidade ou a extensão excessiva de certos textos de exposição não justificava que fossem todos eliminados. O texto desempenha um papel essencial na museografia; não por constituir, como propõem certos autores,[247] a própria estrutura da exposição, o suporte de seu discurso, mas por fornecer um suporte informativo indispensável e contribuir para dar, de modo bastante explícito, um significado aos objetos.

O museu não é um livro aberto; a utilização dos textos num museu é completamente diferente da que ocorre numa publicação. Os visitantes vêm ao museu para ver objetos, experimentar emoções, apreciar uma apresentação, compreender o discurso da exposição, e não para ler um texto ou um catálogo, quer se possa trazê-lo nas mãos (guia da visita), quer ele esteja afixado na parede. O visitante está de pé, percorre as salas da exposição, detém-se para observar um *expôt*: os textos devem orientar, acompanhar, completar essa descoberta, e devem ser concebidos de modo que possam ser lidos nessas circunstâncias e nessas posições.

Os textos, em diferentes formatos, participam da sinalética informando o visitante sobre o conteúdo de uma sala, de um espaço; apresentam informações gerais sobre cada temática; documentam de maneira pontual os objetos expostos e fornecem informações complementares. Essa diversidade de usos deve se fazer acompanhar de uma diversidade de formas: detalharemos a seguir as diferentes categorias de textos no museu e as características cenográficas que eles podem apresentar.

---

246. GHR, p. 281.

247. SUNIER, Sandra. Le scénario d'une exposition. *Publics & Musées*, n. 11-12, p. 195-211, 1997; *a contrario*, ver Jean Davallon, *L'exposition à l'oeuvre*, op. cit., p. 16.

Um museu sem texto: Insel Hombroich

Inaugurado em 1996 nos arredores de Düsseldorf, o museu *Insel Hombroich* foi criado a partir da coleção, bastante eclética, formada por um industrial local: objetos arqueológicos, arte do Extremo Oriente, arte antiga ocidental (desenhos), arte contemporânea.[248] O museu é constituído de um conjunto de pavilhões dispersos em um vastíssimo parque planejado por Bernard Korte num estilo bastante naturalista. Os pavilhões, mais propriamente esculturas do que prédios, foram concebidos pelo escultor e arquiteto Erwin Heerich, que projetou cada um deles em função das obras e objetos que deveriam abrigar. Ele também desenhou o mobiliário museográfico. O conjunto do pavilhão e dos objetos que ele contém parece constituir uma obra única, uma instalação em que as peças expostas perdem sua individualidade.

O efeito é reforçado pela total ausência de texto: nem nome da sala, nem texto informativo, nem placa. Nada que contribua para conferir sentido a tais objetos. Obras de arte e objetos arqueológicos são tratados do mesmo modo e frequentemente misturados, sem distinção de origem ou de época. Por vezes, aparecem grupos mais homogêneos: aqui, um conjunto de vasos japoneses; ali, uma sala chinesa. Busca-se tão somente o "choque estético". A integração do museu à natureza é total: uma simples porta, quase sempre deixada aberta, dá acesso às salas de exposição; nenhuma divisória, nenhum *hall* as separa do parque. As folhas mortas e a lama trazida nos pés dos visitantes entram nos pavilhões e acentuam a integração, assim como as grandes vidraças.[249] "A ilha misteriosa, fora do tempo, fora do mundo." "O antimuseu." Talvez o primeiro museu verdadeiramente ecológico: a arte vive em simbiose com a natureza. O visitante também. Ele está na instalação, na obra, faz parte dela. Os textos são, pois, supérfluos.

Mais recente, o Kolumba de Colônia, instalado desde 2008 num novo prédio construído pelo arquiteto suíço Peter Zumthor sobre as ruínas de uma antiga igreja gótica, também não apresenta nenhum texto. Esse museu de arte do arcebispado de Colônia joga igualmente com o confronto entre a arte antiga e a arte mais atual. Tanto o dispositivo museográfico quanto a arquitetura concorrem para intensificar a espiritualidade mergulhando o visitante num ambiente quase místico. Nessa atmosfera, o texto foi banido, considerado certamente um entrave à comunicação com a arte e a fé. Impressionante, o local não deixa ninguém indiferente, mesmo que nem todos os visitantes saiam extasiados.

---

248. MUSEUM und Raketenstation. 3. ed. Düsseldorf: Stiftung Insel Hombroich, 2002.
249. Alguns se preocupam com tais condições de conservação, tanto mais que não há nenhum vigilante.

O VISITANTE NÃO LÊ TUDO — VÁRIOS NÍVEIS DE LEITURA

Façamos uma experiência: juntemos todos os textos de uma exposição, emendemos um no outro e depois cronometremos o tempo necessário para lê-los. Comparemos em seguida esse resultado com o tempo médio de visita a esse museu. A conclusão é instrutiva: é impossível ler a totalidade dos textos de uma exposição. Os estudos comportamentais confirmam tal fato e mostram que os visitantes leem apenas um terço dos textos de uma exposição, e mais os textos gerais (títulos das salas, apresentação geral) do que aqueles referentes a um documento ou objeto em particular. Os organizadores devem levar isso em conta, tentar melhorar a legibilidade e a atratividade dos textos, e ao mesmo tempo saber que o visitante só lerá uma parte deles.[250]

A distinção entre as diferentes categorias hierárquicas dos textos permite atender melhor às exigências por vezes contraditórias anteriormente mencionadas. Tais categorias se distinguem segundo o papel que os textos representam na exposição, seu tamanho, sua dificuldade, sua tipografia, seu formato etc. A prática nos levou a distinguir quatro níveis hierárquicos principais, mas essas categorias não devem ser tomadas como regra: constata-se uma grande variedade conforme o tipo de exposição, o papel e a importância que nela têm os textos, a personalidade do idealizador.

- *Título:* É o título da sala ou da unidade da exposição; texto de apenas poucas palavras, ele tem um papel informativo (especifica o tema) e também sinalético (permite ao visitante orientar-se e escolher ver ou não o espaço). O tamanho das letras e a tipografia permitem que os títulos sejam vistos de longe e captados num relance; todos os visitantes devem lê-los. Quando o espaço é amplo ou complexo, constituído de vários subespaços, podem-se utilizar subtítulos.
- *Resumo:* Esse tipo de texto é importante e frequentemente negligenciado. Sucinto, ele resume o conteúdo do espaço explicitando o título. O conjunto de títulos e resumos deve permitir ao visitante que não lê outros textos compreender o objetivo geral da exposição. Sua legibilidade é particularmente cuidada (conteúdo, vocabulário e tipografia).
- *Texto informativo:* Ele fornece a argumentação principal do espaço de exposição em questão. De extensão limitada e dotado de um título, estrutura-se em parágrafos, eventualmente separados por entretítulos para facilitar a leitura. Cada texto deve ser independente: para entendê-lo não deve ser preciso ter lido os textos precedentes. Do contrário, a ordenação em sequência dos textos informativos levaria a conferir-lhes um papel essencial na estruturação do discurso

---

250. E sobretudo não considerar que a culpa é do visitante, que ele é muito preguiçoso ou ignorante.

A exposição: a função de apresentação 165

da exposição e, em suma, a desvirtuá-la completamente, reduzindo o lugar dos objetos reais em benefício dos textos, que assim se tornariam um livro, um discurso verbal ilustrado por objetos.

■ *Placa:* São as etiquetas que acompanham e documentam cada obra ou objeto. Conhecemos as informações mínimas que em geral elas trazem: nome (título), autor, data, local são noções bem conhecidas dos historiadores da arte e dos arqueólogos, mas elas também constam nas placas da maioria dos outros museus. Podemos também encontrar nelas, conforme o caso, indicações sobre a função (de um utensílio), a ecologia (de uma espécie), a técnica de realização etc. Pode ser necessário indicar o museu ou a pessoa que emprestou ou doou o objeto ou a obra. Por outro lado, a indicação, tão frequente, do número de inventário da peça não é uma informação útil para o visitante. Certas placas podem ser mais elaboradas de modo a fornecer indicações ou explicações sobre um objeto ou grupo – informações que são, porém, demasiado específicas para figurar num texto informativo. Nem todos os objetos de uma exposição devem necessariamente ser acompanhados de uma etiqueta, seja porque uma placa coletiva para um grupo de objetos é mais conveniente (evita a repetição e a poluição do espaço visual), seja porque a museografia adotada assim autoriza ou exige (objeto cuja identificação ou uso são evidentes no contexto).

■ *Texto "para saber mais sobre o assunto":* Esses textos, mais longos e mais difíceis, destinam-se a um público interessado. Eles não são afixados como os demais, e exigem uma iniciativa deliberada do visitante: o caso mais comum é o folheto ou cartão plastificado que é preciso tirar de um gancho na parede ou de uma caixa. Em geral, eles se encontram perto dos bancos e outros espaços de repouso, a fim de que o visitante possa lê-los à vontade. Esses textos são igualmente estruturados (título, subtítulos, parágrafos, entretítulos) e podem ser acompanhados de ilustrações. Para os museus que dispõem deles, um *mediaguide* ou um tablet também são uma boa solução: esses suportes oferecem possibilidades múltiplas, como ouvir um comentário ou um depoimento, ver outras obras de um artista, assistir a um filme que apresenta máquinas em funcionamento, animais em seu ambiente natural. Nesses textos ilustrados ou aplicativos multimídias o público encontra informações complementares, mais detalhadas, sobre as questões controversas, um ponto de vista diferente do exposto, a biografia de um personagem, informações de caráter histórico etc. De forma alguma a não leitura desses textos deve limitar a compreensão do discurso da exposição.

Os textos da exposição em geral têm uma extensão determinada; para cada categoria, o museógrafo determina um tamanho médio ou máximo, expresso em número de caracteres ou de palavras.

– Título: algumas palavras
– Resumo: 250 caracteres

- Texto informativo: 800 a mil caracteres (ou seja, 20 a 30 segundos de leitura)
- Texto "para saber mais sobre o assunto": 1 lauda A4, incluindo ilustrações, ou seja, 2 mil a 3.500 caracteres.

Além de limitar estritamente o tempo necessário de leitura, tal padronização permite ao visitante identificar facilmente o nível hierárquico do texto.

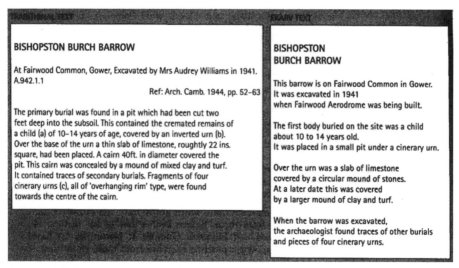

O método Ekarv

Margareta Ekarv é autora de livros "fáceis de ler" destinados a adultos. Solicitada pelo museu dos correios da Suécia a redigir textos e cartazes, ela criou um método de redação de textos curtos, eficazes e fáceis de ler para o visitante, que ela sintetizou numa série de conselhos.[251] O exemplo anterior vem do Swansea Museum e permite comparar uma placa redigida de modo tradicional com sua transformação pelo método Ekarv. Note-se, em particular, a disposição estudada para facilitar uma leitura rápida.

Outros tipos de textos podem estar presentes de maneira mais pontual na exposição:
- um *texto introdutório* permite ao visitante perceber de imediato a medida do discurso da exposição (conteúdo temático, alcance, importância quantitativa), e situá-lo no conjunto de seus conhecimentos de referência;

---

[251]. EKARV, Margareta. Combating redundancy: writing texts for exhibitions. In: HOOPER-HILL, E. *The educational role of the museum*. Londres, 1999. p. 201-204; GILMORE, Elizabeth; SABINE, Jennifer. Writing readable text: evaluation of the Ekarv method. In: Ibid, p. 205-210. O exemplo foi tirado deste último artigo (p. 206).

A exposição: a função de apresentação

- uma *síntese* retoma os diferentes elementos evocados na exposição e leva o visitante a uma volta a eles, a uma recapitulação. Nos grandes museus, esses textos introdutivos e recapitulativos podem emoldurar cada seção. Eles também asseguram a transição de uma seção a outra;
- as *citações*, muito valorizadas atualmente nas exposições, podem oferecer um ponto de vista diferente, por vezes contraditório, em relação ao discurso geral. Mas não nos iludamos: esse contraponto é de toda forma escolhido pelo idealizador. Sua tipografia as distingue claramente aos olhos do visitante (itálico, por exemplo).

TEXTOS ACESSÍVEIS PORÉM CORRETOS

A pesquisa realizada dentro do museu ou fora dele deve servir de fundamento para a concepção da exposição e fornecer a matéria básica dos textos. É uma garantia da qualidade científica do propósito da exposição. Mas esta não se destina aos especialistas, a não ser excepcionalmente. Convém portanto adaptar a dificuldade dos textos ao público visado, evitar os termos técnicos e o jargão. O visitante que não sabe o que significa "piroga monóxila" se sente excluído e interrompe sua leitura, enquanto "piroga feita de um tronco de árvore" é mais descritivo e mais simples. É indispensável falar em píxide, ergástulo ou cnidoblasto? Quando um termo técnico tem de ser utilizado, é preciso explicá-lo tão claramente quanto possível. Evitemos, porém, confundir visita a uma exposição com a leitura de uma enciclopédia: é a compreensão sensível das coisas que importa num museu.

> **Um museu para se olhar um pouco mais de perto**
> Morez é uma pequena cidade do Jura cuja principal atividade econômica é a fabricação de armações de óculos. Cerca de 20 empresas do setor empregam ali atualmente mais de 2.500 pessoas que produzem armações vendidas com marcas de estilistas. Agrupadas num consórcio, essas empresas propuseram a criação de um museu para romper esse anonimato, criar uma imagem própria e valorizar seu *know-how* e a importância de sua produção.[252] A equipe museográfica, dirigida por Agnès Levillain, concebeu de alto a baixo o museu, definindo o conceito de acordo com os objetivos de imagem dos industriais, mas com uma grande preocupação de criar um verdadeiro museu, e não uma simples vitrine da profissão: respeito pelo público, espírito crítico, visão tão ampla quanto possível. Este último aspecto é particularmente

---

252. A França é um dos grandes produtores mundiais, e Morez representa 80% da produção francesa.

sensível na exposição: num espaço bastante reduzido, os idealizadores conseguiram abordar "todos" os aspectos dos óculos. Encontramos ali sucessivamente a história dessa indústria em Morez, os meios e as técnicas de produção, a criatividade dos artesãos, as condições sociais da profissão, uma abordagem estética. Os fundamentos científicos do óculo, a óptica corretiva, são apresentados, como nos museus de ciências, por meio de dispositivos interativos que permitem ao visitante experimentar ele mesmo os efeitos das lentes.[253] Inicialmente, as peças da coleção foram obtidas nas próprias empresas. Depois, um colecionador parisiense, antigo estilista, doou sua riquíssima coleção, o que possibilitou desenvolver, no mezanino, uma apresentação deliberadamente estetizante de uma ampla amostra desses objetos ao mesmo tempo utilitários e acessórios de moda.

Essa exposição é notável, tanto em seus aspectos museográficos quanto cenográficos. Caracteriza-se por uma grande unidade de tom e de estilo, que faz dela uma pequena joia. A perfeição dos textos – de um nível de leitura bem adaptado ao projeto – em muito contribui para fazer a exposição "funcionar": suficientemente acessíveis para que se possa lê-los de bom grado e suficientemente informativos, eles criam a ligação necessária entre os *expôts* para construir o sentido.

A QUESTÃO DAS LÍNGUAS

Em que línguas redigir os textos da exposição? Na Bélgica, esse é um problema bem conhecido.[254] Mas se ali ele é mais agudo que em outros lugares, ele se coloca em todos os países, e hoje mais do que nunca.

O primeiro fator a se levar em conta é o público ao qual o museu se destina. Afora o caso dos países, regiões ou cidades bilíngues, só os museus que visam um público internacional (turistas, congressistas, diplomatas etc.) devem usar um ou vários idiomas além do idioma local. A tendência atual nas grandes regiões turísticas é limitar-se à língua local mais o inglês, língua internacional lida pela maioria das pessoas. Essa é uma prática cada vez mais adotada, por

---

253. Infelizmente, tais dispositivos não foram bem cuidados e finalizados, de modo que a maioria deles não funciona mais.

254. Muitas regiões, entre elas Bruxelas, são bilíngues (francês e neerlandês): os turistas são majoritariamente neerlandófonos (de Flandres e dos Países Baixos) na Valônia, e francófonos (da França e da Valônia) em Flandres! Os museus bruxelenses têm, pois, de utilizar ao menos as duas línguas da região, mais o inglês, devido à vocação internacional da cidade e ao grande número de funcionários europeus que lá residem. Do mesmo modo, muitos museus nas regiões turísticas utilizam sistematicamente os dois principais idiomas nacionais ou mesmo o inglês e às vezes o alemão, terceira língua nacional.

A exposição: a função de apresentação 169

exemplo, na Itália ou na Espanha.[255] E na França. Ela é sistemática nos países não europeus frequentados por turistas.

Poder-se-ia cogitar, em nome da preocupação com uma abertura aos estrangeiros, multiplicar os idiomas: já vimos exposições temporárias com textos em quatro ou cinco línguas. Decerto isso é um exagero, pois a multiplicação dos textos torna a cenografia confusa e sobrecarrega fortemente a apresentação. Eis por que algumas instituições decidiram traduzir somente os textos principais. Outras fórmulas são possíveis: traduções disponíveis em folhetos distribuídos na entrada ou tabuletas do tipo "para saber mais sobre o assunto" dispostas nas salas; audioguias multilíngues; visitas guiadas em idiomas estrangeiros.

A FORMATAÇÃO DOS TEXTOS

A escolha das fontes tipográficas, seu tamanho, a tipografia, a utilização de cores, a conjunção de textos e elementos gráficos não podem ser deixados ao acaso, e essas opções também não devem se submeter apenas a critérios estéticos. A tipografia contribui para a percepção e a legibilidade dos textos, e deve levar em conta a hierarquia mencionada anteriormente: os tipos maiores e o negrito são reservados aos títulos e subtítulos, e cada categoria é facilmente identificada por sua tipografia.

A formatação dos textos constitui uma atividade específica, a do *designer* gráfico, a quem o idealizador deve recorrer sempre que possível. Trata-se de um trabalho de equipe: o *designer* gráfico deve colaborar com o museógrafo e o cenógrafo, de um lado porque ele não tem necessariamente o hábito de trabalhar para uma exposição (a composição de um livro ou de um cartaz não é a mesma de um *expôt*), de outro, porque a formatação dos textos está diretamente ligada, como dissemos, à concepção museográfica geral e deve harmonizar-se com os demais elementos da cenografia.

Cenários e reconstituições

Em toda exposição, quer ela apresente coisas verdadeiras ou apenas substitutos, os *expôts* remetem a um mundo ausente, situado fora do museu, afastado no tempo ou no espaço. Muitas vezes é necessário evocar esse mundo ausente, a fim de contextualizar os *expôts*. Isso pode ser feito com a ajuda do texto, da ce-

---

255. Salvo nos casos especiais da Catalunha e do País Basco, bilíngues, onde os textos são em catalão (basco), castelhano (espanhol) e inglês.

nografia, de documentos, de acessórios e de outros instrumentos museográficos. A abordagem situacional, descrita anteriormente, se baseia na evocação ou restituição de um contexto, de um ambiente para as coleções, a fim de sugerir esse mundo, de criar uma imagem dele. Raymond Montpetit explorou o conceito de museografia analógica, que ele assim definiu:

> Um método de montagem que mostra ao visitante objetos originais ou reproduzidos, dispondo-os num determinado espaço de modo que sua articulação num todo forme uma imagem, ou seja, faça referência, por similaridade, a um determinado lugar e estado do real fora do museu, situação que o visitante é capaz de reconhecer e que ele percebe como estando na origem daquilo que ele vê.[256]

Museografia ou cenografia? Montpetit fala de montagem, o que identificaria esses modos de apresentação com artifícios cenográficos.

Por seu poder de evocação e seu grande valor significativo, eles ultrapassam porém o simples quadro de apresentação dos objetos e são elementos constitutivos do discurso da exposição. A nosso ver, fazem parte, pois, tanto da cenografia quanto da concepção museográfica da exposição. Georges Henri Rivière, por sua vez, fala de "apresentação ecológica", em que os objetos são apresentados em seu contexto, por oposição à "apresentação sistemática".[257] Nos ATP, em Paris, ele além disso incorporou à exposição "unidades ecológicas", conjuntos transplantados segundo um levantamento preciso e uma remontagem meticulosa, e postos em vitrines na galeria cultural.

Vejamos as diferentes formas dessa museografia analógica.

▪ *Os period rooms:* Essas "salas de época" surgiram nos Estados Unidos no início do século XX,[258] no Essex Institute de Salem (Califórnia), inicialmente associadas a um museu ao ar livre, mas foi no Metropolitan Museum de Nova York que elas vieram a se impor a partir de 1924, primeiro numa exposição temporária e, depois, na *American Wing,* ala do museu dedicada aos artistas americanos. Trata-se de um sistema de apresentação que integra os objetos e as obras de arte em interiores reconstituindo ambientes da época. A denominação *period rooms* deve ser reservada aos museus de arte (belas-artes e artes aplicadas). Por vezes atribui-se o gosto dos americanos por essas reconstituições à sua

---

256. Raymond Montpetit, Une logique d'exposition populaire, op. cit., p. 58.

257. GHR, p. 266-267. Ver também DAVALLON, Jean. Le musée est-il vraiment un média? *Publics & Musées,* v. 2, p. 111-115, 1992.

258. Alguns veem na museografia do Musée des Monuments Français de Alexandre Lenoir, baseada na reconstituição de ambientes, um precedente remoto dos *periods rooms*; não existe contudo nenhuma ligação direta. Ver quadro p. 43-44.

A exposição: a função de apresentação 171

Os textos podem assumir formas insólitas – e expressivas – para melhor se inscreverem na cenografia, como aqui no Musée de la Vie Bourguignonne Perrin-de-Puycousin em Dijon, onde sua caligrafia foi confiada a um artista plástico. Uma solução talvez menos legível mas muito sugestiva!

incultura. Deve-se antes ver aí uma louvável preocupação com a apresentação didática da arte, tão distante dos museus de arte europeus. Apesar de suas deficiências evidentes, esse estilo cenográfico difundiu-se amplamente na América do Norte. Na Europa, ele assumiu a forma de reconstituições e jamais está presente nos museus de arte.

• *Os dioramas*: No sentido museológico,[259] trata-se "de uma reconstituição tridimensional de um ambiente natural".[260] Inovação americana do início do século XX surgida no National Museum of Natural History de Washington, os dioramas se difundiram em seguida em todos os tipos de museus, na Europa e nos outros continentes. A ideia é criar um quadro ilusionista naturalista para apresentar um objeto autêntico, sugerindo por meio de artifícios seu ambiente: o biótopo de um animal, o contexto de uma peça arqueológica etc. O diorama associa elementos tridimensionais em primeiro plano e um cenário bidimensional (pintado ou fotografado) em segundo plano. Segundo Wonders, os dioramas atraem a atenção dos visitantes "criando a ilusão de uma cena real vista através de uma janela".[261] Os dioramas podem ser feitos em tamanho natural, mas em geral são em escala reduzida. Constituem ainda hoje um dispositivo cenográfico apreciado para tornar mais viva e comunicativa a apresentação de objetos ou espécimes.

• *As reconstituições*: Constituem uma característica notável do museu clássico de etnografia regional. As primeiras surgiram na Suécia (Nordiska Museet em Estocolmo, em 1873), nos Países Baixos (Interior de Hindeloopen, apresentado em Leeuwarden, Fries, em 1877) e na Dinamarca (Interior de Amager, apresentado em Copenhague, em 1879). Foi o Museon Arlaten,[262] inaugurado em Arles em 1899 por iniciativa de Frédéric Mistral, que estabeleceu o modelo a ser seguido: reconstituições de interiores (*a sala de parto, a véspera de Natal*) onde se reúnem móveis e acessórios de época, manequins trajando roupas antigas ou representando o uso de utensílios, objetos diversos de época, mas também acessórios

---

259. Em sua acepção comum (ver o dicionário *Petit Robert*), o termo designa uma espécie de quadro tridimensional onde personagens e elementos paisagísticos são apresentados em planos diferentes, com iluminação lateral que acentua o relevo. Em voga no século XIX, os dioramas serviram para representar exércitos, batalhas, cenas campestres. Desvallées (*Manuel de muséographie*, 1998, p. 215-216) identifica impropriamente os dioramas aos panoramas. Este último termo, cunhado no final do século XVIII, designa um grande quadro circular pintado em *trompe-l'œil* e destinado a ser visto a partir do centro. O panorama serviu principalmente para a musealização de campos de batalha: Waterloo (1815), no próprio local da batalha; Morat (1476), mostrado sucessivamente em Zurique, Genebra e depois em Morat, onde foi exibido, após ser restaurado, na exposição nacional suíça *Expo.02*, num pavilhão projetado por Jean Nouvel.

260. DAVALLON, J. et al. *L'environnement entre au musée*. Lyon: PUL, 1992.

261. WONDERS, K. The illusionary art of background painting in habitat dioramas. *Curator*, v. 32, n. 2, p. 90-118, 1990.

262. Ver também o boxe p. 102-103.

A exposição: a função de apresentação

As reconstituições não reúnem apenas objetos antigos, como mostra esta representação bastante atual de um mercado africano no Troppenmuseum de Amsterdã.

modernos, réplicas de frutos, pães etc., a fim de reforçar a ilusão naturalista. O essencial da reconstituição é feito porém de objetos autênticos; as réplicas e os cenários são elementos de valorização.

- *Os cenários reconstituídos*: As exposições universais buscaram desde cedo apresentar conjuntos arquitetônicos reproduzindo de maneira mais ou menos fiel, com materiais autênticos ou não, edificações, ruas, aldeias.[263] Exemplos: Paris, 1900, *Le vieux Paris*; Barcelona, 1929, *Pueblo español*; Bruxelas, 1958, *L'ancienne Belgique*. Esse tipo de apresentação surgiu nas exposições e nos museus no último quartel do século XX,[264] após a famosa mostra *Cité-Ciné* em Paris: reconstituição ilusionista (mas falsa) de grutas pré-históricas (Reiss-Engelhorn Museum em Mannheim), evocação do universo do comissário Maigret (exposição *Tout Simenon* em Liège, em 1993). Esses cenários se distinguem das reconstituições propriamente ditas pelo fato de neles serem raros ou mesmo

---

263. O termo *streetscape*, cunhado a partir de *landscape* (paisagem), é por vezes empregado para designar tais "paisagens urbanas". Ver Raymond Montpetit, Une logique d'exposition populaire, op. cit., p. 77.
264. Um exemplo pioneiro, a *Kirkgate*, no York Castle Museum, remonta a 1938.

inexistentes os elementos autênticos. Tais cenários, nos quais circulam os visitantes, contribuem para criar uma ambiência, mas os objetos reais são geralmente apresentados de maneira clássica, nas vitrines.[265] A reconstituição de paisagens naturalistas nos jardins zoológicos, cenários onde vivem os animais, atesta a mesma inspiração.

As exposições-espetáculos,[266] a cultura como álibi

Desde as exposições de Barnum até a *Cité-Ciné*,[267] passando pelas exposições universais e o Futuroscope, constata-se que a "mídia exposição" pode ser utilizada para fins sobretudo comerciais. Por que não? Sabemos que isso não é apanágio dos museus e que, desde há muito, os mesmos recursos são usados nos salões e feiras comerciais. Por outro lado, o museu, ao colocar no centro de suas preocupações a experiência e o prazer do visitante, equipou-se com instrumentos (lúdicos, interativos), cenografias impressionantes e serviços (venda de objetos relacionados, lojas, restaurantes etc.) que fazem lembrar essas mesmas feiras e parques de diversões. Favorecendo essa confusão de gêneros e à margem dos museus, florescem exposições que misturam objetos de coleção, cenários ou reconstituições e conteúdo científico mais ou menos importante. Essas exposições se situam na fronteira dos eventos comerciais mencionados. Criadas e exploradas por sociedades comerciais que gerenciam o conjunto do "produto" desde a concepção até a realização, elas fazem algum sucesso. Na Bélgica, uma primeira exposição em 1991, *Tout Hergé*, dedicada ao criador de Tintin, despertou entusiasmo. A esta se seguiram *Tout Simenon*, dois anos depois, e *J'avais 20 ans en 1945*, que atraiu um número recorde de 800 mil pessoas em Bruxelas em 1995.

Tais exposições anunciam a ambição de democratizar o acesso à cultura. Para tanto, escolhem uma temática acessível e atraente, capaz de suscitar emoção e obter facilmente a adesão do visitante. O tema desenvolvido deve comportar um aspecto de imaginário, no sentido de que os cenógrafos e decoradores vão criar imagens, cenários e reconstituições nas quais os visitantes são "mergulhados" e em meio às quais se movimentam. Um *script* é elaborado, e é em função dele que os objetos vão ser selecionados e tomados de empréstimo de museus e colecionadores particulares; a história a ser narrada prevalece sobre as coleções expostas. Nesse sentido,

---

265. Por motivos de segurança: nas reconstituições etnográficas tais como a do Museum Arlaten, o público não circula, e os objetos, apresentados em posição natural fora da vitrine, ficam portanto fora do alcance dos visitantes.

266. A esse respeito, ver CHAUMIER, Serge (Dir.). Du musée au parc d'attractions. *Culture & Musée*, n. 5, 2005, e sobretudo o artigo de Noémie Drouguet, "Succès et revers des expositions-spetacles" (ibid., p. 65-88).

267. Apresentada na Grande Halle de La Villette em 1989, essa exposição "mergulhava" o visitante em cenários e ambientes de filmes de sucesso da história do cinema.

A exposição: a função de apresentação 175

esse tipo de apresentação estimula uma renovação esperada nas práticas museais, pois ela se dirige prioritariamente a um público pouco familiarizado com os museus.

Todavia, tais dispositivos, próximos da museografia analógica, geralmente monumentais e muito caros, colocam certos problemas. Primeiro, eles não exibem um rigor científico à altura de seus cenários, já que os comitês científicos a que os idealizadores fazem questão de se submeter têm apenas um papel avalizador bastante secundário. Segundo, notam-se ambiguidades no plano das reconstituições: o que lhes serve de base? O estatuto dos objetos apresentados também suscita questionamentos na medida em que o objeto acessório do cenário, garimpado numa loja de antiguidades, é exposto ao lado de um objeto de coleção emprestado por uma instituição museal. As cópias e reproduções se misturam a objetos autênticos, sem que isso seja claramente especificado. Quando vemos "o quarto de Jacky" na exposição *Brel, le droit de rever,* apresentada em Buxelas em 2003, o que é autêntico? A cama, o lenço de escoteiro, os lápis de cor pertenceram ao artista? Seu quarto era *realmente* arrumado dessa maneira? Nada diz que sim, nada diz que não. Enfim, os objetos-relíquias e os cenários demasiado simples, sem visão crítica, não são de natureza a suscitar qualquer reflexão por parte dos visitantes. Pudera! O objetivo dessas exposições é oferecer entretenimento tomando a cultura como álibi, tendo como verdadeira ambição a preocupação de tornar rentáveis esses dispositivos monumentais ao atrair o máximo de visitantes.

Se certos dispositivos analógicos hoje parecem datados, quando não ultrapassados, especialmente as reconstituições povoadas de manequins – lembremos de alguns museus dedicados às guerras, que apresentam soldados e material militar em cenários de papelão –, muitos deles voltaram à moda graças às novas técnicas de apresentação. Uma nova geração de manequins, hiperrealistas e bastante perturbadores, traz um novo dinamismo às encenações, operando de modo muito sóbrio, como no Musée Gallo-Romain de Tongres, na Bélgica. Eles são colocados, sem artifícios nem cenários, em cima de bases ou mesmo no chão para evocar aqui uma procissão fúnebre, ali uma menina vestida com pele de animal simplesmente ocupada em observar uma mosca em sua mão. Aqui, não se trata de imersão; a qualidade dos personagens e a utilização da iluminação bastam para tocar o intelecto e a emoção.

O recurso às novas tecnologias da imagem e às ferramentas digitais contribui também para a renovação do gênero, muitas vezes no sentido de uma maior teatralização. Projeções de tamanho grande sobre as paredes ou efeitos sonoros que preenchem o espaço criam um dispositivo de imersão que pode contribuir para a construção do sentido, mas que, às vezes, traduz antes a busca do espetacular, como é o caso, por exemplo, do Musée Canadien de la Guerre em Ottawa (ver boxe p. 186-187). Levado ao extremo, tal procedimento cria um invólucro no qual está contida a exposição. Trata-se então de revestir de maneira virtual o espaço da exposição com um cenário multimídia que, em comparação com um cenário material, tem a vantagem de ser movimentado. A tecnologia da realidade aumentada também promete oferecer experiências inovadoras, para fazer aparecerem personagens nesse cenário, por exemplo. Em outra situação, o recurso às imagens ou à multimídia permite, por meio de uma utilização dosada, manter o visitante em contato com a realidade, a fim precisamente de evitar que ele se evada na reconstituição como se se tratasse de um mundo real. No Nederlands Openluchtmuseum de Arnhem (Países Baixos), um quarto mobiliado apresenta a vida de imigrados turcos nos anos 1980. A projeção de um filme diretamente sobre a parede da sala, como a impressão de uma imagem sobre outra, contribui para manter uma distância entre o visitante e a "ficção museal", tornando ao mesmo tempo a apresentação mais dinâmica.

Novas tecnologias e multimídia

Não é necessário sublinhar o quanto as "novas" tecnologias da informação e da comunicação (NTICs) se tornaram hoje onipresentes na vida cotidiana, e o museu não escapa a esse fenômeno, que em 20 anos ganhou uma amplitude sem precedente. Os primeiros terminais interativos multimídia foram implantados nos museus dos Estados Unidos e do Canadá em fins da década de 1980, mas outras tecnologias audiovisuais, em particular o vídeo, de há muito já os haviam precedido. Falar atualmente de multimídia parece um tanto simplista, de tal forma é amplo o leque das tecnologias adotadas e são diversas suas utilizações no museu.[268] Neste capítulo, trataremos apenas de sua presença na própria exposição. Essas mesmas tecnologias têm outras aplicações no contexto das atividades do museu: inventário, digitalização e gestão das coleções, controle técnico das condições de conservação (salas de exposição e reservas), centro de documentação, atividades pedagógicas online, comunicação.

Pela expressão "novas tecnologias" nós entendemos o conjunto dos recursos midiáticos reunidos e integrados pela tecnologia, essencialmente digital. Textos e imagens são suportes clássicos na exposição, mas sua presença e seu impacto são modificados quando eles são utilizados por meio de uma tecnologia (projeção, monitores etc.). A esses documentos, amplamente majoritários, somam-se outros – sons, imagens animadas, filmes, odores – cuja presença se afirma. A

---

268. A pesquisa de novas aplicações, o desenvolvimento de novos produtos necessitam de equipes pluridisciplinares. Um museógrafo ou um mediador sozinho não consegue fazê-lo, tem de se associar a pesquisadores de instrumentos digitais e a designers.

A exposição: a função de apresentação   177

atração ou mesmo a sedução que essas tecnologias exercem sobre os visitantes não devem fazer esquecer que, assim como outros recursos utilizados pelos idealizadores, elas são subsidiárias em relação à mensagem, ao sentido da exposição; pois não podem ser exibidas por si mesmas (salvo, é claro, quando a tecnologia é justamente o tema da mostra). A onipresença dos meios tecnológicos e das redes sociais na esfera cotidiana requer um reposicionamento dos museus diante das expectativas e dos perfis digitais dos públicos. Além do entusiasmo provocado por essas novas ferramentas, as instituições se veem violentamente confrontadas com novas interrogações: o uso dos NTIC permite uma melhor apropriação dos conteúdos? Em que a mediação 2.0 se distingue das técnicas tradicionais? Como avaliar a eficácia e a qualidade dessas práticas? Essas ferramentas propõem conteúdos inéditos?

As novas tecnologias se caracterizam por uma evolução extremamente rápida, e o que era novo um ano atrás já foi ultrapassado em termos de potência, de funcionalidade e também de estética do grafismo.[269] Isso implica uma renovação indispensável dos produtos, o que acarreta custos elevados, compensados todavia por uma rápida queda dos preços correlativa a essa evolução. Não se deve esquecer a gestão, a manutenção e o desenvolvimento, que representam um custo importante em termos de pessoal.

Na exposição, é preciso estabelecer uma primeira distinção entre as tecnologias fixas, instaladas na sala ou no espaço da mostra, e as móveis ou nômades, que o visitante carrega consigo. Os primeiros exemplos de suportes móveis são os audioguias e seus derivados providos de telas – os *mediaguides* –, mas os terminais se multiplicam. O museu pode decidir colocá-los à disposição do visitante ou recorrer à utilização de aparelhos de propriedade do visitante: telefones celulares, leitores de áudio, tablets táteis, consoles de jogos em vídeo etc. Graças a esses novos suportes, é possível receber ou baixar, durante a visita, informações relativas aos espaços ou objetos expostos.

A integração dos NTIC nas exposições representa uma solução parcial para preencher as lacunas encontradas pelos museus, como: resolver a falta de espaço de exposição, completar o percurso, fornecer uma mediação modernizada, interativa, participativa ou lúdica, multiplicar os níveis de leitura etc. A utilização dos aparelhos pessoais é sobretudo interessante no caso de museus ao ar livre ou de sítios musealizados que não dispõem de um espaço de acolhimento, que não obrigam a começar ali a visita, ou que querem dispensar o visitante de ali voltar para devolver o audioguia. Ela também é apreciada nas exposições para evitar a multiplicação dos painéis explicativos

---

269. Os ateliês participativos Museomix reúnem a cada ano equipes pluridisciplinares que têm como objetivo realizar protótipos de novas ferramentas digitais de mediação (<www.museomix.org>).

ou dos monitores fixos, que são então substituídos por informações solicitadas reunidas num suporte trazido de casa.

A adoção das novas tecnologias na exposição cobre situações e utilizações cada dia mais diversas, sobretudo se levarmos em conta todos os tipos de museus, no sentido amplo. Podemos caracterizá-las pelos papéis que elas desempenham na exposição: difusão, informação e interatividade.

DIFUSÃO

Trata-se de visualizar imagens numa tela ou projetadas numa parede ou outro suporte, de difundir sons. Conforme o tamanho da imagem, sua amplitude em comparação com a dos outros dispositivos, sua relação com os objetos (a imagem é dominante ou acessória?), o efeito produzido é bastante diferente e contribui para determinar o sentido da exposição. O mesmo vale para os sons difundidos, sejam eles depoimentos (documentos autênticos), comentários, efeitos sonoros, música etc. O poder da trilha sonora, sua relação com os objetos ou outras mídias, o modo de difusão (som ambiente, cabines sonoras, fones de ouvido etc.), tudo isso determina o impacto sobre a construção do sentido. No Musée de la Vie Bourguignonne Perrin-de-Puycousin em Dijon, um vídeo apresenta o depoimento de uma peleteira (centenária!) numa pequena tela habilmente integrada à cenografia de reconstituição do ateliê onde ela trabalhou com o marido por mais de 50 anos. Aqui, três mídias diferentes, a imagem da velha senhora, o som de sua voz e a vista de seu ateliê, integrados de maneira discreta, contribuem para criar uma unidade de exposição coerente e rica de sentido. No Musée du Quai Branly, em Paris, telas foram colocadas à distância das vitrines que contêm objetos cuja utilização ou significação é ilustrada pelos vídeos etnográficos exibidos. Esse distanciamento, que compromete a compreensão do dispositivo, certamente resulta do desejo de conferir aos objetos expostos um estatuto de obra de arte, estatuto esse bastante acentuado pelo uso de pedestais e de uma iluminação estetizante.

As técnicas de difusão multimídia oferecem hoje a possibilidade de expor objetos virtuais em 3D. Podemos ter reproduções de objetos reais (idealmente também expostos) de que faltam partes, ou reconstituições virtuais, simulações que evocam um ou vários estados anteriores de prédios, eventualmente desaparecidos. Há também as maquetes virtuais que o visitante às vezes pode percorrer, quando o dispositivo é interativo. O caso da abadia de Cluny é bem conhecido. Em Ename, Flandres Ocidental (Bélgica), o museu propõe que acompanhemos a evolução arquitetônica do castelo fortificado construído no século X às margens do rio Lys, bem como da abadia que veio a sucedê-lo e cujas ruínas estão mu-

A exposição: a função de apresentação

sealizadas nas proximidades. A técnica da realidade aumentada permite inserir elementos virtuais nas imagens reais. A partir de sequências filmadas num sítio arqueológico ou numa edificação, por exemplo, o cineasta produz uma reconstituição dos locais como eles eram no passado e às vezes insere nela um guia de carne e osso, um arqueólogo, um monge, um personagem célebre etc., que explica a visita do sítio assim reconstituído. Certamente óculos de aumento serão em breve oferecidos para enriquecer mais ainda a experiência.[270] No momento, são sobretudo os smartphones e os tablets táteis que põem em prática essa tecnologia, como no Musée d'Histoire de Marselha, no MoMA em Nova York ou ainda nos sítios ao ar livre como as praias do Desembarque na Normandia.

INFORMAÇÃO

O dispositivo tecnológico serve para fornecer ao visitante informações verbais, escritas ou sonoras, e faz o papel de placa ou de painel de texto. Textos ou comentários sonoros podem ser difundidos na língua do usuário; essa é uma das grandes vantagens desses dispositivos. É sobretudo por meio das tecnologias móveis que essas informações são difundidas. Os audioguias e *mediaguides* (em que o usuário digita o número do código do *expôt* contemplado) ou os smartphones (em que o usuário escaneia um código QR) substituem ou complementam os textos impressos a pedido do visitante. O comentário ativado pelo usuário pode também ser mais abrangente e evocar a temática ou o contexto do espaço de exposição em questão. No Castelo de Chimay (Bélgica), um tablet tátil é oferecido ao público para que ele conheça a história do sítio, relatada pela própria princesa de Chimay, que abandonou suas visitas guiadas em função de sua idade avançada. Para as crianças, é o Chevalier Enguerrand, um personagem animado, que garante um percurso simplificado e lúdico. O tablet reúne várias tecnologias em uma única visita: realidade aumentada, depoimentos orais, modelização, textos, vídeos, ilustrações.

Certos museus oferecem audioguias controlados por infravermelho que acionam um comentário quando o visitante entra em determinado espaço. Esse dispositivo serve então como um substituto de um guia de carne e osso, e o comentário – a "visita guiada" – mais ofusca a exposição do que faz parte dela (ver capítulo 7, p. 281-282). As informações verbais podem também aparecer nas telas de vídeo dispostas nos espaços da exposição, como no Musée d'Histoire

---

270. O Museu Egípcio de Turim já oferece a possibilidade, para as pessoas que ouvem mal, de fazer a visita com esses óculos para receber informações na língua de sinais.

de Marselha. Não sendo o caso de explorar a atração exercida pelas telas,[271] em particular sobre os mais jovens, tais dispositivos são úteis quando a informação transmitida deve ser frequentemente modificada ou quando se deseja combinar textos e documentos visuais.

Os *mediaguides* mais recentes vão muito além da disponibilização de comentários sobre objetos; se estes últimos não são abandonados, são acompanhados de propostas de percursos diversificados. É o caso do Historisches Museum Luzern (ver boxe p. 152-153) ou mais recentemente do Louvre-Lens. Percursos temáticos (mitos e lendas, artes e religiões etc.) são propostos, assim como animações multimídia que focalizam a atenção em certos detalhes. As introduções, comentários e explicações são dados por especialistas do museu ou das coleções, que mudam, é claro, em função das obras apresentadas, o que dá ao conjunto um estilo que poderíamos qualificar de radiofônico e torna a escuta ainda mais agradável. O terminal multimídia é móvel, com uma tela tátil e fones de ouvido. A interface propõe uma "imersão" em 3D na Galeria do Tempo, lançando mão de uma tecnologia utilizada nos videogames. Pode-se selecionar as obras batendo na tela, ou ter acesso a elas a partir do lugar onde a pessoa está. A ferramenta contém também um jogo para as crianças em forma de questionário. Enfim, o visitante pode marcar algumas obras como "favoritas" e encontrá-las em casa, via site do museu, e compartilhar sua "coleção" com seus amigos, se assim o desejar. No espaço um tanto frio da grande galeria, muito parcimoniosa em informações, esse *mediaguide* é bem-vindo e se insere bem na oferta de mediação do museu de Lens.

Outro suporte de informação: as mesas táteis. De dimensões variáveis, elas podem ser utilizadas por um ou por vários visitantes simultaneamente. Pode-se fazer desfilar, selecionar ou procurar informações que aparecem sob a forma de textos, de imagens fixas ou animadas, às vezes com um conteúdo sonoro. No Louvre-Lens, por exemplo, mesas táteis são oferecidas à manipulação dos visitantes no "Espaço descoberta", de onde eles também podem ver as reservas e o ateliê de restauração. As mesas apresentam a vida das obras da coleção: sua entrada no museu, seu estudo e sua eventual restauração, sua exposição.

Um uso um pouco diferente é previsto para os terminais multimídia do tipo "para saber mais sobre o assunto", destinados a fornecer ao visitante informações complementares. Eles não constituem um suporte informativo direto dos objetos e outros *expôts*. Destinados a um público especialmente interessado, exigem um tempo de consulta que pode ser bem mais longo conforme

---

271. Ainda hoje utilizam-se essas telas para a sinalética. Não se percebe muito bem a finalidade desse uso, salvo no caso em que a disposição dos locais – salas de exposição e comodidades – é mutável; por exemplo, quando as salas não oferecem acesso permanente.

A exposição: a função de apresentação

a curiosidade do visitante – curiosidade que a riqueza da estrutura hipertextual do produto alimenta –, a abundância, a qualidade e a diversidade de sua ilustração iconográfica e sonora. De fato, trata-se de terminais enciclopédicos que não podem ser consultados nem de pé nem no percurso da visita; esses postos de consulta estão dispostos preferencialmente em espaços ligeiramente separados da exposição propriamente dita e providos de assentos. Mas eles não são isolados dos *expôts*. Essa é a disposição adotada no Rheinisches Landesmuseum em Trier, com terminais didáticos situados junto à grande maquete da vila romana.

Quaisquer que sejam os suportes utilizados, os conteúdos propõem abordagens diversas e complementares: lúdica, científica, pedagógica. Cabe a cada visitante fazer sua escolha em função de suas expectativas, de suas preferências. O todo ou parte desses conteúdos, ele pode baixá-los no seu smartphone ou buscá-los no site do museu na internet. Eles podem, portanto, ser "consumidos no lugar" ou "levados para casa".

INTERATIVIDADE

A noção de interatividade nunca foi tão estudada ou foi objeto de tantas tentativas de integração seja nas pequenas, seja nas grandes instituições. As experiências conhecidas assumiram em menos de 10 anos expressões diversas: presença ativa nas redes sociais (Musée de la Grande Guerre du Pays de Meaux, 2013), tablets táteis (Maison de la Science et Archéoforum em Liège, 2013) ou consoles de jogos móveis (Musée du Louvre em Paris, 2012), dispositivos imersivos ("Climax" no Palais de la Découverte em Paris, 2003), aplicativos em smartphones ("Dynamo" no Grand Palais em Paris, 2013), jogos em site da internet ("BiodiverCITY 4 KIDS" no Institut Royal des Sciences Naturelles de Bruxelas, 2013) etc. Observa-se um estilo museográfico interativo mais difundido, supostamente essencial, para fisgar novos visitantes, sobretudo os adolescentes tidos como público exigente.

Os dispositivos interativos permitem ao usuário intervir no desenrolar de uma sequência, fazer escolhas, responder questões, formular opiniões. Ao contrário da difusão de imagens ou sons,[272] a interatividade requer um computador ou um sistema informático portátil (smartphone, tablet tátil)

---

272. Existem sistemas automáticos digitais para controlar a projeção, a difusão etc., segundo um programa fixo, sem intervenção do usuário. Alguns são concebidos especificamente para os museus. Tais sistemas são bem mais confiáveis e estáveis do que os computadores, sobretudo porque não possuem discos rígidos nem outras peças móveis (ventiladores etc.).

182 — A museologia

com o qual o visitante vai dialogar por meio de uma interface clássica (teclado, tela tátil, *joystick*[273]) ou especialmente desenvolvida. Os terminais do tipo *quizz* propõem aos visitantes um questionário cujo objetivo é fazê-los raciocinar, juntar as informações recebidas e ao mesmo tempo divertir-se buscando as respostas. O visitante o utiliza de pé, o que limita a duração da sequência. Atualmente, os dispositivos interativos "mecânicos", as "manipulações" (ver p. 74-75, 291-292) utilizadas desde há muito pelos museus de ciências, são por vezes substituídos por seus equivalentes digitais, infelizmente com a perda do caráter real da experiência. A tecnologia RFID[274] permite colher dados referentes ao visitante (informações pessoais como idade, mas também suas preferências, as escolhas que ele faz em matéria de percurso), de modo que certos parâmetros da exposição se adaptem a seu perfil quando de sua passagem: os textos exibidos, o nível de dificuldade das informações etc.

Outros dispositivos assemelham-se mais a um jogo de simulação. O usuário é levado a se movimentar num universo relacionado com o tema da exposição de modo a vivenciar uma experiência mais completa, mesmo que ela permaneça virtual. Por vezes, trata-se simplesmente de jogos eletrônicos encontrados no comércio, integrados ou não à exposição, como os jogos de pilotagem de Fórmula 1 oferecidos no Musée du Circuit de Francorchamps em Stavelot, os quais não estão especificamente relacionados com esse circuito. Não fica muito claro o interesse em incluir nas salas de exposição de um museu jogos que estão disponíveis em casa, a não ser o de apenas buscar entreter as crianças e os adolescentes durante a visita dos pais.

Podemos comparar com os sistemas interativos, embora se trate de uma falsa interatividade, os mecanismos ativadores de acontecimentos durante a visita, como os clássicos sensores de presença que acionam a iluminação intermitente das vitrines ou da sala quando as condições de conservação o exigem (ver capítulo 5, p. 225), ou as mãos representadas numa pequena placa de acrílico no

---

273. Essas interfaces constituem o ponto fraco do dispositivo. Sua manipulação repetida por milhares de visitantes leva à necessidade de substituí-los com frequência. Uma tela tátil raramente dura mais de um ano ou dois. Portanto, é preciso prever um orçamento de manutenção consequente.

274. As RFID (*Radio Frequency Identification*) são chips contendo informações em quantidade limitada, que podem ser lidos a uma distância de alguns metros quando os interrogamos com um leitor de RFID. Experiências realizadas no Musée de Confluences de Lyon, em exposições de pré-figuração, deram lugar a uma publicação que avalia as potencialidades e os perigos desses dispositivos (disponível em FOREST, Fabrice et al. L'introduction des RFID dans les musées. *Les Cahiers du Musée des Confluences, L'expérimentation dans les musées*, v. 2, s. d.: <www.museedesconfluences.fr/musee/publications/publications_scientifiques/cahiers_museedesconfluences/cmdc_v2.php>).

A exposição: a função de apresentação

Préhistosite de Ramioul, que ativam a exibição de vídeos ao serem tocadas pela mão do visitante ao longo do percurso da exposição permanente.[275]

Os dispositivos em que a imagem filmada do visitante – estando ele ciente disso ou não – é inserida em outras imagens que o fazem entrar na exposição são interativos ou falsamente interativos? Foi o caso da mostra "Ombres", apresentada na Cité des Sciences et de l'Industrie em 2007. Na exposição "Crimes de sang", apresentada em 2009-2010 no Musée d'Histoire de la Ville de Luxemburgo, o visitante vê sua própria imagem quando espia através de um buraco de fechadura num espaço sobre o voyeurismo.

As novas tecnologias oferecem ao museu a possibilidade de levar em conta e de veicular "a opinião" do público por meio de diferentes dispositivos. No Grand Palais, as exposições "Bill Viola" (2014) e "Dynamo" (2013) convidam o público a manifestar uma opinião nas redes sociais e com a ajuda de seus smartphones. Na saída de "Bill Viola", os *tweets* (com o *hashtag* oficial #BillViola) e as fotografias dos visitantes no Instagram são afixados ao vivo numa grande tela, perto da bilheteria. Os cenógrafos de "Dynamo" imaginaram uma experiência duplamente participativa – a natureza das obras necessita, intrinsecamente, da participação do público – propondo veicular "a exposição através dos seus olhos" diretamente nas salas de exposição. O público tira fotografias com o aplicativo que pode ser baixado na hora gratuitamente. Essas fotos são, portanto, constitutivas das obras contemporâneas expostas. Na Cité des Sciences, microcomputadores e uma câmera foram colocados na exposição "Science Actualités" e convidam o visitante a formular sua opinião sobre os temas da sociedade evocados (o consumo de carnes de animais, os estereótipos de gênero etc.). Esses testemunhos, após moderação, entram nas coleções da instituição. Trata-se de uma versão tecnológica de dispositivos que eram encontrados – e ainda são – nas exposições: escrever uma mensagem (num quadro, num post-it, numa garrafa, como no MAS em Antuérpia), votar (eventualmente utilizando o tíquete de entrada, como na exposição "Crime de sang" no Musée d'Histoire de la Ville de Luxembourg em 2011), completar uma obra coletiva.

A INTEGRAÇÃO DAS NOVAS TECNOLOGIAS

Difusão de imagens e de sons, informação, interatividade, essas três características estão frequentemente associadas em dispositivos tecnológicos integrados que poderíamos chamar de máquinas museográficas. A essas características é preciso acrescentar ainda os aspectos menos diretamente ligados à exposição

---

275. André Gob, Stéphanie Levecq e Fernand Collin, "Vivre la préhistoire", op. cit.

que são a utilização da internet e das redes sociais (mencionada no capítulo 3) assim como a digitalização e a difusão dos conteúdos, parelalas à sua inscrição na web semântica (capítulos 5 e 6).

As tecnologias da comunicação permitem sem dúvida, aos olhos dos públicos e de outros usuários do museu que são os financiadores e os patrocinadores, superar a ideia de que o museu, e especialmente a exposição, seria um lugar demasiado estático. A integração, às vezes espetacular, desses dispositivos mais ou menos inovadores – às vezes, trata-se apenas de uma roupagem tecnológica para meios mais antigos – parece finalmente ter feito com que as instituições museais ficassem na moda. Eles oferecem novas experiências de visita, permitem mobilizar os sentidos, interagir com o conteúdo ou o continente da exposição. As ferramentas digitais revolucionaram, em certa medida, a exposição no sentido de que ela não é mais uma proposta idêntica para todos. Elas oferecem ao público a possibilidade (às vezes plena, às vezes restrita) de interagir com essa proposta, de modo que sejam gerados conteúdos adaptados ao seu perfil.

Esses dispositivos são bem-vindos quando eles se integram num percurso propriamente museográfico associando diferentes tipos de apresentações – que conferem papel de destaque aos objetos autênticos – cuja variedade contribui para dar sentido ao conjunto. Eles são hoje indispensáveis nos museus sem coleções, como os centros de interpretação, contanto que sejam postos a serviço do discurso transmitido pela exposição e, mais globalmente, das intenções balizadas pelo projeto museal. Os percursos-espetáculos, quando não renunciam totalmente a qualquer caráter museal em favor do espetacular, encadeiam os dispositivos tecnológicos que o visitante deverá descobrir num ritmo cadenciado imposto pelo próprio dispositivo (iluminação, abertura de portas, injunções diversas). É o caso do Centre Interactif de la Pré-histoire em Saint-Cézaire (Charente-Maritime). O tema da exposição desde logo se anuncia sob a forma de uma pergunta: como se deu a passagem do homem de Neandertal ao homem de Cro-Magnon? Quais foram as relações entre eles? – perguntas avalizadas, segundo nos dizem, pelo antropólogo Yves Coppens. Contudo, essa problemática científica é ofuscada por uma cenografia demasiado presente e pelos dispositivos tecnológicos que se impõem, em vez de se oferecer, aos visitantes.

Esse não é um caso isolado. Em certos museus onde os dispositivos tecnológicos se encadeiam ao longo do percurso, bem como em algumas salas sobrecarregadas de telas de vídeo, parece que se descuidou da leveza da exposição e da clareza de propósitos que levou a evitar a acumulação de objetos. No espaço principal da exposição "Territoires" no Musée de la Civilisation em Quebec encontram-se nada menos que 36 telas de vídeo e vários dispositivos tecnológicos mais impressionantes. A confusão visual daí resultante conduz rapidamente ao enjoo.

A exposição: a função de apresentação

A arte das novas mídias

Os artistas contemporâneos vêm desde há muito recorrendo às novas tecnologias, a tal ponto que hoje se pode identificar uma "arte das novas mídias", distinta da arte contemporânea propriamente dita.[276] A exibição de obras neomidiáticas requer uma atenção particular aos equipamentos por intermédio dos quais a obra existe. A rápida evolução das tecnologias em pouco tempo torna difícil a utilização das máquinas com as quais o artista concebeu seu trabalho, e substituí-las adultera este último. Por outro lado, deve o equipamento ser visível na exposição – fazer parte visualmente da obra – ou não? Os efeitos sonoros, comuns nesse tipo de criação, podem igualmente criar problemas e conduzir a uma situação cacofônica se várias obras forem expostas na mesma sala. Alguns artistas conceberam obras que só existem verdadeiramente graças à intervenção, em geral involuntária, do espectador. O museu K21 em Düsseldorf exibiu uma instalação na qual eram os deslocamentos dos visitantes pela sala, detectados por sensores dispostos nos quatro cantos, que geravam as imagens projetadas nas paredes. Aqui, a tecnologia foi utilizada como um dispositivo que constituía a própria obra.

Enfim, a tecnologia também figura na exposição quando se trata da proteção e da conservação dos objetos. São os sensores da presença muito próxima de uma obra que acionam um alarme ou uma mensagem: "Não se aproxime das obras". São os aparelhos digitais de medição da temperatura e da umidade dispostos de maneira bem visível nas vitrines ou nas salas, seja para exibir um equipamento de última geração, seja para mostrar aos visitantes o cuidado com que o museu trata os objetos sob sua guarda.

Se a tecnologia não estiver posta a serviço de um conteúdo, de uma intenção, não for vinculada ao projeto museal, ela poderá rapidamente aparecer como uma casca sedutora mas vazia ou dar falsas esperanças a usuários prestes a se envolver. Sob certos aspectos, os museus parecem se lançar – e às vezes se enfrentar – numa corrida pelo equipamento ou pela inovação, mais próxima das preocupações com a imagem de marca, com a promoção e com o marketing do que com as reais necessidades do público. Se não devemos nos alarmar como aqueles que temem que as novas mídias ou o "museu virtual" matem a instituição museal, tampouco devemos nos entregar a um otimismo exagerado quanto ao alcance das mudanças que se operam na exposição. As mudanças são menos profundas na incidência real dos aportes tecnológicos como tais do que na cabeça dos curadores de exposição, induzindo no final a uma consciência cada vez maior da diversidade das práticas de visita. As respostas a esses questionamentos não serão apenas tecnológicas! Acaba que a imagem do museu se encontra atualizada, especialmente junto aos nativos digitais.

---

276. DESAIVE, Pierre-Yves. L'art des nouveaux médias: défis et opportunités pour la muséologie d'art. *Culture & Musées*, n. 15, 2010.

Museus de guerra a serviço da paz?

Os museus dedicados à guerra são sempre mais numerosos. Podemos ver duas razões para tanto: de um lado, entre os fenômenos históricos, as guerras são certamente os mais populares, e de outro, os colecionadores de *militaria* são uma legião. Entretanto, a guerra não faz mais tanto sucesso, nem o patriotismo, e os museus que falam dela se perfilam, de modo mais ou menos declarado, como promotores da paz. Isso é possível, para além de um discurso politicamente correto e convencional? Cinco museus, inaugurados nas duas últimas décadas, praticam museografias muito diferentes para fazê-lo.

O *Historial de la Grande Guerre* em Péronne é dedicado à Primeira Guerra Mundial. A museografia é sóbria e contida, e busca antes convencer do que comover. A cronologia detalhada dos eventos faz-se pouco presente, salvo por meio de documentos gráficos (mapas) e terminais multimídia. O Historial focaliza tanto a vida das populações civis quanto as manobras militares e, fato digno de nota, trata em pé de igualdade os três principais beligerantes, alemães, ingleses e franceses, apresentados em três registros paralelos. Os objetos militares – uniformes, armas e outros materiais – são dispostos horizontalmente em rebaixos feitos no piso: nada de reconstituições ou manequins.

O museu *In Flanders Fields*, em Ypres (Bélgica), inaugurado em 1996, passou por uma renovação total de sua exposição permanente em 2012. A abordagem dramática do início deu lugar a uma apresentação mais sensível, mas também mais documental da batalha do Yser e da Primeira Guerra Mundial. Em telas dispostas verticalmente, entrevistas factícias de personagens reais – civis – trazem uma dimensão humana que contrabalança as reconstituições e as acumulações de objetos militares.

Em Caen,[277] o *Mémorial* se apresenta como um "museu para a paz", mas sua museografia acompanha, mediante reconstituições, o desenrolar e os significados da Segunda Guerra Mundial, enfatizando o desembarque de junho de 1944 e a batalha da Normandia. Conflitos mais recentes (Indochina, Afeganistão) são igualmente evocados. Uma galeria dos prêmios Nobel da Paz contrasta com os espaços "de guerra" para reforçar o efeito dramático.

O *Musée Canadien de la Guerre* em Ottawa foi criado, em sua configuração atual, em 2004.[278] O percurso explora, segundo um desenvolvimento cronológico, todas as guerras nas quais o Canadá participou. Certamente não se trata de uma apologia da guerra, mas o discurso pode ser resumido nesta frase: "A guerra é algo abominável,

---

277. PÉRISSÈRE, Michele. Le Mémorial de Caen: um musée pour la paix. In: JOLY, Marie-Hélène; COMPÈRE-MOREL, Thomas (Ed.). *Des musées d'histoire por l'avenir*. Paris: Agnès Viénot Éditeur, 1998. p. 183-190.
278. GOBB, André. Croix de bois, croix de fer et autres objets muséaux de la guerre. *L'Invitation au Musée*, v. 17, p. 19-22, 2007.

A exposição: a função de apresentação

mas fazê-la engrandece". Poder, glória e pátria são os *leitmotivs* da exposição, enquanto os desastres e as perdas humanas e materiais trazidas pelos conflitos ficam em segundo plano.[279] A onipresença de dispositivos tecnomidiáticos dramatiza o discurso mediante fotos e projeções gigantescas e efeitos sonoros demasiado possantes e numerosos. Aqui e ali são dispostas sobre almofadas de veludo vermelho as medalhas de pessoas identificadas por seus retratos, num registro mais solene do que sóbrio que contribui para a glorificação do herói.

A última dessas instituições é o *Musée de la Grande Guerre* em Meaux (ver boxe p. 99-100). Constituído a partir da riquíssima coleção de Pierre Verney, o percurso acumula os armamentos, os uniformes, os veículos militares seguindo uma trama cronológica de 1870 a 1919. Uma grande reconstituição de trincheiras pretende concretizar a vida no *front*. A primeira parte da exposição mostra, por meio de cartazes e de reconstituições, o doutrinamento dos franceses sobre o tema da vingança após 1870, enquanto o fim do percurso evoca, de modo evasivo e mal-acabado, os germes do nazismo e da Segunda Guerra Mundial no Tratado de Versalhes de 1919. É a essas duas tentativas de explicação que se refere sem dúvida o subtítulo da exposição: "Um novo olhar sobre 14-18". Entretanto, a exposição desses fatos, aliás bastante conhecidos, não chega a fazer concorrência com o corpo principal do percurso e sua acumulação de *militaria*.

Com exceção talvez do Historial de Péronne, nenhum desses museus evita o duplo perigo que ameaça toda instituição desse tipo: a fascinação pelo material e o uniforme, de um lado, o patriotismo e a glorificação, de outro. Nenhum deles chega a definir e a expor a paz como algo além da cessação da guerra. Esses museus, e sem dúvida outros do gênero, ficam presos numa tensão entre uma coleção cativante – falar de guerra é mostrar material militar e exprimir seu poder e sua tecnicidade – e uma vontade mais ou menos sincera e mais ou menos impotente de promover a paz. Para atingir este último objetivo, provavelmente será preciso renunciar a mostrar a guerra.

O projeto cenográfico

Além dos objetos e dos textos, a exposição se vale de muitos outros elementos, de natureza bastante diversa, que contribuem para a construção da temática e que são definidos pelo programa museográfico, o qual também determina seu papel e sua situação no percurso. Tais elementos são tanto de ordem conceitual quanto material ou visual. Eles têm como característica, salvo exceções, implicar

---

279. A bomba de Hiroxima é evocada num espaço restrito e um pouco afastado, tendo como único objeto um decímetro cúbico de concreto proveniente da cidade destruída, além de uma foto do "cogumelo". Algumas fotos menores das vítimas também são discretamente apresentadas.

uma elaboração e uma fabricação específicas que em geral justificam o recurso a equipes de profissionais ou colaboradores externos. Os cadernos de encargos, redigidos a partir do programa museográfico e do roteiro, definem para uso desses profissionais as especificações dos elementos a serem realizados.

A cenografia

A cenografia reúne os aspectos propriamente formais e materiais do espaço de exposição – cores das paredes, vitrines, iluminação etc. –, mas não pode se resumir a isso. Com frequência ela é ainda considerada algo puramente decorativo, destinado a dar um toque estético ou mesmo luxuoso à exposição. Esse aspecto é importante, torna a visita a mais agradável possível e contribui para aumentar a atenção e o interesse do visitante. Mas seu papel não se reduz a isso. A exposição é uma mídia em três dimensões "oferecida à exploração pedestre e sensitiva de cada visitante e cujo discurso se constrói no espaço. Os cenógrafos trazem essa dimensão conceitual do espaço propondo ritmos e ambientes gerados pela organização do espaço, a iluminação e o som".[280] O papel da cenografia no processo museográfico participa plenamente da elaboração do sentido; a cenografia cria a relação entre o que é exposto e o visitante. Ela permite visualizar e tornar sensível. Nesse sentido, ela é uma forma de mediação.[281] Ela articula e engloba os outros registros da exposição (objetos, textos, sinalética, arquitetura existente). O espaço e suas características formais constituem o "invólucro", em interação com o discurso apresentado.

É fácil perceber que a escolha das cores das paredes, que uma iluminação natural abundante ou, ao contrário, um percurso em que apenas os *expôts* são iluminados, que a topografia e o arranjo dos locais (grandes espaços abertos ou pequenos recintos reservados, abertos para o exterior ou ocultados), que o estilo das vitrines de madeira ou metal, clássicas ou *high-tech*, enfim, que todos esses elementos cenográficos criam ambientes bastante diferentes que modificam a percepção da exposição. Esses mesmos elementos podem ser utilizados pelos idealizadores da exposição para reforçar seu significado: por exemplo, a escolha das cores (intensidade, matiz, gama cromática) e as mudanças de tonalidade acompanham o discurso, pontuam suas diferentes partes, assinalam as ligações e as rupturas. As páginas a seguir expõem de maneira concreta como a cenografia contribui para o sentido da exposição.

---

280. SCRIVE, Martine. Qui fait une exposition? Du commissaire à l'équipe projet. *Public & Musées*, n. 6, p. 99-104, juil./de. 1994. cit. p. 103.
281. Ver CHAUMIER, Serge. *Traité d'expologie*. Les écritures de l'exposition. Paris: La Documentation française, 2012. p. 68.

A exposição: a função de apresentação

Que papel para o cenógrafo?

Onde começa a cenografia e onde termina a museografia? Além da confusão entre esses termos, mencionada na introdução, assistimos com frequência à confusão, e a tensões, entre os diferentes colaboradores, o que se faz sentir nas exposições e pode prejudicar sua qualidade. Os cientistas podem se envolver nas questões de cenografia, os cenógrafos podem influenciar o roteiro científico da exposição? A questão dos limites de suas intervenções é bastante delicada, e não pode receber uma resposta única; as soluções devem ser encontradas caso a caso. Elas dependem do tipo de museu, do tamanho da equipe, dos recursos disponíveis, mas também, e principalmente, da maneira de gerar o processo expositivo e do estatuto conferido à coleção. O cenógrafo é o melhor aliado de um idealizador de exposições, pois juntos eles poderão traduzir uma mensagem, uma intenção, em três dimensões, no espaço e com coisas verdadeiras. Tudo indica que o êxito de uma exposição depende da colaboração precoce entre o responsável pelo conteúdo e o responsável pela forma, uma vez decidida a escolha do tema da exposição. Forma e conteúdo podem então se apoiar e orientar as etapas seguintes, como a escolha dos objetos a serem expostos, ou mesmo certas pesquisas documentais.

Exposição "Congo River" no Musée Royal de l'Afrique Centrale em Tervuren, na Bélgica, 2010. A cenografia evocava a sinuosidade do rio e sugeria um percurso ondulante, como se o visitante se deixasse guiar pela água, da nascente até a foz. O outro desafio dos cenógrafos consistia em tirar partido da altura das galerias sem interferir nas paredes, cujos ornamentos antigos são tombados.

Dois perigos devem ser evitados. O primeiro surge quando o cenógrafo toma as rédeas, o que por vezes ocorre quando o discurso científico ou sua transcrição museográfica são demasiado inconsistentes: a forma disfarça mal as lacunas, a cenografia é tomada em si mesma, e o visitante pode ficar encantado, mas sair da exposição com uma impressão de vazio, de incerteza, de incompreensão. O segundo perigo põe em risco as realizações em que não há comunicação entre o idealizador (o curador, o cientista, o museógrafo) e o cenógrafo: o primeiro produz um trabalho intelectual, por vezes difícil, um roteiro de exposição semelhante a um livro, que não necessariamente leva em conta a transposição expográfica ulterior. A cenografia parece então "aplicada" sobre o conteúdo, sem relação estreita com este, e se reduz finalmente à decoração. Isso ocorre sobretudo quando um cenógrafo (ou um arquiteto) é imposto por um nível de autoridade superior ou exterior ao museu e intervém tardiamente no processo expositivo.

Por outro lado, há que ser fiel a um cenógrafo? Quando um museu recorre a um cenógrafo "conceituado" ou tem um cenógrafo na casa (em sua equipe), uma relação de confiança e de mútua compreensão se instala, facilitando o trabalho e produzindo bons resultados. Entretanto, o estilo das exposições não corre o risco de tornar-se repetitivo? O visitante não corre o risco de se cansar, não tem vontade de se deixar surpreender (no caso de ser ele mesmo fiel ao museu)? Esse é o motivo que leva certos museus a recorrer a cenógrafos sempre diferentes (sob o risco de tornar a etapa de "domesticação" mais longa e delicada) ou mesmo a confiar a cenografia, e às vezes a concepção museográfica, a pessoas provenientes de outros contextos. Apela-se, por exemplo, a profissionais do mundo do espetáculo, a literatos, a estilistas, a artistas contemporâneos. Isso dá certo quando essas pessoas "estranhas" ao museu são enquadradas mas não reprimidas; errado, quando sua intervenção se torna incontrolável ou simplesmente quando a troca de funções não surte o efeito esperado.

Elementos de cenografia

PAREDES, DIVISÓRIAS, CIMALHAS (*CIMAISES*)

A parede é um elemento importante com o qual trabalha a equipe de concepção do museu: ela é antes de tudo um elemento da estrutura arquitetônica do prédio que abriga a exposição. Assim, um certo número de exigências arquitetônicas limita a liberdade do criador: prédio existente, paredes de sustentação, calor, iluminação.

Para o cenógrafo, a parede se apresenta ao mesmo tempo como suporte, como separação, como guia: ela delimita o espaço das salas onde se realiza a exposição; suas aberturas determinam as passagens e, portanto, a circulação

A exposição: a função de apresentação

dos visitantes; ela é o suporte das obras e dos documentos (papel de *cimaise*),[282] o apoio das vitrines. As paredes conduzem o olhar e o trajeto do visitante, que tem uma tendência legítima a ladeá-las: durante uma visita, dá-se uma volta pela sala em vez de atravessá-la em diagonal, por exemplo.

Felizmente, a arrumação das salas de exposição não se limita mais a uma utilização criteriosa das estruturas arquitetônicas. Muitas são as soluções para lidar com espaços rígidos, subdividi-los, modulá-los em três dimensões, determinar, sem impor, um trajeto para o visitante; a busca de maior flexibilidade para os espaços de exposição é um elemento importante da arquitetura dos museus (ver capítulo 8, p. 307-308).

VITRINES, PEDESTAIS OU PLINTOS (*SOCLES*), PAINÉIS

A vitrine é o símbolo do museu. Ela abriga, protege e mostra. Abriga contra o ambiente: poeira, calor, umidade. Protege contra o roubo e a degradação, voluntária ou não. Valoriza os objetos que contém, apresenta-os (tabuletas, suportes etc.) e ilumina-os, se possuir um sistema adequado. Mas a vitrine introduz também uma barreira, uma separação entre o visitante e o objeto. Para alguns, esse é um defeito que os leva a evitar tanto quanto possível o uso de vitrines e, assim, favorecer a proximidade entre o público e os *expôts*. O visitante deve se apropriar mentalmente do museu; toda barreira, mesmo que transparente, o faz lembrar do tempo em que aqueles objetos lhe eram proibidos. Já para outros, a vitrine é um elemento necessário à musealização do objeto. Esta última implica uma separação (J. Davallon), uma ruptura, um desligamento (Georges Henri Rivière) do objeto com relação ao seu ambiente.

> Essas considerações nos levam a apoiar os defensores da apresentação *in vitro*, que separa claramente o espaço de contemplação do de circulação. O objeto será destacado, escolhido entre o conjunto dos fenômenos do real como o único digno de interesse e atenção, mesmo que represente uma série de maneira significativa.[283]

Que pensar disso? A separação, o desligamento do objeto museal de seu ambiente é incontestável: o museu não é um pedaço do real. A nosso ver, porém, é a

---

282. Originariamente, *cimaise* designava uma moldura no alto de uma parede onde se penduravam os quadros por meio de cabos; depois, passou a designar todos os sistemas de pendurar quadros (trilhos, barras fixas ou mesmo ganchos presos na parede) e, por fim, a própria parede. N. do T. Na primeira acepção apontada, *cimaise* pode ser traduzida por cimalha, mas não nas demais.
283. GHR, p. 274.

entrada do objeto no museu que provoca essa separação; a vitrine apenas reforça esse efeito, torna-o mais perceptível para o visitante. Ela não é indispensável. É verdade que ela introduz uma distância entre o visitante e o objeto. Mas não é o caso de assumir uma posição inflexível: o uso da vitrine deve continuar sendo a regra quando for indispensável por questões de conservação ou para acentuar a separação ou ainda para valorizar de maneira especial ou espetacular um *expôt*. Por exemplo, as campânulas de vidro sobre as mesas postas da sala de refeições da mostra "O museu canibal" de Jacques Hainard no MEN: sob a aparência de uma reconstituição, trata-se de uma exposição em vitrine das nossas práticas sociais. Em outras situações, a vitrine se mostra contrária à abordagem museográfica escolhida; a manipulação pode mesmo ser encorajada. Em geral, as obras de arte não precisam de vitrine: elas são evidentemente objetos de museu, por vezes criadas expressamente para esse fim. Por que colocar uma escultura numa vitrine ou sob uma campânula?[284]

Os tipos, formatos e estilos das vitrines são inúmeros, desde a vitrine-estojo, destinada a guardar certas peças excepcionais, até a vitrine-sala, espaço de reconstituição de um interior protegido por uma vidraça. Podemos distinguir as vitrines móveis, autônomas, e as que são integradas às estruturas e divisórias; estas últimas são menos flexíveis, porém esteticamente mais bem integradas. Apesar do nome, as vitrines não são necessariamente feitas de vidro, sendo muito comum o uso do acrílico, que tem maior flexibilidade de aplicações: pode ser dobrado, envergado e recortado mais facilmente do que o vidro. Porém é bem menos resistente aos arranhões e atrai poeira por eletricidade estática.

Hoje em dia, a iluminação na maioria das vezes está integrada às vitrines; dispositivo luminoso na parte superior da vitrine (lâmpadas fluorescentes ou LED), iluminação pontual por meio de *spots* halógenos, fibra óptica quando a conservação dos objetos expostos assim o exige (tecidos, papel etc., ver capítulo 5).

O mobiliário cenográfico não se limita às vitrines. Outro elemento emblemático do museu, o pedestal ou plinto serve para valorizar e proteger as obras ou os objetos: esculturas, grandes peças de cerâmica, objetos técnicos. Em geral destinados a sustentar um só objeto e concebidos com ou sem molduras, os pedestais quase sempre são de tamanho inversamente proporcional à altura da peça que suportam. Mas vários *expôts*, de grande ou média dimensão, podem ser colocados sobre um único *socle* de grande superfície. O pedestal torna-se, então, mais que um suporte, um elemento da disposição do espaço, um separador que limita o espaço de circulação e ao mesmo tempo um elo que permite juntar, assim como numa vitrine, *expôts* que se deseja aproximar a fim de compará-los ou contrapô-los.

---

284. Salvo, é claro, quando isso se impõe por motivos de conservação.

A exposição: a função de apresentação

Painéis e móveis diversos completam a apresentação e contribuem para diversificá-la, evitando a monotonia das fileiras de vitrines. A cenografia determina a linha estética do conjunto. Mas a museografia mantém a primazia; é ela – e o programa que ela traduz e põe no espaço – que deve orientar as opções do cenógrafo.

A ILUMINAÇÃO

A luz e as modalidades de iluminação constituem outro elemento essencial da apresentação. Por suas múltiplas possibilidades de valorizar os *expôts*, a luz é um meio de comunicação importante; ela ajuda a criar um ambiente para a exposição e participa do próprio estilo desta. As principais opções em termos de iluminação devem se integrar na preparação do projeto desde a concepção museográfica. O estudo detalhado – se possível confiado a uma firma especializada – faz parte da fase de definição da cenografia.

A luz pode ser muito nociva à integridade dos objetos expostos. No próximo capítulo, veremos os fundamentos técnicos e as normas a serem observadas para evitar ao máximo os desgastes por ela causados. Aqui serão abordados os aspectos cenográficos e funcionais da iluminação.

A utilização da luz para valorizar os *expôts* varia conforme a natureza destes (material, forma bi ou tridimensional), a significação dada ao objeto e o estilo escolhido para a cenografia. Podem-se distinguir quatro tipos de tratamento luminoso das salas e dos *expôts*:

- a iluminação natural zenital ou lateral;
- a iluminação artificial do ambiente;
- a iluminação pontual por meio de spots;
- a iluminação das vitrines por fibra óptica.

Na iluminação natural zenital,[285] a luz entra pelas claraboias do teto e ilumina a sala e os objetos através de filtros ou outros dispositivos que impedem a incidência direta dos raios solares; esse sistema, recomendável sobretudo para as pinturas[286] e as esculturas, propicia uma luz suave e uniforme que respeita o cromatismo da obra. A luz natural pode também ser utilizada em iluminação lateral, através de aberturas e janelas; essa é uma disposição que se impõe nos museus amplamente abertos para o exterior, onde se busca uma comunicação

---

285. A iluminação zenital foi adotada no Louvre (*Salon Carré*) desde 1789! Mas, como observou Rivière em 1973: "Está longe de ter acabado a disputa entre luz natural e luz artificial, em particular para a iluminação da pintura, que coloca problemas específicos" (GHR, p. 275).
286. Pinturas a óleo, bem entendido; a luz natural é totalmente inapropriada para desenhos, aquarelas e outras pinturas a têmpera.

visual interior/exterior, uma integração da exposição em seu ambiente imediato; além das questões de conservação inerentes à luz natural (ver p. 225-227, 210-211), deve-se cuidar especialmente dos reflexos que esse tipo de iluminação sempre produz.

A *nocturama*, dramatização por meio da iluminação

Esse estilo de apresentação surgiu na década de 1960 nos zoológicos, para exibir os pássaros em espaços não gradeados: o aviário fica em plena luz, e os visitantes na penumbra, sem nada a separá-los, nem grades nem vidraças; o conjunto do espaço de apresentação é todo escuro, para eliminar os reflexos. Os pássaros ficam assim confinados somente pelo jogo de luz e sombra. Essa cenografia foi adotada nas exposições de arte e de arqueologia nos anos 1970. A mais célebre nesse sentido foi sem dúvida a grande exposição "Toutankhamon" no Grand Palais em Paris e, depois, nos Musées Royaux d'Art et d'Histoire em Bruxelas, em 1972: paredes e divisórias revestidas de tecido negro, visitantes na penumbra, *expôts* fortemente iluminados por *spots* direcionais. O tesouro do faraó era rutilante, mas a grande multidão, o confinamento dos espaços e a iluminação intensa contribuíam para criar uma atmosfera sufocante. Abstenham-se, pois, os claustrófobos!

Os objetos bidimensionais (quadros, painéis) são favorecidos por uma iluminação uniforme e homogênea sobre toda a sua superfície, ao passo que as esculturas e os objetos tridimensionais geralmente requerem uma iluminação mais pontual, que lhes ressalte o relevo, sobretudo quando este é tênue; hoje se evita o exagero que leva a uma dramatização excessiva.

Razões de conservação exigem uma iluminação bem suave para os objetos mais sensíveis (papéis, tecidos).

AS MAQUETES

Em museologia, uma maquete é uma reprodução em escala reduzida e em três dimensões de um prédio, um hábitat, um sítio, um navio, um objeto. É um instrumento didático de grande importância e múltiplas finalidades:

- ela torna presente, em três dimensões, um elemento ausente do museu (ou presente apenas em fragmentos) que é necessário evocar para melhor compreendermos o significado dos objetos expostos; por exemplo, uma maquete de embarcação em que são dispostas ânforas autênticas no Musée d'Archéologie de Saint-Romain-en-Gal;
- ela visualiza de modo sintético um vasto conjunto de locais, prédios e estruturas que, sem ela, o visitante teria dificuldade em imaginar; é o caso da

grande maquete da cidade no tempo de Constantino no Museo della Civilita Romana, em Roma;

- ela permite reconstituir para o visitante a visão de uma ou várias construções conhecidas por meio de sua planta ou de vestígios arqueológicos; a cenografia é ainda mais eficaz quando o visitante pode ver ao mesmo tempo os vestígios arqueológicos e a maquete de sua reconstituição, como no Musée de la Civilisation Gallo-Romaine de Fourvière em Lyon;
- ela utiliza convenções (de cores, de texturas) que podem servir para visualizar as diferentes etapas da construção de um prédio, do desenvolvimento urbanístico de uma cidade etc.

O estilo das maquetes é bastante diversificado, assim como os materiais de que elas são feitas: gesso, madeira, plástico, papelão etc. Algumas são feitas de madeira natural ou pintadas em branco monocromático; outras são feitas de maneira mais realista, buscando mostrar a aparência das superfícies (textura, cor etc.), figurar a vegetação ou mesmo povoar a maquete de personagens, animais e veículos para torná-la mais viva e mais "realista". Apesar de suas qualidades didáticas, o uso da maquete nos museus é polêmico: alguns o condenam por ser demasiado interpretativo, por basear-se em hipóteses que não são apresentadas ao público como tais.[287] Outros o consideram obsoleto, um pouco *kitsch*, e as substituiriam por reconstituições multimídia 3D.

As maquetes são frágeis, sobretudo as que buscam efeitos ilusionistas: os visitantes arrancam, propositadamente ou não, os pequenos elementos em relevo, as cores desbotam, os vegetais se deterioram, o conjunto se torna empoeirado, a manutenção é difícil. A colocação sob campânulas é uma solução frequentemente adotada, mas tem o inconveniente de criar uma distância entre o visitante e a maquete, além de prejudicar sua visibilidade.

Sob certos aspectos, a maquete se aproxima dos dioramas e das reconstituições mencionadas anteriormente. Mas ela se distingue delas pelo fato de constituir um *expôt* completo, autônomo, sem nenhum elemento autêntico (objetos verdadeiros) incluído. Além disso, ela geralmente é feita para ser vista de todos os lados (pode-se andar à sua volta).

---

287. Sem dúvida para evitar essas hipóteses, alguns museus de arqueologia apresentam maquetes dos vestígios descobertos durante as escavações, e não de sua restauração. É o caso, por exemplo, do Dom-und Diozesanmuseum em Trier, onde a maquete dos vestígios descobertos sob a atual catedral é absolutamente incompreensível, mesmo para os arqueólogos. Felizmente, uma maquete vizinha apresenta a reconstituição do conjunto episcopal do século IV.

OS EXPÔTS SENSORIAIS

Embora a visão seja geralmente o único sentido admitido nos museus, elementos sensoriais diversificados trazem dados olfativos, auditivos, táteis ou mesmo gustativos aos *expôts*. O recurso a esses quatro sentidos confere uma dimensão mais sensível e mais concreta aos objetos expostos, restituindo assim sua dimensão sensorial intrínseca, quase sempre inacessível através de vitrines (peso, textura, temperatura, odor, sabor, som próprio). Essa abordagem multissensorial tem parentesco com a descoberta do nosso ambiente cotidiano constantemente analisado em elementos visuais, mas também olfativos, táteis, auditivos e gustativos.[288]

A utilização do multissensorial nos locais de exposição vem se expandindo, o que suscita problemas específicos de conservação e requer certo domínio de novas tecnologias:
– o toque, mesmo muito delicado, acarreta o depósito de uma fina película ácida sobre o objeto manipulado (pensemos nas marcas que nossos dedos deixam nos vidros, por exemplo) e aumenta também o risco de quebra ou de outras deteriorações físicas;
– o som implica o controle das interferências entre os diferentes pontos sonoros para evitar a cacofonia ou o ensurdecimento por excesso de barulho (abordagem seletiva dos efeitos sonoros para limitar seu número, uso de abafadores de sons ou alto-falantes hiperdirecionais);
– a propagação de odores requer a manutenção regular dos emissores, pois os produtos espargidos são frágeis e perecíveis;
– provar o sabor coloca diretamente questões de higiene.

O atual entusiasmo por esse tipo de apresentação se explica pelo aumento do conforto e da qualidade da visita: o visitante não se contenta mais em olhar, ele quer mais. A museografia baseada numa cenografia multissensorial é especialmente adaptada a públicos como os deficientes sensoriais (os que enxergam mal), para os quais os museus ainda oferecem muito pouca planificação, ou mesmo as crianças, que apreciam uma cenografia mais lúdica e mais permissiva; é uma das respostas à preocupação com a acessibilidade dos museus a um público mais amplo.

---

288. AMORMINO, Vanessa. Expériences sensorielles. In: GOB, André (Ed.). *Musées: on rénove!*, *Art & Fact*, v. 22, 2003.

A exposição: a função de apresentação

Um saco de flores de lúpulo apresentado aberto sobre uma base e, dois metros adiante, a foto impressa numa tela de um homem aspirando profundamente o perfume das flores de um saco semelhante... O visitante é convidado a fazer o mesmo para se impregnar do cheiro da planta no museu que lhe é dedicado, o Hopmuseum em Poperinge (Bélgica).

Complementos da exposição

O audioguia

Alguns visitantes gostam que os "peguem pela mão" para conduzi-los através do labirinto do saber e da exposição. Sentem-se perdidos numa visita individual. A visita guiada, quer se trate de um guia de carne e osso ou de um guia eletrônico, é para eles a solução sonhada. Para outros, ao contrário, esses cicerones representam um constrangimento que eles não apreciam. A visita guiada se inscreve no quadro das atividades de animação do museu e será analisada no capítulo 7 (ver p. 181-282).

Dispositivo portátil que o visitante leva consigo durante a visita, o audioguia lhe fornece, quando acionado, um comentário na sua língua que pode ser o equivalente a uma placa ou a uma informação mais geral. Não podemos considerar que o audioguia substitui o dispositivo museográfico e os textos em especial: vimos que estes são parte integrante da exposição, assim como a cenografia.

O audioguia apresenta várias vantagens: comentário em várias línguas, à escolha do visitante; visita guiada econômica; flexibilidade da visita, já que o visitante ouve o que quer, no ritmo que prefere. Trata-se, porém, de um aparelho muito frágil, o que faz com que seja necessário substituir regularmente os postos. Efeito secundário incômodo ligado ao uso do fone de ouvido: os visitantes falam alto, pois não se ouvem falar.

A primeira geração de audioguias impunha ao visitante um percurso fixo: a sequência previamente registrada dos comentários determinava o ritmo da visita e os *expôts* a serem contemplados, exatamente como um guia de carne e osso. Os aparelhos atuais são de uso muito mais flexível. O visitante determina seu percurso como preferir. A integração de novas ferramentas digitais na exposição conduz progressivamente ao abandono do audioguia "clássico" em benefício do *mediaguide* que, além do comentário áudio, permite aceder a outras funções, a começar pela consulta de documentos suplementares (fotos, vídeos, animações) na tela do aparelho. Este é às vezes o smartphone do visitante, no qual é baixado um aplicativo (ver o item sobre as novas tecnologias p. 176-184).

Auxílios e prolongamentos da visita

Os primeiros catálogos de exposição, no século XIX, destinavam-se ao uso nas salas durante a visita. Eles reuniam as informações mínimas que hoje figuram nas placas.[289] Encontramos um vestígio deles nos catálogos das galerias e dos salões de

---

289. Para alguns exemplos, ver HASKELL, Francis, *Le musée éphémère*. Les maîtres anciens et l'essor des expositions. Paris: Gallimard, 2002. [ed. inglesa 2000].

vendas. Esse uso foi-se extinguindo ao mesmo tempo que os catálogos mudavam de formato e engrossavam com comentários mais extensos e a inclusão de textos gerais mais científicos sobre a temática da exposição.

Nos últimos anos, vimos ressurgirem guias e publicações concebidos para serem utilizados durante a visita. Conforme o caso, eles simplesmente substituem as placas ou as completam. A exposição "Le Louvre à Québec", montada no Musée National des Beaux-Arts de Quebec em 2008, por ocasião do quarto centenário da fundação da cidade, incluía uma publicação de 178 páginas entregue a cada visitante para consulta durante a visita e disponível em dois idiomas: francês e inglês.[290] A publicação reunia os textos introdutórios a cada um dos espaços temáticos e os dados sobre cada obra, aos quais remetia um número inscrito na placa ultramínima (autor e título) colocada junto da obra. A idealizadora da exposição justificava essa escolha por questões logísticas: diminuir o tempo em que os visitantes paravam para ler as placas e resolver de maneira simples a questão do bilinguismo. Na prática, porém, constata-se que os problemas de circulação não foram resolvidos, pois os visitantes paravam da mesma forma para ler as informações constantes da publicação.

De modo mais geral, outros impressos estão disponíveis para auxiliar o visitante durante sua visita. Mencionamos anteriormente a solução que consiste em entregar a cada visitante estrangeiro um folheto com a tradução, na língua de sua preferência, dos textos da exposição. A dificuldade, nesse caso, é identificar de maneira clara e simples a relação entre textos e traduções: numeração dos textos, um pequeno símbolo, referência topográfica? Nenhuma solução é perfeita.

Os *folders*, brochuras, volantes etc. postos à disposição do público descrevem a organização geral do museu, a planta das salas de exposição, a localização dos serviços etc. Eventualmente, indicam as obras ou as salas mais importantes, destinadas a um público específico, e um percurso especial na exposição. Feitos para serem utilizados no museu durante a visita, esses documentos são de fácil manuseio, de formato prático, claros, disponíveis em vários idiomas, se necessário. De certo modo, eles desdobram a sinalética fixa, dando ao visitante uma visão mais ampla do museu.

A maior atenção dada nos últimos anos ao público familiar encorajou as instituições museais a propor, muitas vezes gratuitamente, uma caderneta de descobertas ou de jogos a ser utilizada pelas crianças na exposição. Se esta última não comporta painéis ou outros dispositivos dedicados ao público jovem – o que é muito frequente –, esse suporte que mistura as abordagens lúdica e didática

---

290. LE LOUVRE à Québec. Les arts et la vie. Carnet de visite. Quebec: Musée National des Beaux-Arts du Québec, 2008. 176 p.

aparece como uma compensação e uma ajuda muitas vezes apreciada tanto pelas crianças quanto pelos adultos que as acompanham.

Os recursos e as publicações online podem ser consultados ou baixados pelos visitantes, antes ou depois da visita, mas também pelo público no sentido amplo, que não vai necessariamente ao museu. Os visitantes às vezes recebem, após a visita, um acesso reservado a alguns programas (graças a um código no tíquete de entrada, por exemplo). Muitos sites mantêm as páginas referentes a uma exposição já encerrada. Essa iniciativa possibilita constituir progressivamente um repertório das exposições temporárias de um museu. Essa lista cumulativa é interessante para o visitante, que assim pode se dar conta do leque dos temas abordados por aquele museu e do contexto no qual se inscreve a exposição que ele planeja ver. Mas esse inventário é importante também para o pesquisador: nele o museólogo encontra elementos para estudar a política de exposição do museu; o pesquisador da disciplina em questão pode descobrir a existência de uma exposição sobre um tema de seu interesse e, eventualmente, inteirar-se da existência de alguma publicação.

A recepção da exposição

Até aqui abordamos a exposição essencialmente do ponto de vista da concepção: o que se faz para que a exposição alcance seus objetivos? Nesta seção, é o ponto de vista do visitante que é observado e analisado. De fato, se analisamos a exposição como mídia, não devemos nos interessar apenas pelo emissor e pela mensagem, mas também pelo receptor, que tem um papel igualmente importante a desempenhar na comunicação.

O que faz o visitante de uma exposição?

Para funcionar, a exposição precisa da participação de um destinatário. Longe da imagem de um receptor "modelo" que acompanharia com aplicação – e interesse – o "bom" sentido da visita, tal como esperado e programado pelo idealizador, o visitante muitas vezes é imprevisível e indisciplinado, como mostram os estudos de comportamento realizados nos últimos 30 anos (ver capítulo sobre o público).

Pode-se considerar que a última etapa da concepção da exposição não é totalmente dominada por seu autor, e sim assumida pelo próprio visitante. Na exposição, o visitante seleciona, decodifica, associa as informações; sente emoções; liga aquilo que vê e ouve a seus próprios conhecimentos, às vezes ingênuos, a suas representações. A partir daí, com base nos elementos que lhe são propostos,

A exposição: a função de apresentação

o visitante recompõe um sentido, uma interpretação. Deslocando-se dentro do dispositivo, apropriando-se dele, trocando com outras pessoas, o visitante faz sua própria leitura. Serge Chaumier[291] observa o fortalecimento das exposições que seguem o modelo comunicacional, baseado na atividade de acolhimento. Ele distingue o discurso, que pretende comunicar uma intenção (que pode ser uma história), da narrativa, que é a construção mental daquilo que se percebe; cada um compõe sua narrativa a partir das observações ouvidas. Por conseguinte, podemos encarar a concepção da exposição como uma proposta de discurso que cada visitante capta e reformula ao longo de sua própria interpretação, constituindo uma narrativa própria a partir da sua experiência. Há, portanto, várias narrativas possíveis, necessárias, inevitáveis a partir de um mesmo discurso.

A avaliação das exposições

A avaliação das exposições, por certos aspectos e certas técnicas de investigação, se aproxima dos estudos de comportamento evocados no capítulo sobre o público (p. 121-123). Eles são porém claramente distintos em seus objetivos: a abordagem comportamental é uma pesquisa fundamental que se interessa por conhecer o visitante, enquanto a avaliação das exposições é uma pesquisa aplicada destinada a melhorar o funcionamento destas últimas.

O estudo dos públicos, os números de frequência e as sondagens de opinião não têm muita utilidade para o idealizador de um museu ou de uma exposição. Ainda que estudos de comportamento como os de Véron e Levasseur permitam que nos aproximemos da psicologia dos visitantes, o fato é que trabalhamos com um "público modelo", com um público imaginário. Ora, é preciso ir além desse tipo de abordagem e desenvolver uma pesquisa sistemática sobre o valor e a eficácia das exposições, em particular no caso das exposições didáticas.

Levar em conta as reações dos visitantes é um hábito já antigo (livro de ouro, "observações" dos guardas, evidência de problemas ou de incompreensões recorrentes nas visitas guiadas etc.), mas a avaliação permite fazê-lo de um modo mais sistemático e mais rigoroso. A avaliação é uma análise do público, de suas práticas, suas percepções e suas expectativas que serve em seguida para a realização de exposições (programação, concepção, animação, "vida"). A avaliação museal nasceu na verdade nos Estados Unidos no fim dos anos 1960, e foi tomada de empréstimo do mundo da educação.[292] Nesse campo, a avaliação dita

---

291. Serge Chaumier, *Traité d'expologie*, op. cit., p. 31.
292. Para uma breve introdução histórica da avaliação, ver SAMSON, Denis. L'évaluation formative et la genèse du texte. *Publics & Musées*, n. 1, p. 57-72, 1992.

formativa deve ajudar os professores a conhecer as dificuldades do aluno a fim de reajustar e de adaptar os métodos e os meios de aprendizagem em função de objetivos claramente definidos.

No campo museal, fala-se igualmente em avaliação formativa quando ela é destinada a trazer modificações ou melhorias a uma exposição (futura ou já em curso) a fim de que ela funcione melhor junto ao público. Trata-se de um processo contínuo, que vai desde a ideia do tema da exposição até sua abertura definitiva ao público e, às vezes, mesmo mais além.

> Com o passar dos anos, a avaliação dos elementos da exposição ultrapassou o estágio de uma disciplina "reativa" para se tornar "proativa". Isso significa dizer que a avaliação não procura mais apenas saber em que medida uma exposição pronta atingiu seus objetivos, e sim saber como aportes específicos podem ser feitos durante a elaboração da exposição para aumentar sua possibilidade de êxito. Assim, a avaliação [...] se torna parte integrante e ativa da elaboração daquilo que é avaliado.[293]

Podemos distinguir três categorias de avaliação, que se diferenciam pelo período, o momento em que elas intervêm.

A AVALIAÇÃO PRÉVIA

A avaliação prévia concerne ao tema da exposição. Ela consiste em fazer pesquisas e manter contatos com os visitantes para conhecer suas representações, suas expectativas, seus conhecimentos sobre um assunto que se pretende tornar o tema de uma exposição. Essa coleta de informações intervém, portanto, muito antes da concepção da exposição. Em geral, fazem-se perguntas a visitantes que vieram visitar o museu ou uma outra exposição nele montada, que são portanto os visitantes potenciais da próxima exposição.

As representações são os "conhecimentos *naïfs*",[294] um "saber prévio", quadros de interpretação preexistentes, constituídos de coisas ensinadas, mas também de coisas provenientes da experiência pessoal, da imaginação, de ideias preconcebidas, imaginadas, às vezes simplistas ou francamente aberrantes...

---

293. SHETTEL, Harris H.; BITGOOD, Stephen. Les pratiques de l'évaluation des expositions. *Publics & Musées*, n. 4, p. 9-23, 1994.

294. Esses conhecimentos *naïfs* (ingênuos) não têm nada a ver com a idade ou a instrução: eles são adquiridos progressivamente e se conservam no tempo. Ver BORUN, Minda; MASSEY, Christine; LUTTER, Tiiu. Connaissances naïves et conception d'éléments d'exposition dans les musées de sciences. *Publics & Musées*, n. 4, p. 27-43, 1994.

A exposição: a função de apresentação

É muito importante conhecer as representações dos visitantes sobre os futuros temas de exposição: elas são determinantes no tocante ao modo como eles vão receber e compreender o conteúdo da exposição em função de seus conhecimentos prévios. O visitante não é virgem quando chega na entrada do museu, e os conhecimentos ingênuos são muito resistentes à mudança. Ele vai mobilizar suas representações, seus quadros de interpretação e sua imaginação durante a visita, e deverá "combinar" isso com o conteúdo proposto pela exposição, sob o risco de deformar a informação de maneira a integrá-la em seus próprios esquemas.

Na prática, as avaliações prévias consistem em interrogar os visitantes, primeiro de maneira informal, em seguida a partir de uma lista de perguntas. Os dados recolhidos são às vezes surpreendentes, e as ideias iniciais dos idealizadores têm de ser modificadas: supressão ou acréscimo de um tema, amplificação de um elemento inicialmente considerado um detalhe ou uma anedota, abandono de uma abordagem temática em benefício de uma abordagem cronológica ou o contrário etc.

A AVALIAÇÃO FORMATIVA[295]

Essa avaliação consiste em testar, no curso da realização da exposição, elementos da exposição (audiovisual, fotomanipulação, interatividade, painel, animação, cenografia etc.) criando uma maquete mais ou menos rápida e grosseira, do tamanho real da exposição mas com materiais leves, tipo "faça você mesmo". Essa avaliação deve evidentemente ocorrer num momento em que ainda seja possível modificar certos elementos (calendário, encomenda de móveis etc.). Nunca se testa o conjunto de uma exposição dessa maneira, mas apenas certos dispositivos que parecem comportar um risco no nível da apreciação ou da recepção pelo visitante. Os instrumentos são a observação e a conversa.

A AVALIAÇÃO SOMATIVA

Uma vez aberta ao público a exposição, podemos analisar sua recepção e seu impacto sobre os visitantes. Essa avaliação também pode levar a modificar alguns elementos da exposição (especialmente quando se trata de uma exposição

---

295. Quando falamos em avaliação formativa em geral, nos referimos ao processo contínuo, que engloba os três momentos da avaliação. Por exemplo, às vezes encontraremos o termo "avaliação formativa prévia" para falar da primeira etapa desse processo.

permanente ou de longa duração que queremos melhorar). Trata-se de fato de uma avaliação formadora de conduta numa perspectiva de remediação. Nunca é tarde demais para fazer melhor!

Vários instrumentos podem ser mobilizados; os mais comuns são os questionários (abertos ou fechados), a observação e a conversa.

Os questionários, quer sejam aplicados por um pesquisador (que pode ser um funcionário ou uma pessoa de fora do museu), quer sejam autoaplicados, devem ser breves. Devemos nos esforçar para redigir perguntas da maneira mais clara possível, cuidando para que cada pergunta formulada traduza um dos objetivos da avaliação e tendo em mente que o visitante não tem as mesmas preocupações que o avaliador, não domina os mesmos conceitos (será que ele sabe o que quer dizer "cenografia"?) e não entende forçosamente o vocabulário da museografia (placa, fotomanipulação etc.). Os questionários, mesmo anônimos, comportam em geral uma parte referente à identificação do perfil do visitante (idade, sexo, nível de escolaridade, origem geográfica etc.) que permitirá, no momento do tratamento estatístico dos dados, segmentar o público.

Para a observação, como aliás para todo o resto, a regra é ser sistemático. Vai-se, portanto, constituir uma grade de leitura prévia, que necessita forçosamente de hipóteses ou de "ideias preconcebidas" sobre os visitantes e suas estratégias de visita. Pode-se escolher prevenir o visitante ou não. Há várias maneiras de fazer as observações.

• *O acompanhamento, centrado nas pessoas:* Consiste em seguir um visitante durante toda a visita e levantar seu comportamento de acordo com um sistema de registro preestabelecido. Em geral, registra-se seu percurso num plano da sala de exposição, cronometra-se seu tempo de visita, os momentos de parada, de leitura etc. O verdadeiro discurso da exposição é aquele que o visitante constrói em seu percurso – a ordem que ele imprime àquilo que lhe é proposto (ver p. 154-155, 200-201). A observação mostra que é pouco frequente o visitante seguir estritamente o fio previsto pelo idealizador. O acompanhamento permite reintroduzir a noção de sequencialidade.

• *O ponto fixo centrado no lugar:* Consiste em observar a partir de um posto de observação fixo o comportamento de todos aqueles que passam por uma certa parte do espaço ou diante de uma certa parte da exposição. Serve para avaliar os efeitos de um determinado dispositivo.

A consulta em geral intervém depois; na saída da exposição, vai-se tentar interrogar os visitantes que se acabou de observar. A consulta é do tipo "centrada" ou "semidiretiva". A ideia é deixar a pessoa interrogada falar livremente, seguir o fio de seu discurso e lhe dar novo impulso a partir de um guia temático da entrevista, ou seja, uma lista de aspectos que se desejaria ver abordados pelos visitantes. É preciso lembrar que as pessoas interrogadas tendem consciente ou

A exposição: a função de apresentação

inconscientemente a privilegiar os discursos de racionalidade (introduzir uma lógica, laços de causa e efeito etc. ausentes no momento da visita) e os discursos de legitimidade (dar respostas "valorizantes").

A AVALIAÇÃO, UM INSTRUMENTO LEVE E EFICAZ

Mesmo breve e de pouca amplitude, mesmo que as maquetes sejam grosseiras, mesmo que não se recorra a análises estatísticas, a avaliação, contanto que seja sistemática, é no entanto eficaz e instrutiva. Ela não exige o recurso a avaliadores profissionais ou a psicólogos: o essencial é saber escutar os visitantes, deixá-los à vontade (para que eles não se sintam julgados) e levar em consideração seu ponto de vista na exposição. Não é indispensável testar *tudo*. Podemos nos contentar em avaliar os módulos mais complicados, os que apresentam o conteúdo mais difícil.

Existem duas condições principais para se ter êxito na avaliação de uma exposição. Primeiro, ter consciência dos objetivos e das intenções da exposição: saber exatamente o que se vai avaliar e formular objetivos mensuráveis. Em seguida, é preciso um mínimo de *savoir-faire*. É preciso escolher os bons instrumentos de avaliação para responder às perguntas que nos fazemos.[296] Na medida em que avaliamos um conteúdo e os meios acionados para transmitir esse conteúdo, a avaliação convém sobretudo aos museus de temáticas educativas, cujo objetivo é permitir aos visitantes adquirir conhecimentos precisos e/ou realizar aprendizagens ativas, aos museus com "mensagem", mais que aos museus "de objetos". Os museus de ciências e técnicas e de ciências naturais são os que atualmente apelam mais regularmente para a avaliação, ainda que ela se dirija também aos outros tipos.

A avaliação tem também seus adversários, que consideram que ela é muito cara, exige muito tempo ou não informa nada que já não se saiba! O que também incomoda alguns curadores é que a avaliação coloca em questão seu "estatuto" de cientistas. Ainda com muita frequência, quando não conseguem entender a exposição, sua mensagem, os visitantes atribuem a si mesmos a falha... e o idealizador também a atribui a eles! A avaliação suprime essas impressões negativas.

---

296. Para todos os aspectos práticos da avaliação, ilustrados por numerosos exemplos, consultar: DAIGNAULT, Lucie. *L'évaluation muséale, savoirs et savoir-faire*. Quebec: Presses de l'Université du Québec, 2011, e TAYLOR, Samuel. *Essayer – modifier, comment améliorer des éléments d'exposition avec l'évaluation formative*. Dijon: 1998.

5. PERSPECTIVA PATRIMONIAL: A FUNÇÃO DE CONSERVAÇÃO

> Efetivamente, as coleções criam problema; e não tendo ainda recebido autorização para queimá-las, em Neuchâtel, devo conservá-las. Mas constatei uma coisa, é que os curadores de museu são os escravos das coleções. Para resolver isso, é preciso inverter; que os objetos e as coleções se tornem os escravos de vocês. E a partir desse momento é preciso utilizá-las para construir objetivos, para tentar fazer entender coisas, e se livrar desse escravagismo. Creio que essa é a melhor terapia que é preciso ensinar em todos os museus.[297]
>
> Jacques Hainard, 2002

Foi em meio aos sobressaltos da Revolução Francesa que o conceito de patrimônio nasceu (ver Introdução), e o papel patrimonial dos museus se revelou brutalmente como uma consequência das crises iconoclastas que agitaram a França durante a Convenção (1792-1794). Poderíamos considerar esse período definitivamente encerrado; entretanto, o caso dos Budas afegãos (2001), que teve grande repercussão na mídia, bem como outros menos divulgados, mas que representam uma ameaça igualmente grande para o patrimônio, mostram que não é assim. Lembremos a pilhagem sistemática dos templos de Angkor, que tiveram de ser protegidos pelo Exército, as demolições no centro das nossas cidades em decorrência das reformas urbanísticas, o caso do Museu de Bagdá, saqueado em abril de 2003 sob o olhar cúmplice das tropas americanas.

Ao lado dessas ameaças maiores, existem outras, cotidianas, que justificam a existência do museu de um ponto de vista patrimonial. São elas que requerem a atenção permanente dos curadores e que constituem o tema principal deste capítulo.

Para uma definição do patrimônio

Definir o que é o patrimônio permite antes de mais nada reconhecê-lo e inventariá-lo, providências que constituem as primeiras etapas no sentido de sua proteção. A noção é porém muito complexa, pois abrange domínios variados e rea-

---

297. Intervenção de Jacques Hainard em um debate. In: COLLARDELLE, Michel. *Réinventer un musée*. Le Musée des Civilisations de l'Europe et de la Méditerranée à Marseille. Paris: RMN, 2002. p. 117.

lidades diferentes, e desafia sensibilidades por vezes opostas. Originariamente, patrimônio é uma noção de direito civil: conjunto dos bens pessoais (ativos, móveis e imóveis) levados em consideração sobretudo no momento das sucessões, das heranças. A noção é antiga. Ela diz respeito a uma realidade pessoal, seja um indivíduo, seja uma família ou um grupo restrito. Nas ciências biomédicas, fala-se também em patrimônio genético.

Desde a invenção da noção de patrimônio no campo cultural, em fins do século XVIII, temos assistido a uma expansão do conceito. A vinculação entre patrimônio imobiliário – procedimentos de tombamento de monumentos e sítios – e mobiliário – tombamento de conjuntos arquitetônicos, incluindo a decoração e o mobiliário, "imobiliário por destinação", e depois de objetos puramente mobiliários – resultou na constituição das coleções públicas nos museus. A abertura da noção de patrimônio cultural para a natureza visou à proteção da biodiversidade, das "paisagens culturais", dos sítios naturais etc. Da noção de patrimônio restrita unicamente aos tesouros e às obras-primas passou-se a considerar também os bens culturais mais modestos, os "tesouros do cotidiano", que apresentavam um valor documental. Se no final do século XVIII e no século XIX somente as obras prestigiosas da Antiguidade e do Renascimento, salvo raras exceções, pertenciam ao patrimônio, o século XX incorporou as realizações mais modernas e as criações contemporâneas. Por fim, ao longo da última década, o conceito de patrimônio físico e material estendeu-se ao patrimônio imaterial.

Esse conceito cada vez mais amplo levanta muitas questões quanto à autenticidade (ou à "integridade", no que concerne aos sítios naturais) daquilo que se pretende proteger. Um templo xintoísta no Japão, destruído ritualmente a cada 30 anos e reconstruído de maneira idêntica desde o século II, será "autêntico"? O que significa essa palavra, na Europa e no Extremo Oriente?

Cabe destacar aqui o papel desempenhado nessa área pela Unesco, que classifica monumentos, sítios etc. como "patrimônio mundial da humanidade", ao qual veio juntar-se recentemente o patrimônio imaterial (como o carnaval de Binche, as marionetes na Sicília, os cantos polifônicos da Georgia etc.). A autenticidade do patrimônio hoje leva em conta a significação, as tradições, a transmissão etc., que em certas culturas são mais importantes do que a autenticidade material.

Mas onde vamos parar? Partindo de uma realidade pessoal, o patrimônio se estende assim a *tudo*, ou quase tudo, e tende a se tornar universal. O que de início dizia respeito a uma pessoa ou a um pequeno grupo de pessoas pode agora ser objeto da atenção e dos cuidados de toda a humanidade! Devemos, em função disso, conservar tudo? Tais questões não são alheias ao museu, muito ao contrário, já que ele aparece como um dos melhores instrumentos de preservação desse patrimônio. Por suas origens, o museu cumpre antes de tudo sua missão patrimonial por meio da conservação dos objetos materiais. A preservação

Perspectiva patrimonial: a função de conservação

do patrimônio imaterial, e particularmente do patrimônio vivo, implica uma "recriação permanente"[298] incompatível com a prática da conservação museal. O papel do museu em matéria de patrimônio imaterial é antes o de reunir e conservar os vestígios das sucessivas manifestações desse patrimônio.[299]

O museu como ator do patrimônio

A função patrimonial do museu abrange o conjunto das ações e cuidados necessários à gestão e à preservação das coleções: adquiri-las, inventariá-las, mantê-las, conservá-las, garantir-lhes certa perenidade, levando em conta as outras funções do museu e notadamente a necessidade de apresentá-las ao público. A ação patrimonial passa antes de tudo pelas coleções públicas: o papel da autoridade pública e, em particular, do Estado deve ser sublinhado; por sua permanência, ele garante a perenidade das coleções, e por sua preocupação com o bem público, o acesso a elas do maior número possível de pessoas, ao passo que a coleção privada está submetida às eventualidades do mercado e ao prazer pessoal (ver p. 38-39). O objetivo geral das ações patrimoniais é evidentemente aumentar as coleções públicas, mantê-las no melhor estado de conservação possível e transmiti-las à fruição das gerações futuras.

A inalienabilidade dos objetos de museu

Uma vez incorporado às coleções públicas, um objeto de museu não pode mais voltar a ser "privado". Esse é o princípio da inalienabilidade:[300] um museu não pode vender nem parte nem a totalidade das coleções sob sua guarda; não participa, como vendedor, do mercado de arte. Todavia, fala-se atualmente, utilizando o termo anglo-saxão, em *deaccessioning*.[301] A palavra, traduzida para o

---

298. Convenção da Unesco para a Salvaguarda do Patrimônio Cultural Imaterial, aprovada em outubro de 2003.

299. GOB, André. Garder une trace: le rôle du musée dans la préservation du patrimoine immateriel. *Vie des Musées*, n. 18, p. 69-78, 2004.

300. Esse princípio foi reiterado pela nova legislação francesa relativa aos museus (Lei de 4 de janeiro de 2002, art. 11) e pelo *Código de ética para museus* do Icom (Código 2002, §4.1 "princípio geral da permanência das coleções") e, de modo mais explícito, pelo decreto da Comunidade Francesa da Bélgica referente aos museus de 17 de julho de 2002 (ver quadro p. 324-325).

301. TOLMATCH, E. Avant-propos: definitions of "deacession" and "disposal". *Muse*, v. 8, n. 2, p. 11-12, 1990. Ver o pequeno dossiê que o Icom dedicou ao tema: *Nouvelles de l'Icom*, v. 56, n. 1, p. 3-5, 2003, onde poderão ser encontradas outras referências.

francês como *cession*, indica bem que não se trata de uma simples operação de venda, e sim, de certa maneira, da inversão do procedimento de aquisição, de entrada do objeto de museu no patrimônio. Esse processo não é simples; ele é submetido a uma série de condições e controles – definidos geralmente como um procedimento de desincorporação, o inverso da incorporação – destinados a garantir que o museu não venha a se desfazer levianamente de algum objeto sob sua guarda. A desincorporação deve ser sempre devidamente justificada. Os motivos puramente financeiros, em quaisquer casos, estão excluídos. Segundo Alessandra Molfino, todos os museus americanos vendem obras, mas não revelam tal fato para não desencorajar os doadores. Entretanto, ela constata que os controles foram reforçados a partir dos anos 1970, e que hoje eles preferem trocar a vender.[302] Trata-se, pois, de seguir a moda – o gosto do público –, sem empobrecer as coleções. Os museus dos Países Baixos, que em 1999 acataram o princípio do *deaccessioning* segundo procedimentos rigorosos, limitam-no porém às cessões entre museus pertencentes às autoridades públicas: assim, o objeto não sai do domínio público.[303]

Conservação, conservação preventiva, restauração

Conservação: em sentido restrito, a palavra designa o conjunto de meios e ações utilizados pelo museu para garantir a perenidade dos objetos, obras e documentos expostos ou guardados em sua reserva. Trata-se principalmente de criar e manter um ambiente o mais favorável possível, que limite ao máximo as alterações e degradações sofridas pelos objetos do museu, mas também de assegurar a manutenção dos objetos no dia a dia. Num sentido mais geral, o termo abrange a função patrimonial, e dá-se o título de curador (*conservateur*) à pessoa que detém a responsabilidade patrimonial e científica sobre um museu.

Conservação preventiva: os ingleses introduziram a expressão *preventive conservation*, bastante explícita, para designar a "conservação" francesa. A expressão conservação preventiva é hoje encontrada no vocabulário dos museus do mundo francófono e traz certas nuances em comparação com "conservação" pura e simples, que se tornou um termo mais genérico:

> A conservação preventiva é o conjunto das ações, diretas e indiretas, destinadas a garantir a perenidade das coleções expostas ou mantidas na reserva de um museu.

---

302. *Il libro dei musei*, p. 192.

303. WILLINK, Joost. De-acessioning only in public. In: KUYVENHOVEN, F. (Ed.). *Topics*. Developments in Dutch museum policy. Amsterdã: 2001. p. 22-25.

Perspectiva patrimonial: a função de conservação 211

Tais ações são diretas quando agem sobre o objeto, e indiretas quando intervêm em seu entorno e nas condições ambientes.[304]

Conceito relativamente recente no campo museal, a conservação preventiva é uma abordagem que faz parte de um conjunto mais amplo de conceitos afins, cujos limites apresentam certa permeabilidade. Ela faz parte da missão patrimonial do museu, a conservação em sentido amplo. E ela compreende, além das precauções destinadas a garantir a perenidade das coleções, todas as ações relacionadas com a gestão destas últimas dentro do museu: a política de aquisição do museu, a catalogação das coleções e sua manutenção, levando em conta as demais funções museais e sobretudo a necessidade de estudar as coleções e apresentá-las ao público. Foi dessa visão ampla da conservação que se originou o papel do curador. Certas ações ou intervenções situam-se na interseção desse conceito, da conservação em sentido estrito, da conservação preventiva, da conservação curativa e da restauração. Sem que se possa confundi-los, pode-se falar de um *continuum* entre esses diferentes conceitos, todos reunidos sob a rubrica "conservação" como função patrimonial.

Restauração:[305] intervenção pontual reparadora feita após estragos causados pelo tempo, por acidentes, por negligência ou incúria, que tem como objetivo revalorizar o conteúdo histórico, funcional e estético dos bens culturais. A restauração das obras de arte (pinturas, esculturas, tecidos, tapeçarias etc.), guiada por análises científicas e históricas prévias, em geral é feita em laboratórios ou ateliês especializados, e não no próprio museu. Já os objetos arqueológicos ou etnológicos, bem como os espécimes de história natural, costumam ser tratados e restaurados no próprio museu.

Cumpre distinguir bem essas duas noções: a conservação é contínua, preventiva, aplica-se a um objeto ou a uma coleção de objetos, deteriorados ou não, em estado estável ou instável. Ela concerne diretamente ao museu. Já a restauração é pontual, reparadora, e concerne apenas a um objeto de cada vez. Ela intervém em objetos alterados ou danificados, mas cujo estado está estabilizado, e é feita num laboratório especializado. A conservação curativa intervém em objetos em estado de deterioração ativa. Além disso, a conservação preventiva se exerce sobre uma coleção (e não um único objeto) que se acha em estado saudável.

Conservação curativa: a expressão é empregada quando a ação se exerce sobre um objeto único, em estado de deterioração ativa. Trata-se de cuidar de uma

---

304. LA CONSERVATION préventive des collections. Fiches pratiques à l'usage des musées. Ocim; Musée des Techniques et Cultures Comtoises, 2002.
305. Infelizmente, em inglês, o termo *conservation* designa o que em francês é chamado de restauração. Constata-se porém o emprego cada vez mais frequente do termo *restoration*. Exemplo: KÜHN, H. *Conservation and restoration of works of art and antiquities*. Londres: 1986.

alteração para interromper seus efeitos. É o que ocorre, por exemplo, quando tratamos de uma peça de madeira infestada de insetos xilófagos: quando as larvas estão vivas e se alimentando da madeira, temos de interromper a deterioração com urgência. Após essa operação, o estado sanitário do objeto fica estabilizado e saudável, ainda que deteriorado. O objeto deve imperativamente ser recolocado num ambiente controlado e, se for julgado necessário, poderá ser restaurado.

Encerremos essa lista de definições destacando que certas intervenções são mistas. Recolar a camada pictórica de uma escultura policrômica ou tratar de um objeto metálico oxidado, por exemplo, são medidas ligadas ao mesmo tempo à conservação curativa e à restauração, na medida em que se restitui à peça legibilidade e brilho.

A conservação e particularmente a conservação preventiva nada têm de espetacular, ao contrário de certas restaurações. Trata-se de tomar medidas para que *nada* aconteça, o que pode ter um lado frustrante. Às vezes, portanto, é difícil fazer com que seu princípio seja aceito pelos responsáveis administrativos ou políticos. A conservação também não causa sensação entre o público: parece "normal" que as coleções sejam mantidas em bom estado. As recomendações que se seguem, e que se encontram detalhadas nos manuais e em outras obras sobre o tema, constituem um ideal que cada um se esforça por alcançar. Certas medidas preconizadas requerem meios incompatíveis com os recursos das instituições museais. O mais importante é ter conhecimento do ideal para tentar alcançá-lo, e informar toda a equipe dos museus sobre as regras básicas da conservação.

Na prática cotidiana do meio museal, existem duas ordens de prioridade. De um lado, o objetivo principal é colocar as coleções em boas condições de conservação; de outro, é preciso ser capaz de fazer face à urgência quando se trata de estabilizar a deterioração de um objeto para garantir-lhe a sobrevivência e em seguida cuidar para que ele seja recolocado em boas condições. Restaurar o que está mais danificado é opcional na maioria dos casos.

Uma abordagem global

A conservação é um sistema global e dinâmico, um conjunto organizado de parâmetros que são interligados.[306] Todo mundo está envolvido e tem um papel a cumprir na preservação do patrimônio. As responsabilidades são compartilhadas e implicam a atenção e as ações de um grande número de pessoas, do cura-

---

306. Essa abordagem da conservação museal é desenvolvida sob diferentes aspectos (coleção, organização, infraestrutura, gestos cotidianos) no site: <www.conservationpreventive.be>.

Perspectiva patrimonial: a função de conservação 213

dor ao visitante, passando por quem tem o poder de decisão política. Um plano de conservação preventiva[307] leva em consideração o conjunto das coleções em seu ambiente no sentido amplo (normas climáticas, iluminação, controle das infestações biológicas e da poluição), mas também o quadro administrativo, as ações do homem em geral e as dos agentes patrimoniais em particular, a infra-estrutura, o projeto museal, os grandes riscos etc. Nesse contexto, não se trata de se ater a um dos parâmetros, e sim a todos ao mesmo tempo. Isso só é possível após um esforço de programação e de planejamento, em função dos recursos (humanos, imobiliários e financeiros) de uma instituição. Pode ser grande a tentação de buscar resolver um problema de cada vez, mas é ilusório imaginar chegar a um resultado satisfatório separando os problemas em vez de considerar todos os parâmetros simultaneamente. De fato, uma intervenção que parece ser indicada para resolver problemas de climatização pode ter um efeito nefasto sobre a redução da poluição no interior do museu. Uma solução adequada para um tipo de material pode se revelar nociva para outro, e assim por diante.

Essa abordagem global é também dinâmica, pois a instituição está sempre evoluindo, e portanto a reflexão e as atenções nunca param: a situação ideal, se pudesse ser atingida, deveria ser constantemente reavaliada. Quer se trate de um aumento da coleção, de uma ampliação do prédio, de uma mudança, de uma exposição temporária, de um evento a ser acolhido, é preciso poder prever todas as situações que possam se revelar delicadas, a fim de evitar as alterações dos objetos da coleção.

Espaços de exposição e reservas

A parte mais visível de um museu são as salas de exposição. Estas, no entanto, mostram ao visitante apenas uma parte das coleções do museu, tanto mais reduzida na medida em que a tendência atual é ao enxugamento das apresentações, a uma seleção rigorosa dos objetos expostos. A maioria das instituições expõe, em média, somente de 5% a 10% de suas coleções.[308] O restante, portanto, encontra-se estocado nas reservas – donde o cuidado que se deve ter com essas infraestruturas.

As reservas não devem ser confundidas com um sótão ou um porão, um lugar onde se guardam coisas que não servem mais. Do ponto de vista da conservação, elas são, ao contrário, lugares tão importantes quanto os espaços de

---

307. Ver GESTION et contrôle des collections. (2. ed. Dijon: Ocim, 1999).
308. O Musée Royal de l'Afrique Centrale, em Tervuren (Bélgica), expõe somente 2% de suas coleções.

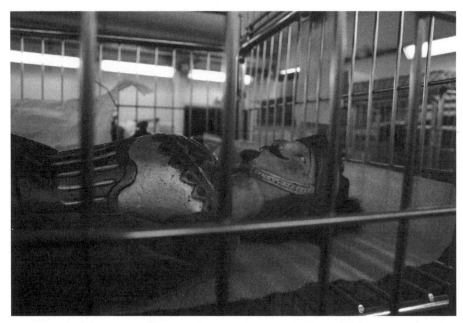

O programa de tratamento das coleções (*chantier des collections*) é o conjunto das operações destinadas ao tratamento sistemático das obras ou objetos de um museu: verificação do inventário, do dossiê e da marcação de cada peça, verificação do estado, filmagem, eliminação da poeira e consolidação quando necessário, e (re)acondicionamento. Essas providências em geral são tomadas em decorrência de uma mudança ou de uma reforma.

exposição, visto que abrigam a maior parte das coleções. As condições de conservação são aí diferentes: as reservas garantem a estocagem e a arrumação a longo prazo, mas não são visitadas todos os dias, ao passo que as salas de exposição devem atender às exigências da apresentação ao público. Duas categorias de espaços, com suas especificidades, mas com uma mesma exigência no tocante às condições de conservação.[309]

As reservas, bem arejadas, devem situar-se em local salubre, de clima estável. Devem ser regularmente inspecionadas, pois, ao contrário das salas de exposição, não são necessariamente visitadas cotidianamente. Caso ocorra algum problema, como uma infestação de insetos ou a formação de um microclima nefasto, deve-se poder reagir prontamente para não ter de constatar mais tarde estragos irrecuperáveis. Os locais de estocagem devem ser manti-

---

309. LES RÉSERVES dans les musées. Actes du colloque international, Paris, 19-20 septembre 1994. Paris: 1994; RÉMY, Luc. Les réserves: stockage passif ou pôle de de valorisation du patrimoine? *La Lettre de l'Ocim*, n. 65, p. 27-35, 1999.

Perspectiva patrimonial: a função de conservação

dos em segurança, tanto para evitar furtos mediante arrombamento quanto para prevenir contra riscos de incêndio ou de inundação, para citar apenas os perigos mais comuns.

A funcionalidade e a acessibilidade são critérios primordiais: as dimensões são suficientes para garantir uma estocagem sem atravancamento nem saturação e para permitir a fácil manipulação dos objetos, mesmo dos que mais atravancam? Os locais comunicam-se com as salas de exposição ou de consulta, bem como com as instalações técnicas? A reserva e os objetos que ela contém devem ser facilmente acessíveis, o que implica que o local seja perfeitamente organizado (com uma sinalética *ad hoc*) e constantemente arrumado. Uma arrumação racional é de fato um fator essencial para se poder estocar um grande número de objetos num espaço restrito, para evitar a degradação dos objetos depositados e, finalmente, para permitir o acesso e a consulta às coleções. A localização precisa de cada objeto deve estar indicada na ficha de inventário, cada objeto deve estar etiquetado e, se possível, ficar à vista. Desse modo, a reserva ficará em condição de cumprir suas missões conjuntas de conservação e difusão; as coleções ficarão disponíveis para empréstimos a outros museus, para os pesquisadores e para as exposições temporárias.

Uma solução prática é adotada pelos museus que têm a possibilidade de fazê-lo: construir ou instalar uma reserva externa, que satisfaça às normas de conservação e facilite a gestão, o movimento e o estudo das coleções (ver capítulo sobre a arquitetura, p. 307-308). Essas reservas podem servir a várias instituições, a fim de repartir os custos.

A aquisição

Trata-se do meio pelo qual um objeto ingressa no museu. O museu deve ter uma política assertiva, dinâmica, em matéria de aquisição, e não se contentar em ser um receptáculo passivo que acolhe os objetos que lhe queiram confiar. As aquisições do museu são regidas por três parâmetros:
- *preservar*: trata-se de garantir a conservação dos objetos que se considera fazerem parte do patrimônio (nacional ou mundial);
- *completar uma coleção*, não na perspectiva da acumulação ou do entesouramento, e sim levando em conta tanto o projeto didático do museu, sua finalidade – isto é, adquirir os objetos necessários para a expressão do discurso da exposição –, como as atividades científicas da instituição, constituindo coleções de referência;
- *garantir a representatividade e a preservação do patrimônio local*: cada museu tem também por vocação ilustrar a vida e a criação artística locais.

O museu não é um colecionador, nem mesmo um colecionador de interesse público. Mas, como os limites nem sempre são bem definidos, muitos curadores, principalmente de museus de arte ou de arqueologia, têm uma atitude ambígua em relação aos colecionadores e ao mercado de artes e antiguidades. A aquisição, por um museu, de peças de origem desconhecida (porque incorporadas há muito a alguma coleção ou ao mercado) ou mesmo duvidosa (roubadas ou saídas ilicitamente de um país) não é fato raro. Ela deveria, portanto, ser evitada: qualquer que seja o interesse estético ou histórico do objeto, o curador do museu deve ter uma conduta ética irrepreensível, como prescreve o Código de Ética do Icom.

A entrada do objeto no museu se faz por meio da compra, da dação, do empréstimo ou coleta *in situ*.

O mercado de arte

O mercado de arte e de antiguidades é sobretudo um instrumento financeiro; ele pouco tem a ver com a arte ou o patrimônio. Em particular, o valor de mercado de uma obra ou de um objeto não é uma medida da sua qualidade artística ou da sua importância histórica. É um meio pelo qual a oferta – o vendedor – e a demanda – o comprador – ajustam um preço para a transmissão da propriedade do objeto. E esse preço é a resultante de vários fatores, conjunturais, intrínsecos e pessoais; a qualidade própria da obra intervém sem dúvida pelo viés da demanda – há muita procura pelo objeto? –, mas esta é sabidamente flutuante e dependente dos modismos.

O museu intervém no mercado como comprador, particularmente no campo da arte. É um meio de completar uma coleção, de evitar que uma pintura ou uma escultura saia do território nacional, de estimular a criação contemporânea, de fazer com que uma obra entre em domínio público.

O museu deve definir suas próprias prioridades em relação a um mercado cuja única finalidade é o lucro, noção totalmente estranha ao mundo dos museus. Em particular, os curadores[310] deverão estar atentos ao fato de que a compra de obras no mercado de artes e de antiguidades:
- exige recursos financeiros consideráveis, por vezes desproporcionais em relação à importância que a aquisição tem para o museu, independentemente de seu valor cultural "intrínseco", se é que ele pode ser estimado;

---

310. Em geral os museus públicos dispõem de um comitê de aquisições ou de uma comissão de compras para orientar os curadores. Mais frequentemente, porém, o concurso de tais órgãos consultivos é solicitado em função das circunstâncias, para aquisições pontuais, ao passo que seria preferível associá-los igualmente à definição de uma política global de aquisições para o museu.

Perspectiva patrimonial: a função de conservação

217

- incentiva a alta do mercado de artes, o que é mais prejudicial aos museus do que aos colecionadores;
- pode incentivar as escavações arqueológicas clandestinas e o tráfico ilícito de bens culturais.

O tráfico ilícito de bens culturais[311]

Foi na segunda metade do século XX que se começou a tomar consciência da necessidade de regulamentar e controlar o comércio internacional de arte e bens culturais, ao mesmo tempo que o volume do tráfico ilícito não parava de aumentar. Vários fatores explicam esse crescimento inquietante:

- um comércio antes considerado admissível ("normal") tornou-se ilícito em razão das leis de proteção do patrimônio adotadas por numerosos países, em especial aqueles que haviam conquistado recentemente sua independência;
- uma fragmentação do território de certos países intensificou o fenômeno;
- um interesse crescente pelas civilizações não europeias, principalmente as pré--colombianas, africanas e do Extremo Oriente, fez crescer a demanda por parte dos colecionadores;
- a globalização do comércio estendeu-se ao mercado de artes e de antiguidades;
- a arte e o patrimônio tornaram-se objeto de especulação financeira.

Em 1970, a Unesco estabeleceu uma convenção internacional "sobre os meios de proibir e de prevenir a importação, a exportação e a transferência de propriedade de bens culturais". A convenção deveria ser ratificada pelos países que desejassem aderir a ela: até agora uma centena de países já o fizeram, entre eles os Estados Unidos (1983) e a França (1997), mas não a Bélgica e a Grã-Bretanha, para citar apenas alguns exemplos. A não ratificação pode ser explicada pelas morosidades administrativas, mas reticências de fundo podem também intervir. Em 1995, uma segunda convenção, a chamada Convenção Unidroit sobre os Bens Culturais Roubados ou Exportados Ilegalmente, veio completar o arsenal jurídico. Enquanto a convenção de 1970 opera no nível intergovernamental, a Convenção Unidroit define um quadro internacional de referência para a aplicação dos direitos nacionais. A troca de informações constitui outro meio eficaz de lutar contra o tráfico ilegal. Vários países criaram bases de dados sobre objetos roubados ou desaparecidos, assim como a Interpol, a organização internacional de polícia. Nada disso impede que objetos roubados ou exportados ilegalmente sejam encontrados regularmente no mercado de artes, em coleções particulares e até mesmo em museus públicos! É dever dos curadores não comprar objetos de origem duvidosa ou incerta. Ver também p. 107-111, sobre a gestão das restituições.

---

311. Ver ASKERUD, Pernille; CLÉMENT, Étienne. *Preventing the illicit traffic in cultural property.* Paris: Unesco, 1997.

A coleta in situ

Foram as explorações zoológicas e botânicas, as escavações arqueológicas, as missões etnográficas, as pesquisas etnológicas e outras tantas atividades científicas que alimentaram as coleções dos museus nos dois últimos séculos. A descolonização e a conscientização do valor patrimonial dos objetos arqueológicos e etnográficos levaram a maioria dos países a tomar as medidas legais de proteção que hoje impedem quaisquer exportações de bens culturais (ver p. 108-109). São os museus nacionais, mais que os museus europeus ou americanos, que hoje garantem a conservação desse patrimônio e sua valorização.

Isso não quer dizer que essa fonte de aquisição tenha secado para os museus europeus; as escavações arqueológicas locais e as pesquisas etnológicas se inserem nas missões científica e patrimonial dos museus e constituem um meio prioritário de enriquecimento das suas coleções e de renovação das suas temáticas.

O desenvolvimento das escavações de salvamento, em seguida à realização de grandes obras, e a existência de centros regionais de arqueologia fizeram com que fosse atribuído aos museus um papel de depósito arqueológico local que recebe os resultados das escavações conduzidas por outros organismos na região. Nos casos de descoberta de vestígios monumentais dignos (e suscetíveis) de serem conservados, coloca-se a questão de saber se é preferível transferi-los para um museu vizinho ou consolidá-los e conservá-los no local.[312] A segunda solução tem a vantagem da autenticidade e da apresentação dos vestígios em seu contexto, especialmente o paisagístico. Mas ela coloca graves problemas de conservação (proteção contra as intempéries e o vandalismo). A incorporação ao museu é mais segura em matéria de conservação, mas desenraíza os vestígios arqueológicos, integra-os a um ambiente totalmente estranho e pode criar problemas sérios ligados ao espaço necessário dentro do museu.

As doações (de particulares) e o mecenato (de empresas)

A doação espontânea ao museu de um objeto, de uma obra de arte, de uma coleção inteira é uma prova da confiança do doador no museu no que diz respeito ao patrimônio: é o museu que aparece, aos olhos do grande público, como a instituição encarregada de garantir a preservação do patrimônio cultural. Do ponto de vista do museu, será equiparado a uma doação o caso em que o doador, dessa forma, se livrar de um imposto devido ou se beneficiar de uma isenção.

---

312. Os problemas de ordenamento do território nem sempre o permitem: não se muda facilmente o trajeto de um trem-bala, de um canal ou de uma estrada. Nesse caso, a retirada e a "reconstrução" se impõem.

A doação, sob suas diferentes formas, constitui o principal caminho de entrada dos objetos nas coleções do museu.

- *A doação:* A doação é irrevogável e geralmente incondicional.[313] Uma doação pode ser concretizada através do correio, de uma escritura registrada em cartório ou de uma simples declaração manuscrita. Quando a doação é feita diretamente (doação manual), é preciso que o curador a sancione por escrito, numa carta de agradecimento, por exemplo, a fim de evitar qualquer contestação posterior dos herdeiros ou parentes.

- *O legado:* O legado é a destinação gratuita de um bem por disposição feita em testamento.[314] O museu tem a possibilidade de recusar o legado se este não corresponder ao seu programa ou se vier acompanhado de cláusulas inaceitáveis, por exemplo. Um testamento pode ser modificado: o legado só se torna, portanto, irrevogável quando da morte do doador.

- *A dação:* A dação[315] consiste em ceder a um museu objetos – geralmente obras de arte – em pagamento do imposto sobre herança. Essa possibilidade foi aberta legalmente para evitar que os herdeiros tenham de vender no todo ou em parte um patrimônio imobiliário ou uma coleção a fim de pagar impostos sobre heranças e corram o risco, com essa venda, de dispersar a coleção ou de ver uma parte dela deixar o território nacional. O exemplo mais célebre de dação é o da que foi feita pelos herdeiros de Picasso quando da morte do pintor; ela foi a base da criação do Musée Picasso em Paris (ver também p. 99-101).

- *O mecenato de empresa:* Quer seja direto – a empresa oferece diretamente uma obra ao museu – ou indireto, via uma fundação, o mecenato de empresa tem algum interesse: deveríamos antes falar em patrocínio (ver p. 341-342). A empresa geralmente obtém uma isenção de imposto, maior ou menor segundo a legislação fiscal de cada país,[316] e conta com um efeito midiático para melhorar sua imagem. Diferentes pesquisas junto aos diretores de empresa mostraram que a busca de uma imagem "nobre", prestigiosa, é a principal motivação do patrocínio. Acontece de a obra de arte não ser doada definitivamente ao museu, mas apenas depositada a longo prazo (empréstimo); isso ocorre especialmente com as companhias de seguro, que legalmente devem dispor de um patrimônio importante como garantia. O mecenato pode ser espontâneo, mas também pode ser solicitado pontualmente, para a compra de uma obra importante disponível no mercado ou ameaçada de exportação, por exemplo.

---

313. Ao menos em teoria; na prática dos museus, acontece de o doador externar alguns desejos ou mesmo exigências.

314. A regra geral, porém, é que o museu deve pagar os impostos sobre heranças.

315. Iremos aqui nos restringir ao caso do museu; a dação tem um alcance jurídico mais geral.

316. A legislação americana, particularmente generosa nesse campo, é a principal razão da prosperidade das fundações, muitas vezes ligadas diretamente à empresa, que sustentam financeiramente os museus.

As associações de amigos dos museus têm um papel importante no que diz respeito à aquisição gratuita para o museu: elas recolhem fundos, solicitam às empresas que adquiram obras e as ofereçam ao museu.

Os empréstimos e as cessões

O empréstimo é um contrato pelo qual um ou vários objetos são postos à disposição do museu, seja por um colecionador privado, seja por uma empresa que o(s) adquiriu com esse objetivo. Em princípio, o empréstimo é feito por um prazo fixo e não pode ser retirado antes que este se encerre (salvo por acordo entre as partes). O empréstimo de curta duração (algumas semanas ou alguns meses, um ano) em geral acontece por ocasião de uma exposição temporária. Ele deve ser objeto de um contrato escrito que especifique as condições e as exigências especiais de transporte e de exposição, as responsabilidades em caso de deterioração, o valor do seguro. O empréstimo a longo prazo permite ao museu completar sua coleção tendo em vista sua exposição permanente; é uma fórmula ágil que permite a um museu colaborar com uma outra instituição sem se desfazer definitivamente de um objeto de sua própria coleção.

Na Bélgica, foi criado recentemente o Fonds Calypsor,[317] para responder à aspiração de colecionadores privados desejosos de tornar acessíveis ao grande público suas obras e objetos de arte inéditos. Os colecionadores podem alimentar o fundo por meio de uma cessão, um empréstimo, uma doação ou um legado, beneficiando-se de um regime fiscal muito favorável e dos conselhos de especialistas na matéria. O Fonds Calypsor, iniciativa privada gerada conjuntamente por uma ASBL e pela Fondation Roi Baudouin, se encarrega de encontrar os lugares mais adequados para valorizar, de maneira anônima ou não, as coleções reunidas. Os pesquisadores e historiadores da arte também podem ter acesso a elas quando os proprietários autorizam o Calypsor a tanto.

As condições de conservação dos objetos

O objeto de museu foi retirado de seu meio natural e se encontra incorporado a um novo ambiente, artificial, o ambiente do museu. Essa ruptura pode ser

---

317. Disponível em: <www.calypsor.be>.

dramática; em alguns casos – pensemos nos destroços e objetos de madeira encontrados em escavações submarinas – ela seria fatal ao objeto se não fossem tomadas precauções especiais. O museu impõe além disso condições específicas, como a necessidade de apresentação para o público, que envolve a fixação (*accrochage*) do objeto e a iluminação. As condições de conservação dos objetos de museu devem ser cuidadosamente estudadas a fim de atenuar os efeitos dessa ruptura e assegurar-lhes a maior longevidade possível. Diversos fatores ambientais ameaçam a integridade dos objetos confiados ao museu: as condições microclimáticas no interior do museu, a luz, os ataques biológicos (insetos, bactérias, mofos), os riscos de sinistro, mas também os procedimentos de fixação dos objetos tendo em vista sua exposição.

Examinaremos sucessivamente essas fontes potenciais de degradação, mas é importante ter em mente que não basta atacar algumas delas se negligenciarmos as outras. Ao contrário, as medidas que poderíamos tomar para minimizar alguns desses riscos podem agravar outros. *A conservação preventiva dos objetos de museu constitui uma abordagem global* que abrange tudo o que determina seu

A montagem de uma exposição é um momento delicado para a conservação das coleções e, apesar do *stress*, é preciso evitar a precipitação. Os objetos devem ser manipulados com calma e atenção. Eles só podem ser pendurados e colocados nas vitrines depois que os trabalhos de cenografia estiverem concluídos – deve-se ter o cuidado, sobretudo, de respeitar os tempos de secagem das pinturas e vernizes, cujas emanações podem ser daninhas.

ambiente,[318] a arquitetura, as condições naturais, os fatores humanos. Nunca será demais insistir na necessidade de formação e de informação da equipe, em todos os níveis da instituição, desde o diretor ou o curador até o pessoal da manutenção, passando pelos animadores e pelos guardas. Todas as pessoas que se movimentam na instituição têm uma responsabilidade com relação ao patrimônio conservado; sua ignorância, sua incompetência, quem sabe sua má vontade podem levar a catástrofes a curto ou longo prazo. Fora do museu, é preciso se comunicar com os poderes públicos e os outros parceiros de modo a chamar sua atenção para essas questões e poder contar com seu apoio. É uma boa prática, enfim, informar o público sobre as razões de certas medidas provisórias ou permanentes: por exemplo, a iluminação fraca nas salas de arte gráfica ou a retirada de um quadro para restauração em consequência de desgastes acidentais.

A conservação preventiva implica a execução de um plano de ação em que o conjunto da equipe do museu deve estar envolvido. Uma vez levantada a situação atual das coleções e de seu contexto, é indispensável assegurar uma vigilância constante dos objetos em risco: o inventário informatizado das coleções pode se revelar um auxiliar precioso se nele for registrado o estado sanitário dos objetos e ainda, eventualmente, as previsões de vigilância, manutenção ou restauração. A base de dados da Associação dos Museus Suíços, assim como a base Aicim na Bélgica (ver capítulo 6), entre outras, preveem esse tipo de informação.

A conservação: riscos ligados à luz

A iluminação num museu desempenha uma dupla função; de um lado, como em qualquer edifício, ela serve para a iluminação geral dos espaços e das salas, permite "ver", se orientar e circular dentro delas; de outro lado, ela é um meio importante de valorizar os *expôts*, sublinha alguns de seus traços, conduz o olhar do visitante. Esse uso específico na exposição deve merecer ainda mais nossa atenção na medida em que muitas vezes se trata de uma iluminação próxima, dirigida para os objetos e às vezes bastante violenta.[319]

---

318. Ver BOELL, Denis-Michel. La conservation préventive des collections des musées: principes et règles. In: *Manuel de muséographie*, op. cit., p. 109-119. Ver também o site: <www.conservationpreventive.be>.

319. Para toda esta parte relativa à iluminação nos museus, ver EZRATI, Jean-Jacques. *Manuel d'éclairage muséographique*. 2. ed. Paris: La Documentation française, 2004; THÉORIE, techniques et technologie de l'éclairage muséographique. Paris: Scéno, 2002; AFE. *Guide pour l'éclairage des musées, des collections particulières et des galeries d'art* (1991), e BERGERON, André (Ed.) *L'éclairage dans les institutions muséales*. Quebec: Presses de l'Université de Québec, 1992.

O estudo da iluminação de um museu ou de uma exposição envolve várias questões técnicas e deve, sempre que possível, ser confiado a um escritório especializado na iluminação de exposições. Entretanto, a utilização da luz para fins museográficos ou cenográficos implica que esse estudo seja feito em ligação com e sob a direção da equipe de museografia. A luz é um fator de degradação dos materiais. Seus efeitos dependem da natureza desses materiais, de sua própria composição espectral, do nível e da duração da iluminação.

A natureza da luz

A luz, seja ela de origem natural (o sol) ou artificial (as lâmpadas), é uma radiação eletromagnética que se propaga no espaço e que, ao encontrar um corpo que a absorve, pode aquecê-lo; a luz constitui assim uma forma de energia. Essa energia e suas transformações é que podem alterar um objeto frágil.

O olho humano é sensível a uma pequena parte dessa radiação: falamos então em luz visível. É esta que é útil para a iluminação. Mas o raio luminoso contém também outros tipos de radiação, que são invisíveis e cuja ação sobre o objeto pode se revelar nefasta: os infravermelhos (IV) e os ultravioletas (UV).

> **Uma radiação multiforme**
> De fato, a luz é uma radiação eletromagnética, assim como as ondas de rádio ou os raios X e gama; essas diferentes classes de radiação só diferem pelo comprimento da onda. Mas essa diferença é importante porque ela determina a energia da radiação. Esta é diretamente proporcional à frequência da radiação e, portanto, inversamente proporcional ao comprimento da onda.
>
>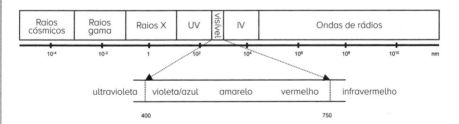
>
> Temos as seguintes relações: E = hu e u = c/l, onde E designa energia, u a frequência, l o comprimento da onda. h e c são duas constantes cujos valores são respectivamente H = 6,625.10^{-34} (constante de Planck) e c = 300.000 km/seg (velocidade de propagação da luz).

A luz branca tal como ela nos chega do sol se decompõe ela própria num espectro de cores variadas que vão do violeta ao vermelho, como nos mostra o arco-íris. A cada uma dessas cores corresponde uma radiação de comprimento de onda fixo. A luz que percebemos e aquela que é utilizada na iluminação são geralmente constituídas de um feixe de radiações de comprimentos de onda variados, e o "coquetel" assim realizado é variável de acordo com a fonte de luz. Fala-se em luz monocromática quando o raio só tem um comprimento de onda; ele é então colorido (lâmpada amarela de sódio, por exemplo).

As fontes luminosas em geral são caracterizadas por uma temperatura de luz expressa em graus Kelvin (°K);[320] é uma forma sintética de exprimir a composição da radiação luminosa.

Exemplos: Céu encoberto através das vidraças comuns: 6.400 °K

Lâmpada incandescente típica: 2.800 °K

Tubo fluorescente: entre 3.000 e 6.500 °K

Lâmpada halógena: 3.100 °K

A fotometria

Trata-se de medir a quantidade de luz emitida por uma fonte ou recebida por um objeto.

Podemos medir a quantidade de luz emitida por uma fonte. O fluxo luminoso é a quantidade de luz irradiada por segundo por uma fonte em todas as direções. A unidade de medida do fluxo luminoso é o lúmen (lm). Mas na maioria das vezes esse fluxo é expresso em função da potência da fonte, por sua vez expressa em watt (W):[321] falamos em lâmpada de 60 W, 150 W, em projetor de 500 W.

Se estivermos interessados na luz recebida por um objeto, iremos definir então a iluminação desse objeto. A iluminação é a quantidade de luz que atravessa uma superfície unitária por segundo.[322] A unidade de iluminação é o lux (lx): é a iluminação de uma superfície de 1 m² que recebe normalmente (ou seja, perpendicularmente) um fluxo de 1 lm.

Exemplos:

Uma lâmpada de 100 watts fornece aproximadamente um fluxo total de 6 mil lúmens e produz, numa superfície de 1 m² situada a 2 metros, uma iluminação de 1.500 lux.

---

320. O grau Kelvin é antes de tudo uma medida de temperatura: o °K corresponde ao zero absoluto, o °C (zero centígrado) equivale a 273,6 °K. Quando se fala de "temperatura de luz", está-se falando da irradiação que corresponde à luz emitida por um "corpo negro" (= radiador absoluto, ou seja, corpo que emite integralmente a energia) aquecido a essa temperatura.

321. Para uma fonte com 555 mµ de comprimento de onda (amarela), 1 lm corresponde a 1,6. 10^{-3} W.

322. A iluminação é inversamente proporcional ao quadrado da distância até a fonte.

A intensidade de iluminação de um local de trabalho deve ser de cerca de 250 lux para ler e escrever e de até 500 lux para trabalhos mais finos.

A iluminação geral do ambiente do museu deve ser de 200 a 400 lux.

Uma aquarela não deve receber mais de 50 lux.

Uma pintura a óleo pode suportar até 200 lux.

Dois aparelhos permitem medir a quantidade de luz recebida pelos objetos expostos: o Luxmetro mede a iluminação do objeto (essencialmente no espectro visível) e o UV-metro mede a radiação de UV.

A quantidade de luz

Um objeto exposto é iluminado num certo nível de iluminação (medido em lux). A despeito das precauções que se pode tomar para eliminar as radiações invisíveis nefastas (UV e IV), a luz degrada os objetos mais sensíveis; mesmo a luz visível (por sua parte mais próxima dos ultravioletas) pode ter uma ação fotoquímica sobre a matéria. Por isso é que se recomenda limitar a iluminação de certas categorias de materiais.

Essa ação fotoquímica é cumulativa; ela está ligada à duração da exposição à luz. Uma iluminação de 50 lux durante oito horas por dia à razão de 360 dias por ano (ou seja, 2.880 horas/ano) é equivalente a uma iluminação de 500 lux durante 36 dias.[323] É por isso que é preciso levar em conta a quantidade total de luz recebida por um objeto.

Para os objetos muito sensíveis, a iluminação deve ser especialmente limitada: não mais que 50 lux para os desenhos, aquarelas, tecidos, papéis. Além disso, é aconselhável limitar o tempo de exposição, por exemplo, por meio da iluminação intermitente ou de um sistema que só acende com a aproximação do visitante.

Fontes de luz utilizadas nos museus

LUZ NATURAL

É a luz que a terra recebe do sol; quando ela chega ao nível do solo, já atravessou diferentes camadas da atmosfera, o que lhe retirou uma boa dose de radiações mais nocivas, sem o que não seria possível a vida sobre a terra. Ainda assim

---

323. Lei de reciprocidade de Bunsen-Roscoe. Existem normas de DTE (dose total de iluminação) segundo os materiais expostos.

ela contém uma grande quantidade de raios UV e IV. O vidro é um material que absorve uma parte dos raios UV, particularmente os mais nocivos, os UV longínquos,[324] mas a taxa de UV medida no interior de um museu quando o céu está nublado e as vidraças têm 3 mm de espessura ainda é de mais de 5%.

A luz natural ilumina o museu através de claraboias no teto (iluminação zenital) ou de aberturas (janelas, portas envidraçadas, divisórias envidraçadas). Os raios solares jamais podem iluminar diretamente os objetos; proteções e filtros devem estar obrigatoriamente previstos: simples cortinas de enrolar, *sheds*[325] com refletores produzindo uma iluminação indireta, sistema complexo de ocultação parcial ou total regulável.[326]

A luz natural é uma luz agradável e que pode oferecer uma iluminação uniforme quando bem utilizada; a iluminação zenital é particularmente recomendada porque evita os reflexos que a iluminação lateral muitas vezes provoca.

Mas a fonte luminosa sol é caprichosa e impossível de regular.[327] Isso levou muitos museógrafos, nos anos 1970, a preferir a iluminação artificial e a ocultar completamente as salas do museu. Foi o caso de Georges Henri Rivière, que assim se exprimia por volta de 1973-1974:

> Um partido fundamental tem de ser tomado, entre clima óptico natural e clima óptico artificial. Alguns, por diletantismo ou por preocupação em economizar, preferem a luz natural. Outros, entre os quais se encontra um número crescente de importantes *experts* em conservação e de museólogos, sublinham que o clima óptico artificial se presta mais ao controle dos níveis de iluminação.[328]

LÂMPADAS INCANDESCENTES

É o procedimento conhecido há mais tempo (Edison, 1879), e durante um longo período foi o mais disseminado, mas hoje foi praticamente abandonado. A lâm-

---

324. Os mais afastados da luz visível, aqueles que têm os menores comprimentos de ondas.

325. Os *sheds* são tetos de duas águas com inclinações diferentes que cobrem um prédio. A água mais curta e mais inclinada é geralmente envidraçada. Assim, a luz zenital entra no prédio de um lado só (norte ou leste). A cobertura com *sheds* equipou primeiro prédios industriais. Ver PÉROUSE DE MONTCLOS, Jean-Marie. *Principes d'analyse scientifique de l'architecture*. Vocabulaire. Paris: Éditions du Patrimoine, 1989. p. 336.

326. Um pequeno dossiê sobre a iluminação natural poderá ser encontrado em ALLÉGRET, Laurence. *Musées*. Paris, 1992. t. II, p. 108-111.

327. Podemos apenas regular a entrada da luz solar quando ela é muito intensa; não podemos amenizar sua ausência a não ser por meio da iluminação artificial.

328. GHR, p. 215.

pada de vidro contém uma atmosfera rarefeita na qual se encontra um filamento de tungstênio, metal que resiste satisfatoriamente à combustão. Esse filamento é percorrido por uma corrente elétrica que provoca a emissão de uma radiação luminsa possante.

As lâmpadas incandescentes se prestam a todas as formas de iluminação num museu graças à sua grande variedade de formas: iluminação geral das salas, iluminação direta e indireta dos objetos, projetores e *spots* fixados em trilhos.

Vantagens:
- confiabilidade e baixo custo;
- grande flexibilidade de utilização: possibilidade de iluminação difusa ou orientada, até mesmo pontual (*spot*), grande variedade de formas e de potência das lâmpadas;
- luz de aspecto "quente";
- emissão muito fraca de UV;
- simplicidade de instalação.

Desvantagens:
- rendimento luminoso muito fraco: 90% da emissão se situa no IV e fica dissipada sob a forma de calor;
- perigo de aquecimento dos objetos iluminados;
- curta duração das lâmpadas,[329] que devem ser substituídas com frequência.

LÂMPADAS FLUORESCENTES

Classicamente, a fonte é um tubo comprido de vidro dotado de eletrodos em cada extremidade; a corrente elétrica (de tensão fraca: geralmente 12 V) provoca a emissão de raios UV no interior do tubo, cuja parede, coberta de uma substância fluorescente,[330] emite luz para o exterior. O dispositivo é completado por um transformador (*ballast*) para produzir os 12 V a partir da rede de distribuição (220 V), e um *starter*, lâmpada de neon munida de um condensador que provoca, ao ser acesa, a descarga necessária para o desencadeamento do fenômeno.

Esses dispositivos de iluminação geralmente têm a forma de um tubo comprido e estreito.[331] Mais recentemente, vimos aparecerem no mercado lâmpadas

---

329. O filamento de tungstênio se degrada pouco a pouco sob a ação do calor, e os óxidos de tungstênio se depositam no vidro da lâmpada, tornando-a progressivamente menos luminosa. O filamento acaba por ceder.

330. Propriedade que têm certas substâncias de absorver uma irradiação invisível de curto comprimento de onda (UV ou raios X) e de transformá-la, ou seja, de emitir ao mesmo tempo uma irradiação de luz visível.

331. Geralmente, mas impropriamente, chamados de "tubo de néon".

"econômicas" (também chamadas de "lâmpadas SL") que na verdade contêm um ou dois tubos fluorescentes dobrados dentro de uma lâmpada de vidro.

Por sua forma, esse tipo de iluminação é utilizado sobretudo para uma iluminação geral, muitas vezes indireta, ou nos tetos de vitrine.

Vantagens:
- longa duração;
- rendimento luminoso melhor que o da incandescência;
- menor perda calórica e, portanto, menor aquecimento dos objetos iluminados;
- "qualidade da luz" (espectro) mais próxima da luz natural;
- economia ao ser usada (consumo fraco de energia).

Desvantagens:
- forte emissão de UV;
- dispositivo espaçoso e bastante pesado: rigidez da instalação, sem possibilidade de iluminação direcional.

LÂMPADAS HALÓGENAS

São um aperfeiçoamento das lâmpadas incandescentes. A lâmpada, de pequena dimensão, contém um gás chamado "halógeno" (geralmente um iodeto) cujo papel é o seguinte: quando o filamento de tungstênio se degrada, forma-se o iodeto de tungstênio que vai se depositar sobre o filamento. Assim, a degradação do filamento é interrompida (já que o fenômeno é tornado irreversível). Isso permite aumentar a temperatura na qual o filamento é aquecido (na verdade, aumentar a intensidade da corrente elétrica que o percorre) e assim melhorar o rendimento luminoso da lâmpada. Isso tem como consequência um menor desperdício de calor sob a forma de infravermelhos.

As lâmpadas halógenas têm mais ou menos as mesmas utilizações que as incandescentes clássicas; são especialmente indicadas para uma iluminação direcional ou pontual (*spot*).

Vantagens:
- possibilidade de baixa tensão[332] (12 V);
- maior rendimento luminoso, portanto, menos desperdício de energia (pouco IV) e menos aquecimento dos objetos iluminados;
- muito pouca emissão de UV;[333]

---

332. A maioria das lâmpadas halógenas funciona em baixa tensão (12 V) de modo a limitar a potência exigida; entretanto, existem lâmpadas halógenas de 220 V, com potência de 150 W, 300 W, ou até mais. A lâmpada é então de quartzo para suportar as altas temperaturas de funcionamento.
333. Contrariamente ao que é dito em *La conservation préventive des collections*, editado pela Ocim, 2002, que afirma também, de maneira errada, que a luz solar contém menos UV do que as lâm-

- como para as lâmpadas incandescentes clássicas, grande flexibilidade de utilização, em particular, possibilidade de iluminação direcional (*spot*);
- maior duração do que a da lâmpada incandescente clássica.

Desvantagens:
- manipulação delicada (não tocar a lâmpada com os dedos);
- temperatura de funcionamento elevada: a lâmpada esquenta muito sob o efeito da intensidade da corrente elétrica, mas a radiação emitida contém menos IV e provoca menos aquecimento dos objetos iluminados; em compensação, a lâmpada libera calor (evitar colocá-la dentro de uma vitrine);
- preço elevado da lâmpada, pois de fabricação mais delicada;
- necessidade de um transformador para passar da tensão de distribuição (220 V) para a baixa tensão;
- luz pouco natural, mas agradável.

LÂMPADAS LED

Os diodos eletroluminescentes (LED – Light Emitting Diodes) são componentes eletrônicos que têm a propriedade de emitir luz visível quando uma tensão elétrica é aplicada. Até recentemente, essa emissão luminosa muito fraca só autorizava sua utilização para pontos de luz, não para a iluminação. Mas há pouco tempo o fluxo luminoso emitido foi consideravelmente aumentado por meio da reunião de centenas de diodos dentro de uma mesma aparelhagem munida de uma cúpula difusora da luz, o que lhe dá assim a aparência e as funcionalidades de uma lâmpada.

Vantagens:
- longa duração graças ao fato de que não há nenhum desgaste, nem por atrito, nem por combustão, ao contrário dos outros sistemas de iluminação;
- raio luminoso totalmente desprovido de infravermelho e de ultravioleta;
- não há aquecimento;
- alimentação elétrica de baixa tensão;
- possibilidade de determinar a cor do feixe (nas gamas de branco mas também em qualquer outra cor do espectro visível) de modo preciso e estável;
- dispositivo regulado totalmente por eletrônica (regulagem muito precisa).

---

padas halógenas ou fluorescentes. Em compensação, existem lâmpadas halógenas especialmente concebidas para produzir muito UV.

Desvantagens:
- o fluxo luminoso permanece, apesar de tudo, bastante limitado (< 1.000 lm);
- preço ainda alto;
- flexibilidade de utilização limitada.

Esses dispositivos evoluem muito rapidamente e podemos imaginar que em pouco tempo eles se tornarão tão eficientes quanto as lâmpadas halógenas, com as vantagens de uma qualidade luminosa irrepreensível (nem UV, nem IV).

O Musée de la Lunette em Morez (Jura) utiliza amplamente as lâmpadas LED (ver boxe p. 167-168).

FIBRAS ÓPTICAS

A utilização da fibra óptica nos museus é relativamente recente.[334] A fonte luminosa – geralmente uma lâmpada halógena – é colocada à distância dos objetos a serem iluminados e a luz é "guiada" por uma fibra óptica flexível até o lugar preciso onde se deseja que ela vá. A luz sai pela extremidade da fibra, cujo diâmetro não excede 1 mm; o fluxo é portanto muito fraco. Para ter luz em quantidade suficiente, basta multiplicar as fibras: usar-se-ão portanto 10, 30, 50 fibras ópticas para iluminar um objeto grande. Dispondo-se as fibras judiciosamente, pode-se obter uma iluminação uniforme da superfície do objeto.

A fibra óptica absorve a quase totalidade das radiações UV e IV: a luz produzida é, portanto, composta exclusivamente de luz visível; ela não esquenta os objetos e não produz as degradações devidas ao ultravioleta.

Devido ao seu preço elevado, a fibra óptica é utilizada principalmente no caso de objetos particularmente frágeis e sensíveis à luz: tecidos, tapeçarias, "incunábulos" fotográficos como os daguerreótipos, papéis e desenhos.

Vantagens:
- luz saudável, quase exclusivamente composta de radiação visível;
- não aquecimento, já que o feixe é desprovido de IV e o gerador de luz (a fonte) pode ser colocado à distância dos objetos;
- possibilidade de dirigir o feixe luminoso para onde se desejar;
- controle total sobre a quantidade de luz variando o número de fibras ou por meio de um reostato (*dimmer*) sobre a fonte.

Desvantagens:
- preço muito alto;
- aparelhagem (fonte de luz) espaçosa;
- tipo de iluminação em princípio reservado aos objetos dentro de vitrines.

---

334. Ela é utilizada desde 1974 no Musée International de l'Horlogerie em La Chaux-de-Fonds, na Suíça (ver L'HOMME et le temps. Musée international de l'Horlogerie. La Chaux-de-Fonds: maio 1977). Talvez seja sua primeira aparição num museu.

Efeitos da luz sobre os objetos de museu

As ações nefastas do sistema de iluminação sobre os objetos expostos no museu resultam dos efeitos conjugados do calor trazido pelos infravemelhos e da radiação UV emitida pela fonte de luz.

Como vimos, cada tipo de fonte luminosa apresenta características espectrais diferentes. O quadro seguinte precisa as proporções da radiação emitida por diferentes tipos de fonte de luz de acordo com o comprimento de onda (valores indicativos).

No que concerne à fluorescência, adotamos valores médios para os diferentes tipos de lâmpada (azul, rosa, branca, luxo); entretanto, notaremos que quanto mais utilizarmos uma luz "natural", ou seja, próxima do espectro solar, mais aumentaremos o teor de UV.

Composição espectral relativa de diferentes tipos de iluminação (valores médios)

	UV (< 4.000 A)	L. visível	IV
Luz natural (através de vidraça)	5,5%	51%	43%
Incandescente	0,1%	10%	90%
Fluorescente	3,5%	52%	45%
Halógena	0,3%	55%	45%
Fibra óptica	~ 0	> 99%	~ 0
LED	0	100%	0

EFEITOS DOS IV E MEDIDAS DE PROTEÇÃO

Os raios infravemelhos são essencialmente dissipados sob a forma de calor, sob o efeito da agitação molecular gerada pela radiação IV nos objetos iluminados e na atmosfera ambiente. Esse aquecimento devido à iluminação se soma àquele provocado por outras fontes de calor (calefação etc.). Ele afeta diretamente os objetos iluminados e pode ter consequências nefastas.

■ *A dilatação*: a alternância de dilatações e de contrações devidas à presença e à ausência sucessiva do calor dissipado pela iluminação pode provocar uma alteração, até mesmo uma destruição da estrutura do material. Esse efeito é particularmente acentuado e grave para os objetos compósitos cujas dilatações são diferentes: por exemplo, a camada pictórica de um quadro e o suporte (madeira, tela) sobre o qual ela é colocada vão sofrer dilatações diferenciais provocando rachaduras, fissuras, escamações.

▪ *A secagem ou dessecação*: o calor provoca a evaporação da água mas também de substâncias oleosas, de essências etc. contidas nos objetos iluminados. Esse perigo é particularmente grave para as substâncias fibrosas e especialmente para a madeira, que pode rachar e estourar após uma dessecação muito intensa. Diversos tratamentos permitem interromper esse processo ou torná-lo mais lento (ver adiante as questões de climatização).

EFEITOS DOS UV E MEDIDAS DE PROTEÇÃO

Os raios ultravioletas são ainda mais temíveis que os infravermelhos. Felizmente, muitos materiais são pouco sensíveis aos UV: pedra, metal, cerâmica etc. A ação dos UV é intensa sobretudo nos materiais à base de celulose: os papéis e têxteis e, em menor medida, a madeira.

Os raios UV agem de duas maneiras, uma brutal e dramática mas felizmente rara, a fotólise, e a outra mais lenta mas sempre presente, a fotossensibilização.

A *fotólise* é uma destruição da estrutura molecular da celulose (estrutura em cadeia que lhe dá seu aspecto fibroso). A fotólise é irreversível, mas só ocorre com os raios UV de comprimento de onda inferior a 3.200 Å. Há que notar o papel dos colorantes que fragilizam a celulose e a tornam ainda mais sensível aos UV.

A *fotossensibilização* da celulose por substâncias largamente presentes nos objetos de museu (corantes e pigmentos, colas, aglutinantes orgânicos diversos, óleos e essências) provoca uma degradação lenta da fibra e ao mesmo tempo uma perda das propriedades características dessas substâncias associadas: as tapeçarias descolorem,[335] as colas e aglutinantes não garantem mais a aderência desejada, os papéis amarelam, as aquarelas desbotam e depois se apagam...

Como proteger os objetos frágeis contra os UV?

A primeira medida é evidentemente escolher uma iluminação adequada: para os objetos sensíveis aos UV, não se deve usar luz natural nem fluorescência, mas é preciso também evitar o calor das lâmpadas incandescentes. O melhor é usar a lâmpada halógena e a fibra óptica. Existem telas e filtros de vidro, de acetato, de poliéster que absorvem os UV, telas a serem colocadas entre a fonte

---

335. Enquanto os tecidos litúrgicos, geralmente mantidos fechados ao abrigo da luz, conservam por mais tempo seu aspecto original. O efeito da fotossensibilização é variável de acordo com as cores: geralmente o vermelho desaparece primeiro, o que adultera completamente o cromatismo das tapeçarias, que hoje nos aparecem como tendo uma tonalidade dominante azul ou verde.

de luz e o objeto. Essas telas, indispensáveis no caso de materiais particularmente sensíveis aos UV, não oferecem contudo uma proteção total.

Pode-se também usar nas paredes uma tinta especial, contendo branco de titânio, que absorve uma parte da radiação UV (efeito de atmosfera).

As obras gráficas sobre papel (desenhos, gravuras, aquarelas) não podem ser expostas permanentemente: o melhor é garantir uma rotatividade, já que com frequência esses objetos são bastante numerosos e disponíveis em múltiplos exemplares (gravuras).

A luz também é o fator de degradação mais importante dos materiais plásticos. Associada a uma temperatura elevada, ela acelera a degradação dos objetos: fragilização, endurecimento, fendimento ou, ao contrário, amolecimento, porosidade, liquefação, alteração das cores. O nitrato de celulose é uma matéria plástica muito frágil, pouco estável e particularmente sensível à luz (luminosidade máxima 50 lux). Sua degradação provoca emanações de gás nocivas que, num meio pouco arejado, podem prejudicar os outros objetos. Além do mais, o nitrato de celulose degradado é facilmente inflamável (autocombustão)!

Síntese sobre a iluminação nos museus

A iluminação é um elemento indispensável da cenografia, não só para tornar visíveis os *expôts*, mas também – e sobretudo – para valorizá-los: a luz constitui um elemento do discurso museográfico. Isso não implica necessariamente iluminações muito fortes; é a iluminação relativa que conta: pôr em evidência requer uma iluminação mais acentuada que a luz ambiente.

Convém evitar ao máximo a iluminação direta. A iluminação indireta é mais vantajosa sob todos os pontos de vista: luz mais suave e mais difusa, sem reflexos intempestivos, sem choque térmico sobre os objetos. A escolha entre os diferentes sistemas de iluminação deve resultar do exame das necessidades e da busca de um equilíbrio entre elas:

- as necessidades da apresentação ao público e da conservação são às vezes antagônicas;
- é preciso ter o máximo cuidado com os objetos mais sensíveis à luz: papéis, tecidos, pinturas à base de água, fotografias e negativos fotográficos;
- muitos materiais são muito estáveis em relação à luz: pedra, cerâmica, metais;
- a luz natural é a melhor e a pior: a melhor quando os objetos expostos – e o estilo museográfico escolhido – a suportam; a pior quando eles são particularmente sensíveis aos UV;
- o dilema entre a incandescência (mais calor) e a fluorescência (mais UV) deve ser resolvido caso a caso; preferir a iluminação halógena quando for possível;
- a fibra óptica, por ser cara, é reservada aos casos mais exigentes.

A conservação: riscos ligados às condições atmosféricas

Não se trata de estudar o clima em geral, nem mesmo o clima da região onde o museu se encontra, embora em condições extremas de calor ou de umidade (deserto, zona tropical etc.) o responsável pelo museu possa ter de tomar medidas específicas de proteção. O que nos interessa aqui são as condições de temperatura e de umidade que reinam no museu e o controle a ser feito para garantir a melhor conservação possível dos objetos de que o museu é depositário. Nessa matéria, é preciso lembrar a atenção específica a ser dada às reservas técnicas: muitos museus dedicam todos os seus cuidados à climatização das salas de exposição e negligenciam totalmente as reservas.

A temperatura e a taxa de umidade do ar são medidas por meio de aparelhos mecânicos (termo-higrométricos) ou eletrônicos (censores climáticos) colocados nas salas, que registram de modo contínuo a temperatura e a umidade relativa; o registro é feito em papel (gráfico) ou no computador (valores digitais). Esses registros permitem conhecer os valores absolutos desses parâmetros climáticos essenciais e sua variação ao longo do dia ou da semana. Eles constituem um instrumento essencial de vigilância das condições de conservação, especialmente nos locais onde são expostos ou armazenados objetos sensíveis.

Complementarmente, pode ser útil dispor de aparelhos de medida mais simples (não gravadores) para controlar a temperatura e a taxa de umidade no interior de vitrines que contêm objetos particularmente sensíveis.

> **Museus ao ar livre, arte pública: problemas específicos de conservação**
>
> Desde a Antiguidade a escultura é exposta ao ar livre em lugares públicos ou privados: ágora e fórum, parques e jardins. Os Jardins de Salústio, no Pincio, em Roma, contavam mais de mil estátuas. Os tempos modernos não ficaram atrás e povoaram praças, parques e jardins com toda uma multidão, com todo um bestiário de mármore e de bronze. Todas essas obras — ao menos as que chegaram até nós — estão hoje nos museus. Uma exposição prolongada às intempéries e sobretudo a poluição atual no centro das cidades acabaram por comprometer a própria sobrevida dessas obras. Os *Chevaux de Marly* estão hoje no Louvre, e reproduções os substituem na Place de la Concorde. A estátua de bronze de Marco Aurélio, restaurada e redourada, está abrigada nos Musei Capitolini reformados e foi substituída, na praça vizinha, por uma reprodução.
>
> Ao mesmo tempo que se leva as estátuas antigas para dentro, continua-se a criar obras destinadas ao ar livre e a expô-las. A arte pública constitui um bom meio, para os poderes públicos, de encorajar a criação artística e, às vezes, uma obrigação para os promotores imobiliários. Museus de esculturas ao ar livre foram inaugurados em

Perspectiva patrimonial: a função de conservação

vários países. Muitas vezes as obras são aí apresentadas num ambiente natural: os parques, sejam eles mais ou menos planejados, constituem para muitos um cenário ideal para a escultura monumental, que neles encontra a luz natural e os espaços de que necessita. O Louisiana em Copenhague, o Middelheim em Antuérpia, o parque Vassivières-en-Limousin, o Musée en Plein Air du Sart-Tilman em Liège são exemplos desse diálogo entre a arte e a natureza.

A exposição ao ar livre coloca problemas específicos de conservação, especialmente quando se trata de arte pública. Poderíamos achar que o vandalismo constitui a principal ameaça; pois ele é surpreendentemente pouco frequente e se volta muito mais para a sinalização do que para as próprias obras. As alterações devidas às condições climáticas são mais frequentes e requerem uma vigilância regular, mesmo quando se tem materiais resistentes como a pedra ou a madeira. Intervenções de manutenção são indispensáveis para assegurar a boa saúde das esculturas expostas dessa forma. Em alguns casos, pode revelar-se necessário abrigar as obras mais frágeis, sem renunciar porém à sua integração na natureza: um pavilhão leve e envidraçado pode bastar, como mostra o exemplo do Insel Hombroich (ver boxe, p. 163).

Efeitos do calor e medidas de proteção

Num museu, as fontes de calor são a temperatura natural externa, a calefação, a iluminação (ver anteriormente os diferentes sistemas de iluminação e seus efeitos térmicos) e o calor produzido pelos visitantes. Este último não é desprezível quando os visitantes são muito numerosos.

Os efeitos do calor sobre os objetos de museu são diversos, e ele não age da mesma maneira sobre todos os materiais. Uma temperatura demasiado elevada provoca a dessecação dos materiais que contêm água residual ou solventes; a partir de certo ponto, ela é irreversível. A madeira, o marfim, o papel, as peles, os vegetais em geral, as plumas e a camada pictórica das pinturas a óleo estão particularmente sujeitos à dessecação. Esta provoca, de acordo com os materiais, rachaduras, fendas, descolamentos, escamações, enroscamentos, rompimentos...

Uma temperatura excessiva favorece o desenvolvimento de bactérias e de bolores que atacam as matérias orgânicas, especialmente a celulose (papel, tecidos) e a gelatina (fotos). Manchas e depois buracos podem aparecer.

Não devemos de modo geral temer uma temperatura muito baixa, exceto para certas matérias orgânicas que se tornam friáveis. De todo modo, atenção ao congelamento! A redução da temperatura provoca um aumento do grau de umidade relativa (ver adiante).

As variações de temperatura, especialmente quando são brutais, provocam uma alternância de dilatações e de retrações que, por efeito mecânico, enfraquecem o objeto. Quando este é composto de diferentes materiais, o resultado se agrava (taxas de dilatação diferentes) e pode levar à destruição do objeto: a camada pictórica não adere mais à tela ou ao painel, o cabo se solta da ferramenta, as incrustações se desprendem...

A regra de ouro em matéria de temperatura é "moderação e estabilidade": a temperatura ideal se situa entre 18 e 21 ºC,[336] e a variação ao longo do dia não deveria passar de 2-3 ºC. Para atingir esses objetivos, é preciso garantir uma proteção contra o calor excessivo no verão, prever a calefação do museu, inclusive das reservas, durante o inverno, mas também durante a noite: o aquecimento devido à iluminação e aos visitantes superaquece os locais nas horas de visita; a calefação à noite compensa e limita as variações.

O ideal parece ser a climatização das salas de exposição e das reservas; os sistemas de regulagem atuais permitem um controle preciso da temperatura e o ajuste para evitar as variações. Entretanto, além do seu preço e do consumo de energia, a climatização apresenta o inconveniente de agitar as poeiras misturando o ar e de ser às vezes muito barulhenta quando a aparelhagem é um tanto antiga.

Outra fórmula, menos onerosa, consiste em dispor aparelhos individuais de ar-condicionado em certas salas onde são expostos objetos particularmente frágeis.

Enfim, para os objetos muito frágeis, uma proteção especial pode ser prevista: vitrine especial...

Efeitos da umidade e medidas de proteção

A umidade é um perigo ainda mais grave que o calor, mas a temperatura tem um papel importante ao agir sobre a umidade relativa do ar. A umidade ambiente[337] é medida em *umidade relativa* (UR), que exprime a relação, em porcentagem, entre o peso da água contida num volume de ar e a capacidade máxima desse mesmo volume de ar na mesma temperatura.[338] As fontes potenciais de umidade

---

336. Esses valores se referem ao museu aberto, ou seja, com a calefação ligada, o calor difundido pelas fontes de luz... e pelos visitantes.

337. Distinguir da umidade ascensional, que provém do solo e sobe pelas paredes por capilaridade. Trata-se de um problema de ordem arquitetural e que só pode ser resolvido por técnicas pesadas (drenos periféricos, drenos nas paredes, colocação de isolante nas fundações...) Em princípio, os prédios modernos são bem isolados contra a umidade ascensional. Em princípio!

338. O "ponto de orvalho" é o momento em que a água condensa; ele corresponde a uma umidade relativa UR de 100%. Se a temperatura aumenta, a quantidade máxima de água que pode ser contida sob forma de vapor num volume de ar aumenta, e a umidade relativa UR diminui. Inversamente, quando a temperatura diminui, a UR aumenta e a água condensa.

Perspectiva patrimonial: a função de conservação

num museu são várias: a umidade do ar e a chuva, as infiltrações (má impermeabilização do prédio), a contribuição dos visitantes (respiração, roupas em caso de chuva), o excesso de umidade no solo.

Os efeitos da umidade sobre os objetos são variados:

- os metais se oxidam mais rapidamente numa atmosfera carregada de umidade;
- as matérias fibrosas (madeiras, papéis, tecidos) sofrem uma dilatação das fibras quando se enchem de umidade; conforme o caso, as fibras vão se alongar, se dilatar (madeira) ou, ao contrário, se retrair (tecidos, telas) devido à sua estruturação diferente. O mais grave é uma alternância de contrações e retrações que pode destruir a estrutura fibrosa, provocar o descolamento das camadas pictóricas etc.;
- o marfim é particularmente sensível à dessecação e às variações da umidade: sua estrutura se desagrega e o objeto se estilhaça em lâminas;
- os objetos compósitos, porque seus materiais constitutivos reagem de maneiras diferentes à umidade, são também muito frágeis (risco de rompimento);
- os bolores se desenvolvem nos materiais orgânicos a partir de certo nível de umidade relativa, por volta de 70-75%; uma temperatura elevada acelera o fenômeno;[339]
- a umidade acelera o efeito dos raios UV na destruição dos pigmentos orgânicos;
- as fotografias se enrolam sobre si mesmas quando a umidade relativa é muito fraca (menos de 25%), e descolorem quando ela é muito alta (mais de 50%). Elas são muito sensíveis às variações climáticas, mesmo fracas.

Considera-se que a umidade relativa num museu deve ser próxima dos 50% e sofrer o mínimo de variações possível. Aqui também, a palavra de ordem é estabilidade. Essa condição é contudo variável de acordo com os materiais:

- metais: 40%
- madeiras, tecidos, marfim: 60%

As madeiras submersas coletadas, encharcadas de água, devem ser objeto de uma atenção muito especial. Sua conservação fora de um meio saturado de água só é possível se elas tiverem sofrido um preenchimento total e a vácuo que elimine a água e em seu lugar introduza um produto plástico[340] endurecedor que impeça qualquer deformação ulterior da madeira. Se isso não for possível, os objetos de madeira – pensamos especialmente nos destroços – devem ser apresentados numa caixa hermética dotada de janelas ou de vigias. Foi a opção adotada no Musée d'Histoire de la Ville de Marselha ou no recente Laténium

---

339. Quando se intervém a tempo, esse fenômeno às vezes é reversível (fungicida, melhor controle da umidade); as manchas existentes necessariamente não desaparecem (podem ser amenizadas), mas evita-se a invasão.

340. Geralmente polietilenoglicol.

em Neuchâtel.[341] Os destroços apresentados ao ar livre no Espace Gallo-Romain de Ath foram preenchidos. É preciso sublinhar que o tratamento por preenchimento é irreversível.

A conservação dos afrescos e pinturas parietais

As pinturas pré-históricas, as pinturas dos túmulos etruscos, os afrescos e pinturas murais romanas e medievais colocam importantes problemas de conservação. A gruta, o túmulo, a igreja onde eles foram feitos geralmente são lugares muito úmidos nos quais a conservação das obras é problemática. Além disso, os visitantes, como portadores de gás carbônico e germes, contribuem para o desenvolvimento de algas e de bolores que constituem uma ameaça mortal para as pinturas. A musealização dessas obras muitas vezes raras e antigas foi feita seguindo dois caminhos opostos: a *retirada e a transferência para um museu* foram a primeira solução adotada. Era a única possível numa época em que não se dispunha nem dos meios técnicos nem da vontade de conservar e valorizar as obras no local de origem. Quase todas as pinturas descobertas em Pompeia antes do século XX estão no Museo Archeologico Nazionale de Nápoles: na maioria dos casos, retirou-se apenas uma parte do afresco, considerada mais interessante. O Museo Nazionale de Tarquínia apresenta, remontadas sobre painéis que reconstituem a forma da sepultura, as pinturas de vários túmulos etruscos da necrópole local. Painéis explicam a problemática de sua retirada, as condições de conservação e os motivos pelos quais tal prática foi abandonada. Os afrescos da Villa di Livia estão no Pallazzo Massimo em Roma (ver boxe p. 101-103). Ainda em meados do século XX foram retirados os numerosos afrescos romanos da Catalunha, conservados e exibidos no Museu d'Art de Catalunya em Barcelona. A Madona da Misericórdia de Piero della Francesca ornamentava no passado a igreja de Monterchi na Toscana. Retirado e afixado num painel, o afresco foi conservado numa capela do cemitério, em condições deploráveis, até ser transferido para um museu criado expressamente para recebê-lo. A exposição exibe as operações de retirada e de transferência, assim como um importante dossiê fotográfico sobre as análises técnicas e científicas realizadas sobre a obra. Em alguns casos, os afrescos foram retirados da parede que os exibia, afixados em painéis e exibidos no mesmo local sobre esse novo suporte, destinado a isolar a umidade. O caso do Palazzo Schifanoia em Ferrara é digno de nota: os afrescos do Salão dos Meses, pintados por volta de 1470, foram retirados e afixados sobre painéis de madeira em 1964. Foram mais uma vez retirados para serem afixados em painéis de alumínio (1999), menos sensíveis às variações de umidade, especialmente graves no local. Nessa ocasião, o palácio foi objeto de uma renovação museológica completa. A musealização por

---

341. A segunda embarcação apresentada no Laténium é a cópia em resina de uma barca que foi recolocada no fundo do lago para garantir sua conservação em seu meio "natural".

Perspectiva patrimonial: a função de conservação   239

retirada e transferência apresenta o defeito principal de arrancar a obra de seu local de origem e alterar inteiramente sua percepção. Por outro lado, ela tem grandes vantagens: melhores condições de conservação e possibilidade de uma melhor valorização museográfica.

Atualmente, na maioria das vezes se dá preferência à *conservação in situ*. Em Tarquínia, por exemplo, a necrópole contém numerosos túmulos pintados descobertos ao longo do século XX e consolidados no local, onde estão musealizados num parque arqueológico. O mesmo ocorre em Pompeia. Muitas vezes, a conservação *in situ* exige um controle severo das condições de visita e a limitação do número de visitantes e da poluição por eles gerada com sua simples presença. É o caso da maioria das grutas pré-históricas. Na Domus Aurea, em Roma, recentemente reaberta após ter ficado fechada por um longo período devido a problemas de conservação, é preciso marcar as visitas, cujo número diário é limitado. Por fim, em certos casos, a visita é proibida e o sítio permanece fechado. Malogra-se então a musealização propriamente dita das obras, que podem ser substituídas por um fac-símile, como na gruta de Lascaux.

Como controlar a umidade ambiente?

A primeira precaução é evidentemente medir de modo contínuo a taxa de umidade relativa por meio de um termo-higrômetro ou de aparelhos eletrônicos. A calefação frequentemente resseca o ar: a umidificação compensatória pode ser feita por meio de umidificadores estáticos (deixa-se evaporar a água contida num recipiente) ou dinâmicos (um aparelho elétrico vaporiza a água no interior do museu). A utilização de umidificadores elétricos permite uma regulagem mais precisa, já que essas máquinas são comandadas automaticamente por uma sonda eletrônica que mede a taxa de umidade relativa do local.

Em caso de excesso de umidade, devem-se utilizar soluções pesadas que intervenham no nível do próprio prédio (drenos, poço de ventilação etc.). Mas pode-se também agir num nível mais localizado estabilizando a taxa de umidade no interior de um espaço restrito (vitrine, sala pequena): utilizar-se-á então gel de silício ou Art-sob,[342] que absorvem a umidade em excesso e a restituem no caso de redução da taxa UV.

O sistema de climatização permite controlar ao mesmo tempo a temperatura e a umidade relativa nebulizando gotículas de água se o ar estiver demasiado seco, ou secando-o se houver excesso de umidade.

---

342. Marca registrada. Produto desenvolvido no início dos anos 1980 e quatro vezes mais eficaz que o gel de silício tradicional.

A poluição atmosférica

A ação da poluição ainda não é muito bem conhecida das equipes dos museus,[343] as fontes de poluentes raramente são visíveis, e a progressão dos desgastes é geralmente lenta. Sua importância não pode porém ser subestimada. A poluição atmosférica é um fator degradante que ultrapassa em muito a área dos museus. A atmosfera externa contém poluentes (nas zonas urbanas e industriais, mas também nas zonas rurais). Uma parte desses poluentes é encontrada no interior dos museus e é capaz de provocar degradações, tanto mais que na maioria das vezes os museus se situam no centro das cidades, onde se concentram os agentes poluidores mais nocivos. Esses agentes podem ser poluentes gasosos (CO, CO_2, SO_2, NO, O_3) ou partículas sólidas (poeiras, cinzas, fumaças). Essas substâncias podem penetrar nos museus de diferentes maneiras, sobretudo pelas janelas abertas, ou trazidas pelos visitantes. Além disso, o museu, espaço fechado, é cheio de poluentes: os gases que emanam das matérias nele presentes (vapores liberados pela madeira, revestimentos e outros materiais de construção, pelos produtos de manutenção e por certos objetos), as poeiras, os sais minerais e mesmo o oxigênio do ar.

Os efeitos sobre os bens culturais dependem de diferentes variáveis: a duração da exposição de um objeto a um poluente, a quantidade de poluente a que o objeto foi exposto, o tempo de permanência do poluente na atmosfera, a presença de catalisadores (umidade, temperatura, luz, substâncias químicas), a interação com outros poluentes. Todos esses fatores tornam difícil a previsão precisa dos desgastes. As poeiras se depositam sobre todos os tipos de objetos, mas são particularmente nefastas para as pinturas, os papéis, os têxteis, pois se incrustam com facilidade. Os materiais inorgânicos (metais, vidro, cerâmica, pedra) são essencialmente sensíveis aos poluentes com enxofre e às substâncias geradas no interior dos museus (ácidos, aldeídos, peróxidos). Na presença de umidade, os ácidos formam sais que provocam eflorescências ou manchas na superfície dos objetos. Os materiais orgânicos (couro, papel, têxteis, plásticos celulósicos, fotografias) de modo geral são vulneráveis aos compostos de enxofre, aos óxidos de azoto, aos ácidos e ao ozônio. Esses poluentes provocam a fragilização da superfície ou da estrutura dos objetos, o amarelecimento do papel, o apodrecimento vermelho do couro, o empretecimento ou a descoloração dos pigmentos etc. Para prevenir essas degradações, existem métodos de detecção e de redução dos poluentes, que vão da simples ventilação à climatização e à colocação de filtros. É preciso, além disso, evitar os materiais que provocam interações negativas com os objetos: as essências das madeiras mais ácidas (madeiras

---

343. GOFFARD, Carole. *Les polluants atmosphériques dans les* musées. Descriptions, sources, effets et prévention. Monografia – Université de Liège, ano acadêmico 2003-2004.

duras), os plásticos clorados, os papéis ácidos. Enfim, é preciso cuidar para que seja respeitado o tempo de secagem das pinturas e vernizes.[344]

Deve-se cuidar também, nas situações à beira-mar, para que os objetos sejam protegidos da atmosfera salina (maresia) e da areia transportada pelo vento: dois elementos nocivos sob todos os aspectos (poeiras, depósito de sal, agressão química e mecânica).

A utilização do MDF para o mobiliário museal

Várias exposições e museus recorrem atualmente ao MDF como material para a confecção das vitrines e outros mobiliários de exposição. Os painéis MDF, painéis "de fibras de densidade média" (*medium-density fibreboard*), são feitos de madeira triturada, em uma única camada, e de um adesivo que é quase sempre uma resina sintética contendo formaldeído e que representa até 9% do seu peso. O fabricante pode acrescentar pigmentos de modo a tingir os painéis na massa. Eles têm uma estrutura fina e homogênea em toda a sua espessura, um aspecto compacto que oferece um belo efeito estético. Esses painéis são também muito fáceis de trabalhar, mais fáceis até que a madeira maciça, pois não existe mais o sentido das fibras a ser observado no aplainamento ou no polimento. E o preço é bastante acessível.

É sabido que todos os tipos de madeira são ácidos, em diferentes graus, e que eles devem ser evitados particularmente para a conservação de coleções sensíveis. O MDF exala, além disso, formaldeídos, gases tóxicos para o homem (são canceríge-nos) e nocivos para os objetos de museu. Os formaldeídos se oxidam facilmente em ácido fórmico, igualmente muito agressivo. Os materiais mais sensíveis são os metais, o vidro, os esmaltes. Mesmo que se possa diminuir os vapores tóxicos com camadas de pintura ou outros revestimentos como o polietileno ou o alumínio estratificado, que vão mascarar o material, é melhor evitar o MDF e preferir o metal pintado ou o vidro, sobretudo para as exposições permanentes.

A conservação: riscos biológicos

Os insetos e os mofos são responsáveis por desgastes consideráveis nas coleções.

Mofos

Vimos como a umidade e o aquecimento podem provocar o desenvolvimento de mofos nos objetos mais sensíveis, ou seja, materiais orgânicos, celulose e

---

344. O tempo de secagem médio recomendado é de quatro semanas, o que é importante saber quando se preparam exposições temporárias.

gelatina. As borrachas e os plásticos celulósicos são igualmente vulneráveis. A umidade é particularmente favorável ao desenvolvimento dos mofos: os fungos responsáveis pelas manchas produzem esporos quando o grau de umidade relativa passa dos 60%. Os prejuízos podem ir da simples mancha à destruição total do objeto. As medidas de prevenção são simples:

– limitar radicalmente o grau de umidade relativa a menos de 60%;
– arejar os espaços de armazenamento, pois é nas reservas, e especialmente nas gavetas onde se guardam desenhos, gravuras, aquarelas e tecidos, que os mofos se desenvolvem, favorecidos pelo confinamento do espaço. Esses objetos são deixados por longos períodos sem ser deslocados; quando se descobrem os desgastes, muitas vezes é tarde demais. Não se pode fazer nada além de deter a invasão criptogâmica por meio de fungicidas, do arejamento, do controle do grau de umidade.

Insetos

Os desgastes causados pelos insetos podem ser consideráveis; eles atingem essencialmente os materiais orgânicos:

A madeira, que pode ser atacada por várias espécies de coleópteros, que cavam galerias e a fragilizam; quando a infestação é grande, o próprio esqueleto da madeira é destruído, e o objeto se desagrega.

Os materiais celulósicos (papel, livros, algodão), que são atacados por um grande número de insetos,[345] que se alimentam da própria substância do papel (a celulose) ou das poeiras e restos em sua superfície.

Os materiais proteicos (lã, seda, pele, plumas, colas): as traças se alimentam das proteínas que constituem a matéria desses objetos; os desgastes podem ser muito rápidos, uma vez desencadeada a infestação.

A infestação pelos insetos é favorecida por uma temperatura e uma umidade muito altas, por um mau arejamento dos lugares, pela presença de alimentos e migalhas, por uma insuficiência de limpeza. Os insetos são geralmente introduzidos por objetos infectados não tratados (aquisição de proveniência duvidosa) e pelo ambiente externo. Uma vigilância regular dos objetos sob risco é indispensável para intervir em tempo útil, pois uma infestação se transmite rapidamente de um objeto a outro.

Os meios de combate são agrupados sob o título "desinsetização". Eles incluem o isolamento dos objetos atingidos para evitar a infestação de outros

---

345. Baratas, *Lepisma saccharina*, psocópteros ou corrodentes, *Anobium punctatum* etc.

objetos, a utilização de inseticidas específicos ou de tratamentos físicos (radiação UV, X, Gamma, ultrassons, micro-ondas), o tratamento completo dos locais (salas de exposição e reservas) no caso de infestação grave. Esses tratamentos devem ser feitos por especialistas em combater insetos nos museus, pois, se forem aplicados inadequadamente, alguns deles poderão se revelar ainda mais perigosos que os insetos.[346]

A conservação: riscos ligados à embalagem e à fixação

A embalagem

A embalagem concerne aos objetos conservados na reserva técnica, assim como àqueles destinados a serem expedidos para uma exposição temporária. No caso da expedição, a embalagem é obrigatória para que o transporte possa se efetuar com toda segurança para o objeto. Trata-se principalmente de evitar que o objeto se movimente durante o transporte, de proteger as partes frágeis, a superfície pictórica dos quadros, de calçar as partes móveis, de embalar separadamente os diferentes elementos de um conjunto complexo etc.[347] Para os objetos e obras de certa importância, o museu que empresta geralmente exige que a embalagem e o transporte sejam feitos por um especialista em transferência de obras de arte.[348]

Nas reservas, a embalagem dos objetos, individualmente ou não, se justifica pela preocupação de evitar a poeira ou pelas condições especiais de preservação exigidas pelo estado físico do objeto, condições ambientes de conservação ou ainda pela natureza do material de que o objeto é feito.

A principal preocupação com relação à embalagem de longo prazo (conservação na reserva técnica) é evitar que ela apresente interações negativas com o objeto.

O papel e o celofane permitem trocas gasosas com a atmosfera externa e evitam assim o excesso de umidade que propicia o desenvolvimento do mofo no interior da embalagem. Deve ser evitado o papel ácido quando o objeto for

---

346. Perda de cor, acidificação dos papéis e têxteis, corrosões diversas.

347. Indicações práticas precisas para a embalagem e a manutenção dos objetos e obras de arte poderão ser encontradas em *VADE-MECUM* pour la protection et l'entretien du patrimoine artistique. *Bulletin de l'Irpa*, XXI, p. 37-40, 1987; GUILLEMARD, Denis; LAROQUE, Claude. *Manuel de conservation préventive*. Gestion et contrôle des collections. 2. ed. Dijon: Ocim, 1999; ILLES, Véronique. *Guide de manipulation des collections*. Paris: Somogy, 2004. A revista *La Vie des Musées*, n. 10, 1995, é dedicada à problemática da embalagem e do transporte das obras de arte.

348. Um seguro é sempre obrigatório e pode representar uma parte importante do orçamento de uma exposição. Ele não justifica evidentemente que sejam deixadas de lado as precauções elementares a serem tomadas no momento da embalagem.

particularmente sensível a esse fator (tecidos, papéis, fotos). As folhas de jornal devem ser banidas: além de o papel ser muito ácido, a tinta de impressão pode manchar de modo indelével.

O polietileno é um material estável e neutro que se apresenta sob formas diversas: sacos, plástico-bolha, espumas, filmes. Seu principal inconveniente é que ele não deixa a umidade passar: pode-se formar assim um microclima favorável ao desenvolvimento do mofo. Ele é contudo indispensável para isolar um objeto atacado pelos insetos. O plástico bolha é uma boa proteção contra os choques para os objetos não sensíveis à umidade.

O PVC deve ser proibido, pois com o tempo libera ácido clorídrico, e os plastificantes que ele contém geralmente migram na superfície e podem manchar os objetos.

A madeira. As caixas e caixotes de madeira são sólidos, resistentes e fáceis de transportar; entretanto, são um alvo preferido dos fungos e especialmente do temível merúlio, que se propaga rapidamente depois que infecta um lugar. A umidade e o calor são fatores que favorecem a infecção, como acontece com todos os fungos. Uma vigilância constante das reservas é indispensável.

A fixação

O termo francês *soclage* designa o conjunto de operações de fixação de um objeto de museu tendo em vista sua apresentação na exposição. Sua referência etimológica ao *socle* [pedestal, plinto] que suporta uma escultura ou de modo mais geral um objeto em três dimensões não deve nos induzir a erro: o termo hoje se aplica a todos os tipos de objetos, de duas ou três dimensões, que se deseja estabilizar e valorizar.

No vocabulário museológico, o *accrochage* [ato de pendurar, suspensão, fixação] perdeu seu sentido primeiro, material, de fixação dos quadros nas cimalhas; André Desvallées[349] define o *accrochage* como a

> operação de colocação no espaço dos *expôts*, especialmente os de duas dimensões, pelo fato de que eles geralmente são *accrochés* [pendurados, suspensos] nas cimalhas... Por deslizamento semântico, alguns chegam a utilizar o termo para designar qualquer colocação no espaço, inclusive as que não oferecem nenhum *expôt* pendurado nas cimalhas.

---

349. *Manuel de muséographie*, 1998, p. 214.

Perspectiva patrimonial: a função de conservação   245

O *accrochage* se inscreve, portanto, na museografia, no processo de concepção da exposição, enquanto o *soclage* é um ato material, de natureza cenográfica.

A necessidade de projetar um sistema de fixação sólido do objeto leva a buscar um compromisso entre duas exigências ligadas à conservação: de um lado, é preciso que a fixação seja suficientemente sólida e estável para evitar que o objeto vibre, caia ou balance; de outro, a fixação deve afetar o objeto o menos possível. O *socle* é um suporte, uma sustentação, que deve permitir evitar a deformação (invisível mas gradual) dos materiais, a qual pode levar a uma fissura ou à ruptura do material. Cada caso é específico, e a fixação se tornou uma atividade especializada.[350] Em certos casos, o *socle* pode permitir o preenchimento visual das lacunas de um objeto fragmentário, eventualmente graças ao posicionamento dos fragmentos.

Vejamos alguns exemplos.

Os quadros e outros documentos gráficos de duas dimensões em geral são emoldurados, e o elemento destinado à fixação (argolas, ganchos de aparafusar, devendo-se evitar os pregos) é preso na moldura; esta é pendurada numa haste vertical, diretamente numa armela na parede, ou ainda é suspensa por meio de fios metálicos ou de náilon. No caso de quadros de grandes dimensões ou especialmente pesados, vários pontos de suspensão devem ser previstos e completados por apoios colocados embaixo da moldura.

As pinturas antigas sobre madeira colocam problemas especiais devido à sua fragilidade, e seu enquadramento deve ser feito por um especialista. A moldura não deve comprimir a madeira; esta deve ser emoldurada com leveza para poder trabalhar livremente. O curador deve vigiar com bastante regularidade essas obras e cuidar para que o enquadramento e a estrutura de apoio de que em certos casos elas foram munidas no passado[351] não bloqueiem o livre movimento da madeira.

Quando elas não podem ser simplesmente colocadas sobre um soclo, as esculturas mais pesadas (de pedra, sobretudo) são providas de um pé metálico ou de hastes diretamente fixadas na pedra por perfuração. Quando possível, deve-se

---

350. Ver especialmente o *VADE-MECUM pour la protection et l'entretien du patrimoine artistique*, op. cit., p. 47-121, onde várias indicações técnicas são dadas para cada tipo de objeto, e GARCIA-GOMEZ, Isabel. *Le soclage dans l'exposition*. Dijon: Ocim, 2011.

351. A estrutura de apoio de um painel de madeira consistia em colocar na parte de trás deste, após terem sido afinadas por desbastamento, lâminas de madeira entrecruzadas, corrediças umas em relação às outras, destinadas a consolidar o painel sem impedir o trabalho da madeira. Essa prática foi hoje abandonada devido à perda de matéria original – e de testemunhos originais tais como revestimentos, marcas, inscrições colocadas na parte de trás – provocada pelo aplainamento e aos desgastes catastróficos ocasionados pelo bloqueio frequente da estrutura de apoio (ela não desliza mais).

preferir o engaste, que altera bem menos o objeto: garras ou grampos metálicos pinçam o objeto em vários pontos sem serem realmente fixados nele.

Os espécimes empalhados devem ser colocados sobre um pé, geralmente por meio de uma haste afixada na alma (de madeira ou de plástico) no interior do objeto.

Os adesivos utilizados para fixar fotos, desenhos e outros documentos gráficos devem ser evitados ao máximo: é preferível o enquadramento com um *passe-partout*. Quando seu uso se impõe, devem-se escolher produtos quimicamente inertes, não ácidos e reversíveis (eles podem ser facilmente retirados mesmo passados vários anos).

A apresentação dos tecidos requer grandes cuidados: os pregos e os alfinetes são sempre nocivos aos têxteis, e deve-se preferir, conforme o caso, a exibição sobre um manequim ou num cabide, o enchimento, o uso de fitas Velcro, a costura de pequenos elementos para a suspensão.

Limpeza e restauração dos objetos de museu

Enquanto os objetos arqueológicos ou etnológicos e os espécimes de história natural são geralmente tratados e restaurados dentro do museu, a restauração das obras de arte é confiada a institutos ou laboratórios especializados. Existem também restauradores privados (autônomos) que geralmente são especializados numa área específica. A maior parte desses institutos foi criada na primeira metade do século XX dentro dos museus[352] antes de conquistar sua autonomia em relação a eles. Podemos citar o Laboratoire des Musées de France em Paris, o Institut Royal du Patrimoine (Irpa) em Bruxelas, entre outros. O laboratório do British Museum é um dos raros que permaneceram vinculados a um museu. Alguns museus têm o equipamento necessário e pessoal especializado para fazer restaurações de obras de arte; na maioria das vezes trata-se, porém, de intervenções simples e corriqueiras, como a refixação da camada pictórica ou o alívio do peso dos vernizes.

A restauração não pode mais ser concebida sem um estudo prévio aprofundado da obra ou do objeto a ser restaurado. Esses institutos se equiparam, portanto, com toda uma panóplia de meios técnicos de ponta[353] que lhes permitem

---

352. Um laboratório de química foi criado desde 1888 nos Museus Reais de Berlim para tratar (dessalgar) e restaurar os tijolos envernizados da Porta de Ishtar proveniente da Babilônia (ver Introdução, p. 48).

353. Esses meios vão dos exames ópticos e radiográficos às técnicas de datação, passando pelas numerosas técnicas de análise de composição (espectrometrias, ativação etc.). Uma apresenta-

Perspectiva patrimonial: a função de conservação

os exames e as análises necessárias ao conhecimento material da obra de arte, de sua história, de seu estado atual de conservação, das diferentes transformações e restaurações que ela sofreu. Essas análises científicas se completam por um estudo histórico do objeto.

As técnicas de restauração ultrapassam o escopo desta obra; elas constituem um campo específico,[354] tanto pelos lugares onde a restauração é feita quanto pelos especialistas-restauradores que a fazem e por sua formação.

De qualquer modo, o curador responsável pelas coleções do museu está diretamente envolvido no processo de restauração, e isso por duas razões:

A vigilância regular dos objetos do museu, estejam eles expostos ou conservados na reserva técnica, permite identificar em tempo hábil os objetos aos quais a restauração se impõe dentro de um determinado prazo, quer se trate de uma nova aquisição, quer tenha ocorrido um acidente de conservação, quer ainda o estado de conservação esteja se degradando perigosamente. A equipe de conservação, em conjunto com os responsáveis pelo laboratório de restauração, pode então planejar as operações de restauração numa perspectiva plurianual e prever a substituição eventual dos objetos temporariamente retirados das salas de exposição.

Os problemas éticos ligados à restauração. Além das técnicas propriamente ditas, a restauração de uma obra de arte ou de um objeto de museu em geral levanta uma série de questões cuja resposta não pode ser senão coletiva: até onde ir na limpeza, que estado da obra se deve conservar, que grau de reintegração adotar, como fazer aparecerem as partes autênticas e as reintegrações? Essas escolhas, esclarecidas pelos dados dos exames e análises preparatórias, são feitas ao longo do processo de restauração por um comitê de acompanhamento que associa no mínimo um especialista da disciplina na qual o objeto se integra, o responsável científico pelo laboratório, a pessoa que efetivamente faz a restauração e um ou vários curadores do museu depositário do objeto.

Entende-se que a restauração de um objeto ou de uma obra de arte possa ser um trabalho de fôlego; não é raro ele se estender por vários anos no caso de objetos de grande dimensão ou fortemente deteriorados. Mas o museu também pode confiar ao laboratório objetos em bom estado que precisam apenas de uma

---

ção dessas técnicas e de sua aplicação no campo dos objetos de museu poderá ser encontrada em MOHEN, Jean-Pierre. *Les sciences du patrimoine*. Identifier, conserver, restaurer. Paris: Odile Jacob, 1999.

354. Ver BERGEON, Ségolène. *Science et patience ou la restauration des peintures*. Paris: RMN, 1990; NICOLAUS, Knut. *Manuel de restauration des tableaux*. Com a colaboração de Christine Westphal. Colônia: Köneman, 1999; KAIRIS, Pierre-Yves; SARRAZIN, Béatrice; TRÉMOLIÈRRES, François (Dir.). *La restauration des peintures et des sculptures*. Paris: Armand Colin, 2012.

manutenção mais profunda; isso permite retardar a restauração propriamente dita, que é sempre uma operação pesada e cara.

A manutenção corrente dos objetos do museu é da competência do museu. Mas ele deve se limitar às operações de manutenção mais simples[355] e, na dúvida, consultar um especialista do laboratório ou um restaurador autônomo. De modo geral, deve-se remover a poeira por meio de aspirador e evitar o uso de água e de solventes: estes últimos devem ser reservados ao restaurador, o único capaz de determinar que produto utilizar em cada caso específico.

A vigilância e a segurança dos museus

A segurança dos objetos ocupa um lugar importante nas preocupações dos responsáveis pelos museus, e a prioridade conferida ao tema não para de crescer no contexto geral das questões de segurança da nossa sociedade atual. Avaliemos: Georges Henri Rivière, na obra publicada em 1989 a partir de notas dos anos 1970, não dedica nenhum parágrafo à problemática da vigilância, nem sequer a menciona; o índice da obra não tem nenhuma entrada ligada ao tema, nem "guarda", nem "vigilante" ou "serviço de vigilância", nem "segurança", nem "roubo". Já o *Manuel de muséographie* publicado em 1998 dedica seu segundo capítulo, de 72 páginas, à "segurança do público e dos objetos" e três de suas cinco partes são redigidas por oficiais de polícia.[356] O contraste, após um intervalo de 20 anos, é gritante.

Duas abordagens da vigilância

No *vade-mecum* do vigilante ou do guarda de museu publicado em 2000 pelo Comitê Icom-Bélgica, podemos ler:

> De um lado, ele [o guarda] garante a vigilância de objetos vulneráveis, cuja sobrevivência deve ser preservada a qualquer preço, patrimônio de uma cultura, feito de coisas únicas e portanto insubstituíveis. De outro lado, ele é posto frente a frente

---

355. Em *VADE-MECUM* pour la protection et l'entretien du patrimoine artistique, op. cit., poderão ser encontrados conselhos práticos simples, apresentados por categorias de objetos, ao alcance da equipe do museu.

356. Um tenente-coronel encarregado de missão de segurança junto ao Ministério da Cultura, um comandante de polícia lotado no escritório central de luta contra o tráfico de bens culturais, um inspetor-geral honorário da polícia nacional, antigo conselheiro de segurança na Direction des Musées de France (DMF).

Perspectiva patrimonial: a função de conservação

com o "consumidor" desse patrimônio, o público, mais ou menos numeroso, mais ou menos disciplinado, mais ou menos correto, mais ou menos amável, mais ou menos informado, mais ou menos motivado para esse contato.[357]

Este parágrafo ilustra de modo exemplar um tipo de abordagem da segurança nos museus. Ao objeto de museu são atribuídas todas as virtudes: ele é vulnerável, único, insubstituível, de um valor inestimável. O público, por seu lado, representa uma ameaça ao objeto: pode ser muito numeroso, indisciplinado, desastrado, grosseiro, idiota e mesmo não ter vontade de visitar o museu. Essa abordagem da segurança compara os vigilantes de museu a agentes auxiliares da polícia:

> Os senhores não têm, portanto, na qualidade de agentes de vigilância do museu, nenhuma competência policial, mas podem, em compensação, ser auxiliares preciosos desses serviços de polícia tendo bons olhos, uma boa memória, e sobretudo desenvolvendo sua faculdade de relatar fielmente as infrações de que tiverem conhecimento no exercício de suas funções.[358]

Seguindo essa lógica, os vigilantes usam uniforme e recebem uma formação fornecida por ou inspirada nas empresas de segurança privadas que vigiam bancos, edifícios, escritórios e lojas de departamentos.

Outros curadores, outros museólogos encaram o problema da segurança dos museus de uma perspectiva totalmente diferente. Para eles, o museu – instituição a serviço do público e da sociedade – deve ter uma relação de confiança e de responsabilidade com seu público. Embora longe de qualquer ingenuidade, eles consideram que o visitante está *a priori* interessado no museu e respeita suas coleções. Senão, ele não o visitaria. Mas isso não impede que possam entrar no museu ladrões e vândalos, que possam ocorrer degradações por negligência: uma vigilância do museu é portanto necessária. Mas ela deve se inscrever na missão de acolhimento do museu, e não numa perspectiva desconfiada, protecionista.

Os vigilantes, que não usam mais uniforme, são então considerados mais como equipe de acolhimento do que como guardas. Eles informam o visitante sobre a organização prática do percurso museal, são capazes de dar informações simples sobre os objetos apresentados, asseguram, por sua simples presença mas também por intervenções discretas e amáveis, a coexistência harmoniosa de um público numeroso e variado no interior do museu. E, é claro, garantem também

---

357. COPPENS, Marguerite. Introduction. In: LE VADE-MECUM du surveillant ou de l'agent de gardiennage de musée. Bruxelas: 2000. p. 11.
358. Ibid., p. 16.

250 A museologia

missões de vigilância. Eles recebem uma formação voltada para o acolhimento, o funcionamento do museu, o conteúdo das exposições.

A segurança dos objetos passa antes por uma utilização judiciosa dos elementos cenográficos e por uma boa informação do público: os objetos mais frágeis ou mais preciosos devem ser apresentados em vitrines ou sob redomas, enquanto os objetos substituíveis poderão ser oferecidos à manipulação; as bases das esculturas devem ser adequadamente dimensionadas e dispostas de modo a assegurar ao mesmo tempo a segurança das obras e a proximidade do público.[359] O importante é que as coisas fiquem claras para o visitante, que ele sinta que confiam nele e saiba por que não pode tocar ou se aproximar deste ou daquele objeto, enquanto em relação a outros um contato mais direto lhe é oferecido. A educação do público no tocante ao patrimônio é também uma das missões essenciais do museu.

Três ameaças diferentes

Para além do "vandalismo corrente" que afeta de modo geral os lugares públicos, convém distinguir mais especificamente três ameaças potenciais em relação às obras de arte e aos objetos de museu.

- *O roubo:*[360] Seu alvo são essencialmente obras de um certo valor de mercado (obras de arte, ourivesaria, joias etc.); nesse caso ele é perpetrado por ladrões profissionais e pelo crime organizado, pois pressupõe um mercado receptador que não está ao alcance do estreante. Na maioria das vezes ele se organiza sobre uma base internacional. O roubo pode também ser praticado por colecionadores pouco escrupulosos que tentam se apropriar do objeto de sua cobiça passional: uma insígnia nazista, um botão de polaina britânico, uma estatueta erótica hindu.

O Arsène Lupin dos museus

"Eu não visitava os museus só para roubar. Mas quando isso era possível, eu fazia", declarou Stéphane Breitweiser a seus juízes em 6 de janeiro de 2005.[361] O homem de 33 anos, amador de arte autodidata, se justificou alegando um "irreprimível desejo de viver cercado de obras prestigiosas". Ele havia reunido cerca de 230 delas em seu

---

359. A reforma recente das salas de esculturas medievais no Bonnefanten Museum de Maastricht é exemplar nesse ponto.

360. Para dados precisos sobre essa questão, ver MASSY, Laurence. *Le vol d'oeuvres d'art*. Une criminalité méconnue. Bruxelas: 2000.

361. PEREIRA, Acacio. Les "sales manies" d'un pilleur de musées devant le tribunal. *Le Monde*, 8 jan. 2005, e METDEPENNINGEN, Marc. Clin d'oeil bruxellois au Lupin des musées. *Le Soir*, 8 jan. 2005.

apartamento de quarto e sala. Ele roubou, não por cupidez – ele pouco se importava com o valor de mercado dos bens roubados – mas por amor à arte! É verdade que ele subutilizou algumas peças mestras, entre elas um Rembrandt avaliado em 510 mil euros, porque sonhava vê-las penduradas na parede de seu quartinho...

Essa história poderia nos fazer sorrir se não tivesse tido um desenlace dramático. No dia 19 de novembro de 2001, um guarda do Musée de Lucerne interpelou o ladrão. Ele acabara de roubar um clarim. Quatro dias depois, foi feita uma busca em seu domicílio na Alsácia. Quatro dias que foram a causa de um desastre: a mãe de Breitweiser, sabendo da prisão do filho, eliminou as provas de sua culpa. Ela rasgou e cortou em pedaços telas de Boucher, Watteau, Brueghel, Cranach e outros, destruiu a golpes de martelo instrumentos musicais e peças de ourivesaria e jogou tudo no canal Reno-Ródano! Somente uma parte pôde ser recuperada por mergulhadores da polícia, e o resto se perdeu para sempre.

- *O vandalismo:* Vandalismo: ato de atacar a integridade de uma obra de arte ou de um objeto de valor histórico ou simbólico por motivos políticos, sociais ou por subversão. A prática na verdade é extremamente rara no interior dos museus e está sempre ligada a indivíduos isolados. Nada pode impedir alguém decidido a perpetrar tal malfeito.

- *A negligência:* Um esbarrão, um gesto desastrado, um contato próximo demais com um objeto, a queda de um visitante... É sem dúvida o risco mais frequente e aquele mais passível de ser tratado por uma política adequada de vigilância.

Proteções em vários níveis

O nível mais geral de proteção é o do edifício, que deve[362] ser equipado com sistemas técnicos de alarme e de vigilância tanto mais complexos e sofisticados quanto maior for o valor dos objetos que ele abriga. A proteção passiva do museu não é fundamentalmente diferente da de outros edifícios cujo conteúdo é cobiçado (bancos, empresas etc.). Ela visa a impedir o roubo por intrusão, essencialmente quando o museu está fechado.

A vigilância das salas de exposição por um sistema de vídeo tende a substituir ou a completar a vigilância efetuada pelos guardas. Ela pode se revelar eficaz contra as três ameaças (roubo, vandalismo e negligência) e funciona com o museu tanto aberto quanto fechado, quando se garante uma permanência no lugar durante a noite.

---

362. Na maioria das vezes as seguradoras assim o exigem.

A proteção próxima dos objetos pode ser simbólica ou mecânica. Simbólica, ela visa a dissuadir o visitante a chegar muito perto de uma obra particularmente frágil ou de grande valor.[363] Mecânica, ela pode ser feita por meio de uma vitrine, de proteções de vidro, de plexiglas ou de metal que impeçam o visitante de chegar perto do objeto, de amarrações que impossibilitem tirá-lo do lugar ou levá-lo; pode-se ainda recorrer a suspensões sensitivas de quadros que detectam o menor contato com a obra. Proteções simbólicas e mecânicas protegem o objeto contra as três ameaças em graus diversos.

A avaliação dos riscos e a prevenção

Vimos que é preciso distinguir as diferentes ameaças que pairam sobre o patrimônio dos museus e estimar sua importância de acordo com sua ocorrência e sua gravidade: o vandalismo intencional, que visa destruir ou alterar profundamente uma obra de arte ou um objeto com carga simbólica, parece a mais grave delas, porque se dirige à própria essência do objeto de museu; é também a menos frequente.

Os roubos nos museus são também muito raros. O *Art Lost Register* de Londres estima que, em 2001, 9% dos roubos de obras de arte na Grã-Bretanha foram perpetrados nos museus, contra 61% em casas particulares. Na França, também em 2001, a Interpol recenseou apenas 40 roubos nos museus. Na Bélgica, o número de roubos nos museus é estimado entre 15 e 25, dependendo do ano.

A resposta a essas ameaças deve ser adaptada e depende de cada situação particular: é inútil equipar um edifício com sistemas de detecção sofisticados e caros quando ele não abriga nenhum objeto de grande valor, capaz de atrair os ladrões. Observa-se, aliás, uma desproporção entre o custo das medidas de proteção e o risco real, custo material (salário dos guardas, equipamentos sofisticados) mas também custo moral: vimos museus fecharem um número significativo de salas "por falta de guardas". Não seria melhor dedicar esses recursos materiais e humanos ao acolhimento dos visitantes e à valorização das coleções? A avaliação continuada dos riscos é a primeira providência a ser tomada na política de proteção do museu, em conjunção com a prevenção ativa.[364]

A prevenção ativa se baseia na concepção que vê na vigilância um dos elementos da política de acolhimento do museu. O visitante é bem-vindo e não é

---

363. Isso pode ser feito por meio da colocação de um parapeito, de fios que afastam, de cordas ou de um sensor eletrônico que dispara um alarme quando o visitante se aproxima demais...
364. Ver também o quadro sobre o tráfico ilícito de bens culturais, p. 117-218.

visto, desde a bilheteria, como um ladrão ou um vândalo potencial. O objeto é posto em segurança do modo mais discreto possível, e o grau de proteção é adaptado ao risco. Associa-se o visitante à proteção do patrimônio do museu responsabilizando-o: é o patrimônio *dele* que ele descobre e aprecia.

Enfim, devemos lembrar que o proibido incita ao delito, que a transgressão das regras é inerente ao espírito humano: é algo difícil de fazer entender nesses tempos de fobia securitária.

A proteção contra os grandes riscos

Em 1º de setembro [de 1939], de caminhão ou de trem, as obras partiram para os castelos da província. Passamos as noites de 1º e 2 de setembro no Louvre. [...] Em 3 de setembro, enquanto estávamos, um grande número, reunidos no alto da escada da Vitória de Samotrácia, às 15 horas, na Câmara dos Deputados, a guerra foi declarada. O diretor foi imediatamente informado. [...] Foi então que foi dada a ordem de descer a Vitória de Samotrácia. [...] Monsieur Michon, então curador do departamento das Antiguidades gregas e romanas, estava aterrado, tanto no sentido próprio como no sentido figurado: portando um grande chapéu melão até os olhos, a grande barba em desalinho, deu a ordem de partida. A estátua tremeu sobre o suporte de madeira inclinado, segura por dois grupos de homens que controlavam a descida com cordas de um lado e do outro, como os barqueiros do Volga. A angústia nos tomou a todos, o silêncio se fez pesado, a Vitória deslizava lentamente, as asas de pedra mexiam-se debilmente. Monsieur Michon sentou-se, desabou sobre os degraus de pedra murmurando: "Eu não a verei voltar", e enxugou uma lágrima; na porta, um contêiner alcochoado esperava a Vitória.

Os conflitos armados

Esses momentos dramáticos vividos por Madeleine Hours[365] felizmente não são frequentes, ao menos nos países europeus, pacificados pelo horror das últimas experiências bélicas. Mas o Museu das Antiguidades Nacionais de Bagdá enfrentou a Guerra do Golfo em 1991 e novamente em 2003. Os museus croatas e bósnios sofreram desgastes ainda maiores com a Guerra dos Bálcãs entre 1991 e 1995.

---

365. HOURS, Madeleine. *Une vie au Louvre*. Paris: Robert Laffont, 1987. p. 43-44. M. Hours, futura diretora do Laboratoire des Musées de France (de 1958 à 1982), estava então lotada no Musée du Louvre.

A guerra é um dos riscos maiores que podem afetar gravemente a conservação das obras de arte e dos objetos de museu. A Convenção Internacional da Haia de 14 de maio de 1954 dispõe sobre a proteção dos bens culturais em caso de conflito armado. Vários países ratificaram essa convenção e a incorporaram à legislação nacional. A maioria dos grandes museus previu planos de evacuação ou de preservação em *bunkers* subterrâneos. Mas essa previdência, por mais necessária que ela seja, não garante a segurança das obras. Longe disso.

Aos riscos inerentes às próprias operações militares (bombardeios, canhoadas, combates próximos, destruições, incêndios), é preciso acrescentar as espoliações, as transferências, as apreensões de guerra, os sumiços. A Segunda Guerra Mundial provocou um vasto movimento de objetos de museus e de obras de arte através de toda a Europa. Encerrado o conflito, várias restituições cruzadas ocorreram, tal como exigia a Convenção de Genebra. Mas várias obras nunca foram devolvidas ao seu museu de origem,[366] e em 1991 foram "encontradas", nas reservas do Museu Pushkin em Moscou, as joias descobertas por H. Schliemann em Troia e levadas pelo Exército russo de Berlim em abril de 1945.[367]

O Comitê Internacional do Escudo Azul assumiu como objetivo a proteção do patrimônio cultural em caso de conflito armado.[368]

Os riscos naturais

Os tremores de terra, os deslizamentos, as inundações não afetam apenas os museus: em geral são imprevisíveis e dificilmente são evitáveis. As únicas medidas adequadas, sem que possamos ficar seguros de sua eficácia, são preventivas.

Nas regiões sob risco sísmico elevado, os edifícios são construídos segundo normas antissísmicas severas, e um cuidado especial é dado à concepção das vitrines e da estocagem nas reservas técnicas. Esse perigo também pode ameaçar museus situados em regiões sob risco médio: as coleções do Musée du Verre em

---

366. Sem falar nos bens confiscados dos judeus pelos nazistas. Várias centenas de obras de arte, antes propriedades privadas de judeus, hoje se encontram nos museus franceses sob a etiqueta "MNR, Musées Nationaux Récupération". Hector Feliciano, em *Le Musée disparu* (Paris: Éditions Austral, 1995. p. 221-222), fala em mais de 2 mil obras, das quais 500 no Louvre e 110 no Musée d'Orsay. Não se procurou, aparentemente, localizar seu antigo proprietário. Ver também GOB, André, *Des musées au-dessus de tout soupçon*. Paris: Armand Colin, 2007.

367. Os responsáveis pelo museu, em publicação recente (*The gold of Troy*, 1996) explicam que os objetos foram confiados ao Exército russo pelos curadores do Museu de História de Berlim para que ficassem protegidos. Eles os guardaram até hoje.

368. Disponível em: <www.blueshield.org>.

Liège sofreram grandes desgastes devido ao desmoronamento das prateleiras das vitrines por ocasião de um tremor de terra em 1982.

Todos lembramos das imagens dramáticas de Florença sob as águas do Arno em 1966 e das de Dresden, mais recentes, em 2002. Nesses dois casos, assim como em outros, os museus foram fortemente afetados pelas inundações e seus objetos foram gravemente danificados, mutilados, até mesmo destruídos. A prevenção é difícil, a não ser que só se construam museus em zonas totalmente não inundáveis; mas as cidades muitas vezes estão situadas nas margens de cursos d'água importantes. Também aqui deve-se dar atenção especial às condições de estocagem das reservas, mas evidentemente não se pode colocar todos os objetos acima do nível atingido por essas enchentes tão excepcionais como dramáticas.[369]

Os desgastes causados pela água também podem ocorrer por ocasião de tempestades violentas; nesse caso, o problema decorre de um defeito ou de um entupimento dos sistemas de escoamento por insuficiência estrutural ou por falta de manutenção. A água se infiltra, às vezes com um fluxo importante, pelas partes altas do edifício (telhado, tetos falsos, canos). Medidas preventivas: vigiar os sistemas de escoamento da água. Quando há um acidente, é preciso imperativamente recorrer de imediato a um laboratório competente: uma intervenção[370] nas horas seguintes aos estragos pode limitar o efeito das águas.

O incêndio

É de longe o mais frequente dos grandes riscos. As causas são múltiplas: negligência ou imprudência, defeito na instalação elétrica, raio, ato criminoso. Um incêndio sempre causa estragos, mesmo se for rapidamente dominado.

As normas que se aplicam ao conjunto dos edifícios acessíveis ao público são aqui fundamentais.[371] As autoridades encarregadas do controle e os bombeiros se ocupam em fazê-las respeitar, ao menos nas grandes cidades. É menos garantido nos pequenos museus locais. Essas normas têm um duplo objetivo: garantir a segurança das pessoas e limitar as perdas materiais.

Um terceiro ponto deve ser sublinhado: é preciso também, para atingir esses objetivos, permitir e facilitar o acesso dos socorros.

---

369. O Louvre, no entanto, esvaziou suas reservas subterrâneas, consideradas demasiado vulneráveis às cheias do Sena.
370. Técnicas de secagem particulares adaptadas a cada caso específico.
371. Na França, essas normas estão definidas no Código da Construção e da Habitação (CCH).

As medidas de prevenção[372] devem estar presentes desde a concepção do edifício: acessibilidade, escolha dos materiais, circulação dos hidrantes, sistema de detecção, colocação de um para-raios. As normas também preveem a organização e a afixação, de modo bastante visível, de um plano de evacuação em caso de incêndio, assim como a disposição de extintores que, a despeito de seu lado pouco agradável, devem ficar bastante visíveis. Enfim, essas medidas são completadas pela formação da equipe em situações de emergência para evitar o pânico do público, orientá-lo na direção das saídas de emergência, e, se for preciso, mas em último caso, retirar os objetos mais preciosos.[373]

Acrescentemos que os danos causados pela água lançada para apagar o incêndio podem se revelar mais graves do que o próprio sinistro.

---

372. Uma exposição completa sobre a prevenção contra incêndio, bem como um catálogo das medidas práticas a serem previstas num museu poderão ser encontrados no *Manuel de muséographie*, op. cit., p. 59-87.

373. A segurança das pessoas passa antes da preservação dos objetos, por mais importantes que eles sejam.

6. A PESQUISA NO MUSEU: A FUNÇÃO CIENTÍFICA

> O objetivo do museu não é fazer pesquisa ou conservar, mas o museu
> só pode atingir seu objetivo, que é servir ao homem, se for plenamente
> uma instituição científica e se conservar as coleções sob sua guarda.
>
> Hugues de Varine, 1969[374]

A pesquisa científica embasa todas as missões do museu. Ela alimenta a função de apresentação fornecendo os elementos factuais e interpretativos que permitem montar a exposição, elaborar seu discurso, dar-lhe um significado. Ela é indispensável à conservação, que pressupõe, como condição prévia a toda ação em seu campo, o conhecimento dos objetos e das obras.

A pesquisa incide também sobre as condições de apresentação e sobre os meios de montagem da exposição: ao lado de uma pesquisa ligada ao próprio conteúdo da exposição, existe uma pesquisa voltada para a análise da "mídia exposição".

Enfim, a função científica do museu é antes de tudo uma atitude científica diante das temáticas e das coleções da instituição.

Uma atitude científica

Mesmo que isso desagrade a alguns, o museu não é um instrumento de propaganda a serviço de uma ideologia ou de uma ideia, por mais nobre que ela seja. Não cabe a ele fazer a promoção de uma pessoa, de uma instituição, de um produto ou de uma empresa. Isso o distingue fundamentalmente de uma exposição internacional ou de uma feira comercial, a despeito de semelhanças aparentes, em especial a existência de uma exposição e de atividades de animação. Uma exposição sobre a democracia, apresentada há alguns anos no Musée de la Civilisation em Quebec, tinha esse defeito, de ser financiada pelo Parlamento canadense. Percebia-se ali, tanto no tom quanto no discurso, uma falta de distanciamento e uma carência de espírito crítico que terminavam, no final, por apresentar um grande painel que distribuía os pontos bons e maus em termos de democracia a todos os países do globo. Que um governo se arrogue

---

374. Introdução a *Vagues*, n. 1, p. 65.

esse direito de julgar talvez faça parte do jogo político mundial. Um museu não pode se prestar a isso sem falhar no rigor científico.

O que caracteriza essa atitude científica? O espírito crítico – não admitir coisa alguma sem antes submetê-la à crítica da razão – constitui evidentemente seu ponto focal. Podemos acrescentar a curiosidade, sem a qual a ciência dá voltas sobre si mesma, e a vontade de participar da expansão dos conhecimentos.

O Musée National Histoire d'Art de Luxemburgo apresentou em 2004 uma exposição sobre um dos *Apostolados* de El Greco, um conjunto de 12 quadros representando os apóstolos e Cristo, pertencente ao Museu de Oviedo (Espanha), após uma dação da empresa siderúrgica Arcelor, com sede em Luxemburgo. O catálogo publicado na ocasião entrava em contradição com um dossiê do tipo "para saber mais" disponível na sala da exposição. Como explicar esse desacordo, que não era apenas uma questão de detalhe? Por um erro, por atrasos na impressão? Não, a razão deve ser claramente buscada numa falta de atitude científica. O catálogo, redigido pelo curador do Museu de Oviedo e publicado sob o patrocínio da Arcelor, pretendia promover aquele *Apostolados* e apresentá-lo como o primeiro – o modelo *princeps* – da série de conjuntos semelhantes produzidos por El Greco. Já o dossiê científico, muito bem documentado, fora redigido pelos curadores do museu luxemburguês e concluía que os quadros apresentados só podiam ser cópias reduzidas de outra série hoje dispersa.

O olhar mais objetivo possível que a atitude científica parece exigir não impede o museu de adotar uma posição engajada e de defendê-la diante do público, contanto que o espírito crítico não esteja ausente e que o engajamento do museu fique bem claro, não apareça como uma verdade geral e comumente admitida. Quando, estimando garantir assim a objetividade exigida, o curador da sala dedicada às crenças e religiões do Musée de la Vie Wallone em Liège dá a palavra a um representante de cada uma das religiões, inclusive a uma loja maçônica, ele leva o museu a renunciar a tratar ele próprio da questão e a abrir mão da atitude científica que caracteriza a instituição museal.

A atitude científica pode ser também a garantia da independência que o museu deve manter em relação aos grupos políticos, empresas, colecionadores, a todos aqueles que, contribuindo para o financiamento do museu, pensam poder dele se servir em benefício próprio.

A pesquisa, base de apoio de todas as atividades do museu

Nenhuma política de aquisição, nenhuma exposição, nenhuma restauração, nenhuma valorização didática, nenhuma ação cultural poderia existir sem um trabalho de pesquisa prévio dos curadores do museu. A função científica tem um papel transversal em relação às missões didáticas e patrimoniais; ela as alimenta, fornece-lhes o fundamento indispensável. O museu não será nem um conservatório, nem uma escola, nem um lugar de verdadeiro prazer em torno dos objetos se não basear suas atividades num conhecimento profundo de suas próprias coleções e de seu contexto. A pesquisa no museu pode assumir dois aspectos que têm igual importância:

- pôr à disposição dos pesquisadores externos instrumentos de pesquisa relativos à temática e às coleções do museu;
- realizar e publicar pesquisas próprias sobre os mesmos temas.

Nos grandes museus, dotados de uma equipe numerosa de cientistas, esses trabalhos de pesquisa podem ser conduzidos de forma totalmente autônoma, mas em geral, tanto por falta de meios próprios quanto por interesse intelectual, as atividades científicas do museu são realizadas em colaboração com parceiros externos: pesquisadores universitários, outros museus, centros de pesquisa, laboratórios de conservação, pesquisadores individuais.

London Zoo: uma instituição científica ameaçada?

Foi a Sociedade Zoológica de Londres, uma associação científica, que esteve na origem da criação em 1828 do primeiro jardim zoológico do mundo, e desde então essa orientação científica jamais foi desmentida. De início reservado aos membros da Zoological Society, o acesso ao London Zoo foi aberto ao público em 1847. Em 1853, o zoológico foi enriquecido com um aquário, também o mais antigo do mundo. O zoo e o aquário de Londres, assim como os Kew Gardens no campo botânico, constituíram, ao longo dos últimos dois séculos, instituições de pesquisa de renome mundial. A sistemática, o estudo do comportamento animal, especialmente em cativeiro, a pesquisa das melhores condições possíveis de criação nas condições especiais de um zoológico (alimentação, reprodução, ritmos biológicos) e, mais recentemente, a pesquisa ligada à biodiversidade e à proteção das espécies em extinção são áreas de pesquisa em que as atividades do zoo de Londres se desenvolveram. O aquário, por exemplo, é o único lugar em que os hipopótamos se reproduzem em cativeiro. Isso é tanto mais importante na medida em que a sobrevivência da espécie está ameaçada. Essas atividades científicas, que caracterizam também os grandes zoos "históricos" como os de Antuérpia, Amsterdã (Artis) ou Paris-Vincennes e numerosos aquários, qualificam o zoo de Londres e essas outras instituições como museus e os distinguem dos parques de animais que são exclusivamente atrações turísticas. Os zoológicos saíram de moda (contribuíram para tanto uma certa sensibilidade ecológica contra o cativeiro e a concorrência dos documentários que mostram os animais em seu meio natural), e seu custo tornou-se exorbitante. O London Zoo foi ameaçado de fechar em 1991, a despeito de suas grandes qualidades pedagógicas e científicas. Uma formidável corrente de solidariedade e de interesse por parte do grande público o salvou, graças a uma afluência renovada e a doações generosas.

Cada museu deve adaptar suas atividades ao seu tamanho e aos seus meios: isso vale especialmente para a pesquisa. Esta, na verdade, não pode dar frutos num quadro muito estreito, no sentido da amplitude tanto dos objetos de estudo quanto da documentação disponível. Por isso mesmo, o pequeno museu que não dispõe do pessoal e dos meios necessários para realizar pesquisas próprias se empenha em abrir suas coleções aos pesquisadores externos e em lhes fornecer a documentação adequada sobre suas coleções.

A criação de redes é um dos meios através dos quais os museus de tamanho pequeno ou médio podem colaborar; eles compartilham assim seus recursos documentais e científicos para melhor cumprir sua missão científica. A rede pode assumir a forma de catálogos comuns, publicações, trocas de informação, pesquisas realizadas em colaboração, exposições temporárias comuns, que também fornecem a oportunidade – e a temática – de pesquisas em que as competências de cada um se conjugam...

Mesmo os maiores museus têm interesse em colaborar com parceiros externos, sejam eles museus ou universidades. Seria tolice ver uma concorrência entre estas últimas e os museus. Seus objetivos e sua organização são diferentes, mas seus interesses se cruzam: o museu só terá a ganhar se suas coleções forem estudadas e publicadas por pesquisadores competentes, forem integradas num estudo mais amplo que englobe peças provenientes de vários museus. Esses trabalhos, e as publicações que os sancionam, honram o pesquisador que os realiza tanto quanto o museu depositário dos objetos.

O museu, como toda instituição de pesquisa, tem o dever de divulgar os resultados das pesquisas junto ao público, de difundi-los. No seu caso, o caminho natural passa pela apresentação: esta, assim como as ações didáticas e a animação cultural, deve se beneficiar dos avanços do conhecimento relativo às temáticas e às coleções do museu. Uma descoberta significativa poderá se tornar tema de uma exposição temporária específica e depois ser integrada à exposição permanente, por exemplo. No Walraf-Richartz Museum em Colônia, uma pequena sala é dedicada à apresentação dos resultados da pesquisa sob a forma de exposições-dossiês, que são substituídas regularmente. É a ocasião de mostrar lado a lado obras e imagens técnicas (radiografia, reflectografia) ligadas a elas. A divulgação passa também pelas publicações e por qualquer outro meio, especialmente no âmbito da função de animação (ver capítulo 7).

No tocante às infraestruturas, a ação científica do museu se dá em diferentes lugares.[375]

• *A biblioteca:* Muitos museus dispõem de uma biblioteca que reúne as obras relativas às suas temáticas; elas podem ser compartilhadas – reunindo assim os serviços oferecidos aos pesquisadores – com os museus da cidade[376] ou com bibliotecas universitárias ou municipais.

• *O centro de documentação:* Eventualmente associado à biblioteca, ele reúne toda a documentação, os arquivos, os documentos de aquisição, os inventários dos objetos do museu, mas também qualquer outra documentação (fotos, reproduções, ilustrações de peças de comparação etc.) capaz de interessar os pesquisadores e de esclarecê-los a respeito das coleções do museu.

• *Os laboratórios:* Nos museus suficientemente grandes, um laboratório ou um ateliê fornece o equipamento mínimo necessário à manutenção diária e à restauração dos objetos (dentro dos limites enunciados no cap. 5, p. 246-249), assim como ao seu estudo através de meios de investigação simples (lupa binocular, microscópio, laboratório de fotografia) ou mais elaborados (nos grandes museus); oferece ainda ao pesquisador a oportunidade de examinar longa e detalhadamente as peças que ele deseja incluir no seu trabalho.

• *O gabinete de estudo:* É um espaço colocado à disposição dos pesquisadores (sobretudo externos) para permitir-lhes examinar à vontade os objetos do museu; pode ser incluído no conjunto dos laboratórios.

O catálogo

O catálogo, ou seja, o inventário dos objetos do museu,[377] constitui um instrumento indispensável para valorizar científica e didaticamente as coleções. É também uma obrigação jurídica para o museu em alguns países, entre eles a França e a Bélgica. E deveria ser um dever moral para o curador.

---

375. O programa arquitetônico levará em conta essas necessidades (ver capítulo 8).

376. O caso da cidade de Strasbourg é exemplar: os museus são reunidos numa rede sob a responsabilidade de um curador chefe, e a construção do novo – e notável – Musée d'Art Moderne et Contemporain serviu para a criação de uma biblioteca comum que é uma das mais ricas em matéria de história da arte e de museologia.

377. O catálogo é um inventário, uma "lista metódica acompanhada de detalhes, de explicações" (*Petit Robert*). Mas muitas vezes se faz uma distinção entre o inventário propriamente dito, outrora feito em fichas e hoje quase sempre informatizado, e o catálogo impresso. Acrescentamos que "catalogação" é preferível a "inventariação" para se referir à ação de incorporar um objeto no inventário de um museu... Ó sutileza da língua francesa!

Inventariar, gerir, documentar as coleções

O catálogo é, em primeiro lugar, um simples recenseamento administrativo das coleções; ele permite verificar periodicamente o estado das coleções,[378] justificar sua origem, e com isso assegura sua estabilidade jurídica. Esse recenseamento é muitas vezes feito seguindo uma ordem cronológica, acompanhando a entrada dos objetos na coleção, que ele sanciona de modo irreversível.[379] Frequentemente acontece de o inventário não ter sido feito de modo regular ou de ser necessário rever e uniformizar as normas de catalogação; faz-se então um inventário retrospectivo. Nos museus muito antigos muitas vezes encontramos vários sistemas de inventário, seja porque se conservou o catálogo existente quando da aquisição de uma coleção, seja porque uma mudança na organização introduziu um novo sistema de catalogação sem substituir o antigo. É ao se fazer a informatização dos inventários que é mais cômodo retomar e uniformizar as práticas.

Esse inventário básico, de natureza administrativa, facilita também a gestão das coleções.

Enfim, o catálogo constitui o primeiro nível da documentação científica e reúne dados relativos a diversas áreas:

- identificação do objeto;
- elementos de classificação lógica (de acordo com o sistema adotado pelo museu) e material (localização);
- descrição mais ou menos detalhada;
- origem e estatuto jurídico do objeto (propriedade do museu, cessão em comodato);
- data de entrada;
- estado de conservação; tratamento e restauração eventuais;
- preço de compra ou valor do seguro.

O catálogo é muitas vezes completado por uma fototeca que reúne os clichês dos objetos da coleção.

Taxionomia

Os pesquisadores devem classificar os objetos de seu estudo. Esse é um dos fundamentos da ciência cartesiana. Nas ciências naturais, como na arqueologia e na história da arte, a taxionomia – a ciência da classificação – levou à elaboração progressiva de uma sistemática[380] das espécies vivas, cujo caráter universal se reflete na nomenclatura

---

378. Fala-se *récolement* (arrolamento) das coleções. A lei francesa de 2002 obriga os museus rotulados de "Musée de France" a fazerem um arrolamento decenal.

379. Ver capítulo 5, p. 190-191, sobre o caráter inalienável das coleções públicas.

380. Classificação natural das espécies botânicas e zoológicas, baseada na filogênese, cujos fundamentos foram estabelecidos no século XVIII por Lineu (1707-1778) e Buffon (1707-1788).

em latim, e de tipologias mais diversas e de alcance mais local para os produtos da atividade humana. Os museus tiveram um papel de destaque nesse processo: basta lembrar que Lineu era o diretor do jardim botânico do rei da Suécia, e que Buffon e depois Daubenton foram intendentes do Jardin du Roi, mais tarde Jardin des Plantes, em Paris. São as coleções, vivas ou naturalizadas, dos museus que constituem a base documental das observações e dos estudos dos especialistas em sistemática. Constituemse assim coleções de referência às quais os pesquisadores das diferentes disciplinas recorrem para a identificação e a definição de novas espécies, a caracterização de rochas e cristais, o reconhecimento de novos tipos arqueológicos etc. Esse interesse científico pela classificação se torna mania quando é ela que determina a organização administrativa e topográfica da instituição. Já se constatou que muitas vezes ela determina também a estrutura da exposição: as preocupações científicas dos pesquisadores oferecem realmente a melhor aproximação para familiarizar o visitante com a natureza, a arqueologia e a história?

As fichas de inventário devem conter informações básicas, para uso de todos os pesquisadores, e não voltadas para uma pesquisa particular; esse caráter polivalente lhes confere um grande valor informativo para os pesquisadores externos e uma utilidade de longo prazo. As descrições muito detalhadas, além de se tornarem rapidamente fastidiosas, e acabarem por comprometer a finalização do inventário, contêm uma informação muito fragmentada que torna difícil sua manipulação pelo pesquisador: as perguntas deste em geral não correspondem ao recorte fino que foi imposto no momento da catalogação, e ele corre o risco de obter, em resposta às suas solicitações, apenas uma parte das fichas pertinentes. O mesmo acontece quando se incluem diretamente no inventário, sem retrabalhá-las a fim de generalizá-las, fichas descritivas redigidas tendo em vista uma pesquisa particular: a descrição é orientada para as preocupações da pesquisa em questão.

As coleções de um museu frequentemente são muito diversificadas. Quando o museu não tem um curador suficientemente competente numa determinada área, ele recorre a especialistas externos, lembrando contudo que se trata de um inventário básico, não especializado.

Um banco de dados informatizado

O desenvolvimento da informática e sua generalização sob formas acessíveis mesmo às menores instituições permitem prever uma informatização generalizada dos inventários dos museus, sua integração em uma rede e sua acessibilidade via internet. A enorme diversidade dos museus e de seus inventários

As antigas marcações, inscrições e números de inventário não são retiradas ou apagadas dos objetos quando é feita uma nova catalogação; ao contrário, são conservadas, pois fazem parte da história do objeto e podem trazer indicações preciosas. As velhas etiquetas coladas neste sílex retocado no Musée d'Aquitaine em Bordeaux dizem muito sobre os métodos arqueológicos em uso na época da escavação.

e a abundância de iniciativas dispersas levaram ao aparecimento de bases de dados numerosas e díspares, utilizáveis apenas para fins de gestão das coleções dentro da instituição museal e quase sempre incompatíveis entre si. A extrema variedade das coleções e a grande dificuldade de catalogá-las dentro de um plano descritivo comum tornam ainda mais difícil a busca de uma certa padronização. Apesar disso, esses inventários informatizados têm o mérito de existir e, muitas vezes, de ter propiciado uma reflexão e uma reorganização do inventário.[381]

Em 1964, André Malraux criou o Inventário Geral dos Monumentos e das Riquezas Artísticas da França, que em pouco tempo se beneficiou de recursos informáticos importantes, sob o estímulo esclarecido de Jean-Claude Gardin. De início muito centralizado, esse projeto sofreria sucessivas re-

---

381. A informatização dos inventários feitos em fichas ou em registros não deve levar à eliminação destes últimos; eles guardam um interesse histórico e documentam a origem e o desenvolvimento das coleções. Por isso mesmo, devem ser conservados.

A pesquisa no museu: a função científica
265

formas e aguardaria as tecnologias dos anos 1990 para atingir seu pleno desenvolvimento.[382]

Nos museus, os diferentes *softwares* desenvolvidos em conjunto com os profissionais respondem cada vez melhor às necessidades das instituições museais. Eles se beneficiam dos desenvolvimentos das novas metodologias em matéria de gestão das bases de dados. Substituíram os sistemas pesados, pouco adaptados à diversidade das coleções e dos inventários, construídos nos anos 1980 para os grandes museus.

A Association des Musées Suisses (AMS) desenvolveu um *software* simples e adaptável, o Banco de Dados dos Bens Culturais Suíços, que é distribuído gratuitamente a todos os museus suíços.

A colocação em rede dos inventários dos museus foi projetada no Canadá desde meados dos anos 1990; a ideia era compartilhar, via internet, os inventários disponíveis em cada museu.[383] No Quebec, criou-se a base Info-Muse, administrada pela Société des Musées Québecois (SMQ). Trata-se de uma base descentralizada. Ela não é somente – nem mesmo principalmente – destinada à gestão das coleções e à pesquisa científica; ela pretende ser uma abertura do museu para o público graças ao acesso via internet. O conteúdo informativo e a interface são adaptados a essa orientação. Ainda em desenvolvimento, a base Info-Muse nem por isso deixa de ser, desde já, uma entidade de tal forma representativa do patrimônio do Quebec que é chamada de "coleção nacional virtual".[384]

Um projeto semelhante foi lançado na Bélgica – o Acesso Informatizado às Coleções das Instituições Museais (Aicim). Financiado pelo Ministério da Cultura e gerido pela associação irmã da SMQ, a Musées et Société em Wallonie (MSW), o Aicim tem como objetivo dotar os museus situados na região da Valônia e em Bruxelas de um material informático básico, informatizar as coleções por meio de um *software* derivado da base dos museus suíços e compartilhar esses inventários, ou ao menos um núcleo de informações básicas, para torná-las acessíveis na internet. A preparação de uma ficha mínima, comum a todos os museus independentemente de seu tamanho e da natureza de suas coleções, revela-se uma operação complexa e difícil. Em lugar de definir *a priori*

---

382. Ver MELOT, Michel. L'inventaire général des monuments et des richesses artistiques de la France à l'heure de l'électronique. *Muséologie et Nouvelles Technologies, La lettre de l'Ocim*, n. 78, *Musées*, 23- n. comum, p. 18-20, 2001. Site do inventário na internet: <www.inventaire.culture. gouv.fr>.

383. A informação compartilhada pode ser reduzida a uma parte apenas, um núcleo, da ficha descritiva consignada no catálogo do museu; entende-se, por exemplo, que informações mais confidenciais, como os valores do seguro ou a localização não sejam comunicados ao público.

384. SIMARD, Françoise. Les inventaires virtuels: pourquoi et pour qui?' *Muséologie et Nouvelles Technologies, La lettre de l'Ocim*, n. 78, *Musées*, 23- n. comum, p. 14-17, 2001.

um descritivo fixo e impô-lo aos museus, a MSW escolheu elaborar progressivamente uma ficha a partir da experiência de cada museu que participa da Aicim. A gestão do projeto Aicim passou por certas dificuldades decorrentes de restrições orçamentárias. Ela hoje está integrada a um amplo projeto de digitalização dos patrimônios (materiais e imateriais), o PEP'S.

Esses diferentes projetos tiram partido dos progressos tecnológicos em matéria de digitalização da imagem, e das gigantescas capacidades de armazenamento na memória, para enriquecer as bases de dados textuais com imagens, reproduções de objetos, de documentos, que fazem delas verdadeiramente um museu imaginário virtual.[385] A presença autêntica da "coisa verdadeira" está em falta.

Modalidades de acesso ao catálogo

Os catálogos tradicionais em fichas devem ser consultados no museu. Idealmente, eles são colocados numa sala de documentação e postos à disposição do público, ao menos dos pesquisadores e dos eruditos. Muitas vezes, porém, eles não são diretamente acessíveis, para evitar riscos de desclassificação ou de alteração das fichas. O pesquisador deve então encaminhar seu pedido a um encarregado.

As grandes instituições, mas também as mais modestas, publicam regularmente catálogos impressos de suas coleções. Fala-se em catálogo *raisonné* quando ele se refere a um conjunto homogêneo de objetos – as pinturas holandesas do século XVII, os vasos etruscos de *bucchero nero* – que ele descreve e analisa de modo sistemático. O catálogo que reúne os objetos na ordem de sua aquisição – aquisições dos últimos 10 anos, por exemplo[386] – também tem interesse, mas não preenche as mesmas funções. O CD-ROM também pode constituir o suporte da publicação de todo ou de parte do inventário do museu: ele permite uma documentação iconográfica mais rica.

Enfim, o acesso via internet constitui, como vimos (p. 124-125), uma das direções atuais do desenvolvimento tecnológico e funcional dos catálogos. Esse modo de difusão ultrapassa a função científica e procura tornar o catálogo acessível ao grande público, eventualmente sob uma forma reduzida e sem dúvida ilustrada.

---

385. Amplificando assim a visão premonitória de André Malraux (*Le musée imaginaire*. 1965).

386. Às vezes tem-se uma exposição, cujo catálogo faz então esse papel de inventário: ver, por exemplo: HISTOIRES de vies, histoires d'objets. Acquisitions récentes (1996-2001). Arles: Museon Arlaten, 2002.

A pesquisa no museu: a função científica

O acesso dos pesquisadores às coleções do museu

O museu deve favorecer o acesso dos pesquisadores às suas coleções. Por seu papel de conservatório, ele reúne material original; este é posto à disposição do público pela exposição mas também é tornado acessível aos pesquisadores para o estudo.[387] O museu não é o equivalente de uma coleção privada, e o curador não é o proprietário das obras e objetos que lhe são confiados.[388] Ele não goza de um "direito de preempção" que lhe reservaria essas coleções para estudo.

Digitalização, difusão, participação

A digitalização é a conversão de fundos analógicos ou físicos em fundos digitais tendo em vista uma utilização por *softwares*. A digitalização responde a dois desafios principais: a conservação, por meio da criação de um "original digital" de qualidade próxima do original analógico, e a valorização ou a exploração para diferentes fins. Um dos objetivos das grandes campanhas de digitalização encorajadas pelos poderes públicos é garantir a maior acessibilidade possível a esses fundos a fim de que sua consulta não seja mais reservada aos curadores e aos pesquisadores, mas também seja permitida às equipes de concepção de exposições ou de outros instrumentos de mediação, aos programadores e, de modo mais geral, a toda a população. Esses fundos devem, portanto, ser visíveis nos sistemas de busca e acompanhados de metadados que poderão ser trocados e coletados em sites de fornecedores de dados, como o *Europeana*, projeto europeu que concerne às bibliotecas, aos centros de arquivos, mas também aos museus. São visadas prioritariamente, para a digitalização e a difusão, as coleções documentais, as fotografias, os filmes e os registros sonoros, coleções que muitas vezes são frágeis e cuja conservação, no final, fica comprometida.

Dessa disponibilização decorre uma obrigação: para explorar essa massa de documentos, é preciso indexar e documentar. Um trabalho de titã! Essa obrigação se torna uma oportunidade desde o momento em que o trabalho é dividido e leva à coprodução e à difusão de novos conteúdos. Os novos usos sociais da internet dinamizam as "comunidades" de pesquisadores e de profissionais, agora abertas aos amadores, aos apaixonados, aos curiosos convidados a alimentar as bases de dados. O museu se torna uma plataforma de trocas e de construção conjunta de saberes e se abre para novas práticas e novos estatutos para os públicos. As ferramentas

---

387. Como um depósito de arquivos ou uma biblioteca conservam documentos para uso do público.
388. Salvo, às vezes, no caso de fundações privadas; entretanto, a outorga de uma subvenção pública a estas últimas na maioria das vezes está ligada à abertura das coleções ao público e aos pesquisadores.

digitais, desse ponto de vista, permitiram reinventar as formas da participação museal (ver p. 133-135).

A cultura da *open source* e da *open data*, assim como o fenômeno *wiki*, não excluem o museu, que compartilha estudos, infos, comentários de modo muito mais generoso e diversificado do que o fazia pouco tempo atrás. Numerosas publicações tornam-se assim acessíveis e exploráveis, o que se observa com a multiplicação das revistas digitais lançadas pelos museus.

O pesquisador deve ter acesso a todos os objetos conservados pelo museu e não somente àqueles expostos ao público; estes últimos são extraídos de seu lugar na exposição para permitir um exame mais de perto e eventuais análises.

Várias soluções existem para facilitar o acesso dos pesquisadores aos objetos guardados na reserva técnica. A mais simples e a mais frequente consiste em contar, perto dos espaços de armazenagem, com um pequeno laboratório ou de um gabinete de estudos em que os pesquisadores possam dispor à vontade os objetos estudados, retirados das reservas; um inventário completo e uma arrumação eficaz são as condições necessárias para identificar e localizar rapidamente os objetos interessantes. Os depósitos Compactus, equipados com estantes móveis, constituem a melhor solução em termos de utilização do espaço disponível. As reservas são sempre muito pequenas.

Georges Henri Rivière propôs o desdobramento dos espaços de exposição a fim de oferecer, ao lado de uma apresentação destinada ao público mais amplo, um segundo conjunto de salas onde os especialistas poderiam encontrar expostas as séries de objetos de que eles gostam. Essa solução foi posta em prática no Musée des Arts et Traditions Populaires em Paris, distinguindo uma "galeria cultural" (no térreo) e uma "galeria científica" (no primeiro subsolo).[389] No Musée de la Préhistoire d'Île-de-France em Nemours, os espaços "especialistas" se inscrevem no mesmo percurso que aqueles destinados ao grande público, mas como apêndices, extensões.[390] Entretanto, essas salas para pesquisadores não satisfazem nem ao especialista – que não encontra nelas os conjuntos exaustivos que esperava encontrar – nem ao grande público – desencorajado pelo alinhamento de objetos sem nenhuma significação para ele. Essa opção, que se baseia apenas numa diferença de apresentação, não satisfaz às necessidades da pesquisa científica.

Tem-se falado, nos últimos 20 anos, em reservas visitáveis. Elas constituem uma solução mais econômica e sem dúvida mais eficaz que o desdobramento

---

389. Pode-se encontrar uma descrição detalhada do projeto, feita por André Desvallées, em GHR, p. 286-298.

390. O desdobramento é assinalado aos visitantes por uma numeração em salas B paralelas às salas A (ver boxe, p. 160-161).

das salas de exposição. Quando da criação ou da reforma de um museu, é aconselhável prever espaços suficientemente grandes para abrigar a exposição sumária e compacta das coleções mais interessantes conservadas na reserva técnica. Obviamente, não é possível mostrar tudo dessa maneira. Antes do início das obras de reforma dos edifícios de Saint-Martin-des-Champs, o Conservatoire National des Arts et Métiers (CNAM), em Paris, foi dotado de reservas visitáveis construídas entre 1992 e 1994 em Saint-Denis, no norte da cidade.[391] O prédio projetado pelo arquiteto François Deslaugiers abriga duas partes: um "cofre" de madeira no qual são armazenados os objetos da coleção em dois níveis, em *racks* que constituem os centros de corredores dotados de uma sinalização apropriada; uma construção de "vida", com a fuselagem de aço, reunindo os ateliês de restauração, de fotografia, o local de quarentena e os escritórios de estudo reservados aos pesquisadores autorizados a trabalhar na reserva. "Visitável" pelo público especializado, a reserva é um lugar amplo, arejado, no qual se pode consultar o objeto ou a série de objetos pesquisados.

Este caso exemplar não é a regra. Na maioria das vezes, as reservas visitáveis anunciadas pelos museus constituem na verdade uma outra forma de exposição, acessível ao público através de uma vidraça como no Louvre-Lens ou de visitas guiadas com hora marcada, como no Musée Québecois de Culture Populaire em Trois-Rivières. No MAS, em Antuérpia, essas pseudorreservas são visíveis atrás de grades. Às vezes, como no Historisches Museum Luzern, todas as exposições são concebidas segundo esse modelo (ver boxe, p. 152-153).

As pesquisas de campo

A atividade científica num museu não se limita ao estudo dos objetos da coleção. Ela é acompanhada de uma atividade de campo que, em certos tipos de museu e em certas épocas, pode assumir proporções consideráveis:

Os grandes *museus de arqueologia* promoveram e ainda promovem, em território nacional ou estrangeiro, escavações importantes que participam da pesquisa arqueológica geral mas que também podem enriquecer as coleções do museu.[392]

---

391. FERRIOT, Dominique; JACOMY Bruno. Problématique d'une rénovation: Musée des Arts et Métiers. In: SCHIELE, B.; KOSTER, E. H. (Ed.). *La révolution de la muséologie des sciences*. Lyon: PUL, 1987. p. 22-23.

392. A maioria dos países adotou legislações que proíbem a exportação dos bens culturais, de modo que os objetos descobertos em escavações hoje permanecem em seu país de origem, exceto quando se realizam exposições temporárias.

Os *museus de história natural* sempre tiveram uma tradição de expedições de exploração científica em busca de novas espécies animais ou botânicas. A ciência, sobretudo a sistemática, e as coleções dos museus se enriqueceram assim ao longo dos dois últimos séculos. Hoje, essas instituições muitas vezes reorientam essas expedições na direção da pesquisa sobre os ecossistemas, a biodiversidade, o equilíbrio ecológico planetário.

As *pesquisas etnográficas*, tanto nas nossas regiões quanto naquelas mais longínquas, constituem uma parte importante do trabalho científico realizado pelos museus de etnografia e de etnologia. Outrora considerados documentos de trabalho, os testemunhos e as informações que essas pesquisas reúnem podem hoje – ao menos alguns deles – ser acrescentados às coleções do museu a título de patrimônio imaterial reconhecido pela Unesco e pelo Icom.

Os *centros de arte contemporânea* desenvolvem uma atividade de prospecção do campo da criação artística com o objetivo de identificar as correntes e as personalidades emergentes, de analisar os processos de criação, de montar exposições e de fazer entrarem nas coleções públicas[393] algumas das obras mais marcantes.

Essa lista não é exaustiva: todos os museus, quaisquer que sejam seus centros de interesse e seu tamanho, podem conduzir pesquisas de campo. Seus objetivos: documentar e estudar as temáticas do museu, aumentar as coleções, sustentar missões didáticas. Pesquisa [em francês *recherche*, de *chercher*, procurar] tem aqui um duplo sentido: a pesquisa científica se une à procura dos objetos que vão enriquecer as coleções.

Toda a documentação (notas manuscritas, registros sonoros, testemunhos, fotos, filmes etc.) reunida por ocasião dessas expedições deve ser depositada num centro de documentação no museu. Após um prazo razoável para permitir seu estudo e sua publicação eventual pelos membros da equipe de pesquisa, ela deve ser posta à disposição dos pesquisadores externos, assim como os objetos eventualmente coletados nessas expedições e trazidos para o museu.

As pesquisas etnográficas

Fundado em Liège em 1913 e inspirando-se na iniciativa de Frédéric Mistral no Museon Arlaten (ver boxe p. 103-104), o *Musée de la Vie Wallonne* se atribuiu como objetivos reunir os objetos, os documentos e os depoimentos sobre a vida popular, rural e urbana da Valônia e servir de conservatório de uma sociedade em vias de desaparecimento devido ao extraordinário movimento de modernização de que se beneficiou o conjunto da bacia industrial valã na época. O museu não podia se contentar com uma atitude passiva, expectante. Muito cedo a prática da pesquisa de

---

393. Nas suas, se eles as tiverem, mas também nas de outras instituições museais (museus de arte contemporânea, Frac etc.).

campo apareceu como o melhor meio de reunir documentos e depoimentos. Quais são os temas dessas pesquisas? Percorrendo o índice dos cerca de 20 volumes publicados, constata-se uma enorme diversidade: pesquisas lexicográficas, pesquisas dialetais, festas, celebrações e costumes locais (os carnavais, por exemplo), usos deste ou daquele instrumento, músicas e canções, cultos locais, atividades artesanais particulares, arte popular, onomástica, toponímia. Essas pesquisas são feitas e publicadas pela equipe do museu, mas também por pesquisadores externos, profissionais ou amadores. Os documentos reunidos são entregues ao centro de documentação do museu, que se tornou ao longo do século o mais importante fundo documental de arte e tradição populares da Valônia. À documentação escrita somam-se fotos, registros sonoros, filmes. As pesquisas servem também para coletar *in loco* objetos, muitas vezes destinados ao esquecimento ou ao abandono, que virão enriquecer as coleções do museu. Em fogo lento há vários anos, o serviço de pesquisa foi recentemente revitalizado, no quadro do relançamento das atividades científicas do Musée de la Vie Wallonne.

No *Musée de la Vie Bourguignonne Perrin-de-Puycousin* em Dijon, a exposição Billardon – dedicada ao bairro popular de mesmo nome no subúrbio da cidade e à destruição das torres de apartamentos ali localizadas – levou a uma pesquisa sociológica e etnográfica junto aos habitantes do bairro feita em conjunto pelo museu e por uma equipe da universidade. Os resultados da pesquisa, assim como os depoimentos, as fotos e os outros documentos que ela permitiu reunir, foram apresentados na exposição cuja trama eles constituíam.

Publicações

Vimos acima que o museu – ao menos quando ele tem a possibilidade material de fazê-lo – publica catálogos *raisonnés* de suas coleções. Em suporte de papel ou digital, eles são uma das maneiras de tornar acessíveis aos pesquisadores as coleções do museu. Mas a atividade editorial do museu não para por aí.

A publicação de uma revista periódica (boletim, revista, anuário etc.) permite ao museu difundir as pesquisas efetuadas sobre suas próprias coleções ou sobre as temáticas que ele desenvolve. É um instrumento importante de comunicação com o público especializado, às vezes também com um público mais amplo. Especialmente as pesquisas de campo realizadas pelos museus de etnologia encontram aí um canal de difusão de que elas não poderiam se beneficiar de outro modo. É também o lugar para publicar as novas aquisições do museu. Apesar do caráter rudimentar, as pequenas publicações do tipo "boletim dos membros" difundidas por museus mais modestos nem por isso deixam de revelar o interesse das pesquisas que eles realizam no nível local.

Muitos museus publicam trabalhos científicos – monografias, relatórios de escavações ou de pesquisas de campo, resultados de análises – diretamente ligados às suas atividades científicas.

Enfim, a pesquisa científica implica um dever de divulgação: dissemos que ela passa primeiro pela exposição, mas ela deve se completar com publicações destinadas a um público maior e mais diversificado, e também ao público escolar, às crianças. O caráter lúdico destas últimas deve encontrar eco na apresentação da própria exposição, se for previsto um percurso "crianças", ou nas animações destinadas ao público jovem.

A pesquisa em museologia

As pesquisas de que falamos até agora concernem ao objeto do museu, suas temáticas, suas coleções. A função científica do museu tem também como objeto o próprio museu, o modo como ele cumpre as diferentes missões que lhe são atribuídas, a exposição, sua recepção pelos visitantes. Em uma palavra, a museologia. O Icofom é o comitê internacional do Icom para a museologia,[394] onde se encontram museólogos universitários e curadores de museu. Suas preocupações vão do mais geral (definição do museu; a inserção do museu na vida social; a linguagem da exposição) ao mais particular (a montagem da exposição; a redação dos textos). Outros comitês internacionais do Icom se interessam por aspectos mais específicos dos museus.

Nem todos os museus têm uma atividade de pesquisa voltada para a museologia, longe disso. Entretanto, a contribuição dos museus nesse campo é importante, porque ela ancora as pesquisas no lado concreto da vida do museu, e, em troca, o museu se beneficia dos resultados que ele decide aplicar em seu funcionamento, suas exposições, suas atividades culturais e pedagógicas. Certos museus têm uma longa tradição de pesquisa museológica e se especializaram. Vejamos alguns exemplos.[395]

Não poderíamos esquecer o papel pioneiro desempenhado na França pelo Musée des Arts et Traditions Populaires sob o impulso, primeiro, de Georges Henri Rivière, e, em seguida, de André Desvallées, que se tornaram os propagadores da "nova museologia" (ver Introdução, p. 49-50).

---

394. O comitê Icofom reúne os membros do Icom interessados na museologia em geral. O Icofom publica regularmente as atas dos colóquios que ele organiza todos os anos.
395. Referências a essas atividades de pesquisas museológicas poderão ser encontradas na bibliografia no fim do volume.

A Cité des Sciences et de l'Industrie em La Villette desenvolveu todo um serviço de pesquisa sobre a pedagogia das ciências no museu, sobre as atividades de animação destinadas às crianças e adolescentes, sobre a concepção das exposições interativas.[396] Graças a isso, a Cité foi durante muito tempo o principal viveiro dos museógrafos e dos museólogos na França.

O Musée d'Ethnographie de Neuchâtel, a partir do impulso dado por Jean Gabus, assumiu a especialidade da reflexão sobre a exposição; Jacques Hainard propôs o conceito de "museologia da ruptura"[397] e procurou, nas exposições temporárias do museu, uma oportunidade para pôr em prática as ideias que desenvolve em seus escritos teóricos. A exposição "O museu canibal" (2002) constituiu uma verdadeira exposição de uma pesquisa sobre o museu de etnografia: pesquisas, publicações e exposição se completam mutuamente.

Martin Schärer, antigo diretor do Alimentarium de Vevey, presidiu o comitê Icofom e é um reconhecido especialista na linguagem da exposição.[398]

As exposições temporárias oferecem a oportunidade de experimentar novas ideias ou práticas em matéria de museografia, inovações que serão encontradas mais tarde nas exposições permanentes se a experiência se revelar positiva. Esse caráter experimental da exposição temporária é às vezes acionado em exposições "prefigurativas" de um futuro novo museu. Elas permitem testar as diferentes opções que se oferecem aos idealizadores deste último. Esses testes serão tanto mais significativos na medida em que se lançar mão de técnicas de avaliação confiáveis. Tais exposições prefigurativas precederam a criação do Musée du Temps em Besançon, assim como do Museum aan de Stroom (MAS) em Antuérpia (ver boxe, p. 99-100). Assim também, a criação do Musée des Civilisations de l'Europe et de la Méditerranée em Marselha foi precedida de várias exposições prefigurativas do novo projeto museal ("Parlez-moi d'Alger, Marseille-Alger au miroir des mémoires" em 2003-2004; "Hip Hop" em 2005, "Trésors du quotidien" em 2008, por exemplo).

Como vemos, pesquisas "fundamentais" sobre a natureza da mídia exposição e pesquisas aplicadas se conjugam no interior dos museus.

---

396. Ver, por exemplo, GUICHARD, Jack. Nécessité d'une recherche éducative dans les expositions à caractère scientifique et technique. *Publics & Musées*, n. 7, p. 95-115, 1995.

397. HAINARD, Jacques. Pour une muséologie de la rupture. *Musées*, n. 2-4, p. 44-46, 1987. Ver também sua intervenção em *Tables rondes du 1er salon de la muséologie*, 1988, p. 57-59.

398. SCHÄRER, Martin. La relation homme-objet exposée: théorie et pratique d'une expérience muséologique. *Publics & Musées*, n. 15, p. 31-43, 1999; SCHÄRER, Martin. *Promenades muséologiques*. Carnets de notes sur l'Alimentarium, Vevey: 2002.

7. O MUSEU COMO ATOR CULTURAL: A FUNÇÃO DE ANIMAÇÃO

> No Louvre nós não precisamos de animação,
> temos a Gioconda e a Vênus de Milo.
> Jean Chatelain, Diretor dos Musées de France, 1971[399]

> É fácil para um museu adquirir objetos, é muito mais difícil
> adquirir cérebros. [...] Mas os objetos não constituem
> "um museu", eles formam simplesmente "uma coleção".
> John Cotton Dana, 1920[400]

A animação é a função do museu mais recentemente reconhecida. Ela se desenvolveu paralelamente ao interesse crescente pelo público, encorajada pelas políticas de democratização e, em seguida, de diversidade cultural, pelo aumento da importância dos eventos, e pela impregnação progressiva do setor cultural por lógicas de marketing. A nosso ver, a animação como quarta função do museu abrange as iniciativas destinadas a abrir a instituição para o exterior e a permitir que o grande público conheça e aprecie as coleções e as temáticas a que o museu se dedica. Ela dá vida às outras funções, especialmente à exposição, e se volta também para o público. Bastante midiatizada, pelo fato de se inscrever na categoria evento, às vezes ela é a mais visível das funções do museu, a ponto de alguns temerem que ela supere as outras e faça o museu perder sua alma e tudo aquilo que consideram ser sua vocação fundamental.

A inserção do museu na vida cultural e social

Como vimos, o museu não pode se contentar em conservar os objetos do acervo e mostrá-los ao público. Durante muito tempo foi a exposição que respondeu sozinha por esse papel de abertura, e os curadores não sentiram necessidade de trazer mais animação à sua instituição. Hoje, foi atribuído ao museu um papel mais dinâmico, mais proativo: ele deve se colocar adiante do público, despertar

---

399. Apud *Vagues*, n. 1, p. 17.
400. Apud DEM, p. 479.

seu interesse, atraí-lo, e desenvolver instrumentos que o ajudem a entender e a apreciar o patrimônio. Essa atitude é particularmente importante no caso de um público que não está habituado a frequentar os museus, e vimos (capítulo 3) que interessar um público novo não é tarefa simples. Uma aproximação baseada apenas no marketing não é suficiente: a publicidade e a promoção não seduzirão de maneira duradoura um público maior se o "produto-museu" não sofrer uma mudança. Vimos no capítulo 4 como a apresentação das coleções, a concepção museográfica e a cenografia podem ter um papel essencial na decisão de tornar o museu mais atraente e mais acessível. É preciso, definitivamente, que o museu se abra para o público, lhe apresente uma imagem mais agradável, o acolha. Muitos museus já apresentaram – e ainda apresentam – uma imagem rebarbativa, que tende a excluir, que seleciona o público por meio de um implícito "isto não é para vocês". É preciso também tornar o museu mais vivo, animá-lo, dar-lhe fôlego, no sentido original da palavra "animação".

Uma abertura sempre maior

Essa abertura para o público, o museu a concretiza primeiro por meio de uma política de comunicação adequada, que traduz sua vontade de abertura, de acolhimento, uma imagem que convida o visitante. O movimento começa quando é dada ao visitante a oportunidade de frequentar o museu em horários que lhe permitem fazê-lo mais regularmente, não apenas quando está de férias, mas após seu horário de trabalho, por exemplo. Um número cada vez maior de instituições oferece uma visita noturna uma ou duas vezes por semana. A abertura se manifesta também em ações mais específicas e pontuais que inserem o museu na vida social mais ampla. A ideia é criar eventos que atraiam a atenção da mídia, despertem o interesse do público e o levem a frequentar o museu.

Hoje todos os museus, mesmo os mais modestos, propõem atividades que os tornam presentes e visíveis na agenda cultural da sua cidade, da sua região. Os museus mais importantes ou mais dinâmicos propõem um programa cotidiano. Há sempre alguma coisa a fazer além da "simples" visita à exposição; esta não é mais, para o grande público, a única relação com a instituição. Além disso, o museu se tornou um parceiro dos outros operadores culturais (centros culturais, locais de espetáculos ao vivo, associações, galerias, escolas) com os quais ele colabora regularmente.

O tempo não é mais de isolamento: o museu hoje está em rede com outros atores culturais, no nível local, regional ou nacional, dependendo do seu público. Essa colaboração pode se concretizar simplesmente por uma promoção comum, em especial junto a agentes turísticos, e por uma harmonização do calendário. A rede também pode assumir formas mais elaboradas: encontraremos então organizações comuns, espetáculos de teatro ou concertos no museu, exposições no hall do conservatório, ações específicas de um livreiro por ocasião de uma exposição e em diálogo com o museu, para citar alguns exemplos.

A lógica da rede se imprime também no mundo museal propriamente dito: as instituições se reúnem para somar seus esforços, compartilhar seus meios (ver capítulo sobre a gestão) e imaginar programas comuns. Já foi dito que os museus escapam à lógica da concorrência (p.116).

A interpretação ou mediação

Os museólogos atuais sublinham que, para a maioria das pessoas, o patrimônio – cultural, histórico, científico, técnico, social etc. – não fala por si. É preciso interpretá-lo, ou seja, explicá-lo, extrair dele um significado para o público. Na verdade, a exposição já é uma forma de interpretação.[401] Iremos nos deter aqui nas formas mais dinâmicas ligadas à animação.

O conceito de interpretação do patrimônio[402] foi teorizado por Freeman Tilden nos anos 1950, no contexto dos parques naturais americanos. Ele a define como

> uma atividade educativa que pretende desvendar a significação das coisas e suas relações por meio da utilização de objetos originais, da experiência pessoal e de exemplos, mais do que pela simples comunicação de informações factuais. […] A interpretação, partindo da simples curiosidade, deve desenvolver esta última para enriquecer o espírito do homem.[403]

Quando Tilden publicou sua obra, surgiam os primeiros centros de interpretação[404] nos parques naturais americanos sob a forma de *Visitors Centers*, já incluindo um espaço de exposição. Entretanto, de início, a interpretação era antes de tudo baseada numa relação direta entre o intérprete – o guia ou o animador – e seu público. Os objetos e os suportes didáticos eram apenas acessórios no processo.

---

401. Insistimos no capítulo 4 no fato de que os objetos em si mesmos são destituídos de significado; é o museógrafo, por meio do discurso da exposição, que lhes dá sentido.

402. A palavra "patrimônio" (*heritage*, em inglês) é tomada aqui em seu sentido mais amplo; ela inclui o patrimônio científico e natural.

403. TILDEN, Freeman. *Interpreting our heritage*. 1957; para uma atualização do conceito e da prática no mundo anglo-saxão, ver BECK, L.; CABLE, T. *Interpretation for the 21th Century*. 1998. Ver também o trabalho mais recente de Serge Chaumier e Daniel Jacobi (Dir.), *Exposer des idées, du musée au centre d'interprétation*, op. cit.

404. Ver p. 66-68 para a definição desse tipo de instituição museal.

Os seis princípios da interpretação segundo Tilden[405]

1. Toda interpretação que não liga, de um modo ou de outro, aquilo que está exposto ou descrito a um elemento da personalidade ou da experiência do visitante será estéril.
2. A informação, como tal, não é interpretação. A interpretação é uma revelação baseada na informação. Mas os dois conceitos são completamente diferentes. Contudo, toda interpretação inclui a informação.
3. A interpretação é uma arte que combina muitas outras, quer o material apresentado seja científico, histórico ou arquitetônico. Toda arte pode ser ensinada numa certa medida.
4. O objetivo principal da interpretação não é a instrução, mas a provocação.
5. A interpretação deveria procurar apresentar um todo, mais do que uma parte, e deve se dirigir ao homem como um todo mais do que a qualquer uma de suas facetas.
6. A interpretação dirigida às crianças (digamos, até 12 anos) não deveria ser uma diluição da apresentação aos adultos, e sim seguir uma abordagem fundamentalmente diferente. Par ser perfeita, ela exige um programa separado.

À palavra "interpretação" a museologia francófona prefere o termo mais neutro "mediação", que sublinha o papel de intermediário desses atores entre patrimônio e público. A mediação, como técnica de relação com os públicos, remete a um conjunto de práticas próximas da ação cultural que não são reservadas ao museu, longe disso.[406] O museu é um lugar de mediação da cultura e do patrimônio, que se encarna numa série de ações presenciais, ou seja, baseadas na intervenção de um animador ou mediador. A exposição também pode ser considerada um suporte de mediação, utilizado sem intermediário. Os ateliês ou os estágios para adultos e para crianças, iniciativas como as jornadas de portas abertas, a Noite dos Museus ou as Jornadas do Patrimônio, todas essas atividades se inscrevem na mediação cultural, destinada a grupos restritos ou extensos. Todas as iniciativas do museu voltadas para o exterior, no sentido de ir ao encontro dos públicos que não o conhecem ou não o frequentam, são também ações ligadas à mediação cultural. Podemos citar, por exemplo, os ônibus--museus (museus itinerantes), as maletas pedagógicas, as atividades nas escolas ou junto aos públicos excluídos (públicos fragilizados, impedidos). Nenhuma dessas práticas tem a ver com o marketing ou a comunicação, mesmo que se trate, em certa medida, de fazer a promoção das atividades do museu.

---

405. TILDEN, Freeman. *Interpreting our heritage*. Tradução A. G. 3. ed. 1977. p. 9. Uma tradução "livre" desse texto poderá ser encontrada em *Vague*, n. 1, p. 250-251.
406. Para uma apresentação completa dos campos de ação da mediação cultural, ver CHAUMIER, Serge; MAIRESSE, François. *La médiation culturelle*. Paris: Armand Colin, 2013.

O museu como ator cultural: a função de animação   279

Os serviços anexos

Nos últimos 20 anos, os cafés, restaurantes e lojas passaram a ocupar um lugar importante no museu. Essas atividades mais periféricas podem parecer essencialmente comerciais; entretanto, seu papel de animação da vida cultural e sua atratividade não devem ser desprezados. A contribuição econômica desses equipamentos será analisada no capítulo 9. Aqui, gostaríamos de insistir no papel de animação que eles exercem no funcionamento cotidiano do museu. É preciso que os visitantes possam matar a sede, se recompor e descansar durante a visita, sobretudo quando o percurso é longo. Cafés e restaurantes contribuem para facilitar a visita, para tornar mais agradável a permanência do visitante no museu e para dar uma vida especial à instituição museal. Nessa perspectiva – e também na do interesse econômico – é desejável que esses equipamentos possam ser acessados diretamente do exterior do museu, sem necessidade de um bilhete de entrada. Pode-se desse modo trazer um novo público para o museu, familiarizá-lo com ele; uma parte certamente voltará para uma visita. Esse papel de animação será tanto mais eficaz quanto mais o restaurante for agradável e tiver boa fama por seu ambiente, seu cenário ou sua cozinha.

O impacto do restaurante sobre a frequência do museu não é desprezível: na National Gallery de Dublin, o fechamento do restaurante do museu para obras durante seis meses reduziu em 50% o número de visitantes do museu (e os clientes do restaurante não contam nos índices de frequência do museu).

As lojas de museu em geral propõem artigos variados relacionados com as coleções e as temáticas expostas: livros, cartões postais, publicações diversas, jogos, CDs, réplicas e reproduções, cartazes, produtos derivados, acessórios de moda (lenços, gravatas, relógios de pulso) etc. Alguns museus dispõem de uma livraria separada. Contanto que os produtos tenham uma relação clara com a temática geral do museu, essas lojas contribuem para a animação do museu e podem atrair visitantes para ele. Os produtos vendidos são de fato embaixadores do museu, para cuja notoriedade contribuem, sobretudo quando são oferecidos pelo visitante a uma terceira pessoa. A instituição deve se preocupar em propor um sortimento de qualidade, produtos originais, se possível numa perspectiva de desenvolvimento durável.

As atividades culturais

Os museus produzem um grande número de atividades de animação, de natureza muito variada. Algumas são ligadas diretamente às atividades próprias do museu: exposições temporárias, visitas guiadas, animações culturais diversas. Outras se inscrevem no desenvolvimento mais amplo da interpretação ou da mediação cultural, no sentido amplo.

As exposições temporárias

As exposições temporárias constituem um dos meios privilegiados de atrair os visitantes, renovar seu interesse, fazer-se conhecer, projetar uma imagem positiva. Alguns curadores adotaram uma política radical e privilegiam, às vezes de modo absoluto, a exposição temporária como vetor essencial de comunicação com o público. Essa maneira de agir é muitas vezes encorajada pelos políticos, porque eles encontram aí uma oportunidade de atingir de modo constante um público amplo por meio de ações midiáticas eficazes.

A duração das exposições temporárias vai, em geral, de algumas semanas a alguns meses. Constata-se uma tendência muito nítida à prorrogação e a uma variação muito maior da duração. O Musée de la Civilisation de Quebec foi o catalisador desse fenômeno, que hoje se espalhou por todos os tipos de museu. Algumas instituições programam a cada ano uma única exposição que se estende por 11 ou 12 meses; é o caso do Musée d'Ethnographie de Neuchâtel (MEN), onde as salas de exposição permanente são muito limitadas. Vemos exposições que duram alguns anos, como no Musée Dauphinois em Grenoble e no Pass em Mons-Frameries, por exemplo (ver boxes p. 74-75 e 91-92). Ainda devemos falar em exposições temporárias? Definitivamente, a diferença se baseia muito mais nas temáticas, mais fundamentais em relação ao projeto museal para as exposições permanentes, do que na duração.[407]

O Musée de la Civilisation em Quebec

O Musée de la Civilisation é um museu social fundado em 1988, após grandes convulsões sociais e políticas (a Revolução Tranquila) e em decorrência da vontade do governo de desenvolver políticas culturais. Na mesma época, Quebec assistia à diversificação de sua sociedade, devido sobretudo a uma forte imigração e à afirmação de sua identidade "nacional" diante do resto do Canadá.

Desde o início, o MCQ foi visto como um lugar de acesso à cultura para a maioria: acesso físico e sobretudo acesso intelectual. A conservação e a pesquisa foram desde sempre colocadas a serviço do grande público, e foi dada prioridade à difusão e à democratização, "o que constituía então uma revolução nas perspectivas museológicas tradicionais".[408] A instituição pretende ser antes de tudo um lugar de mediação cultural: um museu atento à pessoa humana por meio de sua política de acolhimento, da escolha de suas temáticas, um museu em que o objeto é utilizado como um testemunho da atividade humana e não por ele mesmo, um museu que

---

407. Ver capítulo 4, p. 146-148.
408. ARPIN, Roland. *Le Musée de la Civilisation*: une histoire d'amour. Quebec: Musée de la Civilisation et Fides, 1998. p. 20.

multiplica os eventos em torno de um tema (exposição, colóquio, debate, conferência, publicação, teatro, cinema).

Duas exposições de referência, "Mémoires", de 1988, até sua substituição por "Le temps des Québécois", em 2005, e "Nous les Premières Nations", a partir de 1998, trataram da identidade. Elas foram concebidas de início para durar uma década. O MCQ desenvolveu sobretudo uma política de exposições temporárias: ele apresenta de 10 a 15 por ano, de dimensões muito variadas. Elas são criadas na maioria das vezes pelo Musée de la Civilisation, eventualmente em colaboração com outras instituições. Embora os temas sejam voltados sobretudo para Quebec, várias exposições temporárias se dedicaram a descrever outras sociedades, outros modos de vida. As cenografias são originais e inovadoras. Cada projeto de exposição é pilotado por uma equipe tendo à frente um coordenador geral ao qual se associam um curador e coordenadores de pesquisa, de projeto educativo e de projeto cultural. Juntam-se pouco a pouco à equipe um técnico, um *designer* e um responsável pela comunicação. As mais importantes dessas exposições são concebidas como *blockbusters* e circulam por várias cidades (em geral, de quatro a seis) dos Estados Unidos e da Europa.

A visita guiada

A visita guiada é uma prática cultural que não está ligada exclusivamente ao museu; para ela, o museu é um lugar entre outros[409] onde sua ação de animação pode se exercer. A visita guiada é uma interpretação de um sítio, de um tema, de uma exposição e, mesmo organizada e preparada pelos responsáveis pelo museu ou pela exposição, é um procedimento muito pessoal. Cada visita é especial e resulta de vários fatores: a exposição (o sítio, o castelo etc.) propriamente dita, a personalidade do guia, as características do grupo de visitantes, o tempo dedicado à visita, seu desenrolar. O guia prepara de fato a visita em função do grupo que vai receber – grande público adulto, especialistas, quadros de empresas, grupos de mulheres – e do tempo disponível.[410] As visitas escolares são ainda mais especiais (ver adiante).

---

409. Por exemplo, centro histórico das cidades, monumentos e sítios classificados como de interesse histórico, natural, científico, artístico, parques naturais, parques arqueológicos, igrejas etc. As visitas guiadas não são necessariamente organizadas pelo museu, longe disso, mesmo para as exposições permanentes ou temporárias que ele apresenta.

410. O leitor terá constatado que insistimos sempre nesse ponto: a visita a uma exposição se desenrola no tempo. Tratando-se de uma visita guiada, sua duração pode ser diferente da "duração média de uma visita" prevista ou estimada pelo museógrafo. É frustrante, até desagradável – mas frequente – encurtar uma visita individual apertando o passo nas últimas salas; o guia experiente em geral consegue conciliar o discurso preparado, as perguntas dos visitantes e a tendência natural de um grupo a se dispersar.

A visita guiada é um vetor de mediação geralmente apreciado, particularmente pelas pessoas que não visitam os museus com frequência ou cuja bagagem cultural não faz com que o museu lhes seja familiar; ela representa, portanto, um instrumento para alargar e diversificar o público. Mas ela faz também um grande sucesso junto a visitantes mais habituais, que apreciam a relação humana que ela oferece. Ela é também um instrumento de animação eficaz: oferece uma oportunidade particular de visitar as coleções, sobretudo quando essa visita se liga a um tema específico que os visitantes descobrem, a convite do guia, por meio da exposição permanente do museu. Pode também haver visitas em horas em que o museu geralmente está fechado (noturnas), visitas destinadas a um público-alvo, ou ainda visitas-conferências guiadas por um especialista na questão em pauta.

A visita guiada constitui de certo modo uma versão especial, uma interpretação singular da exposição:

– ela não se apoia nos textos apresentados na exposição, e sim constrói seu próprio aparato sob a forma de um comentário, muitas vezes voltado para a anedota, sobre os objetos expostos;

– o guia seleciona os *expôts* para os quais ele atrai o olhar do grupo e que ele comenta;

– pode acontecer de a interpretação dada pelo guia ser sensivelmente diferente daquela adotada pelo curador da exposição!

Trata-se, portanto, de uma maneira de oferecer outro ponto de vista sobre a temática da exposição: o visitante pode construir sua própria leitura confrontando os diferentes pontos de vista. Alguns guias particularmente loquazes e imaginativos revestem a exposição de um discurso que mal tem a ver com ela, sem falar das aproximações e das inexatidões científicas que pululam nesse gênero de visita; ele pode encantar o visitante, que no entanto passa ao largo da exposição.

Em alguns casos de museus essencialmente orientados para a animação, voltada em especial para o público escolar, pode acontecer de a visita individual ser esquecida e funcionar mal. A frequência, individual ou em família, se ressente disso, e os responsáveis pelo museu podem ser tentados a renunciar a receber os visitantes individuais para se dedicar exclusivamente aos grupos, vistos como os que trazem mais retorno. Quando não adota a forma radical que consiste em só aceitar grupos com hora marcada, essa solução leva a organizar visitas guiadas com horário fixo ou obriga o visitante a esperar que se forme um grupo suficiente[411] para começar a visita. Isso é às vezes facilitado – ou imposto – pela apresentação de um espetáculo multimídia no início da visita.

---

411. Um grupo de mesma língua, quando o programa de visitas guiadas prevê visitas em várias línguas.

As pesquisas junto ao público mostram, porém, que, se são muitos os visitantes que preferem as visitas guiadas (ou o audioguia, ver capítulo 4, p. 198), o mesmo acontece com os que gostam mais da visita livre, no seu próprio ritmo. Hoje, os museus se empenham em oferecer a maior escolha possível de formas de visita, levando em conta as características do museu e os problemas de organização, sobretudo financeiros.

O teatro no museu

Alguns museus, sobretudo no mundo anglo-saxão, introduziram a partir dos anos 1980 uma nova forma de animação em seu interior: a interpretação teatral (*live interpretation*).[412] Atores profissionais desempenham um papel expressamente escrito para o museu, que interpreta (no sentido de Tilden, ver p. 277-278) a temática ou as coleções expostas. A particularidade desse teatro no museu é, de fato, que o texto e a interpretação dos atores são portadores de uma informação que eles revestem de uma dimensão didática: "distrair o público e ao mesmo tempo instruí-lo".[413] As melhores peças são aquelas onde ninguém se dá conta de que existe um conteúdo didático.

É preciso distinguir duas formas:[414]

1. As peças de teatro escritas para a ocasião e interpretadas num local *ad hoc* do museu, seja um pequeno teatro ou um hemiciclo previstos para esse fim, seja uma das salas de exposição do museu; são peças curtas, em geral de um ato, com duração de 15 a 30 minutos e cujo argumento se relaciona com uma temática do museu. Como num teatro, a peça pode ser montada num cenário.

2. Os "personagens no museu" (*characters in museum* ou *first-person interpretation*) que falam na primeira pessoa, que contam sua própria história. Uma certa dose de improvisação e de interatividade com o público distingue essa segunda forma da primeira. A encenação se passa numa ou em várias salas de exposição e se aproxima um pouco de uma visita guiada, mas o discurso e o argumento são totalmente outros.

---

412. Poder-se-á encontrar em MALONEY, Laura; HUGHES, Catherine (Ed.). *Case studies in museum, zoo and aquarium theater*. Washington: AAM, 1999 um conjunto de estudos sobre essa prática nos Estados Unidos, no Canadá e na Grã-Bretanha.

413. Richter em ibid., p. 17.

414. Sem excluir, é claro, a interpretação de verdadeiras peças de teatro que não têm relação direta com o museu e o utilizam como lugar do espetáculo, assim como também se fazem concertos dentro dele, por exemplo. Isso também faz parte da função de animação.

Em Trier, um pintor apresenta sua época

Em janeiro de 2002, uma exposição em Trier, no Simeonstift Museum, foi dedicada à época dos "Biedermeier", ou seja, à eflorescência da burguesia industrial na região na primeira metade do século XIX. A exposição, pequena mas diversificada (pinturas, objetos de arte, roupas, objetos da vida quotidiana, gravuras, textos, citações...), foi estruturada com base na vida e na produção de um pintor, Louis Krevel, de origem local, mas que estudou em Paris antes de voltar para a sua terra e multiplicar, de uma maneira bem parisiense, os retratos dos pequenos e grandes burgueses do vale do Mosela. Todos os domingos às 11 horas, durante a exposição temporária, uma animação especial era organizada: o pintor, em trajes de época, narrava sua vida, suas atividades, mas também a vida em Trier na época. Não era uma visita guiada; ele não comentava os objetos expostos, mas os apontava às vezes com sua bengala para ilustrar sua fala. Ele interpretava um papel na primeira pessoa, interpelava o público e especialmente as crianças, que visivelmente adoravam essa animação fora do comum. Tudo durava cerca de meia hora.

O Musée Canadien des Civilisations em Ottawa (Hull) desenvolveu de modo especial animações desse tipo, que foram previstas desde a criação do museu; ele abriga um elenco permanente que todos os dias apresenta espetáculos dentro do museu. Seu fundador, George MacDonald, escrevia em 1989, no programa do museu:

[...] Utilizando o teatro e os outros locais de espetáculo preparados no museu,[415] esses programas poderiam trazer novos visitantes e encorajar os visitantes a voltar, certos de que sempre haverá algo de novo para ver ou para fazer.[416]

Alguns autores aproximam o teatro no museu do teatro de rua: o público não vem para assistir a uma peça de teatro; ela se inscreve num contexto e num procedimento mais amplos que englobam os outros meios de comunicação do museu como a exposição ou a animação clássica.

Outras atividades culturais

Ao contrário dos museus anglo-saxões que designam com uma mesma palavra – *education* – as ações didáticas voltadas para os adultos e para as crianças,

---

415. Vemos que se trata aqui do primeiro tipo de animação teatral, as peças e esboços montados num espaço reservado para esse fim (nota dos autores).

416. Apud MCLEOD O'REILLY, Susan. Civilization is alive: interpretive theater at the Canadian Museum of Civilization. In: Laura Maloney e Catherine Hughes (Ed.), *Case studies in museum, zoo and aquarium theater*, op. cit., p. 31-38.

O museu como ator cultural: a função de animação

os museus franceses geralmente estabelecem uma distinção de acordo com o público visado: as animações culturais se distinguem do serviço educativo e se destinam aos adultos.

Chamamos de "culturais" um conjunto de atividades que não têm a ambição de ser sistemáticas ou metódicas como deve ser o ensino. A proposta cultural é pontual e facultativa. Ela é destinada a um uso ocasional e livre, quando não caprichoso. Ela é sem dúvida concebida para transmitir conhecimentos, mas procedendo passo a passo, sem exaustividade, de acordo com as possibilidades oferecidas pelas coleções, que são elas próprias sempre lacunares.[417]

Essas animações destinadas ao público adulto podem assumir as formas mais diversas:

■ *Conferências:* O museu pode propor ao público mais amplo conferências sobre assuntos relacionados com as temáticas que desenvolve em suas exposições (permanentes ou temporárias) e suas pesquisas. Muitas vezes é preferível organizar essas conferências em ciclos anuais ou plurianuais; dessa forma, aumenta-se a possibilidade de tornar o ouvinte fiel e de levá-lo a frequentar regularmente o museu. Para aumentar o impacto de uma exposição temporária e reforçar seu efeito didático, muitas vezes os museus organizam conferências sobre o tema da exposição ou sobre temas vizinhos que o expandem ou aprofundam em certos pontos.

■ *Colóquios:* Os colóquios se dirigem preferencialmente a um público mais especializado; nem por isso eles deixam de ser um meio eficaz de mostrar a vitalidade do museu tanto junto ao grande público, mesmo que este não participe deles diretamente, como junto aos especialistas (curadores, pesquisadores universitários, responsáveis por serviços especializados de museus, atores culturais…). Esses colóquios têm como tema as coleções, a museologia, o impacto dos museus sobre a vida cultural local. É também missão do museu acolher reuniões científicas, culturais, administrativas ou políticas quando ele dispõe de infraestrutura adequada.

■ *Encontros:* Os encontros com artistas, críticos, pesquisadores, personalidades diversas são a ocasião para o público descobrir, de uma maneira nova e agradável, as coleções e as temáticas desenvolvidas pelo museu.

■ *Ateliês:* Seguindo o mesmo modelo das animações pedagógicas para as crianças, alguns museus propõem aos adultos ateliês de descoberta prática da arte, da ciência, da natureza, da arqueologia. Afinal, o entalhe do sílex, a criação

---

417. GALARD, Jean. Introduction. In: Jean Gallard (Dir.), *Le regard instruit*, op. cit., p. 9-17.

artística "à maneira de", as experiências científicas, a herborização etc. não são reservadas às crianças.

- *Levar o museu para fora de suas paredes:* A animação também pode ultrapassar as paredes do museu: visita-passeio à cidade, manifestações diversas, participação em festivais, espetáculo de rua, noite disso ou daquilo.

- *... ou introduzir nele atividades insólitas:* A *Museumnacht* em Amsterdã atrai todos os anos, no primeiro sábado de novembro, uma multidão considerável para dentro dos museus para dançar, assistir a um concerto ou a uma peça de teatro. No Muséum d'Histoire Naturelle de Dijon, um "cabaré científico" apresenta a ciência sob uma luz no mínimo pouco habitual.

- *Concertos:* A organização de concertos nos museus é prática frequente: música de câmara, concertos clássicos, mas também música contemporânea, rock, música popular. Por que se deveria restringir a liberdade de escolha quando um dos objetivos é diversificar os visitantes? Esses concertos podem ser organizados à noite nas salas do museu, no auditório, quando o museu tem a sorte de ter um, numa sala de conferências. Mais raramente, o evento acontece numa sala do museu durante o horário de visita. Ele é então programado num horário fixo (eventualmente, várias vezes ao dia) e, claro, devidamente anunciado para o público.

As animações pedagógicas

O público de crianças e adolescentes constitui um grupo especial de visitantes para o museu. Ou antes, dois grupos, pois convém distinguir claramente crianças de adolescentes, situando o limite entre os 12-13 anos. Tanto um grupo quanto o outro, porém, não parecem ser bem-vindos em alguns museus mais tradicionais: os jovens incomodam por seu jeito turbulento, falam alto, fazem perguntas, às vezes correm nas galerias. Os guardas estão sempre de olho neles e se precipitam para fazê-los calar, "acalmá-los", aniquilar sua energia. Em suma, sua vitalidade parece incompatível com o silêncio mortífero e a calma letárgica que reinam em certos museus. Contudo, a vocação didática inerente à instituição incita, ao contrário, a lhes reservar um lugar de destaque. É o que vários museus entenderam.

Além das visitas em família, para as quais as instituições propõem cada vez mais ofertas específicas (ver p. 115-116, 199), é sobretudo em grupo, na maioria das vezes grupo escolar, que os jovens vão ao museu. A maioria dos museus organizou um programa de acolhimento para os grupos, com atividades diversificadas. Dependendo da importância que a instituição dá às animações pedagógicas, mas também dos meios de que dispõe, sobretudo em termos de pessoal, a organização dessas atividades será mais ou menos integrada no organograma do museu:[418] serviço educativo estruturado, espaço mais ou menos autônomo em relação à conservação, subcontratação externa (de outro museu ou de terceiros independentes), suporte das atividades repartido entre o conjunto da equipe.

É preciso sublinhar que a política educativa de um museu faz parte integrante da sua política geral, do seu projeto museal, que ela deveria figurar na Declaração de Intenção (Mission Statement) e ser objeto de um plano, assim como a política de aquisição ou a conservação preventiva.

Objetivos das animações pedagógicas

Os objetivos atribuídos às atividades pedagógicas propostas pelos museus são muitos e diversificados, mas todos eles se colocam sob uma bandeira geral que é a aquisição da competência específica do museu: a educação no museu tem como objetivo ajudar o visitante a se tornar competente, ou seja, capaz de se apropriar do museu.[419] Tornar-se competente é aprender a aprender no museu, é adquirir autonomia na visita. Para Allard e Boucher, isso condena a visita guiada como atividade didática, já que ela alimenta a heteronomia, a dependência de um guia.

Sem pretender ser exaustivos, podemos listar alguns objetivos específicos.

- *Familiarizar a criança com o museu*, ou seja, com o lugar, com o funcionamento baseado em objetos patrimoniais, com as condições de visita. Trata-se, sobretudo, de igualar as oportunidades com relação às disparidades do meio familiar de origem.[420]
- Orientar o olhar, *ensinar a ver*, a olhar.
- Fazer refletir sobre as *relações passado/presente*.
- Apresentar a noção de *patrimônio*.
- Apresentar a *diversidade cultural* (descobrir o mundo e as culturas).
- *Ensinar a contextualização*; o museu oferece, muito mais que a informação escrita, uma visão global, sistêmica das coisas.

---

418. O decreto de 2002 sobre o reconhecimento e a subvenção dos museus na Bélgica francófona define três níveis de desenvolvimento das atividades educativas segundo a categoria A, B ou C de reconhecimento do museu (ver boxe p. 324-325).

419. ALLARD, Michel; BOUCHER, Suzanne, *Éduquer au musée*. Un modèle théorique de pédagogie muséale. Montreal: Hurtubise, 1999.

420. O sociólogo Pierre Bourdieu introduziu o conceito de *habitus* para designar o conjunto das práticas, das atitudes etc. que fazem com que o visitante se sinta ou não "no seu lugar" dentro de um espaço cultural. Ver Pierre Bourdieu, *La distinction*, op. cit.; HEINICH, Nathalie. *La sociologie de l'art*. Paris: La Découverte, 2004. p. 50.

- Desenvolver o *senso crítico*.
- Formação em *criatividade*.
- Estabelecer uma *relação sensitiva*, emocional, com os objetos e as obras.
- O museu é um *lugar de prazer*.
- E, é claro, a *aquisição de conhecimentos* sobre o ou os temas do museu (ciências e técnicas, artes, história, etnografia etc.).

O acolhimento dos jovens no museu

Vimos (p. 157-158) que alguns museus previram uma museografia e uma sinalética complementares destinadas aos mais jovens. Às vezes, setores inteiros do museu são dedicados a eles, com uma exposição especial: os espaços "crianças" do Pass em Mons (ver boxe, p. 74-75), do Troppen Museum em Amsterdã, do Musée des Civilisations em Gatinau (Quebec) são bons exemplos. Na Cité des Sciences et de l'Industrie de La Villette em Paris, a Cité des Enfants é quase um museu pleno reservado ao acolhimento dos jovens. A Cité está também na vanguarda em matéria de pesquisas nesse campo e produz atividades e animações que ela aluga a outros museus das ciências e técnicas.

Museus inteiramente dedicados às crianças, e que trazem o nome delas – museus das crianças –, renunciaram a uma temática particular para destinar seus recursos ao acolhimento dos pequenos (geralmente de 3-4 até 12 anos) e à elaboração de exposições e de atividades específicas, muitas vezes em conexão com outros museus. O Papalote Museo del Niño, museu das crianças da cidade do México, recebe 3 mil crianças por dia (!) e as leva para seus sítios de atividades próprios e para os numerosos museus da cidade. Em menor escala, o Musée en Herbe de Paris, criado por Claire Merleau-Ponty, assim como o Musée des Enfants de Bruxelas organizam visitas adaptadas aos museus, propõem atividades, montam exposições, produzem brochuras didáticas em conexão com os serviços educativos de certos museus. Os museus das crianças não têm coleção, às vezes nem mesmo sala de exposição. Trata-se na verdade de uma familiarização, de uma iniciação à linguagem museal, de certa maneira de um "pré-museu".

De um modo mais geral, o acolhimento das crianças e dos adolescentes é garantido por um serviço específico do museu, o serviço educativo.[421] Esse setor associa pedagogos, docentes e pessoal especializado com o objetivo de conceber animações

---

421. Na França, Georges Salle criou os primeiros serviços educativos nos Musées Nationaux em 1949. Para a história dos serviços educativos dos museus na França, ver CAILLET, Elisabeth. *À l'approche du musée, la médiation culturelle*. Com a colaboração de Évelyne Lehalle. Lyon: PUL, 1995. p. 201-211.

O museu como ator cultural: a função de animação

289

adaptadas à idade dos grupos aos quais elas são dirigidas, e de acolher esses grupos e animar as sessões. O conteúdo dessas animações é determinado em colaboração com os responsáveis científicos pela área dentro do museu, mas sua produção cabe ao serviço educativo, que muitas vezes já tem uma longa experiência na área.

A importância e o estatuto desse serviço variam de um museu para outro: um museu grande pode dispor de um serviço educativo importante, composto de várias pessoas e capaz de acolher simultaneamente vários grupos, enquanto num museu pequeno muitas vezes é seu único curador quem garante a realização das animações e o acolhimento dos grupos de jovens. Observamos, contudo, que esse é um dos setores para os quais se voltam prioritariamente os esforços dos responsáveis pelos museus: mesmo museus de tamanho médio procuram ter um serviço educativo específico. Isso significa reconhecer a especificidade e a importância dessa atividade. Significa também pôr em prática a responsabilidade do museu na formação dos jovens.

A especialização – a profissionalização – das pessoas que garantem essas animações pedagógicas levou algumas autoridades a montar um serviço educativo comum a vários museus vizinhos. É o caso das cidades de Colônia ou de Strasbourg, por exemplo, onde existe um serviço didático para o conjunto dos museus da comunidade urbana qualquer que seja seu estatuto (estado, municipalidade, associação).

O serviço educativo acolhe os grupos de jovens visitantes dentro do quadro das atividades escolares; muitas vezes um professor da escola os acompanha. Ele também pode receber grupos de jovens fora do quadro escolar e organizar para eles atividades específicas: movimentos de jovens, associações diversas etc. Os "estágios de férias" organizados pelo museu são especialmente interessantes na medida em que eles oferecem aos jovens a possibilidade de um contato direto e privilegiado com os objetos do museu, com os pesquisadores científicos responsáveis pelas coleções, num quadro totalmente lúdico, o do tempo de lazer. As atividades educativas e científicas, por mais ricas em experiência e aquisição que possam ser, nem por isso deixam de aparecer como um divertimento, uma distração.

As relações museu/escola

Muitas vezes se opõe a educação formal – a da escola – à educação dada pelo museu, qualificada de informal.[422] Margaret Pfenninger, diretora do serviço edu-

---

422. A revista *Publics & Musées* dedicou um número (n. 7, 1995) à temática "Museu e educação". Em sua introdução a esse número, Daniel Jacobi et Odile Coppey traçam o panorama teórico dessas relações, mais almejadas que realizadas, entre escola e museu.

cativo dos Musées de Strasbourg, define o museu como um "lugar para olhar e aprender de outra maneira":

> É óbvio que esse conceito museal só raramente corresponde, ou responde, ao programa escolar; seus componentes – objetos concretos com elementos constitutivos que lhes são próprios – não podem ser abordados como numa aula: seu sentido, essencial mas múltiplo, depende estreitamente de sua apresentação. Tentar "dar um curso" no museu nega não apenas a dimensão concreta e excepcional do lugar, mas também toda interação significativa que um aluno poderia ter com a obra de arte.[423]

A prática e a razão mostram que essa oposição é relativa: quando as crianças são guiadas na exposição por adultos que as orientam, o caráter não formal da visita museal se esvai, sobretudo se a visita for preparada na sala de aula e integrada no programa escolar.

Mais que acentuar as diferenças e opor escola e museu, alguns defendem o estabelecimento de uma verdadeira parceria entre essas duas instâncias.[424] Essa parceria é às vezes concebida num nível muito geral, o do Ministério da Educação: o ministério designa professores para determinados museus cuja temática pode se inscrever nos programas escolares[425] com a missão de elaborar dossiês pedagógicos que são postos à disposição dos professores, para preparar com suas turmas a visita ao museu, e também – espera-se – à disposição dos animadores que recebem os alunos no museu. Mas essa forma de agir em paralelo não parece muito eficaz. Mais promissora parece ser a prática que associa diretamente o professor de uma turma e os animadores do museu antes, durante e após a visita. Com a condição de que o curso na escola e a visita ao museu conservem sua especificidade.

Michel Allard e Suzanne Boucher[426] teorizaram a relação museu/escola distinguindo três posições possíveis.

▪ *Escolarização*: buscando uma economia e uma harmonização de recursos, o museu elabora programas educativos diretamente ligados aos currículos

---

423. PFENNINGER, Margaret. Le musée, un lieu pour regarder et apprendre autrement. In: L'ÉCOLE, le musée: croisement des savoirs ? Actes du colloque. Lille: Palais des Beaux-Arts, 1995. p. 41-50.

424. Ver ibid., e BUFFET, Françoise (Ed.). *Entre école et musée, le partenariat culturel d'éducation.* Lyon: PUL, 1998.

425. No Historial de la Grande Guerre em Péronne, por exemplo, ou nos diversos museus de história natural.

426. Michel Allard e Suzanne Boucher, *Éduquer au musée*, op. cit., que retomam os resultados da tese de doutorado de M. Paquin.

escolares. Os objetivos das animações pedagógicas museais são extraídos dos programas de estudos.

■ *Desescolarização*: o museu se recusa a desenvolver programas educativos especialmente para a clientela escolar. As animações oferecidas se dirigem a todos os tipos de visitantes.

■ *Paraescolarização*: o museu sente que a clientela escolar lhe concerne, propõe programas educativos especialmente elaborados em sua intenção, mas cujos resultados não constituem um complemento ao ensino ministrado na turma.

Com relação aos objetivos gerais das atividades pedagógicas enunciadas anteriormente, é claro que a simples escolarização não pode bastar, porque ela se inscreve estritamente no quadro dos programas de estudos. Além disso, o museu é também um lugar indicado para acionar *a interdisciplinaridade*, que visa a descompartimentar as disciplinas, enquanto os currículos escolares são precisamente organizados de acordo com estas.

Enfim, a visita ao museu deve permitir ao aluno viver uma experiência e conhecer métodos de aprendizagem mais do que adquirir conhecimentos sobre um determinado tema. Tal abordagem visa o desenvolvimento global do aluno (encontramos aí um dos princípios de Tilden, ver p. 278), especialmente a aquisição de competência, e se inscreve entre os objetivos globais da educação (inclusive a escolar) mais do que no quadro estrito de um programa de estudos.

As ações de mediação

As animações pedagógicas reúnem atividades muito variadas que têm em comum constituir um mediador entre o público escolar e o tema do museu, entre o jovem e o patrimônio. Essa é a característica essencial dos serviços educativos: eles garantem uma função explícita de mediação presencial. Eles elaboram um discurso – sob as formas mais variadas e mais lúdicas possíveis – que permite à criança e ao adolescente se apropriar do objeto de patrimônio, se apoderar da temática da exposição, aplainando a dificuldade dos textos, muitas vezes rebarbativos, mesmo para o público adulto, eliminando as barreiras e as convenções – não falar, não mexer, não ser ativo – em vigor nos museus.

A mediação às vezes se limita a uma visita guiada adaptada à idade e às expectativas dos jovens (e de seus professores!); vimos o que se deve pensar a respeito disso (p. 187). Ela se passa nas salas da exposição. Na maioria das vezes, são propostas atividades mais específicas que associam interatividade e manipulações. Vejamos alguns exemplos:

- espaço de animação com *manips*[427] sobre um determinado tema científico nos museus das ciências e técnicas;
- experimentação pessoal, fabricação de objetos, da cerâmica pré-histórica no Musée de Préhistoire de Tautaval ao foguete no Eurospace Center de Redu em Libramont;
- ateliês criativos onde os jovens visitantes dão livre curso à sua imaginação criadora guiada pela inspiração de uma obra ou de uma exposição;
- exposição nas próprias galerias do museu de trabalhos de crianças realizados em ateliê;
- atividades dramáticas (teatro, dança, mímica) traduzindo o clima cultural de uma exposição ou dramatizando um episódio histórico;
- excursões (ecológicas) de campo acompanhadas pelos animadores e o pessoal científico do museu;

Os estudantes das escolas de arte frequentam assiduamente os museus durante sua formação, não apenas para descobrir ou copiar os grandes mestres nos museus de arte, mas também para se exercitar no desenho e no croqui em todos os tipos de coleções: ciências naturais, instrumentos científicos, material arqueológico ou, como aqui, objetos etnográficos.

---

427. O termo *manip* designa, no vocabulário da animação museal, um dispositivo interativo destinado a fazer o visitante descobrir um princípio científico, um fato, uma propriedade particular, um fenômeno. É a transposição museográfica da "manipulação" do laboratório. No Quebec usa--se mais o termo "interativo".

- trabalhos de coletas naturalistas, de escavações arqueológicas ou de pesquisas etnográficas de campo, também sob a supervisão dos responsáveis científicos (sobretudo quando essas pesquisas se destinarem a enriquecer as coleções do museu).

Alguns museus propõem animações, demonstrações, ateliês cujo programa varia de um dia para o outro. O visitante é informado na entrada ou com antecedência sobre a agenda. No Ecomuseu da Alsácia, uma dezena de atividades é programada a cada dia. No fim de outubro, crianças e adultos podem se iniciar na transformação de beterrabas (e não de abóboras) em lanternas, por ocasião da festa de Halloween, uma antiga tradição europeia.

O público adolescente

É comum afirmar que, para o museu, os adolescentes constituem um público difícil de seduzir. Muito carregado de símbolos de autoridade, muito rebarbativo, muito poeirento, ou visto como tal, muito acadêmico, o museu não atrai os jovens de 12 a 18 anos, e raras são as instituições que desenvolvem uma política específica de comunicação dirigida aos adolescentes. Mas, ao mesmo tempo, alguns se espantam ou se desesperam porque os jovens quase não frequentam os museus, "não se interessam por nada". Essa atitude contraditória é característica sobretudo dos museus de arte e de história.[428] Os museus de ciências e técnicas, os museus sociais, os museus que se empenham em mostrar problemáticas novas integraram mais e há mais tempo o público jovem em sua museografia, suas animações e sua política de acolhimento. Atividades específicas são organizadas tendo em vista os adolescentes. Citemos os "ateliês de práticas científicas" no Muséum National d'Histoire Naturelle, em Paris,[429] o programa *career ladder* do New York Hall of Science.[430] No Musée de la Vie Wallonne em Liège, uma animação teatral lhes foi proposta no âmbito da exposição "A marca jovem", em 2012.

Constata-se, aliás, nos últimos 20 anos, que essa política produz frutos. Segundo Tamara Lemerise:[431]

> O que os dados nos revelam de mais importante é que há adolescentes nos museus. Os jovens não estão absolutamente ausentes das instituições museais, suas frequências anuais de visitas declaradas são proporcionalmente iguais, às vezes mesmo superiores, àquelas registradas entre os adultos.

A autora releva vários fatores que favorecem a frequência do museu pelos adolescentes.

– Os museus dos grandes centros urbanos são, via de regra, mais frequentemente visitados pelos adolescentes do que os regionais.

– As políticas de apoio à parceria museu-escola parecem ter um impacto real nos índices de visita das escolas secundárias.

– No que concerne às visitas livres, a possibilidade oferecida aos jovens de serem ativos ou de terem um papel valorizante[432] é um elemento que pesa

---

428. O Louvre organiza todos os anos "Noturnas gratuitas de outono Louvre-jovens" destinadas a jovens de menos de 26 anos; estes são acolhidos livremente por 150 estudantes de arte que ficam à disposição dos visitantes nas salas para comentar, explicar, mostrar as coleções do museu. Nessas visitas noturnas excepcionais, mais de 80% dos visitantes têm entre 18 e 25 anos. Ver CASANOVA, Françoise. Une pratique interactive orale de l'histoire de l'art au Musée du Louvre: des jeunes s'entretiennent. *Publics & Musées*, n. 14, p. 69-85, 1998. Por mais interessante que seja, essa iniciativa, que é dirigida a todos os jovens mas atinge essencialmente os jovens adultos, mostra que é bastante difícil atrair os adolescentes para os museus de arte clássicos.

429. GIRAULT, Yves; GUICHARD, Françoise. Problématique et enjeux du partenariat école-musée à la Grande Galerie de l'Évolution. *Publics & Musées*, n., p. 69-937, 1995.

430. HOLLAND, I. E. *New York Hall of Science Career Ladder*: evaluation and final report. Nova York: NYHS Publications, 1994.

431. LEMERISE, Tamara. Les adolescents au musée: enfin des chiffres! *Publics & Musées*, n. 15, p. 9-29, 1999.

432. Há alguns anos, vários museus americanos de ciências e técnicas oferecem aos adolescentes projetos de médio ou longo prazo que os incitam a voltar regularmente ao museu. Nesses projetos, são confiados aos jovens papéis especiais: guia, consultor, membro de um Club House etc.

fortemente em favor da presença dos jovens no museu; os adolescentes são claramente mais participativos do que contemplativos.

– Uma política de comunicação adaptada e orientada para os jovens via redes escolares, professores ou organismos associativos parece ser igualmente eficaz.

Como se pode constatar, a interatividade, a participação, a simulação e a identificação são os meios principais dessas ações, cujo efeito não pode ser esperado senão a longo prazo.

O público adolescente é também muito sensível à temática das exposições propostas. Eles podem visitar em massa exposições de museografia clássica mas cujo tema tenha ligação direta com sua cultura: "Hip Hop", exposição prefigurativa do MuCEM em Marselha; "Game on" em Lille em 2004, dedicada aos videogames; "Tatu-Tatoo!", nos Musées Royaux d'Art et d'Histoire em Bruxelas em 2004. Neste último caso, uma (pequena) parte da sala era reservada a uma exposição concebida pelos alunos de uma turma do ensino secundário.

A Federação Mundial dos Amigos dos Museus lançou há alguns anos um programa "jovens amigos", que tem como objetivo dar aos adolescentes mais velhos e aos jovens adultos a possibilidade de se organizar em seções de amigos e preparar ações específicas de animação para o público adolescente.

8. A ARQUITETURA DOS MUSEUS

> Todo novo museu "faz história" pela transmissão do passado
> que ele torna possível e pelo sinal dado ao futuro que ele manifesta.
> Bruno Suzzarelli, 2012[433]

Para muitos, o museu é antes de tudo um edifício. E o museu é tanto mais conhecido quanto mais notável é o edifício. Não existe arquiteto de prestígio que não experimente projetar um museu. Entretanto, construir um edifício para abrigar um museu é um exercício difícil. É preciso, de um lado, encontrar um equilíbrio entre a arquitetura e as obras expostas, evitando que a primeira eclipse as últimas, mas antes esteja à altura e sirva ao objetivo da exposição. De outro lado, são muitas e contraditórias as obrigações impostas pela vontade de acolher o público, as exigências da exposição, a preocupação com a conservação das obras, as necessidades ligadas ao conforto da visita e a exploração econômica do lugar. Essas dificuldades são outros tantos *stimuli* que permitem aos arquitetos mostrar a plenitude de seu talento.

A invenção de uma arquitetura específica

Por volta de 1775, dois edifícios criados especialmente para receber coleções acessíveis – ao menos em parte – ao público firmaram uma nova tipologia arquitetônica, a tipologia do museu.[434] Um deles foi o Museu Pio-Clementino no Vaticano (Alessandro Dori, depois Michelangelo Simonetti e Giuseppe Camporesi, 1771-1796), que ilustra a passagem do barroco (do projeto inicial de Dori) a referências neoclássicas à Roma antiga, especialmente na grande sala redonda. O outro foi o Museum Fridericianum em Cassel (Simon-Louis Du Ry, 1769-1779), que ostenta um claro espírito neoclássico.[435]

---

433. Diretor do MuCEM, prefácio do *Projet scientifique et culturel.*
434. Uma excelente introdução histórica à arquitetura dos museus pode ser encontrada na obra de BASSO PERESSUT, Luca. *Musées.* Architectures 1990-2000. Milão: 1999. p. 9-52.
435. Neste capítulo, as datas duplas entre parênteses indicam respectivamente o início do projeto e a conclusão da obra.

A sala, a galeria, a rotunda

É certo que os primeiros museus públicos tomaram de empréstimo às habitações privadas – ao palácio que o Fridericianum ainda é em parte – formatos de espaço que assumiram a função de lugar de exposição: a sala, derivada dos gabinetes de trabalho, abrigou as pinturas, e a galeria, lugar de passeio, de deambulação, acolheu as estátuas. A elas somou-se a rotunda com cúpula, que, além de sua função de distribuição da circulação, emprestada das termas romanas, revestiu-se de um valor simbólico que fez do museu "o monumento da memória e o templo leigo de todos os saberes".[436] Essa sacralização do museu é encontrada também na fachada do Fridericianum, que sobrepõe, a uma fachada ordenada com pilastras que remetem ao palácio, a figura do templo antigo, espécie de pórtico hexastilo com frontão, como entrada do edifício.

Essa nova tipologia e o papel respectivo das formas que a compõem foram sintetizados de modo didático pelo arquiteto Jean Nicolas Louis Durand em 1802.[437] Elas encontraram sua concretização em três realizações exemplares do primeiro terço do século XIX: o Altes Museum[438] de Berlim (Karl Friedrich Schinkel, 1823-1830), o British Museum de Londres (Sidney Smirke, 1823-1837) e a Glyptothek de Munique (Leo von Klenze, 1816-1830).

O caráter sagrado do museu, acentuado pela alta escadaria que o isola do espaço ao redor, foi definitivamente afirmado por esses protótipos que por muito tempo seriam imitados em toda a Europa e do outro lado do Atlântico.[439] E quando outros vocabulários plásticos substituíram a imitação do antigo, eles não modificaram nem a estrutura funcional, nem o caráter elitista do museu, como no Victoria and Albert Museum de Londres (edifício de 1909) ou no Germanisches National Museum de Nuremberg.

Em meados do século XIX, o museu tornou-se um elemento essencial do desenvolvimento urbano. O crescimento e a diversificação das coleções levaram à multiplicação dos museus, muitas vezes num mesmo lugar, para formar uma es-

---

436. Luca Basso Peressut, *Musées*, op. cit., p. 10. Evocou-se o Pantheon como modelo da sala redonda do Pio-Clementino, e depois o templo de Juno. Parece porém que Simonetti se inspirou diretamente no mausoléu de Magêncio [CONSOLI, Gian Paolo. "Più nobili templi, cupole più gloriose". L'architettura del Museo Pio-Clementino. In: BROOK, Carolina; CURZI, Walter. *Roma e l'Antico*. Realtà e visione nel '700. Roma: Skira, 2010, p. 103-108. Catálogo de exposição].

437. DURAND, Nicolas Jean Louis. *Précis des leçons d'architecture données à l'École polytechnique* (Paris: 1802-1805), apresenta um projeto de museu imaginário.

438. A rotunda foi aí concebida para abrigar as esculturas mais importantes da coleção. Ao redor dela, distribuem-se as galerias em retângulo que formam dois pátios internos destinados a iluminar as salas. A entrada se faz por uma escada alta.

439. Ainda em 1928 no Fine Arts Museum da Filadélfia (Estados Unidos).

A arquitetura dos museus

pécie de "fórum museal" cujo exemplo mais antigo é, mais uma vez, o conjunto que se formou em Berlim em volta do Altes Museum e logo ganhou o nome de Museuminseln. Encontramos essa abordagem urbanística, sob formas variadas, até hoje. Citemos a título de exemplo o conjunto da Maria-Theresienplatz em Viena, acrescido do Museums Quartier no fim do século XIX, os *museum mails* de Washington e de Bonn, a Museen Uffer de Frankfurt, o Mont-des-Arts em Bruxelas.

Materiais e formas novas

Em meados do século XIX, a era das exposições universais abriu novas perspectivas. O Crystal Palace de Paxton e Fox (1851) expôs, numa arquitetura de vidro e metal, objetos manufaturados, máquinas, obras de arte. Essa irrupção do vidro e do ferro fundido, e depois do aço, logo seguidos pelo cimento armado, ofereceu novos caminhos aos arquitetos dos museus com a possibilidade de construir grandes espaços livres de qualquer suporte e amplamente iluminados. Foi no campo dos museus das ciências e técnicas, das artes aplicadas, do artesanato, que essas formas novas começaram a ser aplicadas. Os Musées Royaux d'Art et d'Histoire de Bruxelas (Gédéon Bordiau, 1879-1905), a grande galeria de zoologia do Muséum d'Histoire Naturelle em Paris (Jules André, 1877-1889), o Musée des Arts Appliqués de Budapeste (Odon Lechner, 1893-96), o Troppenmuseum em Amsterdã (J. J. e M. A. van Nieuwkerken, 1916-1923) constituem exemplos significativos, entre muitos outros. A planta de todos esses museus se organiza em torno de um ou vários grandes *halls* envidraçados inspirados nos "palácios da indústria" das exposições universais. "A centralidade da rotunda dos 'templos da arte', homenagens à antiguidade, foi substituída pouco a pouco pela centralidade do pavilhão [*halle-basilique*] de ferro e de vidro, que exprime valores contemporâneos e de progresso."[440]

As primícias da arquitetura moderna dos museus

Em 1934 realizou-se em Madri a primeira conferência internacional de museografia, organizada pelo Escritório Internacional dos Museus,[441] sobre o tema da arquitetura dos museus. Louis Hautecoeur redigiu na ocasião um relatório que seria republicado.[442]

---

440. Luca Basso Peressut, *Musées*, op. cit., p. 18.
441. Esse escritório foi o antecessor do Icom, *International Council of Museums*, fundado em 1946.
442. HAUTECOEUR, Louis. Architecture et aménagement des musées. in: MUSÉOGRAPHIE: architecture et aménagement des musées d'art. Genebra: SDN et OIM, s. d. [1935]. 2 v. Nesse texto

300 A museologia

No mesmo momento, Le Corbusier desenvolveu um projeto de "Museu de crescimento ilimitado".

> Concebido como uma construção padronizada sobre um módulo quadrado de sete metros de lado, constituído de elementos repetidos [...], o museu de crescimento ilimitado se define como uma solução realmente inovadora para os problemas de flexibilidade e de extensão que preocupam os museólogos.[443]

O arquiteto propôs um museu desprovido de caráter monumental, uma "máquina de expor"[444] eficiente: "O museu não tem fachada: o visitante nunca verá a fachada, verá apenas o interior do museu". A espacialidade rígida da galeria clássica de exposição desapareceu em benefício de espaços moduláveis e extensíveis baseados na utilização de paredes móveis. A ideia inicial, a extensibilidade, suscitou um conceito muito mais fecundo, o de flexibilidade e de modularidade.

Essa concepção inovadora do espaço da exposição, Le Corbusier quase não teria a oportunidade de pô-la em prática, a não ser, de uma forma simplificada, no Museu Nacional de Arte Ocidental de Tóquio (1959), realizado em colaboração com antigos alunos arquitetos japoneses. Outros se inspirariam nele, como os arquitetos do MoMA, o Museum of Modern Art de Nova York (Philip Goodwin e Edward Durell Stone, 1939), que projetaram em quatro níveis espaços de exposição de planta livre com divisões móveis.

Dois nomes fecham esse rápido panorama e abrem para a arquitetura contemporânea.

Em plena guerra, marcado pelo bombardeio da pequena cidade basca, Mies van der Rohe desenhou um "projeto de museu para uma pequena cidade" no qual colocou imaginariamente o quadro *Guernica* de Picasso como peça central de um espaço de exposição sem nenhum fechamento e sem percurso imposto. O museu, num único nível, era totalmente aberto para o exterior: "Procuramos derrubar a barreira que separa a obra de arte da coletividade viva". Esse projeto utópico encontraria de certa maneira uma concretização na construção da Neue Nationalgalerie em Berlim (1962).

Foi a pedido de um colecionador que Frank Lloyd Wright concebeu, entre 1943 e 1959, o Salomon Guggenheim Museum em Nova York. A galeria de ex-

---

– ainda atual embora redigido em 1934 – o autor define um certo número de regras para uso dos arquitetos encarregados de projetar ou de reformar um museu. Para André Desvallées, que em 1993 republicou esse texto com uma introdução, esse relatório "deveria ter se tornado o livro de cabeceira dos profissionais de museu e mais ainda dos arquitetos encarregados de sua construção e sua instalação".

443. Luca Basso Peressut, *Musées*, op. cit., p. 23.

444. LE CORBUSIER. *Oeuvres completes*. v. 2, p. 73.

A arquitetura dos museus

posição é constituída de uma rampa em espiral de 430 metros que se desenrola ao longo de cinco níveis. A visita começa pelo alto e prossegue seguindo a inclinação da espiral, que foi fortemente contestada pelos museógrafos em busca de "referências horizontais" para a exposição das obras. Cerca de 20 salas se abrem para esse plano inclinado e oferecem espaços de exposição mais clássicos. Além de seu lado atípico, único, o museu de Wright apresenta um caráter monumental incontestável, desejado pelo projetista: ele próprio é uma obra de arte que corre o risco de sobrepujar as obras expostas.

Não ilustram, os dois museus projetados por Mies van der Rohe e Frank Lloyd Wright, a tensão permanente entre a preocupação de oferecer obras de arte num ambiente neutro, "no qual os homens e as obras de arte possam ter uma vida autônoma",[445] e a vontade de fazer sentido pela entrada em cena do próprio público? Esse debate, que atravessa toda a história da arquitetura museal, já dividia os arquitetos na época do concurso lançado por Ludwig da Baviera em 1814 para a Glyptothek de Munique. Martin Wagner propunha um edifício "sem ornamento, estritamente adaptado à sua função", enquanto Leo von Klenze venceu com um edifício de fachada monumental e uma rica decoração interior. Cada sala é decorada num estilo de acordo com as obras expostas (neoclássico, neorromano etc.). Essa busca de "consonância formal entre arquitetura e conteúdo, capaz de aumentar a receptividade do visitante e a qualidade didática da exposição",[446] também coloca uma questão: a arte contemporânea pede uma arquitetura contemporânea, e a arte antiga é mais valorizada num edifício histórico adaptado a uma nova função museal? Os museus de ciências e técnicas pedem um novo edifício?

Modéstia e imodéstia da arquitetura do museu

Frequentemente se questiona a modéstia do arquiteto. Para uns, ele peca por orgulho, e o "gesto do arquiteto" é um gesto excessivo: "Imagino o museu do futuro como um galpão dotado de todos os meios técnicos e não como um monumento".[447] Exemplos de museus-galpões não faltam: são os edifícios industriais ou os armazéns transformados em museus, em geral de arte contem-

---

445. VAN DER ROHE, Mies, 1958, apud NEUMEYER, F. *Mies van der Rohe*. Paris: Le Moniteur, 1996.

446. Luca Basso Peressut, *Musées*, op. cit., p. 14.

447. Eddy Dewilde, antigo curador do Stedelijk Museum de Amsterdã, apud FOULON, Pierre-Jean. Introduction. ARCHITECTURE et musée, Actes du colloque organisé au Musée Royal de Marie-mont les 15 et 16 janvier 1998. Tournai: La Renaissance du Livre, 2001. p. 16.

porânea. São também construções novas que adotam uma estrutura simples e sem floreios para oferecer ao museógrafo – e às obras – vastos espaços neutros.

O CAPC Musée d'Art Contemporain de Bordeaux, o Le Magasin, Centre National d'Art Contemporain de Grenoble, o Ludwig Forum für Internationale Kunst em Aix-la-Chapelle, a Stichting De Pont em Tilburg (Países Baixos) ilustram a nova vida dos edifícios industriais. Construções novas se inspiram neles: o Sainsbury Centre da University of East Anglia projetado por Norman Foster (1977), a extensão do Musée des Beaux-Arts de Winterthur (Annette Gigon e Mike Guyer, 1995), a Gemäldegalerie no Kulturforum de Berlim (Heinz Hilmer e Christoph Sattler, 1986-1997), que faz referência à Neue Galerie de Mies van der Rohe, ao lado. Essa era também a forma que tinha o "primeiro" Musée d'Art Moderne no Centre Pompidou em Paris, tal como funcionou desde a criação do centro em 1977 até 1984, antes da reestruturação feita por Gae Aulenti. "Era o próprio exemplo do não lugar; uma grande área banalizada, concebida da mesma maneira que um armazém destinado a estocar produtos".[448]

Para outros, o museu deve ser uma obra de arte, digna dos objetos prestigiosos que ele contém. Assim, para Richard Meier: "Como arquitetos, devemos projetar museus que sejam obras de arte para propiciar prazer aos visitantes".[449] O Guggenheim Museum de Bilbao (Frank Gehry, 1999) é sem dúvida o arquétipo dessa arquitetura museal que pretende ser escultura. O Museum für Kunsthandwerk em Frankfurt (Alemanha), obra de Richard Meier inaugurada em 1985, é um edifício de uma extrema qualidade arquitetônica, em que cada detalhe foi pensado com uma atenção obstinada. Amplamente aberto para o exterior, o edifício cria um ambiente luminoso e agradável. Para alguns, Meier não pensou nos objetos, nas coleções do museu.[450] Não é a nossa opinião: o arquiteto meticuloso concebeu toda a cenografia do museu, e em especial as vitrines, na mesma linha e com o mesmo módulo geométrico do próprio edifício. E também com a mesma qualidade formal. Isso apresenta o inconveniente de não oferecer nenhuma possibilidade de evolução aos responsáveis pelo museu: mexer em uma parte do conjunto estrutura-cenografia significa desequilibrar o conjunto. As poucas modificações (cores, plintos) da exposição atual operadas pelos cenógrafos nos parecem ter um péssimo efeito.

O museu, receptáculo das obras ou ele próprio obra de arte? Se devemos constatar que em certos casos o museu-edifício supera as obras que ele contém,[451] devemos também reconhecer que a qualidade estética e o caráter

---

448. MATTHU, Roland. Oeuvre et lieu. In: Ibid., p. 212.

449. Apud Pierre-Jean Foulon, Introduction, op. cit., p. 17.

450. "Seu museu faz os objetos antigos parecerem pobres e vis", *Il libro dei musei*, p. 211.

451. O gigantismo de certas salas, em Bilbao, na Tate Modern de Londres, e em outros museus, as torna difíceis de explorar. Raras são as obras que não ficam "perdidas" nesses espaços.

A arquitetura dos museus

do edifício constituem trunfos importantes para um museu: eles reforçam sua atratividade e contribuem para criar um clima de visita voltado para a emoção, o prazer e o deleite. Às vezes, porém, uma arquitetura muito marcada pode aparecer como distante, inacessível, e provocar um fenômeno de rejeição. Era assim com o museu neoclássico, e pode voltar a ser com a arquitetura contemporânea.

A dificuldade está em conciliar caráter estético e funcionalidade do museu: ela só pode ser superada por meio de uma definição inicial rigorosa e detalhada do projeto museal e por uma firme atenção do arquiteto para com as diferentes funções do museu desde o início do projeto. No Laténium (2001), em Neuchâtel, a arquitetura se põe a serviço da museografia e dos documentos arqueológicos: "Construir um museu, construir uma museografia, é se perguntar qual o lugar do espaço na relação significativa dos conteúdos que ele acolhe. É também questionar o valor dos conteúdos por meio do sentido que o espaço pode lhes dar".[452] É também, nos parece, o caminho seguido por Abel Cahen na notável extensão do vanAbbemuseum em Eindhoven.

Introduzimos no capítulo 2 o conceito de museu aberto.[453] A abertura é em primeiro lugar o acolhimento, o gesto de boas-vindas, o sinal de que o museu não é reservado a uma elite. Por muito tempo, os museus se fecharam sobre si mesmos como uma concha: o museu de crescimento ilimitado de Le Corbusier é um museu fechado, como o Guggenheim de Wright. Ao contrário, muitos arquitetos contemporâneos pregam uma arquitetura museal aberta, em que a obra de arte é um elemento da vida, até mesmo da vida cotidiana. O edifício se abre para a cidade ou para a natureza através de grandes aberturas envidraçadas que integram visualmente a exposição e a circunvizinhança do museu, os visitantes e os passantes. Às vezes, a integração chega até a criar uma passagem pública através do museu como no Amsterdams Historisch Museum ou no Louvre. No Musée d'Art Moderne et Contemporain em Strasbourg, o arquiteto Fainsilber queria fazer o bonde passar dentro do museu, entre os dois volumes principais do edifício. Isso foi recusado: restou a ideia de uma rua de acesso livre, coberta por uma vidraça, que separa, ou melhor, que liga os dois edifícios.

A integração visual, e às vezes física, do museu no espaço público também não é um gesto de modéstia? Entretanto, a realização às vezes entra em contradição com a intenção inicial. Em Groningen (Países Baixos), o Groninger Museum é uma obra coletiva assinada pelos italianos Alessandro Mendini e Michele

---

452. CHENU, Laurent. Interprétations. L'architecture du musée'. In: LATÉNIUM pour l'archéologie. Le nouveau parc et musée d'archéologie de Neuchâtel. Laténium, 2001. p. 61. Laurent Chenu é o arquiteto do *Laténium*.

453. Ver também GOB, André. Musée ouvert, manifestation de l'espace public? In: *Musées: on rénove!, Art & Fact*, n. 22, p. 126-133, 2003.

De Lucchi, o francês Philippe Starck e o grupo austríaco Coop Himmelb(l) au. Mendini, encarregado da coordenação do projeto, "queria criar um museu aberto, democrático, um campo de jogo para o *homo ludens*, um lugar onde o visitante poderia participar com espanto".[454] O resultado é muito diferente: um edifício fechado, como uma fortaleza cercada de barreiras, e do qual a luz natural foi praticamente excluída. Definitivamente, um museu multiforme pela diversidade de seus autores, que conceberam, cada um, uma parte do edifício, mas que se inscreve na categoria "objeto de arte" da arquitetura de museu: "[...] ele se transforma num macro-objeto de design, numa arquitetura escultural e pictural de textura múltipla", como o define Mendini. A ponto de alguns, como Philip Jodidio, considerarem que se trata de um museu de arquitetura.

Jean Nouvel e os museus

Como outros arquitetos atuais, Jean Nouvel e seu escritório têm em seu currículo vários museus, construídos ou projetados. Desde o Institut du Monde Arabe em Paris, em 1987, projetado em colaboração com o Architecture-Studio, Nouvel assinou sucessivamente a transformação da antiga mina de carvão do Crachet, em Mons-Frameries (Bélgica), em museu de ciências, o Pass, em 2000, a ampliação do Museo Reina Sofia em Madri em 2001, o Musée Vesunna, museu de sítio arqueológico, em Périgueux em 2003, e o Musée du Quai Branly em Paris em 2006. Além disso, dois projetos importantes nos emirados deverão ser inaugurados em 2015: o Musée National du Qatar em Dao e o famoso(íssimo) Louvre Abu Dhabi.

A essa diversidade de situações e de temáticas museais corresponde uma grande variedade de soluções arquitetônicas, numa vontade afirmada de diálogo com o contexto.[455] No Pass, Jean Nouvel deixou os edifícios da mina como estavam, assinalando seus acréscimos com uma faixa metálica em contraste com o cimento das estruturas industriais. Em Périgueux, o museu é um cubo de vidro e aço que recobre os vestígios da casa romana. Em Madri, uma construção de aço bastante contemporânea libera um grande volume aberto que contrasta com o edifício principal do museu, datado do século XVIII.

Essa recusa de um "estilo Nouvel" reconhecível ao primeiro olhar se distancia do caráter estereotipado das realizações de um Frank Gehry, por exemplo, que construiu três vezes o mesmo museu, em escalas diferentes, em Bilbao, Hertford (Alemanha) e Abu Dhabi. Tratar-se-ia, no caso de Nouvel, de uma outra forma da modéstia do arquiteto? Talvez. Mas Jean Nouvel também pode ser muito presente – até demais –, como no Quai Branly, onde lhe foi confiada uma vasta missão que incluía a ceno-

---

454. MARTIN, Marijke; WAGENAAR, Cor. Projet pour un nouveau musée à Groningue. In: ARCHITECTURE et musée, op. cit., p. 163-193. Cit. p. 170.

455. EDELMANN, Frédéric. Jean Nouvel: au-delà de la frime. *Le Monde*, 1º abr. 2008.

A arquitetura dos museus

305

grafia, e até mesmo a museografia: "A sorte desse projeto foi que conhecíamos a coleção. E outra, foi ter podido responder por todas as tarefas, da paisagem arquitetônica à museografia".[456] O resultado foi que o projeto museal, talvez delineado de modo excessivamente débil, acabou ocultado por uma arquitetura e uma cenografia onipresentes (ver boxe, p. 156-157).

Um prédio para abrigar todas as funções do museu

O museu atual deve abrigar no seu ou nos seus prédios, assim como nos espaços ao seu redor (jardim, parque, pátios, praça, rua etc.) as diferentes funções que detalhamos nos capítulos anteriores.

Podemos agrupar os espaços de um museu em cinco categorias:

1. Os espaços de acolhimento do público: *hall*, bilheteria e vestiário, espaço de recepção dos grupos, comodidades, e ainda espaços comerciais como loja ou café.

2. Os espaços de exposição, permanente e temporária.

3. Centro de documentação e biblioteca, salas de animação pedagógica e cultural, auditório.

4. Os espaços de administração: escritórios, sala de reunião, acomodações para a equipe.

5. Os espaços dedicados à gestão das coleções: reservas técnicas, ateliês, laboratórios.

O equilíbrio entre as diferentes funções e a divisão das áreas a serem atribuídas a cada uma delas variam de um museu para outro; não se pode fixar uma regra geral nesse campo. Devemos sublinhar, contudo, que essas funções não são hierarquizadas (ver capítulo 2) e que, em termos de edifício, não se pode satisfazer plenamente a uma função antes de pensar em outra. A atribuição dos espaços disponíveis deve ser feita globalmente, em função das prioridades definidas no projeto do museu. Os espaços de recepção dos grupos ou o café não devem ser os primos pobres na divisão das áreas de um museu. As reservas técnicas, essenciais para o exercício da função de conservação, devem ser corretamente integradas no projeto.

Os projetos de reforma dos museus se multiplicaram no último quarto do século XX. Observa-se, em quase todos os casos, que as necessidades de espaços de acolhimento foram o motor dessas reformas e que esses espaços receberam áreas importantes. As reservas e os locais destinados à gestão técnica

---

456. Entrevista de Nouvel em *Libération*, 20 jun. 2006, p. 5 (declaração colhida por Anne-Marie Fèvre).

das coleções (ateliês e laboratórios) também se beneficiaram dessas reformas. Os espaços de exposição, por seu lado, ganharam mais em qualidade do que em superfície.

Convivialidade dos espaços de acolhimento

A amplidão, talvez mesmo a hipertrofia dos espaços de acolhimento e singularmente dos *halls* dos novos museus, contrasta radicalmente com a exiguidade desses mesmos espaços algumas décadas atrás. Antes de 1981 e do projeto do Grand Louvre, o acesso ao Musée du Louvre – que ainda assim recebia mais de 2 milhões de visitantes – se fazia principalmente pela Salle du Manège, que concentrava todas as funções de acolhimento, tanto para os visitantes individuais quanto para os grupos. Hoje, o espaço sob a pirâmide da Cour Napoléon, cuja área é cerca de 15 vezes a da Salle du Manège, é considerado saturado e insuficiente para acolher os 10 milhões de visitantes anuais.

Por ocasião da sua mudança e da sua instalação em Marselha, o antigo Musée des Arts et Traditions Populaires, transformado em MuCEM, foi dotado de reservas técnicas externas. O Centre de Conservation et de Ressources (arq. Corinne Vezzoni) instalado a alguns quilômetros do museu, num outro bairro da cidade, oferece ótimas condições para estocar, estudar e difundir sua enorme coleção.

A ampla área do pavilhão de recepção do Louvre-Lens, assim como a do Pompidou-Metz, do Rijksmuseum em Amsterdã e de vários outros museus recentemente construídos ou reformados, mostra como a atenção dada ao acolhimento dos visitantes não parou de crescer desde o início dos anos 1980. Essa preocupação não é apenas quantitativa: a expansão das áreas é acompanhada de uma melhoria qualitativa desses espaços. Isso se traduz sobretudo por uma diferenciação e uma especialização das zonas destinadas a receber as diferentes categorias de visitantes. Cada vez mais são reformados espaços fora da bilheteria onde os recém-chegados possam ter uma primeira visão das riquezas do museu, de certa maneira como um aperitivo. No MAS em Antuérpia, apenas as salas de exposição exigem ingressos pagos: os visitantes podem circular livremente pelos sete andares e usar as escadas rolantes para desfrutar da vista excepcional da cidade e do porto e para chegar ao restaurante gastronômico situado no topo do prédio.

Os espaços comerciais como as lojas e os cafés também se beneficiaram dessa atenção dada ao acolhimento. Seu número e sua área variam muito de acordo com o tamanho do museu, mas hoje praticamente não existem mais museus que possam dispensá-los. O acesso fora do horário de abertura é muitas vezes necessário para assegurar a rentabilidade do empreendimento, quando a loja ou o restaurante são objeto de uma concessão. Isso deve ser previsto no momento da concepção do edifício e especificado no programa arquitetônico.

Flexibilidade dos espaços de exposição

Os museus instalados em edifícios antigos – palácios, escolas ou casas – geralmente sofrem com a exiguidade dos espaços, que são fragmentados em várias salas ligadas por corredores e escadas estreitas. Essa disposição muitas vezes leva a optar por um percurso linear que segue o encadeamento das salas e limita bastante a criatividade da museografia, aprisionada numa rígida constrição de espaços. Para facilitar, os idealizadores da exposição recorrem então muitas vezes à simples justaposição dos objetos.

A criação de espaços de exposição flexíveis quando da construção ou das grandes reformas dos museus permite adaptar a museografia em função dos modos de apresentação escolhidos (cronológico, temático, cenografia das reconstituições etc.) e da natureza (tamanho, material etc.) dos objetos e das obras.

Os curadores atuais privilegiam a criação de grandes espaços bastante neutros e moduláveis com a utilização de divisórias móveis, apoios temporários, treliças. A grande flexibilidade de utilização que esses dispositivos oferecem é aproveitada por ocasião das exposições temporárias; ela permite também modificar regularmente a fixação [*accrochage*] ou a disposição dos *expôts* e renovar em profundidade a museografia.

Alguns arquitetos concebem um museu cuja disposição dos espaços é diretamente determinada e adaptada às obras a serem expostas. Hans Hollein ilustra essa tendência no Städtisches Museum Abteiberg em Möenchengladbach, onde as salas são dimensionadas e iluminadas em função de cada instalação artística. Podemos temer que uma conformação muito grande da arquitetura às obras limite fortemente sua adaptabilidade por ocasião de transformações futuras ou de mudança na seleção das obras expostas, como observamos anteriormente a propósito do museu de Meier em Frankfurt. O Musée Tinguely na Basileia, projetado por Mario Botta, demonstra contudo que a flexibilidade e a consideração pelas obras a serem expostas não são inconciliáveis: em função da coleção a ser exposta, o arquiteto desenhou salas amplas e de pé-direito alto para receber obras de grandes dimensões, enquanto as criações de tamanho menor encontram seu lugar em espaços mais íntimos de meia altura. O museu opera uma rotação regular das obras expostas[457] e recentemente modificou com sucesso uma parte da exposição permanente graças à flexibilidade dos espaços.

Restrições especiais ligadas à conservação

No capítulo 5, vimos que tipo de atenção deveria ser dado aos efeitos da luz e das condições ambientes para assegurar a conservação mais eficiente e durável possível dos objetos autênticos conservados no museu, tanto nas salas de exposição quanto nas reservas técnicas. As exigências da conservação condicionam em parte a arquitetura do museu.

- Os materiais mais sensíveis à radiação ultravioleta devem ser expostos e conservados em espaços completamente protegidos da luz do dia. A estrutura do edifício deve prever esses locais, mesmo quando o estilo do museu pretende ser aberto: pode-se ter um nível no subsolo, espaços internos ou ainda mezaninos.

- De modo geral, convém prever proteções anti-UV reforçadas em todas as aberturas envidraçadas de modo a evitar os amarelecimentos e as descolorações dos elementos cenográficos como painéis, textos, fotos etc.

- A iluminação zenital é hoje preferida para a exposição de pinturas a óleo, que não temem muito os raios UV.[458] Os quadros não podem, porém, receber

---

457. Essencialmente por questões de conservação, já que as peças em movimento sofrem um desgaste acelerado.

458. Adotada no Louvre desde 1789, a iluminação zenital foi em seguida abandonada em benefício da iluminação natural lateral, e depois da proteção total (sem iluminação natural). A partir

A arquitetura dos museus

a luz direta do sol, e o arquiteto deve prever sistemas de filtragem (de plástico translúcido), de telas, de defletores fixos ou orientáveis, até mesmo de persianas para vedar total ou parcialmente as salas em certos momentos do dia ou do ano. Essas proteções têm a vantagem, além disso, de produzir uma luz mais uniforme em todo o espaço da exposição.

■ A climatização, a circulação do ar, a filtragem das poeiras devem ser previstas desde a construção para serem mais bem integradas e mais eficazes. No caso de reforma de um edifício antigo, as restrições (tamanhos das salas, eventual tombamento, vontade de respeitar o cenário antigo) muitas vezes se revelam pesadas e aumentam o custo da instalação desses equipamentos, quando não a tornam simplesmente impossível.

■ O deslocamento de objetos pesados ou espaçosos, que não são raros nos museus – uma máquina de mais de uma tonelada ou um quadro de cinco metros de altura –, exige meios técnicos de suspensão e passagens adaptadas; trilhos no teto ou no chão, dissimulados ou integrados à decoração da sala, facilitam as manutenções.

■ As reservas técnicas devem ser equipadas com meios de estocagem adaptados aos objetos e sistemas de climatização adequados, previstos no momento da construção ou da reforma do edifício.

As exigências da conservação parecem mais fáceis de satisfazer quando se podem dissociar, em termos de prédios, os espaços de exposição e de reserva técnica. A construção ou a adaptação de reservas externas ao museu propriamente dito, muitas vezes fora do centro histórico da cidade, permite, de modo mais econômico, atender às especificações do plano de conservação preventiva, num edifício em que os dispositivos técnicos de arrumação, de iluminação e de climatização não são limitados por restrições ligadas ao acolhimento dos visitantes ou à localização num edifício histórico. É uma solução muitas vezes adotada nos dias atuais. Em Paris, o CNAM foi o primeiro museu a prever reservas técnicas descentralizadas em Saint-Denis. A grande reserva técnica projetada no norte do subúrbio parisiense abrigará as coleções de três grandes museus nacionais, Louvre, Orsay e Pompidou. O MuCEM equipou-se com um Centro de Conservação e de Recursos, situado em outro bairro de Marselha (foto p. 306) e dotado até mesmo de uma pequena sala para apresentar exposições do tipo "Cartas brancas" a artistas que revisitam as coleções.

---

dos anos 1980, as virtudes da iluminação zenital foram novamente reconhecidas. Podemos encontrar um pequeno dossiê "iluminação natural" em ALLÉGRET, Laurence. *Musées*. Paris: 1992. t. II, p. 108-111.

A reforma e a transformação de edifícios antigos

A transformação de edifícios existentes em museus é muito frequente. As razões são múltiplas e tão diversas como os tipos de edifícios assim transformados. Um castelo ou um palácio convertido em museu confere a este uma parte de seu antigo prestígio e adquire em troca uma nova vida que parece de acordo com sua destinação primitiva. O Castelvecchio de Verona e o Louvre figuram, cada um em seu estilo museal, entre os exemplos mais perfeitos dessa transformação.

O Wiels, centro de arte contemporânea em Bruxelas, ocupou as instalações de uma antiga cervejaria. Esse centro cheio de vida, aberto para o bairro, instalou a recepção e o café na antiga sala das cubas. O edifício, um dos raros testemunhos da arquitetura industrial modernista da capital belga, é bem valorizado e participa da identidade da instituição.

> **Uma abordagem exemplar de restauração da construção antiga e de sua adaptação à museografia: o Castelvecchio em Verona**
> O Museo Civico di Castelvecchio, instalado no antigo castelo de Verona, foi completamente reestruturado pelo arquiteto Carlo Scarpa entre 1956 e 1964.[459] Ele adotou

---

459. CRIPPA, Maria Antonietta. *Scarpa*. La pensée, le dessin, les projets. Liège: Mardaga, 1985 [ed. italiana Milão: Jaca, 1984]; LOS, Sergio. *Carlo Scarpa*. Colônia: Taschen, 2002 p. 72-89 [ed. original: 1993]. Scarpa realizou outras adaptações museais: Galleria dell'Academia (1945), Civico

A arquitetura dos museus

ali uma abordagem original do edifício histórico baseada no conceito de "clareza histórica" – explicar a história pela justaposição ordenada dos fragmentos e mostrar o edifício como um elemento, um objeto do museu em si mesmo. As muralhas da cidade, nas quais se integra o Castelvecchio, têm origem romana e medieval. Em meados do século XIV, os Scaliger mandaram construir o castelo em uma ponte que o liga à outra margem do rio Adige. No início do século XIX, os franceses construíram a ala norte, que hoje abriga a maior parte das salas de exposição. A penúltima etapa foi a restauração de 1923 e a transformação em museu: a caserna foi dotada de uma "máscara" histórica, colagem de elementos arquitetônicos góticos restituídos, que lhe deu ares de um *palazzo*. Foi nesse estado que Scarpa encontrou o edifício. "Em Castelvecchio tudo era mentira", disse Scarpa em 1978. Ele desprendeu as diversas camadas, as etapas da construção, e desfez cuidadosamente seu emaranhado. Sua arquitetura se baseia no princípio da justaposição: diversos materiais e diversas épocas históricas, colocados uns ao lado dos outros, e no entanto sempre separados uns dos outros, travam um diálogo. Rachaduras e rupturas acentuam o efeito: os pisos são separados das paredes, falhas são criadas para mostrar as diferentes etapas da construção. A museografia de Scarpa se inscreve nessa abordagem e confere uma extraordinária unidade ao conjunto. É num desses intervalos que ele coloca, como um sinal sintético, a estátua equestre de Cangrande I della Scala (século XIV) sobre uma laje pousada obliquamente em cima de uma base de cimento. Scarpa desenhou os pedestais, os sistemas de suspensão ou construções de sustentação relacionando-os com o objeto exposto. O labirinto das construções, com vários desníveis, determina um percurso complexo que o arquiteto explora para preparar surpresas, para descobrir as obras pouco a pouco, para levar o visitante a se aproximar e a observar de perto a tela ou a escultura.

O K21 em Düsseldorf se instalou no edifício do antigo parlamento provincial, cujo pátio interno foi coberto com uma vidraça. Podemos ter também igrejas (Saint-Martin-aux-Champs para o CNAM) ou conventos (Musée de la Photographie em Charleroi), lojas de departamentos, cuja arquitetura feita de grandes espaços espalhados em diferentes níveis é bem adaptada às necessidades da museografia atual (Musée des Instruments de Musique em Bruxelas, por exemplo), e ainda estações ferroviárias, como no Musée d'Orsay em Paris ou no Museum für Gegenwart em Berlim.

Museo Correr (1953) em Veneza, Galleria Regionale de Sicilia no Palazzo Abatelis em Palermo (1954), Gipsoteca Museo Canoviana em Possigno (1955), Galleria degli Uffizi em Florença (1954), e numerosas cenografias de exposição. Além disso, durante 30 anos colaborou na Bienal de Veneza. Sobre o Scarpa arquiteto de museus e cenógrafo, ver especialmente Maria Antonietta Crippa, *Scarpa*, op. cit., p. 79-227.

Roma descobre seu patrimônio industrial

A extrema riqueza de Roma em edifícios antigos levou naturalmente estes últimos a abrigar museus. Nas últimas duas décadas, três projetos importantes mostraram que esta não é a única opção possível, e que outros lugares podem oferecer espaços, sem dúvida menos prestigiosos, mas talvez mais adaptáveis a uma nova destinação como museu. O primeiro caso é o mais surpreendente: uma central elétrica para abrigar as prestigiosas coleções antigas do Capitólio! Montado em 1997 nas instalações da central termoelétrica G. Montemartini (1912), o museu Centrale Montemartini deveria abrigar temporariamente cerca de 450 esculturas e relevos provenientes dos Museus Capitolinos durante a reorganização destes. Instalada entre e sobre as colossais caldeiras e outras máquinas repintadas para a ocasião, essa insólita exposição alcançou tal sucesso que o temporário se tornou permanente. Os cheiros de graxa de máquina, a sobriedade arquitetônica dos locais não impedem as obras antigas de encontrar um ambiente à sua altura, em que a força industrial e a pátina do metal se aliam a uma museografia judiciosa. É preciso insistir na coerência entre esta última e o discurso implícito dirigido aos visitantes: estabelecer uma relação entre os deuses da Antiguidade e os deuses da Revolução Industrial, as máquinas, fazendo com que nos interroguemos também, por ricochete, sobre os nossos "deuses" atuais. Uma exposição pós-moderna?

Os dois outros exemplos são ao mesmo tempo gêmeos e rivais, até no nome. Até o fim do século XX, Roma não tinha nenhum museu de arte contemporânea. A municipalidade comprou as antigas instalações do restaurante Pironi, em pleno centro, para aí criar o Macro, Museo d'Arte Contemporaneo di Roma. Uma primeira fase foi inaugurada em 1999, com salas subterrâneas para a exposição permanente, enquanto exposições temporárias eram apresentadas de um lado e de outro de um pátio envidraçado. Uma segunda fase, feita pela arquiteta francesa Odette Decq, duplicou a área disponível e reintegrou o museu no tecido urbano. No outro lado da cidade, no bairro de Testaccio, o Macro ocupou também os antigos abatedouros para fazer um centro cultural dinâmico e "conectado".

Ferido em seu amor próprio, o Estado não podia permanecer inativo: ao ser anunciada a abertura do Macro, ele decidiu criar um museu ainda maior, na superfície e no nome, o Maxxi, Museo de l'Arte del XXI° Secolo. O Maxxi foi implantado na área de antigas casernas, no norte de Roma, no bairro de Flaminia. A arquiteta anglo-iraquiana Zaha Hadid projetou um edifício de formas fluidas, em seu estilo pessoal orgânico facilmente reconhecível. Apenas um pequeno edifício das antigas casernas foi conservado. O conjunto abriga um museu de arte contemporânea e os arquivos de arquitetura, que realizam regularmente exposições.

A arquitetura dos museus

O caso dos edifícios industriais é mais complexo.[460] Em geral, eles oferecem vastos volumes bastante neutros que respondem bem às necessidades de flexibilidade dos museus, e neles a liberdade de intervenção é maior do que num edifício histórico. De outro lado, sua estrutura às vezes é desordenada devido a ampliações sucessivas e a transformações técnicas, e eles sofreram, mais que outros edifícios, as injúrias do tempo causadas pelas atividades industriais que abrigaram. A partir do início da década de 1990, houve uma onda de transformações de usinas e de armazéns em museus. Os exemplos que se seguem ilustram um panorama que não para de crescer. A Tate Modern em Londres (boxe abaixo) e a Centrale Montemartini em Roma (p. 312) oferecem exemplos bem-sucedidos de metamorfose de uma central elétrica em museu de arte. Já citamos anteriormente os exemplos de Bordeaux e de Grenoble, onde museus de arte contemporânea foram instalados em antigos armazéns. As minas de carvão (Pass em Mons – ver boxe p. 73-75, Zeche Zollverein Schacht XII em Essen, Westphalisches Industriemuseum em Dortmund), as usinas (de açúcar em La Réunion, la Fonderie em Bruxelas), as bacias e as docas (Museu Marítimo em Barcelona, Hessenhuis em Antuérpia), poderiam parecer *a priori* mais bem-adaptadas a ecomuseus, museus sociais ou de ciências e técnicas, mas podem também abrigar museus de arte (Tate Gallery de Liverpool, Ludwig Forum em Aix-la-Chapelle). A conversão do edifício industrial em museu seria antes de mais nada motivada pela preocupação patrimonial de preservar um testemunho de uma atividade passada, na ausência de qualquer projeto museal prévio.[461] Na maioria das vezes é simplesmente a antiga atividade industrial que determina a escolha da temática da exposição. Exemplo significativo: o museu Stella Matutina em Piton-Saint-Leu, em La Réunion. Essa antiga usina de processamento da cana-de-açúcar foi sobriamente restaurada e transformada em museu; explica-se nele o funcionamento técnico da usina, mas nada – ou muito pouco – sobre a escravidão, as condições de trabalho, a situação social nas colônias. Constata-se, contudo, um interesse crescente por esses lugares amplos e flexíveis, especialmente para neles implantar centros de arte contemporânea.

---

460. Ver VANMUNSTER, Nathalie. De l'usine au musée. Les grandes tendances de la réaffectation du patrimoine industriel immobilier en institutions muséales. *Musée: on rénove!, Art & Fact*, n. 22, p. 7-53, 2003.

461. Patrice Dartevelle, nas conclusões do colóquio *Architecture et musée*, 2001, p. 245, vê aí apenas "meios de organizar uma vida letárgica (e, em alguns casos, eutanásica) do próprio edifício". O Pass, o ZKM – Zentrum für Kunst und Medientechnologie – em Karlsruhe, o CapcMusée d'Art Contemporain em Bordeaux, o Ecomuseu de Fourmies-Trélon felizmente oferecem uma imagem mais dinâmica.

Tate Modern: uma central elétrica para a arte do século XX

Espremida em seu edifício neoclássico da margem esquerda, a Tate Gallery atravessou o Tâmisa para se instalar num edifício industrial abandonado, a Bankside Power Station. Reformados pelos arquitetos Jacques Herzog e Pierre de Meuron, os amplos espaços dessa central elétrica abrigam hoje a arte dos séculos XX e XXI. Os arquitetos optaram por uma intervenção que deixa aparente o caráter industrial do edifício. Espaço de acolhimento do novo museu, a imensa sala das turbinas (155 m de comprimento, 35 m de altura), cuja ponte rolante de 150 toneladas continua no lugar, valoriza uma única obra, gigante, de Louise Bourgeois. A escolha dos materiais foi feita em conformidade com o caráter industrial dos lugares: pisos de carvalho bruto ou de cimento polido, estruturas metálicas conservadas intactas. "Enquanto o Centre Georges Pompidou de Richard Rogers e Renzo Piano reivindicava nos anos 1970 um caráter falsamente industrial, com seus tubos multicoloridos e seus dutos técnicos visíveis, aqui, Jacques Herzog e Pierre de Meuron fizeram de uma usina verdadeira um museu que não pretende apagar seu passado industrial."[462] Esse caráter industrial, muito nítido no grande *hall* da recepção, se dilui nos outros espaços de exposição, muito mais clássicos. Não encontramos ali a força da Centrale Montemartini em Roma, por exemplo (boxe, p. 312).

Enquanto o edifício histórico de Millbank abriga a arte inglesa, a Tate Modern é dedicada à arte internacional — aí incluídos artistas ingleses como Francis Bacon e Henry Moore — a partir de 1900. O partido museográfico constitui uma "revolução" na apresentação da arte moderna e contemporânea, já que se renunciou a um percurso cronológico em benefício de uma apresentação temática que permite aproximar, dentro de uma mesma sala, uma obra do início do século XX de criações atuais. A museografia se estrutura em quatro temas, regularmente modificados.

A Tate Modern continua a crescer: um novo edifício, sempre de autoria de Herzog e Meuron, está projetado para o lado sul da central. O acesso será feito por uma passarela que se projetará sobre a grande sala das turbinas. Essa extensão oferecerá espaços adaptados às formas artísticas novas, às performances etc.

Dependendo das épocas, dos países e dos arquitetos, observamos uma grande diversidade de intervenções na construção antiga quando de sua transformação em museu. Sem procurar estabelecer uma tipologia, distingamos alguns casos.

■ A reforma pode se limitar a uma estrita estabilização dos materiais antigos e às medidas mínimas exigidas pela segurança dos visitantes. As instalações industriais são deixadas como estão, com exceção das máquinas, que podem eventualmente ser desmontadas para ganhar espaço. Foi a opção adotada, em

---

462. JODIDIO, Philip. Tate Modern. Revoir l'art du XXe siècle. *Connaissance des Arts*, n. 572, p. 54-62, maio 2000.

A arquitetura dos museus

315

graus diversos, no Pass em Mons (ver boxe p. 74-75), na Völklingerhütte em Völklingen (Sarre) (ver boxe p. 73-74) e na Centrale Montemartini em Roma (ver boxe p. 312).

■ Quando o edifício antigo possui uma grande força arquitetônica, o arquiteto muitas vezes faz uma restauração "idêntica"; isso também pode ser-lhe imposto pelo tombamento do prédio. Muitas vezes é o que acontece quando o museu é instalado num monumento histórico, um palácio ou uma mansão importante: Castelo de Versalhes, Musée du XVIIIᵉ Siècle no Palácio de Charles de Lorraine em Bruxelas. Ainda que essa restauração (e as exigências regulamentares do tombamento) limite às vezes as possibilidades de reforma dos espaços e as instalações técnicas, a preocupação de autenticidade não deve impedir o arquiteto de adaptar ao máximo o prédio à sua nova função; pode ser necessário criar, ou ao contrário derrubar vedações, cavar aberturas internas; em qualquer hipótese impõem-se dispositivos de segurança e comodidades.

■ Em outros casos, apenas as fachadas ou certas partes da decoração interior são tombadas. O arquiteto pode então reestruturar os espaços internos para adaptá-los à nova função museal conservando a estrutura geral e a aparência do prédio antigo. Citemos o exemplo particularmente bem-sucedido do Musée des Beaux-Arts de Lyon, recentemente reformado. É também o que muitas vezes se observa na reutilização de estruturas metálicas como no Musée des Instruments de Musique em Bruxelas, que ocupa a antiga loja de roupas Old England projetada por Paul Saintenoy (1899-1922). Uma falta de sobriedade ou uma busca excessiva de luxo pode contudo levar a uma restauração afetada, como alguns qualificam a que foi feita por Gae Aulenti no Musée d'Orsay.

■ Uma reestruturação completa dos volumes e dos espaços interiores permite uma adaptação máxima do edifício antigo às funções do museu. Trata-se de certo modo de construir ou de instalar um novo volume numa construção antiga,[463] respeitando ao mesmo tempo sua aparência exterior. Pode acontecer de uma parte do edifício ser conservada: no Musée d'Art et d'Archéologie de Besançon e na Ny Carlsberg Glyptotek em Copenhague, um volume contemporâneo foi construído num pátio interno do edifício antigo.

■ O edifício antigo pode ser desdobrado pela construção de um novo edifício contemporâneo atrás (Musée des Beaux-Arts de Lille, Kunst Museet de

---

463. Levado ao extremo, isso conduz ao fachadismo, em que apenas as fachadas do prédio antigo são conservadas (e escoradas durante as obras!), enquanto um novo edifício estruturalmente autônomo é construído no volume que elas determinam. As fachadas e o novo prédio são a seguir religados. Na Kunstsammlung Nordrhein-Westfalen K20 de Düsseldorf, a fachada de um banco do século XIX foi conservada – e aparece sozinha na avenida principal – enquanto o edifício contemporâneo que abriga o museu se estende por trás, com uma imponente fachada fechando uma praça lateral. Ver também o exemplo do Grand-Hornu em Mons (p. 316).

Copenhague, Dom-und Diözesanmuseum em Trier) ou na frente, dotando assim o museu de uma nova fachada, como no Musée National d'Histoire d'Art de Luxemburgo. Em todos esses casos, o espaço entre o antigo e o novo edifício é utilizado para as circulações verticais (escadas, escadas rolantes, elevadores, rampas).

O MAC's no Grand Hornu

Tombado como patrimônio maior da Valônia, o complexo do Grand-Hornu surpreende pela qualidade monumental de sua arquitetura, e no entanto esse sítio quase desapareceu, completamente ignorado e incluído entre os terrenos industriais abandonados nos anos 1950. Conjunto industrial e cidade operária, o Grand-Hornu foi construído entre 1820 e 1835 no estilo neoclássico em voga no início do século XIX. Foi o industrial Henri Degorge, marcado pelas ideias progressistas saint-simonianas, que concebeu o projeto de construir uma mina de carvão modelo e uma cidade ideal, adaptadas ao mesmo tempo às necessidades econômicas e a uma preocupação "social" original: atrair os trabalhadores oferecendo-lhes um quadro de vida atraente. O arquiteto foi Bruno Renard, assistido por Pierre Cardona na direção da obra. Restaurado parcialmente pela primeira vez nos anos 1970, o conjunto passou em 2002 por uma notável transformação num Musée des Arts Contemporains, o MAC's. O arquiteto Pierre Hebbelinck escolheu integrar nas estruturas antigas, cujas superfícies exteriores, tombadas, foram integralmente conservadas, uma sequência de espaços museais tratados de maneira contemporânea mas respeitadora do valor patrimonial do sítio. Os espaços de exposição dão regularmente para o exterior por meio de aberturas de modo a serem banhados de luz natural, mas também para marcar a ligação com as estruturas neoclássicas, cuja qualidade e estilo combinam de modo notável com a criação contemporânea.

O MAC's é considerado pela Comunidade Francesa Valônia-Bruxelas o principal museu de arte contemporânea da Valônia e, como tal, beneficiou-se de importantes meios financeiros para a restauração do edifício e sua adaptação à sua nova função museal. O curador do museu e iniciador do projeto, Laurent Busine, optou por uma coleção internacional representativa das grandes correntes artísticas atuais, sem ignorar, porém, a criação local. Não existe exposição permanente; existem, sim, exposições temporárias temáticas com duração de três a seis meses, associando coleções próprias e empréstimos.

O programa

As relações entre o arquiteto encarregado de construir ou de transformar um museu e seu idealizador (quer se trate de um museógrafo externo ou do diretor do museu, ou, mais frequentemente, de uma equipe interna ou externa associando diversas competências) são muitas vezes descritas como difíceis, quando não conflituosas. Entretanto, os êxitos em matéria de construção de museu parecem em geral ligados ao estabelecimento, o mais cedo possível na elaboração do projeto, de um diálogo entre arquiteto e museógrafo. Trata-se de definir claramente aos olhos do arquiteto o programa museológico a ser posto em prática. Trata-se também de precisar as exigências particulares de um museu em matéria de apresentação, conservação etc., exigências que variam muito de uma coleção para outra, como vimos, e que são largamente ignoradas pelos arquitetos.

Inspirando-se na sua experiência nos ATP, Georges Henri Rivière[464] descreveu em detalhe as etapas do processo de criação de um novo museu. Ele sublinha a importância capital da prioridade – em termos lógicos e em termos cronológicos – do programa museológico com relação ao programa arquitetônico, o qual deve traduzir o primeiro no espaço, respeitando as funcionalidades definidas, a destinação das áreas, os fluxos de circulação previstos etc. O que não significa que o arquiteto seja um simples executor que "constrói" o conceito de museu elaborado pelo museógrafo. É nesse processo que o diálogo encontra seu sentido, numa espécie de vaivém entre museografia e arquitetura. Para Rivière, o programa museográfico é suficientemente detalhado para precisar as diferentes unidades estruturais do museu, suas articulações em termos de espaço e de circulação, as superfícies, as exigências essenciais com relação à apresentação e a conservação dos objetos etc.

A complexidade crescente dos programas museológicos, ligada sobretudo à diversificação das ofertas e das atividades do museu, leva à integração, no processo de concepção, de novos colaboradores, em geral externos ao museu e estranhos aos arquitetos: especialistas em conservação preventiva, planejadores, paisagistas etc.

Infelizmente, com frequência acontece de o edifício ser projetado, até mesmo construído, antes que o programa museográfico seja definido. Apenas algumas linhas gerais – funcionalidades esperadas (salas de exposição, reservas, auditório, escritórios etc.), área, custo máximo – são apresentadas ao arquiteto. A gestão dos projetos de infraestrutura pelas administrações públicas obedece a regras testadas e a práticas (usos e costumes) gerais, não específicas dos museus. É o que acontece especialmente por ocasião dos concursos: os candidatos devem submeter um anteprojeto com base numa lista de especificações muito sucinta

---

464. RIVIÈRE, Georges Henri. Processus du programme et du projet pour la construction d'un musée. *Museum*, n. 26 (3-4), p. 268, 1974. Esse texto é em grande parte reproduzido em GHR, p. 334. É interessante ver como Jean Dubuisson, o arquiteto do museu, relata sua colaboração com Rivière na concepção do Musée des Arts et Traditions Populaires em Paris (DUBUISSON, Jean. Un musée: pour qui? Pourquoi? Comment? In: ARCHITECTURE et musée, op. cit.).

e sem nenhuma possibilidade de diálogo com o idealizador do museu. Só após a assinatura do contrato esse anteprojeto pode ser emendado para se tornar mais compatível com as exigências do projeto museal.

O funcionamento do museu

Entre várias outras qualidades, o funcionamento do edifício do museu deve se revelar econômico, pois os orçamentos anuais são ainda mais apertados do que aqueles que os responsáveis conseguem obter para a construção ou a reforma de um museu. Essa busca de um custo de funcionamento mínimo (em termos de edifício) diz respeito às áreas, à manutenção, ao aquecimento e à climatização, aos reparos etc. Ela pode implicar a renúncia a elaborações estéticas sedutoras porém caras, a redução da ambição do projeto em termos de área, a densificação da ocupação, a preferência por materiais fáceis de manter, mesmo se eles forem mais caros no momento da obra.

Por outro lado, o museu, como todas as instituições públicas, se inscreve numa política de desenvolvimento de longa duração.[465] Isso vale para o conjunto de seu funcionamento, mas este é determinado sobretudo por imposições ligadas aos edifícios. As escolhas feitas no momento da construção ou da reforma de um museu terão consequências de longo prazo que poderão se revelar determinantes para a marca ecológica global da instituição. Pensamos em primeiro lugar, é claro, na performance térmica do edifício e no sistema de aquecimento e de climatização. Vários outros fatores podem ser importantes: situação do museu, sobretudo em termos de acessibilidade, circulações internas e externas, gestão da água e outros fluidos, produção de lixo, mas também escolha dos produtos à venda na loja ou no café. Por sua vocação pública e didática, o museu constitui um ator de primeira grandeza da sensibilização para os problemas ambientais.

---

465. Sobre essa questão (não somente em termos de arquitetura), ver CHAUMIER, Serge; PORCEDDA, Aude (Dir.). *Musées et développement durable*. Paris: La Documentation Française, 2011.

9. Gestão da instituição museal

A sociedade espera de nós [os atores do patrimônio] que participemos da elaboração de novos objetivos para a humanidade e enriqueçamos o debate socioeconômico injetando nele uma visão humanista alimentada nas fontes do patrimônio.

Jean Barthélemy, 2002[466]

O museu é uma "instituição permanente sem fins lucrativos, a serviço da sociedade e de seu desenvolvimento...". Não é por acaso que a primeira palavra significativa da definição do ICOM é "instituição", e não "estabelecimento", "empresa" ou "organismo", por exemplo.

A instituição museal

A palavra "instituição" designa tanto "a ação pela qual se estabelece, se institui" como a coisa instituída. A instituição é o resultado de uma decisão voluntária, coletiva e pública, que se inscreve na duração, que apresenta um caráter de permanência. Assim, a existência do museu é decidida por um grupo de homens, uma sociedade; o museu não é, como vimos na introdução histórica, o derivado natural de uma situação anterior – o colecionismo – que o teria de certa forma antecipado. Isso o distingue definitivamente do organismo e o classifica na ordem das instâncias deliberadas e providas de normas baseadas num sistema de valores.

Se a instituição é dotada de regras socialmente aceitas que regem seu funcionamento, ela é também muitas vezes encarregada de estabelecer ou de controlar as normas ou as modalidades de existência de um segmento da sociedade. Em vários países, e na França em particular, as instituições culturais são tradicionalmente encarregadas de uma missão de orientação, até mesmo de controle sobre a área que lhes concerne. Sublinhar o caráter institucional do museu é também, portanto, relembrar o papel normativo e a autoridade que lhe é atribuída sobretudo no campo das belas-artes. Entretanto, a evolução recente da administração dos Estados tende a dissociar operadores e instâncias de controle. No campo cultural, e singularmente no campo dos museus, a autonomização crescente das instituições públicas e a responsabilização orçamentária dela resultante reduziram

---

466. Arquiteto, professor emérito da Université de Mons (Bélgica).

320 A museologia

progressivamente o papel normativo dos museus nacionais, exercido de hoje diante por uma instância administrativa *stricto sensu* (na França, a Direction des Musées de France, DMF, recentemente fundida numa Direction Générale des Patrimoines). Na Bélgica francófona, o Musée Royal de Mariemont, único museu "do Estado", conserva teoricamente, por seu estatuto, uma missão de orientação do mundo museal, mas não a exerce.

Uma instituição sem fins lucrativos

A missão de serviço à sociedade, de serviço público, que o Icom atribui ao museu não se refere ao estatuto jurídico da instituição museal, que é muito variável de acordo com o país, as épocas e os museus, e sim a seu caráter de utilidade coletiva e social: ele não se destina a gerar lucro nem a servir a interesses particulares, privados. Agir de modo diferente poria em perigo a conservação das coleções, sua apresentação pública e a pesquisa, ou seja, as missões fundamentais do museu. A rentabilidade econômica destas últimas é incompatível com sua finalidade social.

Entretanto, desde o fim dos anos 1980 observamos um certo questionamento, na França e em muitos outros países, dessa visão cultural e não lucrativa do museu.[467] Não é tanto o desenvolvimento de atividades comerciais dentro dos museus ou à margem deles que está em questão, e sim a pressão exercida pelos meios econômicos para fazer o campo cultural entrar na economia de mercado. O setor turístico, de que o mundo museal participa por sua atratividade e pelo acolhimento dos visitantes, e particularmente os parques de diversões e os parques temáticos, que apresentam certos pontos comuns com os museus (ver capítulo 1), expõem sua eficácia econômica para tentar se apropriar do setor dos museus. A SA Deux Alpes, cuja origem se liga à gestão da área esquiável da estação alpina do mesmo nome, é a proprietária do Musée Grévin em Paris. Após ter aberto na Alsácia um parque sobre o tema do meio ambiente, o Bioscope, ela viu ser-lhe confiada pelo Conseil Général du Haut Rhin a gestão do Ecomuseu da Alsácia, vizinho do Bioscope. A não rentabilidade dos dois sítios, parque e museu, levou a sociedade a desistir, e o Ecomuseu recuperou sua gestão associativa inicial. Em Bouillon (Ardenne belga), a municipalidade se deixou convencer por um operador turístico – que prometia a rentabilidade do projeto – a investir num "Archéoscope" em torno da figura de Godefroy de Bouillon. Ao mesmo

---

467. Uma excelente síntese da situação atual da gestão da instituição museal pode ser encontrada na obra de Jean-Michel Tobelem, *Le nouvel âge des musées*, op. cit. Consultar também MAIRESSE, François. *Le musée hybride*. Paris: La Documentation Française, 2010.

Gestão da instituição museal

tempo, ela suprimiu o subsídio anual do Musée Ducal. Passados alguns anos, o Archéoscope continua deficitário e recebe um financiamento recorrente da cidade quatro vezes superior ao subsídio em outros tempos destinado ao museu.

A pressão pode vir do próprio Estado. Na Itália, o primeiro governo Berlusconi deu um forte impulso em favor da transformação dos museus e dos outros atores culturais em empresas inseridas na atividade econômica, como denunciam alguns, que falam em privatização.[468] Na França, é o Relatório Jouyet-Lévy que concretiza precisamente essa tendência. Esse relatório sobre "a economia imaterial", feito em 2006 a pedido do ministro das Finanças, conclui acima de tudo, no tocante à cultura e aos museus, que há um importante déficit de valorização financeira da notoriedade das instituições culturais e de seus ativos patrimoniais, particularmente das coleções. O relatório sugere certo número de caminhos estruturais e operacionais para mudar essa situação e melhorar a rentabilidade do setor.

Recomendação nº 10: Reforçar o prestígio dos museus franceses dando-lhes a possibilidade: de ceder o direito de utilização de seu nome em condições muito estritas; alugar e vender algumas de suas obras em modalidades igualmente bastante definidas; ter acesso a um estatuto de fundos de dotação para favorecer a coleta de fundos privados, segundo o modelo dos Endowment Funds americanos.[469]

A ideia é transformar o nome da instituição em marca e as coleções em ativos valorizáveis. As condições em que se desenvolve o projeto do futuro museu Louvre Abu Dhabi respondem exatamente a essas propostas.[470] É importante sublinhar claramente que essas recomendações são incompatíveis com o Código de Ética do Icom. Art. 2.16: "As coleções dos museus são constituídas para a coletividade e não devem em nenhum caso ser consideradas um ativo financeiro".[471]

Mas os relatores Jouyet e Lévy vão mais longe e pregam uma inversão das finalidades. Segundo eles, convém "pôr os ativos imateriais públicos [entre os quais os museus, seu nome, suas coleções] a serviço da economia".[472] E como se isso não fosse suficientemente claro, eles insistem, constatando e lamentando

---

468. ITALIA S.p.A. L'assalto al patrimonio culturale. Turim: Einaudi, 2002. O segundo governo Berlusconi tomou decisões muito mais radicais ainda, diminuindo, às vezes em até 50%, os créditos destinados às instituições culturais, ameaçando diretamente sua sobrevivência e a conservação do patrimônio.

469. JOUYET, Jean-Pierre; LEVY, Maurice. L'économie de l'immatériel. Paris: La Documentation Française, 2006. p. 123.

470. André Gob, Le musée, une institution dépassée?, op. cit., p. 49-76.

471. ICOM. Code de déontologie de l'Icom pour les musées. 2006.

472. Jean-Pierre Jouyet e Maurice Levy, L'économie de l'immatériel, op. cit., p. 116.

que "os estabelecimentos culturais sejam privados da capacidade de pôr suas obras a serviço de sua marca".[473] Essa inversão radical das prioridades – a economia, a valorização da marca passam na frente de tudo – comprova a confusão voluntária entre patrimônio cultural e patrimônio financeiro. A argumentação do relatório gira em torno de dois pontos essenciais: existe nos museus um capital que dorme e que é preciso fazer dar frutos; a situação orçamentária do Estado exige que as instituições culturais financiem elas mesmas suas atividades. Mas esse discurso traz sua própria contradição sobre esses dois pontos. Se as finanças do Estado são hoje insuficientes, é porque elas foram deliberadamente reduzidas em nome dos princípios ideológicos que subtendem o relatório. E se hoje existe um patrimônio cultural importante, é precisamente porque o poder público não aplicou, ao longo dos últimos dois séculos, tais princípios no campo cultural. A conclusão é clara: adotar as recomendações do Relatório Jouyet-Lévy levará em pouco tempo a dilapidar o patrimônio cultural que as gerações anteriores acumularam.

Necessidade de uma gestão cultural

O Relatório Jouyet-Lévy já teve várias aplicações, sobretudo a prática cada vez mais difundida da locação das obras (ver p. 340). E tendências semelhantes se esboçam em outros países. A visão puramente economicista da sociedade e da cultura privilegia o curto prazo e a rentabilidade imediata, perspectivas incompatíveis com o conceito de patrimônio e com as missões do museu. O museu é um serviço público de cultura, "a serviço da sociedade e de seu desenvolvimento", e as estruturas de gestão, sobretudo financeira, devem permanecer subsidiárias em relação a esse objetivo social. Isso implica a proibição de acionar estruturas ou práticas que têm por finalidade maximizar o lucro de alguns grandes museus, muitas vezes em detrimento do conjunto do mundo museal. As missões do museu estão voltadas para a sociedade e para o público, e, se há lucro nisso, é no enriquecimento cultural e intelectual dos visitantes que ele é medido.

É para levar em conta essa dimensão social, que não pode ser reduzida a indicadores econômicos clássicos, que é indispensável adotar, nos museus, modalidades de gestão diferentes. Tais modalidades não se resumem à aplicação das regras de gestão ao setor particular da cultura, mas consistem em uma verdadeira gestão cultural.

---

473. Ibid., p. 107.

Papel dos poderes públicos

A história dos museus na Europa mostra bem o papel que as autoridades públicas desempenharam na criação e no desenvolvimento das instituições museais (ver Introdução). No início do século XXI, os poderes públicos centrais ou locais continuam a ser o principal ator do desenvolvimento museal na Europa. Seu papel se exerce em diferentes planos.

- *Normativo*: o Estado ou as autoridades locais determinam as normas (leis, decretos etc.) referentes à preservação do patrimônio, ao estabelecimento e à organização dos museus, ao seu reconhecimento e seu tombamento.
- *De controle*: a administração dos museus controla o respeito às normas e à utilização dos créditos públicos postos à disposição das instituições museais.
- *Organizacional*: o Estado e as coletividades locais criam e organizam o funcionamento de certos museus próprios. Em cada país, a parte dos museus gerida diretamente pelos poderes públicos é variável, assim como é diversificado o estatuto de que são dotados esses museus.
- *Financeiro*: os poderes públicos, em todos os níveis, asseguram o financiamento total ou parcial (investimentos, despesas de instalação, funcionamento, custos com pessoal, orçamento para aquisições etc.) de uma parte importante dos museus que eles próprios organizam ou reconhecem.

Normas, controle e classificação dos museus

Desde 1945 a França dispunha de um texto legal que organizava o mundo dos museus (reconhecimento e modalidades de subvenção). Era um dos raros países, assim como a Itália, a agir desse modo; nem a Grã-Bretanha, nem os Países Baixos, nem a Suíça, para citar apenas alguns países vizinhos, dispunham de uma legislação geral sobre os museus. Na Bélgica, foi preciso esperar o início dos anos 2000 para ver serem adotados decretos sobre os museus. A maior diversificação das formas museais e a grande disparidade de estatutos tornam ainda mais necessária uma legislação que organize o reconhecimento dos museus e a proteção do patrimônio mobiliário.

Na França, a lei de 4 de janeiro de 2002 (*Journal Officiel* de 5 de janeiro de 2002) substituiu o decreto de 1945[474] e criou o selo "Musée de France", nova

---

474. O decreto de 13 de julho de 1945, que substituiu uma lei de Vichy, distinguia três categorias: os museus nacionais, estabelecimentos pertencentes ao Estado e diretamente geridos por ele, os museus tombados e os museus reconhecidos, cuja diferença residia no modo de financiamento e no estatuto do pessoal dirigente. Ver POISSON, Georges. *Les musées de France*. 3. ed. Paris: PUF, 1976. (col. Que sais-je?), e o *Manuel de muséographie*, op. cit., p. 15-17.

forma de reconhecimento que substituiu a antiga classificação, deu acesso às subvenções do Estado e, sob certas condições, permitiu contar com funcionários públicos.[475] Essa lei se aplica aos museus qualquer que seja sua tutela administrativa. O novo texto responde a quatro objetivos: redefine o papel e a posição do museu em face das expectativas da sociedade, harmoniza o estatuto dos museus reconhecidos pelo Estado, melhora a proteção das coleções, integra e aprofunda a lógica da descentralização e define as responsabilidades coletivas locais. A lei de 2002 suspende também as disposições fiscais que favorecem o patrocínio das empresas. Disposições modificativas ulteriores despojaram, contudo, a lei do essencial de sua substância. Pretendeu-se mesmo atingir a inalienabilidade das coleções, princípio que felizmente havia sido introduzido na lei de 2002, mas reações enfáticas do mundo cultural fizeram com que a ideia fosse descartada (ver p. 209-210).

Na Bélgica, a Comunidade Francesa Valônia-Bruxelas adotou dois decretos que tratam dessas matérias.[476] O primeiro (decreto de 11 de julho de 2002, *Moniteur Belge* de 24 de setembro de 2002) diz respeito à proteção do patrimônio mobiliário, cujas modalidades de tombamento (e de destombamento) ele define. Esse decreto integra o conceito de patrimônio imaterial (festas, tradições, saberes, cantos populares etc.), cuja proteção é defendida pela Unesco (ver p. 207-209). O segundo decreto (de 17 de julho de 2002, *Moniteur Belge* de 9 de outubro de 2002) trata do reconhecimento e do financiamento das instituições museais.[477] Esse texto legal define, distinguindo-os, de um lado os museus propriamente ditos e, de outro, as instituições museais, que não preenchem todas as funções do museu. Ele institui um Conselho dos Museus e das outras instituições museais encarregado de aconselhar o governo.

Um Conselho dos Museus na Comunidade Francesa Valônia-Bruxelas

O decreto de 17 de julho de 2002, posto em vigor por uma resolução do governo de 22 de dezembro de 2006, instituiu um Conselho dos Museus e das Outras Instituições Museais encarregado de emitir parecer sobre qualquer questão relativa à política do setor de museus. A primeira responsabilidade do conselho é avaliar os pedidos de reconhecimento apresentados pelos museus e remeter ao ministro uma opinião

---

475. O texto da lei e seus comentários se encontram no site do Ministério da Cultura da França: <www.culture.gouv.fr>.

476. Na Bélgica federal, a cultura e portanto os museus são da competência das comunidades de língua francesa, neerlandesa e alemã desde 1980. A comunidade flamenga adotou um novo decreto referente aos museus e ao patrimônio em 14 de maio de 2008.

477. Ver o n. 16, 2002, de *Vie des Musées*, dedicado a uma análise desse novo texto legal e a uma comparação internacional sobre esse ponto.

Gestão da instituição museal

fundamentada sobre estes, bem como sobre a categoria (A, B ou C) a que o museu pode aspirar, a qual irá determinar o montante da subvenção que lhe será alocada. A responsabilidade do conselho é, portanto, grande, mesmo que o ministro tenha a liberdade de não seguir seu parecer (justificando todavia sua decisão). Representantes dos usuários (o público) também fazem parte do conselho. A criação desse sistema de reconhecimento e a ação do conselho revelam um efeito "pedagógico" seguro, com os museus tomando mais consciência de suas responsabilidades e da extensão das missões que a sociedade lhes confiou.

A lei francesa e o decreto belga de 2002 regulamentam o reconhecimento dos museus que não são organizados pelo Estado, instituindo assim uma espécie de selo de qualidade que abre o direito a uma subvenção. Se, na Comunidade Francesa Valônia-Bruxelas, é o Conselho dos Museus que assume a missão de propor o reconhecimento e o tombamento dos museus, na França, é a administração que faz esse papel. O reconhecimento de um museu impõe a ele certas obrigações. Em caso de não cumprimento, o reconhecimento e a subvenção podem ser-lhe retiradas.

Diversidade de estatuto dos museus

Vimos no capítulo 1 o quanto as instituições museais são diversas, por sua origem, seu tamanho, sua temática, sua envergadura geográfica, pelas formas mais ou menos clássicas ou inovadoras que elas assumem ou ainda por seu estatuto administrativo. A despeito de sua enorme diversidade nesse aspecto, podemos agrupar os museus em três categorias:
– os museus de direito público, geridos pelos poderes públicos,
– os museus associativos e as fundações,
– os museus privados.

As duas últimas categorias são submetidas ao direito privado. Entretanto, seu reconhecimento ou seu financiamento pelos poderes públicos as submetem a obrigações contratuais em relação a eles, ligadas à abertura ao público, à coleção, à gestão da instituição, à pesquisa, em suma, ao conjunto das missões de um museu. A responsabilidade patrimonial do museu e de seus responsáveis diante da sociedade é essencialmente diferente da de um colecionador privado, que não exerce uma ação patrimonial verdadeira (ver p. 38-39). Isso torna caduca a expressão "museu privado": o museu é "público" por definição, mesmo quando ele é de direito privado, porque ele age no interesse do público e da sociedade.

O museu (de direito) público

Essa categoria reúne os museus organizados e geridos pelos poderes públicos, em todos os níveis, quer se trate do poder central (a República na França, o Estado federal na Bélgica, a Confederação na Suíça ou no Canadá etc.) ou de poderes descentralizados (comunidades e regiões na Bélgica, províncias no Canadá, cantões na Suíça) ou locais (províncias na Bélgica, departamentos e regiões na França, cidades e comunas). Essa enumeração já é em si mesma significativa da grande diversidade de estatutos que dela pode resultar, ainda que nos tenhamos limitado a alguns países francófonos. O ponto comum a todos esses museus geridos pelos poderes públicos é o fato de serem submetidos às especificidades do direito público e aos controles que as instâncias representativas e administrativas exercem.

Na maioria dos países europeus, até pouco tempo atrás esses museus eram geridos por "gerência direta", como uma administração, com a rigidez e o peso que isso pressupõe, e essa prática não desapareceu, longe disso. Entretanto, tornou-se imperioso adotar estatutos particulares que dão aos museus públicos maior autonomia de gestão, com mais leveza e visibilidade, e que permitem conservar em benefício do museu as receitas próprias que ele gera. Os responsáveis políticos locais, ciosos talvez de suas prerrogativas ou do poder que elas lhes conferem, são às vezes reticentes com relação a isso. É o caso, na Bélgica, dos museus organizados pelas províncias e pelas cidades, embora exista a possibilidade de um estatuto com mais autonomia.

Para os grandes museus nacionais, a França optou pelo estatuto de "estabelecimento público" que dá a essas instituições uma ampla autonomia de gestão garantindo ao mesmo tempo o controle do Estado. É sob o estatuto de estabelecimento público que hoje são geridos o Louvre, Orsay, Beaubourg, o Musée du Quai Branly, o Castelo de Versalhes, entre outros.[478]

Nesse campo, os Países Baixos figuraram como pioneiros entre os países europeus. Entre 1993 e 1996, um processo desencadeado pelo governo, e que foi qualificado de privatização, dotou os museus nacionais de uma grande autonomia de gestão, incluindo o pessoal e os edifícios.[479] Estes últimos, assim como as coleções, continuam a ser propriedade da autoridade pública. Os poderes locais seguiram depois em grande parte o exemplo do governo.

---

478. Ver a esse respeito BOYLAN, Patrick. Une réflexion "post-colloque" sur les réformes récentes de quelques institutions nationales en France, et sur l'avenir des structures de management et de gestion des musées'. In: MUSÉES. Gérer autrement. Paris: La Documentation Française, 1996. p. 347-355.
479. Fransje Kuyvenhoven (Ed.), *Topics*, op. cit. Ver em especial a introdução, p. 10-11.

Na Bélgica também, os grandes museus reais[480] se tornaram, há cerca de 20 anos, "organismos públicos de gestão separada". Para os museus de menor porte, outro caminho foi por vezes seguido. Para contornar a rigidez da gestão direta, muitos responsáveis pelos poderes públicos locais se voltaram para a criação de associações sem fins lucrativos – ASFL – controladas pela autoridade pública e encarregadas de garantir a gestão cotidiana do museu, permanecendo os edifícios e as coleções propriedades da cidade e da comuna, e sendo o pessoal mantido sob contrato de emprego (os funcionários podem também ser alocados na ASFL). O raio de ação dessas estruturas administrativas satélites se limita às vezes às exposições temporárias, para as quais a utilidade de uma ampla autonomia se justifica ainda mais pela necessidade de uma gestão mais dinâmica, criadora de atividades diversificadas, e pelo desejo de não ver os rendimentos dessas exposições serem engolidos pelo erário público, mas, ao contrário, conservá-los em proveito do museu.

No quadro de descentralização em marcha desde os anos 1980, fórmulas variadas de estruturas satélites ou mistas também se desenvolveram na França, associando muitas vezes várias autoridades públicas (estado, região, departamento, cidade) entre si ou com um ou vários parceiros privados. É o caso da Entreprise Publique de Coopération Culturelle (EPCC), ou da Société d'Économie Mixte (SEM). O Centre Européan d'Archéologie de Bibracte é uma EPCC, e a Nausicaa em Boulogne-sur-Mer e o Mémorial de la Paix em Caen foram gerados sob o estatuto de uma SEM, por exemplo.

O museu associativo e a fundação

Se considerarmos o conjunto da paisagem museal, o estatuto associativo é de longe o mais frequente. As associações sem fins lucrativos assumem nomes e formas variáveis de acordo com o país, mas constituem uma fórmula jurídica bastante bem-adaptada à criação e à gestão de um museu. Vários museus foram de fato criados e até hoje o são por particulares empreendedores que decidem se associar para dar uma forma concreta à sua paixão sem nem por isso assumir riscos pessoais inconsiderados, sobretudo no plano financeiro. A flexibilidade de gestão proporcionada pela associação, cuja autonomia é total (respeitando-se as leis e as regras), é particularmente apreciável. É também o meio de obter um apoio dos poderes públicos locais ou nacionais. Essa intervenção assume

---

480. Situados em Bruxelas, eles dependem do governo federal. São os Musées Royaux d'Art et d'Histoire, Musées Royaux des Beaux-Arts de Belgique, o Institut Royal des Sciences Naturelles de Belgique (ver boxe, p. 84) e o Musée Royal de l'Afrique Centrale em Tervuren.

formas muito diversas: patrocínio, cessão de um edifício, subvenção de funcionamento, tratamento do pessoal, financiamento pontual mediante projeto (de exposição, por exemplo, ou para uma animação específica). Tobelem aponta, no museu associativo, "contradições entre missão de serviço público e estatuto privado, trabalho científico e atividades comerciais".[481] De toda forma, as obrigações ligadas ao selo "Musée de France" ou ao reconhecimento como museu subvencionado na Bélgica balizam o funcionamento dos museus associativos para evitar as derivas em direção ao totalmente comercial.

Os membros da associação muitas vezes têm uma participação ativa importante na vida do museu, que, em certos casos, não poderia sobreviver sem a ajuda desses voluntários (ver adiante). Muitas vezes é o que acontece particularmente nos ecomuseus (ver p. 69-71). Quando o museu – e a associação que o criou – se desenvolve e cresce, muitas vezes assistimos a uma maior profissionalização do pessoal e da gestão da instituição, encorajada pelos poderes públicos; esse é um dos objetivos afirmados do decreto de 2002 sobre os museus da Comunidade Francesa na Bélgica. Isso não ocorre sem choques, como observou Serge Chaumier quando de uma pesquisa sobre a evolução dos ecomuseus na França.[482]

Quando a associação é ela própria proprietária das coleções, seus estatutos em geral preveem que, em caso de dissolução, estas serão transferidas para outra associação com os mesmos fins ou para uma autoridade pública. Isso é indispensável para garantir a conservação do patrimônio.

A *fundação*[483] não é propriamente uma associação, mas apresenta vários pontos comuns com ela, particularmente o estatuto de direito privado e a ausência de fins lucrativos. A lei francesa de 23 de julho de 1987 relativa ao desenvolvimento do mecenato define a fundação da seguinte maneira: "Ato pelo qual uma ou várias pessoas físicas ou morais decidem a destinação irrevogável de bens, direitos ou recursos para a realização de uma obra de interesse geral e de fins não lucrativos". Em troca de vantagens fiscais, a lei impõe obrigações de gestão e controles por parte da autoridade pública. A lei de 1987 foi completada em 1990 criando as fundações de empresas.

A fundação com finalidade cultural é, de longa data, o principal ator na gestão dos museus do outro lado do Atlântico.[484] Com a exceção notória dos

---

481. Michel Tobelem, *Le nouvel âge des musées*, op. cit., p. 172.

482. CHAUMIER, Serge. *Des musées en quête d'identité*: écomusée *versus* technomusée. Paris: L'Harmattan, 2003.

483. Essa estrutura jurídica é comum nos países germânicos e anglo-saxões; era menos frequente na França e na Bélgica até os últimos anos. Uma diretiva europeia fez a situação evoluir.

484. Ver TOBELEM, Jean-Michel. *Musées et culture, le financement à l'américaine*. Macon: MNES, 1990; *Il libro dei musei*, cap. 8, p. 171-210, dedicado aos museus americanos e à comparação com a situação europeia.

grandes museus federais reunidos sob a autoridade da Smithsonian Institution[485] e situados em Washington, uma grande maioria dos museus americanos é gerida sob esse estatuto por um conselho de *trustees* que dirige a instituição. Seus membros são oriundos das classes mais privilegiadas. Eles devem contribuir, pessoalmente ou apelando às suas relações, para o financiamento anual do museu. O controle do Estado é exercido por um funcionário do Ministério da Justiça.

Ao criar uma fundação com fins culturais, uma empresa procura antes de tudo atribuir-se uma imagem positiva tirando partido das vantagens fiscais e da segurança ligadas a essa fórmula jurídica. Mas criar ou trazer fundos para uma fundação é também a expressão, para o indivíduo, de um espírito de filantropia, muito difundido no mundo anglo-saxão, menos no continente europeu. Mais que a caridade, a filantropia responde a um sentimento de dívida em relação àqueles que não tiveram a chance de fazer fortuna, a uma responsabilidade moral em relação à sociedade. Nesse ponto, ela significa também *de facto* o domínio do mundo econômico sobre a cultura.

A fundação pode ser também uma fórmula jurídica interessante quando um artista deseja pôr à disposição do público, em vida, uma parte de sua obra: a Fondation Dubuffet em Paris, a Fondation Vasarely em Aix-en-Provence, a Fundació Miró em Barcelona, a Fondation Folon em La Hulpe (Bélgica). São então a autonomia e a flexibilidade de gestão que são buscadas (às vezes com uma vantagem fiscal, já que ela permite evitar os direitos de sucessão, sobretudo).

Colecionadores utilizam essa fórmula jurídica para abrir sua coleção ao público: Fondation Maeght em Vence, Musée Jacquemart-André em Paris, Fondation Beyeler em Basel. É uma fórmula muito apreciada nos Estados Unidos, onde vários "museus" fundados com base em uma coleção privada são assim abertos ao público beneficiando-se de um apoio financeiro do Estado via exoneração fiscal. O caráter museal dessas fundações está muitas vezes sujeito a caução, de um lado porque a coleção permanece antes de tudo privada e muitas vezes é gerida como tal: o *marchand* e colecionador Ernst Beyeler não hesita em vender obras da Fundação; ver também o caso da Menil Collection em Houston, Texas.[486] Por outro lado, esses "museus" estão longe de preencher todas as funções museais.

A Fundação Calouste Gulbenkian em Lisboa

Calouste Gulbenkian, de origem armênia, fez fortuna com o petróleo no Irã antes de se estabelecer em Paris, onde se tornou embaixador do reino iraniano em 1940. A partir do início do século XX, reuniu uma coleção muito variada, que incluía desde

---

485. A Smithsonian Institution está colocada sob a autoridade direta do Senado.
486. André Gob, *Des musées au-dessus de tout soupçon*, op. cit., p. 180-190.

antiguidades egípcias até objetos Art Nouveau, passando pela pintura europeia e a cerâmica do Extremo Oriente. Em 1943 deixou Paris para se refugiar em Portugal, que se havia mantido neutro diante da Segunda Guerra Mundial. Em testamento, criou uma fundação com seu nome tendo como objetivo o desenvolvimento de atividades culturais na Europa e, especialmente, a criação de um museu em Lisboa para expor sua coleção. O museu abriu as portas em 1969. A exposição permanente, bastante eclética, mais ilustra o gosto do colecionador do que mostra o desenvolvimento das artes no mundo.

A Fundação Gulbenkian dispõe também de um centro cultural que abriga uma rica biblioteca onde são apresentadas exposições de arte contemporânea. Mantém uma orquestra sinfônica. Suas duas outras sedes, em Paris e em Londres, têm abrigado manifestações culturais prestigiosas. Várias outras fundações culturais surgiram em Lisboa, em alguns casos com o apoio da Gulbenkian. Duas delas mantêm museus: a Fundação Berardo (arte contemporânea) e a Fundação Oriente, dedicada às relações entre Portugal e o Oriente. Esse florescimento do setor privado talvez deva ser atribuído ao apagamento do Estado no campo cultural durante a longa ditadura de Salazar.

O museu privado

Do ponto de vista jurídico, os museus pertencentes a ou geridos por associações ou fundações são de direito privado. Mostramos contudo a grande diversidade dessas organizações e o importante papel que os poderes públicos podem nelas exercer, como parceiro ativo, como proprietário das coleções ou como autoridade de controle. O estatuto jurídico do museu não é um elemento discriminador para distinguir museus públicos e privados.

Existem contudo "museus" cujo caráter privado é evidente. Alguns pertencem diretamente a empresas comerciais. Podemos citar os museus criados por empresas alimentares (Musée de la Moutarde Amora em Dijon, Musée du Chocolat Jacques em Eupen, Musée Perrier em Vergèze), por fabricantes de automóveis (Musée Peugeot em Sochaux, Mercedes-Benz Museum em Stuttgart, BMW Museum em Munique) e também o Electropolis em Mulhouse e a Exposition Permanente Hydraulique du Rhin em Fessenheim, vitrines-museus da EDF.[487] A particularidade desses museus é que o seu objeto se confunde com o da empresa e muitas vezes eles trazem no nome uma marca comercial, enquanto *a contrario* a temática do Alimentarium de Vevey, que tem o estatuto

---

487. WELTY, Claude; BLANCHARD, Catherine. La rénovation des espaces d'expositions permanents au musée EDF Electropolis. *La Lettre de l'Ocim*, n. 87, p. 21-24, 2003.

Gestão da instituição museal

de fundação, ultrapassa em muito o perímetro – entretanto muito extenso – da gama de produtos da multinacional Nestlé.

Algumas instituições que aparentemente têm um caráter museal são contudo elas mesmas empresas comerciais, não apenas por seu estatuto jurídico (sociedade anônima por ações ou sociedade cooperativa), mas também por sua finalidade. É o caso, sobretudo, dos parques temáticos (ver p. 75-77).

Em sua procura por estruturas de gestão mais eficazes, alguns museus ou alguns poderes locais adotaram uma gestão por delegação. O museu, o edifício, as coleções ficam sob o controle dos poderes públicos ou da associação, mas a gestão corrente é confiada, geralmente por um prazo determinado, a uma empresa comercial. Pode tratar-se de um administrador que se ocupa apenas daquela instituição, mas na maioria das vezes o mandatário administra vários locais, às vezes de natureza muito diferente, como a sociedade Culturespaces, filial da GDF Suez, que administra por delegação, entre outros, o Musée de l'Automobile em Mulhouse, o Musée Jacquemart-André em Paris e o sítio do castelo dos Baux-de-Provence. A respeito dessa sociedade, tomada a título de exemplo, Tobelem sublinha que sua gestão se refere apenas aos aspectos administrativos e comerciais (bilheteria, loja, café), deixando a cargo dos poderes públicos os aspectos científicos e patrimoniais.[488] Trata-se, portanto, de uma privatização parcial – e temporária – dessas instituições culturais. Ainda assim coloca-se a questão das arbitragens entre finalidade cultural e rentabilidade econômica: quem as faz? Em que bases?

A gestão dos museus

O museu é uma instituição sem fins lucrativos. Sua finalidade não é o lucro. Mas seu funcionamento se inscreve numa atividade econômica: salários, despesas de funcionamento, investimentos imobiliários, despesas de aquisição de obras e objetos, ingressos, lojas, cafés, repercussões turísticas, todas atividades que geram despesas e receitas para o museu mas também para seu entorno (restaurantes, hotéis, transportes). Os museus, por sua inserção no setor de lazer e de turismo cultural, tornaram-se atores econômicos não desprezíveis, mas cujo impacto muitas vezes é mal conhecido.[489]

A "rentabilidade" de um museu não poderia, aliás, ser medida em termos financeiros. Vimos que sua finalidade social não pode ser reduzida aos indica-

---

488. Michel Tobelem, *Le nouvel âge des musées*, op. cit., p. 186-189.
489. Muitas vezes, porém, esse impacto é deliberada e amplamente superestimado nos "estudos" prévios que acompanham um pedido de subsídio para investimento, de maneira a justificar a despesa de um ponto de vista econômico.

dores econômicos clássicos e que é preciso encarar sua gestão de acordo com um espectro mais amplo de pontos de vista. É o que chamamos de gestão cultural. Esse assunto é muito amplo; limitar-nos-emos a três aspectos que se encontram em todos os museus:

- as produções;
- o organograma funcional;
- os recursos financeiros.

As produções

Incluímos nessa categoria tudo o que o museu faz para a sociedade. Isso remete evidentemente aos capítulos anteriores, em que detalhamos as diferentes funções da instituição. É útil, na perspectiva de uma gestão cultural equilibrada, retomar essas diferentes atividades acentuando, tanto quanto possível, as produções concretas, os produtos culturais. Procuraremos também extrair indicadores capazes de medir, certamente de modo pouco quantitativo, o impacto dessas produções.

■ *Reunir, conservar e estudar o patrimônio.* Essa missão básica é sem dúvida a menos visível e a mais difícil de fazer valer junto às autoridades de tutela. Entretanto, foram exatamente os poderes públicos que assim decidiram no passado e que encarregaram os museus de assumir essa missão, com outros atores.

Indicadores: aquisições anuais, operações de conservação-restauração, medidas de conservação preventiva, publicações, conferências e outras intervenções científicas (colóquios etc.), empréstimos a outros museus para exposição temporária etc.

■ *Produzir exposições.* Essa função é claramente mais visível, tanto para as autoridades de tutela quanto para o público e os patrocinadores eventuais. A dificuldade, para o museu, é sem dúvida fazer com que se tenha consciência da massa de trabalho que isso representa e, também, marcar os limites entre exposições museais e não museais.

Indicadores: lista e apresentação das exposições, avaliações qualitativas e quantitativas, publicações (científicas e de difusão), frequência, livro de ouro etc.

■ *Acolher visitantes e oferecer-lhes um lazer cultural.* É evidentemente o primeiro serviço do museu para a coletividade e o mais visível: sem visitante, não existe museu. O acolhimento implica numerosas atividades em termos de comodidades e de conforto da visita, mas também serviços anexos (café, loja etc.). O acolhimento das crianças e dos adolescentes pode necessitar de instrumentos específicos.

Indicadores: estatísticas de frequência, lista das atividades culturais, pesquisas de satisfação, livro de ouro, atividade das lojas e cafés etc.

- *Elaborar e produzir produtos pedagógicos.* Trata-se de propor ao mundo do ensino outra maneira menos formal de se instruir, de acolher grupos escolares e lhes fornecer produtos diversificados.

Indicadores: lista e descrição das diversas animações, número de grupos recebidos, avaliação dos produtos, publicações pedagógicas, pesquisas de satisfação junto a professores/alunos/pais etc.

- *Contribuir para a educação geral da população local.* Trata-se de um objetivo geral dos museus, mas ele pode se concretizar em ações específicas para ampliar o público incluindo visitantes novatos e grupos desfavorecidos.

Indicadores: lista das ações, estatísticas de frequência elaboradas, avaliação do impacto etc.

- *Contribuir para a atratividade e para a imagem da cidade ou da região.* Objetivo geral que pode se realizar em diversas ações de comunicação, em trocas de exposições, em atividades comuns com operadores culturais ou não, no próprio museu ou no exterior.

Indicadores: lista das ações, dossiê de imprensa, avaliação do impacto por pesquisa etc.

De modo mais ou menos explícito, o relatório anual de atividades é muitas vezes o meio através do qual o museu difunde seu balanço anual das produções e seu impacto. Numa perspectiva de gestão cultural equilibrada, seria conveniente sem dúvida explicitar mais o balanço e estabelecer um painel de controle.

O organograma funcional

O modelo clássico do museu apresenta uma organização estereotipada de funcionamento. Um traço a caracteriza, o papel central exercido pela figura do curador na instituição. O curador é o pivô da vida museal. Ele assume quase sempre sua direção. Ele encarna também todas as funções do museu: seu nome indica bem que ele é encarregado da guarda das coleções, mas é ele também quem as estuda, é ele quem concebe a exposição, tanto permanente quanto temporária.

A criação do Musée de la Civilisation em Quebec em 1988 teve o efeito de uma bomba nesse modo de funcionamento secular. Uma bomba de efeito retardado. De fato, a estrutura radicalmente nova do museu de Quebec quase não chamou a atenção num primeiro momento. Entretanto, hoje constatamos que, sob o efeito da evolução do museu e da sociedade, e sobretudo das expectativas dos visitantes, numerosas instituições adotaram modalidades de funcionamento e um organograma que integram, em graus diversos, as inovações introduzidas por Roland Arpin no Musée de la Civilisation.

Um organograma funcional, mais que hierárquico

O curador – cuja competência repousa antes de tudo na sua formação disciplinar: historiador da arte, arqueólogo, zoólogo, botânico, geólogo etc. – não pode se incumbir de modo satisfatório de todas as tarefas do museu; competências específicas são requeridas para exercer as novas profissões surgidas no universo museal.[490] É preciso então estruturar o funcionamento do museu integrando essas novas funções e adotar um organograma orientado para as grandes funções museais tal como elas são postas em prática especificamente em cada instituição.

Geralmente se distinguem as missões ligadas às coleções – é aí que os curadores encontram funcionalmente seu papel –, as missões ligadas ao público (exposições e animações) e as missões de gestão (logísticas, inclusive a vigilância, e financeira). Esses três conjuntos funcionais podem então corresponder a setores, departamentos ou direções diferentes nos museus muito grandes. Esse esquema ternário, muito geral, deve ser adaptado a cada caso específico. Nas instituições em que as atividades pedagógicas são muito importantes, elas encontram uma posição específica, por exemplo.

A adoção de um novo organograma não significa fazer tábula rasa do passado. Em geral, a ideia é impulsionar uma evolução introduzindo mudanças progressivamente. Do contrário, corre-se o risco de enfrentar reações negativas, até mesmo a obstrução por parte dos membros da equipe que se sentirem excluídos. No Musée du Louvre, tradicionalmente estruturado com base em departamentos disciplinares, um serviço cultural foi introduzido somente em 1987, sob a direção de Jean Galard, dependendo diretamente do diretor-geral. Foi preciso esperar 2008 para que o conjunto dos serviços ligados ao público fosse reunido numa direção do público, com estatuto de departamento, sua diretora tendo assento no Conselho de Direção, que reúne os nove chefes de departamento em torno do diretor-geral. Entretanto, uma nova reorganização viu essa direção do público desaparecer e se pulverizar em diversos serviços.

Novas funções

Quais são essas novas funções? Sem procurar ser exaustivos, podemos citar:

---

490. RIZZARDO, René. *Les métiers des musées et la filière culturelle territoriale*. Paris: Éditions du CNFPT; Ministère de la Culture, 1994. Ver também a série de brochuras *Analyse de la profession*, editadas pela SMQ entre 1997 e 2000; o *Référentiel suisse des professions muséales*, editado pelo Icom suíço em 2010 (disponível em: <www.museums.ch>), e o artigo de CHAUMIER, Serge; MAIRESSE, François. Profession. DEM, p. 473-496.

Gestão da instituição museal

335

- O *administrador, em alguns casos o diretor administrativo*, se ocupa da organização do museu, das finanças, da gestão do pessoal. Nos grandes museus, ele dirige uma equipe mais ou menos numerosa encarregada dessas tarefas.
- O *produtor* [*régisseur*][491] é o responsável pela gestão logística das coleções: localização, empréstimos, circulação das peças entre as salas de exposição, reservas técnicas, ateliês, laboratórios, serviços de restauração etc.
- Um *curador-restaurador* é às vezes alocado num museu para cuidar da conservação preventiva ou curativa das coleções, mais raramente da restauração propriamente dita, que em geral é feita fora do museu.
- O *responsável pelas exposições* é encarregado da sua programação, quer se trate de exposições montadas internamente, quer as exposições sejam emprestadas ou produzidas em conjunto com outro museu.
- O *coordenador de projeto* é encarregado da coordenação de uma exposição; ele mobiliza as pessoas e os recursos necessários dentro ou fora do museu e é responsável pela finalização do projeto (ver p. 280-281).
- O *museógrafo* é o responsável pela concepção da exposição; ele traduz em expressão expográfica o conteúdo científico. Ele pode ser ou não o coordenador de projeto.
- O *comissário* é ao mesmo tempo coordenador de projeto, museógrafo e responsável pelo conteúdo. O termo é utilizado sobretudo nos museus de arte, onde ele hoje concorre com o termo *curador* [*curator*].
- O *cenógrafo* e o *designer* são encarregados da preparação material das exposições, de sua montagem (ver capítulo 4). Essas tarefas são muitas vezes realizadas por pessoal de fora do museu.
- Alguns museus dispõem de um *diretor de informática* encarregado de zelar pelo bom funcionamento do conjunto dos dispositivos desse tipo e pela coordenação dos desenvolvimentos de novos *expôts* multimídias.
- Na mesma ordem de ideia, a gestão do site do museu tornou-se uma tarefa importante e exigente em termos de tempo. É necessário ter um *gestor do site*; essa tarefa, às vezes contratada externamente, tende a ser assumida por um mediador competente em novas tecnologias da informação e da comunicação, que se torna animador de blog e redes sociais.[492]
- O *responsável pela comunicação* se ocupa da promoção do museu e das exposições temporárias, adaptando sua ação ao público visado: jornalistas, adidos culturais, empresas, públicos especializados, grande público.

---

491. Usa-se às vezes o termo *registreur*, calcado no inglês *registrar*. Existe uma Association Française des Régisseurs d'Oeuvres d'Art, Afroa <www.afroa.fr>.

492. Serge Chaumier e François Mairesse, *La médiation culturelle*, op. cit., p. 256-258.

- Os *serviços culturais e educativos* empregam um pessoal especializado (cientistas, historiadores da arte, mas também pedagogos, professores, animadores culturais etc.) indispensável se o museu quiser cumprir plenamente seu papel nesse campo, mas cujo trabalho é muitas vezes pouco reconhecido pelo museu.
- O *pessoal de acolhimento* é antes de tudo responsável pela bilheteria e pelos espaços de acolhimento para os grupos e os visitantes individuais, mas seu papel nas salas de exposição é igualmente importante para informar os visitantes; a vigilância, é claro, se inscreve nessa função.
- Um *documentalista* gere o centro de documentação ou a biblioteca.
- O *responsável pelos serviços comerciais* cuida para que esses serviços anexos constituam realmente um aporte (financeiro) para o museu, garantindo uma escolha de produtos coerente e compatível com a imagem do museu.

Raros são os museus que dispõem de um pessoal tão extenso e diversificado. O tamanho de um museu se mede também pela importância numérica de seu pessoal, desde o Louvre e seus 2.200 funcionários até os muitos museus que só podem contar com um funcionário. Nesses casos, uma mesma pessoa – às vezes voluntária – desempenha várias das funções enumeradas.

A terceirização das tarefas

Cada vez mais tarefas nos museus são confiadas a empresas externas. É o princípio da terceirização, muito apreciado na administração de empresas. Já citamos os casos dos cafés e lojas, que são, com razão, cada vez mais administrados por profissionais externos, mas o fenômeno atinge hoje vários setores do museu. A vigilância, não apenas do edifício fora do horário de abertura, mas também das salas abertas ao público, é às vezes confiada a empresas especializadas que desenvolveram um ramo especializado em "museu". O mesmo ocorre com o serviço de manutenção dos espaços e das salas. Em matéria de gestão, é frequente um museu recorrer a um escritório de contabilidade externo para a gestão financeira e a uma empresa administradora para a gestão administrativa do pessoal.

A concepção e a realização das exposições temporárias ou permanentes recorrem regularmente a competências externas, tanto no que concerne à cenografia, setor em que emergiram um mercado importante e escritórios especializados, quanto para o trabalho de museografia, ou seja, para a concepção propriamente dita. Um número crescente de museógrafos independentes, que recentemente se organizaram em associação, presta serviço aos museus, encarregando-se da concepção e da montagem de uma exposição a partir do conteúdo científico definido por um curador ou um especialista na área. Isso permite também trazer um olhar de fora e uma renovação da abordagem. Também no

Gestão da instituição museal

campo da animação, numerosos museus recorrem a mediadores externos, autônomos ou contratados por uma firma ou uma associação de serviço especializado nessa área. Às vezes é um outro museu que assume essas animações.

A terceirização apresenta a vantagem de pôr à disposição do museu um pessoal especializado na sua área de competência e de reduzir os custos evitando remunerar permanentemente um funcionário por tarefas pontuais. Ela apresenta o inconveniente, para o museu, de perder o domínio total da prestação. Lembremos também a gestão delegada, evocada anteriormente (p. 330-331), que é uma terceirização global de toda uma face do funcionamento do museu.

O compartilhamento de certas tarefas representa outra via promissora para diminuir os custos dos serviços ou, sobretudo, para oferecer um serviço melhor especializando os funcionários. As redes de museus constituem a melhor modalidade para esse compartilhamento, pois ela estabelece a colaboração de instituições que se conhecem e têm interesses comuns. A rede dos museus da Baixa-Normadia, por exemplo, investiu num sistema compartilhado de gestão das coleções, o software *full web* Flora Musée: cada membro da rede tem acesso a ele por uma quantia estabelecida, e os custos são divididos.

Uma administração disciplinar ou gestora?

As responsabilidades crescentes em matéria de gestão atribuídas ao responsável pelo museu exigem dele, hoje, competências de gestor, de administrador, que um curador necessariamente não possui. Vemos cada vez mais gestores administrativos ou financeiros serem designados para a direção de grandes museus. Às vezes é a pessoa que gerenciou o projeto de construção ou de reforma do museu que continua no lugar após o museu ser inaugurado. A ignorância ou a distância das finalidades de uma instituição cultural traz o risco de reduzir a avaliação de sua eficácia a indicadores puramente quantitativos de frequência e de renda e levar a uma política de exposições temporárias prestigiosas capaz de inchar os índices de frequência.

Vários museus adotaram uma fórmula híbrida com uma direção bicéfala, cabendo a um dos diretores, de formação científica, se ocupar das coleções e exposições, e ao outro, mais administrativo ou financeiro, tratar da gestão. O exemplo mais significativo é o Historial de la Grande Guerre de Péronne: um curador nomeado e pago pelo Estado gere as coleções e a pesquisa, enquanto o diretor, nomeado pelo Conselho Geral, administra o conjunto da instituição, o pessoal, as finanças, o programa cultural etc.

Esse é o caso também do Musée Royal de Mariemont, na Bélgica, onde um diretor administrativo tem a seu lado um diretor científico, responsável pelas coleções e as exposições.

A formação do pessoal

A diversificação dos perfis profissionais exigidos levou ao aparecimento de novas formações mais específicas, seja nas fileiras universitárias (especialização em museologia ou em curadoria, mediação cultural), artísticas (curador-restaurador, cenógrafo) ou técnicas (gestores de sítios culturais).

Além disso, as associações de museus, assim como as universidades e os estabelecimentos de ensino superior, perceberam a necessidade de completar a formação inicial dos futuros responsáveis e funcionários dos museus propondo-lhes programas de formação continuada. É o caso, por exemplo, da Suíça, do Quebec, da Bélgica, onde as associações de museus[493] organizam ciclos de formação e de reciclagem. Na França, essa função é exercida pelo Office de Coopération et d'Information Muséologiques (Ocim), subvencionado pelo Estado (Dijon).

Também na França, o Institut National du Patrimoine foi criado com o objetivo de assegurar a formação de quadros para os museus e outras instituições patrimoniais, tanto no tocante à formação inicial quanto à manutenção e atualização das competências. O concurso anual do INP é a porta de entrada na carreira de curador nos museus nacionais e nos que têm o selo "Musée de France".

Os recursos financeiros

Os recursos financeiros de que um museu dispõe podem ter origens muito diversas dependendo do país e do estatuto dos museus, do seu tamanho, da importância da atividade turística local etc. Podemos agrupá-los em quatro categorias.

As subvenções públicas

O Estado e os poderes locais podem assumir diretamente os salários dos funcionários, os custos de investimento, até mesmo as despesas de funcionamento, quando se trata de uma gestão por administração direta. Os museus públicos que gozam de maior autonomia recebem uma dotação global anual ou plurianual para cobrir os custos regulares da instituição. O financiamento público assume também a forma de subvenções regulares (nos museus geridos por associações)

---

493. Association des Musées Suisses (AMS), Société des Musées Québécois (SMQ), Association Francophone des Musées de Belgique (AFMB), Vlaams Museum Vereniging (VMV), Musées et Société en Wallonie (MSW).

Gestão da instituição museal

ou ocasionais, por ocasião de uma exposição temporária ou de uma manifestação, ou ainda para cobrir as despesas de uma atividade particular. Essas subvenções podem ser condicionadas a um procedimento de reconhecimento ou de certificação: na Bélgica francófona, só os museus reconhecidos podem obter um financiamento, que é recorrente (de quatro anos) e cujo montante é ligado à categoria do reconhecimento (A, B, C) (ver p. 324-325).

Na maioria das vezes, um museu procura multiplicar e diversificar esses financiamentos públicos, que nunca são suficientes para cobrir a totalidade dos custos.

As doações e os legados, o mecenato

Os membros de uma associação, os *trustees* dos museus americanos, os amigos dos museus contribuem para o financiamento por meio da cotização, de uma contribuição contratual, de doações ocasionais ou regulares. Sua generosidade pode assumir a forma de uma doação em gêneros: a compra de uma obra que enriquece as coleções, a coleta de objetos junto à população local. O museu também pode receber coleções e valores financeiros como herança (legado). O mecenato é individual e desinteressado, dentro dos limites definidos anteriormente (p. 329) a propósito da filantropia.

Doações e legados são às vezes utilizados para constituir um capital cujos rendimentos alimentarão anualmente o orçamento do museu. Em geral é o que ocorre com as fundações, que têm a obrigação de garantir sua perenidade.

A prática da microdoação ou *crowdfunding* surgiu recentemente. Ela consiste em solicitar a um grande número de doadores potenciais que efetuem a doação de um montante modesto. É a acumulação dessas pequenas somas que dá sentido à operação. Geralmente, esses levantamentos de fundos disseminados são desde o início vinculados a um projeto preciso – de modo a permitir ao doador saber para que finalidade precisa ele está agindo – e um montante-alvo é anunciado. Isso dá uma medida do esforço feito e é um meio de relançar outra operação posteriormente. O Musée du Louvre adquiriu desse modo o quadro *As três Graças*, de Holbein, reunindo uma parte da soma (1 milhão de euros) em três meses graças a 7.200 doadores.

As receitas próprias

São assim chamadas as receitas diretamente geradas pelas atividades do museu:
- *ingressos*; o aporte é diretamente proporcional à frequência e à política tarifária.

- receitas ligadas às *animações*: visitas guiadas, oficinas pedagógicas, atividades culturais, estágios (às vezes com hospedagem, quando a infraestrutura permite) etc. A parte relativa dessas receitas é função da importância das atividades de animação no museu; ela pode atingir proporções muito importantes, mas em troca lhe corresponde um volume igualmente importante de despesas com pessoal.
- alguns museus têm uma *oferta destinada às empresas*, no quadro de sua política de motivação do pessoal (*Team building, incentive*); quando é bem concebida e original, essa atividade, que se inscreve de fato na missão cultural do museu, pode constituir um recurso não desprezível.
- o mesmo acontece com a organização de *aniversários* ou de festas para as crianças; aí também se procura conciliar o espírito festivo e a missão educativa.
- a *loja*, assim como a venda de publicações e de produtos derivados fora do museu,[494] constitui um polo crescente de recursos, seja ela gerida diretamente pelo museu ou delegada a um arrendatário. Nesse caso, é a locação, eventualmente acrescida de uma participação no volume de negócio, que fornece um retorno para o museu. Este deve ficar atento ao sortimento proposto para venda e mantê-lo em áreas relacionadas com suas temáticas.
- o *café* ou o *restaurante* raramente são geridos diretamente pelo museu. As especificidades dessa atividade exigem pessoal profissional, e na maioria das vezes o museu os arrenda. A receita, para o museu, vem então do aluguel das instalações e, às vezes, de uma participação nos lucros. Sublinhemos que os restaurantes de museu em geral só podem ser rentáveis quando dispõem de um acesso independente que lhes permite receber clientes fora do horário de abertura do museu.
- certos museus praticam o *aluguel de salas* (de acolhimento ou mais raramente de exposição) a particulares ou empresas, que encontram ali um cenário prestigioso para organizar recepções e manifestações diversas (casamentos, assembleias gerais de sociedades, apresentações e desfiles de moda etc.). Usa-se cada vez mais, sem razão, o termo "privatização" para designar essa atividade comercial, que ganha importância no orçamento de certas instituições.
- há alguns anos surgiu a prática contestável de *cobrar pelo empréstimo de obras* por ocasião de exposições temporárias. Essa locação disfarçada muitas vezes

---

494. Muitos museus desenvolveram uma atividade de edição (ver cap. 6) ou de criação de produtos derivados (reproduções, moldes, artigos diversos que evocam o museu ou uma de suas obras) que são distribuídos fora da loja do museu por meio do circuito comercial normal (livrarias, lojas de presentes etc.) ou de uma filial encarregada da venda por correspondência (ver a esse respeito BAYART, Denis; BENGHOZI, Pierre-Jean. *Le tournant commercial des musées en France et à l'étranger*. Paris: La Documentation Française, 1993. p. 239-285) ou ainda, e cada vez mais, por meio de uma loja online.

Gestão da instituição museal

se camufla sob o álibi de "despesas administrativas", cujo montante não deixa porém qualquer dúvida quanto à sua verdadeira natureza. O Código de Ética do Icom proíbe, entretanto, que se considerem as coleções um ativo financeiro rentável, e a prática constante dos museus europeus se baseia no princípio da gratuidade e da reciprocidade dos empréstimos.[495] Felizmente, a locação de obras encontra uma forte resistência em alguns responsáveis por museus.

O patrocínio

Convém distinguir claramente o patrocínio [*sponsoring*][496] do mecenato propriamente dito, que entra na categoria das doações (ver anteriormente), malgrado a confusão deliberadamente alimentada pelos patrocinadores, já que o termo mecenas aparece como mais prestigioso. O patrocínio consiste em financiamentos obtidos junto a empresas, seja de modo regular ("patrocinador institucional"), seja por ocasião de exposições temporárias ou de eventos. Este último caso é o mais frequente. Em troca dessa ajuda financeira, o patrocinador espera a promoção midiática da empresa, sob formas diversas: logotipo no material de propaganda da exposição, presença nas publicações (catálogo etc.). O efeito direto dessa promoção é reduzido. É uma ação de longo prazo, uma melhoria da imagem da empresa que é buscada associando seu nome a atividades culturais. A empresa pode também obter vantagens para seu pessoal (visitas guiadas especiais, entradas gratuitas etc.).

Fala-se hoje em "mecenato de competência", mas melhor seria falar em "patrocínio de competência", na medida em que se trata de um aporte em gênero efetuado por uma empresa. O exemplo do grupo GDF Suez e de suas filiais que trazem suas competências para a finalização do projeto do Musée Magritte é emblemático dessa prática.[497]

O lugar e a influência deixados aos patrocinadores dentro de alguns museus representam um risco importante de deriva. Para assegurar ao máximo a regularidade dos aportes financeiros do patrocínio, muitos museus hoje procuram selar acordos de parceria com patrocinadores de grande porte, às vezes qualificados como patrocinadores de referência ou "institucionais", que intervêm na programação das exposições, até mesmo na definição da política museal.

---

495. O exemplo flagrante do projeto Louvre Abu Dhabi, onde o empréstimo de obras dos museus franceses durante 10 anos rendeu muito – 190 milhões de euros – corre o risco de encorajar uma tal prática que constitui, porém, um desvio grave.
496. O direito fiscal francês utiliza a palavra *parrainage* (apadrinhamento), mas ela possui um sentido muito diferente na linguagem corrente.
497. André Gob, *Le musée, une institution dépassée?*, op. cit., p. 47-49.

Museus com fins lucrativos?

Na vasta paisagem museal, existe uma categoria muito particular de estabelecimentos que conciliam a ação cultural com uma atividade comercial de produção-venda. Trata-se de empresas artesanais ligadas à prática de um *savoir-faire* tradicional que elas contribuem para salvaguardar e que se empenham em apresentar ao público por meio de exposições e animações.

O *Conservatoire des Ocres et Pigments* aplicados em Roussillon (Vaucluse)[498] foi instalado numa antiga usina de preparação do ocre, a Usina Mathieu. Ele desenvolve várias atividades que são as atividades de um museu: conservação e valorização de um patrimônio industrial e de um *savoir-faire*, pesquisas sobre as indústrias de ocre, exposições temporárias anuais relacionadas com a temática dos pigmentos e corantes. Mas o Conservatoire é também uma empresa comercial que fabrica e vende ocres artesanais. Sob que estatuto? Após ter considerado uma estrutura dual (SARL para o comercial, associação para o cultural), foi finalmente o estatuto associativo que foi escolhido: a associação Okhara foi fundada em 1998. Em 2003, o desenvolvimento da empresa e os limites da estrutura associativa em matéria de gestão fizeram com que esta fosse abandonada em benefício do estatuto de sociedade cooperativa de interesse coletivo de forma anônima com capital variável (SCIC SA).

A *Maison des Canuts* em Lyon foi fundada por uma associação do mesmo nome, com o apoio financeiro da cidade. Alguns anos depois, a associação ficou esgotada e o local viu-se ameaçado de fechar. O casal Varenne, que dirige uma oficina de seda artesanal, decidiu se lançar na aventura e retomou a Maison des Canuts. Hoje, encontra-se nela uma exposição permanente sobre a indústria lionesa da seda, com um olhar social e econômico mais que técnico, uma animação em torno de dois teares e uma loja onde são vendidas as produções do ateliê. Esse conjunto, sob o estatuto de SARL, contribui, segundo uma fórmula equilibrada nos planos culturais e financeiros, para salvaguardar e fazer conhecer as práticas dessa importante atividade de Lyon.

Do outro lado do Atlântico, a sociedade *Économusée*® (marca registrada), fundada e dirigida por Cyril Simard desde 1992, é uma rede que reúne empresas de ofícios de arte ou agroalimentares que utilizam para a sua produção uma técnica ou uma prática "autêntica". Essas empresas valorizam artesãos e ofícios oferecendo um "lugar de interpretação" da produção, e não propriamente um museu, e abrindo suas oficinas ao público. Elas se autofinanciam pela venda de seus produtos e trazem um elemento inovador para o setor do turismo cultural.

Podemos falar em museu? Estritamente falando, sem dúvida não, mas vemos bem que sua atividade patrimonial – podemos mesmo falar em paixão – não é verdadeiramente lucrativa, e que é antes a atividade comercial, que assume ela

---

498. BARROIS, Bárbara e BARROIS, Mathieu. *De la matière à la couleur*. Une entreprise culturelle em Provence. Aix-en Provence: Édisud, 2010.

Gestão da instituição museal

> própria um aspecto patrimonial pela salvaguarda das práticas, que financia as ações de natureza museal. Em todo caso, é uma fórmula original de financiamento de instituições museais.

Um certo equilíbrio

Quase não existem mais museus que se apoiam exclusivamente nos poderes públicos para seu funcionamento: de uma maneira ou de outra, todos integraram progressivamente a ideia de que a diversificação dos recursos é um elemento necessário ao seu funcionamento. Muitas vezes apresenta-se o argumento da redução do apoio financeiro dos poderes públicos para justificar o desenvolvimento de atividades comerciais do museu e a busca de patrocinadores. É uma razão importante, que acaba por convencer mesmo os curadores mais tradicionalistas. Justificativas mais positivas e mais profundas devem contudo ser sublinhadas: a própria natureza das atividades do museu, particularmente sua abertura ao público, as novas expectativas deste último, as ações de animação de que falamos no capítulo 7, a diversificação das atividades das instituições museais, todos esses elementos pedem uma abertura da gama de recursos financeiros que eles contribuem aliás para gerar. Como sublinha Jean-Michel Tobelem, convém desmistificar a palavra marketing e ver que, na realidade, vários procedimentos introduzidos nos últimos 30 anos no interior dos museus se inscrevem numa abordagem "marketing" que os museus, como Monsieur Jourdain, praticam sem o saber.[499] Esses recursos complementares são porém subsidiários em relação ao financiamento público, ao menos na Europa. Não existe museu *stricto sensu* que seja autossuficiente, ou seja, que possa equilibrar seu orçamento apenas com suas receitas próprias, mesmo aumentadas com o produto do mecenato e do patrocínio.

A parte relativa das quatro fontes de financiamento – subvenção, doações, receitas próprias, patrocínio – é muito variável de um museu para outro. Não é possível dar números gerais, tão grande é a diversidade das situações. Poder-se-ão encontrar dados numéricos, que devem ser manejados com precaução, na literatura científica dedicada à gestão cultural, assim como nas informações difundidas pelos observatórios museais ou culturais.

Para o conjunto dos museus, as receitas próprias em geral representam apenas uma pequena porcentagem: só excepcionalmente elas atingem de 20 a 30%.

---

499. TOBELEM, Jean-Michel. Introduction. *Publics & Musées*, n. 11-12, p. 10-13, 1997. N. do T.: Monsieur Jourdain, personagem da peça *Le bourgeois gentilhomme* de Molière, descobre em conversa com seu professor de filosofia que fala em prosa há muito tempo sem o saber. Desde então o nome passou a designar alguém que pratica uma atividade sem conhecer sua existência.

Salvo nos Estados Unidos, o mecenato, as doações e os legados, por mais importantes que sejam do ponto de vista da inserção do museu na sociedade, não poderiam substituir os subsídios públicos. E o patrocínio das empresas, submetido à nova política empresarial de redução dos custos, só leva a desilusões e permanece de todo modo marginal.

A contribuição em gêneros dos beneméritos (prestações e aquisições para o museu) não deve ser subestimada, mas não aparece nos dados contábeis das receitas. Entretanto, vários museus não poderiam funcionar sem a benemerência dos amigos e de outras pessoas, às vezes ligadas por um contrato. Estas últimas encontram nesse trabalho regular, algumas, uma ocupação, outras, uma experiência profissional, e certamente o sentimento filantrópico de ser útil à sociedade.

Os investimentos

As despesas de investimento (prédios, aquisição de coleções, obras museográficas) devem ser distinguidas do orçamento de funcionamento. Embora seu montante seja muito importante, sobretudo quando se trata de construir um novo museu ou de reformar completamente um existente, o financiamento dessas despesas às vezes é mais fácil de obter do que o orçamento anual, cuja recorrência coloca ela própria um problema. A visibilidade da operação de criação ou de reforma de um museu, o impacto imediato esperado sobre o público, a existência de fundos europeus ou regionais de desenvolvimento, são argumentos que pesam junto às autoridades políticas. O gigantismo de certos projetos cujo custo ultrapassa às vezes 500 milhões de euros o comprova. A dificuldade para o responsável pelo museu é fazer admitir, desde o lançamento do projeto, que um financiamento constante será necessário para garantir a viabilidade da instituição. Na França, ele é em geral estimado em 10% do investimento. De fato, os poderes públicos subvencionam investimentos culturais mas são muito mais reticentes em garantir o financiamento constante uma vez inaugurado o museu. É o que acontece particularmente nas zonas onde intervêm os fundos regionais europeus de desenvolvimento, tornando o investimento inicial mais fácil para os poderes locais.

Conclusão

> O museu é um instrumento da dúvida e como tal deve permanecer.
> Michel Colardelle, 2001[500]

O museu é uma instituição permanente. Por quanto tempo ainda?

Os pessimistas hão de temer que a permanência dessa instituição se esboroe na esteira do desinteresse dos Estados e das coletividades, que reduzem ou congelam os financiamentos e subsídios. É também o museu visto como serviço público que se esvai, sobretudo devido à colaboração – ou intromissão – do setor privado, que ganha cada vez mais espaço. A busca de fontes próprias de financiamento não irá prejudicar a qualidade dos serviços? A ascendência do setor privado atingiu a instituição em seu âmago: a pesquisa, as coleções, a exposição, a animação. E isso a desmaterializa, a dispersa. O *Google Cultural Institute* não é mais *science fiction*. Coleções virtuais, visitantes desmaterializados. De que adianta continuar buscando a permanência?

Os otimistas hão de comemorar que a instituição faça tudo para evoluir, a fim de continuar conectada à sociedade a serviço da qual ela se coloca, mais que nunca. As ferramentas digitais abrem caminho para um museu presente em toda parte, o tempo todo. Isso também não é permanência? Num mundo em movimento em que algumas semanas bastam para tornar um aplicativo ultrapassado, o museu, para manter sua credibilidade, deve abrir caminho a cotoveladas e se adaptar. Mudar de pele, vestir o manto do efêmero para se infiltrar onde ninguém mais o esperava. Ele não está mais sozinho, não está mais isolado; é assistido em suas tarefas mais fundamentais – pesquisa, conservação, exposição, animação – por uma comunidade de usuários que faz renascer o ideal do museu participativo.

"A instabilidade é um trunfo do museu", nos dizia há pouco tempo Joaquim Pais de Brito, diretor do Museu Nacional de Etnologia de Lisboa.[501] De fato, essa instabilidade, quer ela seja provocada pela "concorrência" tecnológica, pela ascensão do setor privado, pelo desinteresse do setor público, pelas reclamações ou, pior, pela indiferença dos públicos, pela indigestão colecionista, essa instabilidade é provavelmente salutar quando obriga a instituição a se recolocar em

---

500. Comunicação no colóquio *Des collections pour dialoguer*, Liège, 2002.
501. Comunicação num seminário em Lisboa no quadro do mestrado em museologia da Université de Liège, março de 2014.

questão permanentemente. Devemos, nos dizia nosso colega, encarar a instabilidade como um elemento dinâmico, um processo reflexivo. Devemos nos interrogar, nos reposicionar, duvidar, ser conscientes. E convidar os visitantes, os usuários do museu a fazerem o mesmo; esta é a finalidade do museu.

O museu é uma *coisa pública*. Pode e deve ser discutido, debatido, defendido em praça pública. Os olhares que lançamos sobre essa "coisa" às vezes divergem, às vezes se cruzam. Com esta obra, tentamos apresentar e defender nosso olhar sobre o museu, nossa museologia. Trata-se de *uma* museologia; existem outras, que não fingimos ignorar. E nossa museologia, a exemplo do museu, é evolutiva, como o comprova esta nova edição, revista e ampliada.

BIBLIOGRAFIA GERAL

As referências que se seguem constituem uma seleção destinada a orientar os estudantes de museologia e qualquer pessoa interessada na disciplina. Não se trata de modo algum de uma bibliografia completa sobre o tema. Numerosas referências citadas em notas no corpo da obra não são retomadas aqui: consideramos que seu alcance limitado ou seu interesse específico não justificavam sua inserção nesta orientação bibliográfica. Além disso, privilegiamos o campo francófono, sem excluir as referências em inglês, às vezes em italiano ou em alemão, quando elas apresentam um interesse geral importante ou abordam questões pouco presentes na bibliografia francesa.

A maior parte das referências selecionadas é posterior a 1990. Encontrar-se-ão nas obras gerais citadas, e mais particularmente em *DEM, GHR, Il libro dei musei, Manuel de muséographie* e Poulot, referências mais antigas, seja a obras relativas à história dos museus, seja a trabalhos de museologia, alguns dos quais guardam grande interesse. Os dois volumes de *Vagues* constituem uma antologia dos textos mais importantes do movimento de renovação da museologia que se esboçou nos anos 1960.

Se esta bibliografia é seletiva, ela é também organizada: as referências são classificadas por temas, seguindo globalmente a ordem dos capítulos. Em alguns momentos, um comentário especifica o interesse da obra citada.

Abreviaturas

- *DEM* = DESVALLÉES, André; MAIRESSE, François (Ed.). *Dictionnaire encyclopédique de muséologie*. Paris: Armand Colin, 2011.
- *GHR* = RIVIÈRE, Georges Henri. *La muséologie selon Georges Henri Rivière*. Paris, 1989.
- *Il libro dei musei* = MOTTOLA MOLFINO, Alessandra. *Il libro dei musei*. Milão, 1991.
- *La révolution* = SCHIELE, Bernard; KOSTER, Emlyn H. (Ed.). *La révolution de la muséologie des sciences*. Vers les musées du XXIe siècle? 1998.
- *Manuel de muséographie* = DE BARY, Marie-Odile; TOBELEM, Jean-Michel (Ed.). *Manuel de muséographie*. Petit guide à l'usage des responsables de musée. Biarritz, 1998.
- *Musées. Gérer autrement* = TOBELEM, Jean-Michel (Ed.). *Musées. Gérer autrement*. Paris: La Documentation Française, 1996.
- Poulot = POULOT, Dominique. *Patrimoine et musées*. L'institution de la culture. Paris: Hachette, 2001.
- *Vagues 1* = DESVALLÉES, André (Ed.). *Vagues*. Une anthologie de la nouvelle muséologie, 1. Macon et Savigny-le-Temple, 1992.

Obras gerais e manuais

BALLE, Christine; POULOT, Dominique. *Musées en Europe, une mutation inachevée.* Paris: La Documentation Française, 2004.

BOYLAN, Patrick (Dir.). *Comment gérer un musée.* Manuel pratique. Paris: Icom; Unesco, 2006. Disponível em: <http://unesdoc.unesco.org/images/0014/001478/147854f. pdf>.

CHAUMIER, Serge; PORCEDDA, Aude (Dir.) *Musées et développement durable.* Paris: La Documentation Française, 2011.

CHOAY, Françoise. *L'allégorie du patrimoine.* Paris: Le Seuil, 1992.

CLAIR, Jean, *Paradoxe sur le conservateur.* Caen: L'Échoppe, 1988.

DAGOGNET, François. *Le musée sans fin.* Seyssel: Champ Vallon, 1984.

DE BARY, Marie-Odile; TOBELEM, Jean-Michel (Ed.). *Manuel de muséographie.* Petit guide à l'usage des responsables de musée. Biarritz: Séguier/Option Culture, 1998.

DELOCHE, Bernard. *Le musée virtuel.* Vers une éthique des nouvelles images. Paris: PUF, 2001.

____; MAIRESSE, François. *Pourquoi (ne pas) aller au musée.* Lyon: Aléas, 2008.

DESVALLÉES, André (Dir.). *Vagues.* Une anthologie de la nouvelle muséologie. Macon: éditions W; Savigny-le-Temple, M.N.E.S., 1992. v. I.

____ (Dir.). *Vagues.* Une anthologie de la nouvelle muséologie. Macon, éditions W; Savigny-le-Temple, M.N.E.S., 1994. v. II.

____; MAIRESSE, François (Ed.). *Dictionnaire encyclopédique de muséologie.* Paris: Armand Colin, 2011.

EDSON, Gary. *Museum ethics.* Londres; Nova York: Routledge, 1997.

____; DEAN, David. *The handbook for museums.* 2. ed. Londres; Nova York: Routledge, 1996.

FLEMING, David; PAINE, Crispin; RHODES, John (Ed.). *Social history in museums, a handbook for professionals.* Londres, 1993.

GOB André (Éd.), *Art & Fact,* n° 22, Musées: on rénove !, 2003.

____. *Le musée, une institution dépassée ?* Paris: Armand Colin, 2010.

GONSETH, Marc-Olivier; *Hainard,* Jacques; *Kaehr,* Roland (Ed.). *Le Musée cannibale.* Neuchâtel: MEN, 2002. (Coletânea de textos sobre o museu de etnografia, sobre a musealização dos objetos, sobre o fenômeno museal, sobre a alteridade.)

GORGUS, Nina. *Le magicien des vitrines.* Paris: Maison des Sciences de l'Homme, 2002. (Biografia de Georges Henri Rivière.)

MARIAUX, Pierre Alain (Dir.). *L'objet de la muséologie.* Neuchâtel: Institut d'Histoire de l'art et de Muséologie, 2005.

____ (Dir.). *Les lieux de la muséologie.* Berna: Peter Lang, 2007.

MEUNIER, Annick (Ed.). *La muséologie, champ de théories et de pratiques.* Quebec: PUQ, 2012.

MOTTOLA MOLFINO, Alessandra. *Il libro dei musei.* Milão: Allemandi, 1991.

NEWHOUSE, V. *Towards a new museum.* Nova York: The Monacelli Press, 1998.

NORA, Pierre (Dir.). *Les lieux de mémoire*. Paris: Gallimard, 1997. 3 v.

POULOT, Dominique. *Musée et muséologie*. Paris: La Découverte, 2005.

RIVIÈRE, Georges Henri. *La Muséologie selon Georges Henri Rivière*. Paris: Dunod, 1989.

SALLOIS, Jacques. *Les musées de France*. 3 ed. Paris: PUF, 2005. ("Que sais-je?")

THOMPSON, J. M. A. (Ed.). *The manual of curatorship*: a guide to museum practice. 2. ed. Londres: The Museums Association; Butterworths, 1992.

VAN MENSCH, Peter. Methodological museology or towards a theory of museum practice. In: NEWHOUSE, V. *Towards a new museum*. Nova York: The Monacelli Press, 1998.

WAIDACHER, Friedrich. *Handbuch der allgemeinen Museologie*. Viena: Böhlau, 1993.

História dos museus

Ver também *GHR* e *Il libro dei musei*, que oferecem uma exposição importante sobre a história dos museus.

BAZIN, Germain. *Le temps des musées*. Liège-Bruxelles: Desoer, 1967.

DAVENNE, Christine, *Modernité du cabinet de curiosités*, Paris: L'Harmattan, 2004.

DENON, Dominique Vivant. *L'oeil de Napoléon*. Catalogue de l'exposition au Musée du Louvre. Paris: RMN, 1999.

GEORGEL, Chantal (Dir.). *La jeunesse des musées*: les musées de France au XIXe siècle. Paris: RMN, 1994.

GOB, André. *Des musées au-dessus de tout soupçon*. Paris: Armand Colin, 2007.

HASKELL, Francis. *Pour l'amour de l'antique*. La statuaire grécoromaine et le goût européen 1500-1900. Paris: Hachette, 1988. [ed. original, 1981].

_____. *Le musée éphémère*. Les maîtres anciens et l'essor des expositions. Paris: Gallimard, 2002. [ed. original, 2000].

HUDSON, Kenneth. *A social history of museums*. Londres: MacMillan, 1975.

_____. *Museums of influence*: pioneers of the last 200 years. Cambridge: Cambridge University Press, 1987.

MAIRESSE, François (Dir.). *Le musée, temple spectaculaire*. Une histoire du projet muséal. Lyon: PUL, 2002.

_____. *L'extraordinaire jardin de la mémoire*. Morlanwelz: Musée royal de Mariemont, 2004.

MARTIN, Pierre; MONCOND'HUY, Dominique (Dir.). *Curiosité et cabinets de curiosités*. s.l.: Atlande, 2004.

POMMIER, Édouard. Le problème du musée à la veille de la Révolution. *Les Cahiers du Musée Girodet*, n. 1, 1989.

_____ (Dir.). *Les musées en Europe à la veille de l'ouverture du Louvre* (Actes du colloque organisé par le Service culturel du musée du Louvre à l'occasion de la commémoration du bicentenaire de l'ouverture du Louvre les 3, 4 et 5 juin 1993). Paris: Klincksieck, 1989.

POULOT, Dominique. Bilan et perspectives pour une histoire culturelle des musées. *Publics & Musées*, n. 2, p. 125-147, 1992.
____. *Musée, nation, patrimoine*. 1789-1815. Paris: Gallimard, 1997.
____. *Patrimoine et musées*. L'institution de la culture. Paris: Hachette, 2001.
____. *Une histoire des musées de France*. XVIIIe-XXe siècle. Paris: La Découverte, 2008. [1. ed.: 2005]
____; CEREZALES, Nathalie (Dir.). *Goûts privés et enjeux publics dans la patrimonialisation*. XVIIIe-XIXe. (Histo.art – 4). Paris: Publications de la Sorbonne, 2012.
SCHAER, Roland. *L'invention des musées*. Paris: Découvertes Gallimard; RMN, 1993.

Museologias especializadas

ABOUDRAR, Bruno-Nassim. *Nous n'irons plus au musée*. Paris: Aubier, 2000. (Ensaio sobre o museus de arte e sobre a recepção da arte no museu.)
BARATAY, Éric; HARDOUIN-FUGIER, Élisabeth. *Zoos*. Histoire des jardins zoologiques en Occident (XVIe-XXe siècles). Paris: La Découverte, 1998.
BERGERON, Yves (Dir.). *Musées et muséologie, nouvelles frontières*. Essais sur les tendances. Montreal: MCQ; SMQ, 2005.
CHAUMIER, Serge. *Des musées en quête d'identité*: écomusée *versus* technomusée. Paris: L'Harmattan, 2003.
____; JACOBI, Daniel (Dir.). *Exposer des idées*. Du musée au centre d'interprétation. Paris: Complicités, 2009.
CHEVALLIER, Denis (Dir.). *Métamorphoses des musées de société*. Com a colaboração de Aude Fanlo. Paris: La Documentation Française, 2013.
COLIN-FROMONT, Cécile; LACROIX, Jean-Louis (Dir.). *Muséums en rénovation*. Les sciences de la Terre et l'anatomie comparée face aux publics. Paris: MNHN; Dijon: Ocim, 2005.
DAVALLON, Jean; GRANDMONT, Gérald; SCHIELE, Bernard. *L'Environnement entre au musée*. Lyon: PUL; Quebec: Musée de la Civilisation, 1992.
DAVIS, Peter. *Ecomuseums, a sense of place*. Londres: Continuum, 1999.
DUBUC, Élise; TURGEON, Laurier (Dir.). Musées et premières nations. *Anthropologie et sociétés*, v. 28, n. 2, 2004.
ÉCOMUSÉES et musées de société pour quoi faire? Actes du Colloque, FEMS, Besançon, 2002.
JOLY, Marie-Hélène; COMPÈRE-MOREL, Thomas (Dir.). *Des musées d'histoire pour l'avenir*. Paris: Noêsis, 1978. (Atas de um colóquio realizado no Historial de Péronne sobre a renovação dos museus de história.)
KAVANAGH, Gaynor; FROSTICK, Élizabeth (Ed.). *Making city histories in museums*. Londres; Washington: Leicester University Press, 1998.
KRUPA, Alain-Gérard; BAUGNIET, Janou (Dir.). *Des collections pour dialoguer*. Musée, identité, modernité. Actes du colloque international de Liège – 20 novembre 2001. Liège: Musée de la Vie wallonne, 2002.

L'ESTOILE, Benoît de. *Le goût des autres.* De l'exposition coloniale aux arts premiers. Paris: Flammarion, 2007.

MUSÉE NATIONAL DES ARTS ET TRADITIONS POPULAIRES. *Muséologie et ethnologie.* Paris: RMN, 1987. (Notes et Documents des Musées de France, 16) (Coletânea de textos de 18 autores, curadores e pesquisadores em torno dos museus de etnologia francesa.)

NAUWELAERTS, Mandy (Ed.). *De toekomst van het verleden.* The Future of the Past. Reflections on History, Urbanity and Museums. Anvers, 1999 (18 artigos em torno do conceito de museu da cidade; todos os textos estão traduzidos para o inglês).

PELLEGRINI, Béatrice (Dir.). *Sciences au musée, sciences nomades.* Paris; Genebra: Georg, 2003.

RASSE, Paul. *Techniques et cultures au musée.* Enjeux, ingéniérie et communication des musées de société. Com a participação de Éric Necker. Lyon: PUL, 1997.

REMUS. Remus: La muséologie des sciences et des techniques. *Actes du colloque des 12 et 13 décembre 1991 au Palais de la Découverte.* Paris; Dijon: Ocim, 1991.

SCHIELE, Bernard (Ed.). *Faire voir, faire savoir:* la muséologie scientifi que au présent. Quebec: Musée de la Civilisation, 1989.

_____; KOSTER, Emlyn H. (Ed.). *La révolution de la muséologie des sciences.* Vers les musées du xxie siècle? Lyon: PUL; Sainte-Foy; Montreal: Éditions Multimondes, 1998. (Obra fundamental para a renovação da prática museológica e cujo alcance ultrapassa amplamente o campo dos museus de ciências.)

_____; _____ (Ed.). *Science centers for this century.* Sainte-Foy: MultiMondes, 2000. (Edição em inglês, revista e aumentada, do anterior.)

SCHROEDER-GUDEHUS, Brigitte (Dir.). *La société industrielle et ses musées.* Demande sociale et choix politiques 1890-1990. Paris: Éditions des Archives Contemporaines. 1992.

SEROTA, Nicholas. *Experience or interpretation.* The dilemma of museums of modern art. Londres: Thames & Hudson, 2000.

VANDER GUCHT, Daniel. *L'art contemporain au miroir du musée.* Bruxelas: La Lettre Volée, 1998.

WALSH, Kevin. *The representation of the past.* Museums and heritage in the post--modern world. Londres; Nova York: Routledge, 1992.

Definição, tipologia e funções dos museus

ADOTEVI, Stanislas. Le musée dans les systèmes éducatifs et culturels contemporains. *Actes de la 9ᵉ Conférence générale de l'Icom.* Grenoble, 1971. p. 19-30. (Texto republicado sob o título "Le musée, inversion de la vie", em *Vagues*, n. 1, p. 119-138.)

BATTESTI, Jacques (Dir.). *Que reste-t-il du présent?* Collecter le contemporain dans les musées de société. s.l.: Le Festin, 2012.

DAVALLON, Jean. Le musée est-il vraiment un média? *Publics & Musées*, n. 2, p. 99-123, 1992.

DEOTTE, Jean-Louis, *Le musée, l'origine de l'esthétique*. Paris: L'Harmattan, 1993.

GAUGUE, Anne. *Les États africains et leurs musées*. La mise en scène de la nation. Paris: L'Harmattan, 1999.

MAIRESSE, François. *Missions et evaluation des musées*. Une enquête à Bruxelles et en Wallonie. Paris: L'Harmattan, 2004.

____; DESVALLEES, André (Dir.). *Vers une redéfinition du musée?* Paris: L'Harmattan, 2007.

MUSÉE, nation après les colonies. *Ethnologie Française*, 1999/3.

PROJET scientifique et culturel du MuCEM, s.l.n.d. Marseille: MuCEM, 2012.

SAUTY, François. *Écomusées et musées de société au service du développement local, utopie ou réalité?* Lempdes: Source, 2001.

TOBELEM, Jean-Michel (Dir.). *Politique et musées*. Paris: L'Harmattan, 2001.

Público

ALLAIRE, A. *Études comparatives des publics du Musée de la Civilisation*. Quebec: Service de la Recherche du Musée de la Civilisation, 1990.

BALLÉ, Catherine. *Publics et projets culturels*. Un enjeu des musées en Europe. Paris: L'Harmattan, 2000.

BOURDIEU, Pierre; DARBEL, Alain. *L'amour de l'art*. Les musées d'art européens et leur public. 2. ed. Paris: Minuit, 1969.

DUFRESNE-TASSÉ, Colette (Ed.). *Évaluation et éducation muséale*: nouvelles tendances. Montreal: Icom-Ceca, 1998.

____ (Dir.). *Diversité culturelle, distance et apprentissage*. Montreal: Icom-Ceca, 2000.

EIDELMAN, Jacqueline. Qui freqüente les musées à Paris Une sociographie des publics des musées de France. *Publics & Musées*, n. 2, p. 19-47, 1992.

____; ROUSTAN Mélanie; MARIANI-DUCRAY Francine. *La place des publics*. De l'usage des études et recherches par les musées. Paris: La Documentation Française, 2008.

LE MAREC, Joëlle. *Publics et musée, la confi ance éprouvée*. Paris: L'Harmattan, 2007.

MAIRESSE, François. *Le droit d'entrer au musée*. Bruxelas: Labor, 2005. (Quartier Libre).

MIRONER, Lucien. *Cent musées à la rencontre du public*. Cabestany: France Édition, 2001.

SCHIELE, Bernard. L'invention simultanée du visiteur et de l'exposition. *Publics & Musées*, n. 2, p. 71-97, 1992.

SOLIMA, Ludovico. *Il publico dei musei. Indagine sulla communicazione nei musei statali italiani*. Rome: Gangemi Editore, 2000.

VÉRON, Eliseo; LEVASSEUR, Martine. *Ethnographie de l'exposition*: l'espace, le corps, le sens. Paris: Centre Georges Pompidou, 1983.

A exposição

BENAITEAU, Carole; BENAITEAU, Marion; BERTHON, Olivia; LEMONNIER, Anne. *Concevoir et réaliser une exposition*. Les métiers, les méthodes. Paris: Eyrolles, 2012.

BERGERON, Yves; DUBÉ, Philippe (Ed.). *Mémoire de Mémoires*. Étude de l'exposition inaugurale du Musée de la Civilisation. Quebec: Presses de l'Université Laval, 2009.

BLAIS, Andrée (Dir.). *L'Écrit dans le média exposition*. Quebec: Musée de la Civilisation; Montreal: Société des Musées Québécois, 1993.

CHAUMIER, Serge. *Traité d'expologie*. Les écritures de l'exposition. Paris: La Documentation Française, 2012.

_____; LEVILLAIN, Agnès. Qu'est-ce qu'un muséographe? *La Lettre de l'Ocim*, n. 107, p. 13-18, set./out. 2006.

DAVALLON, Jean (Ed.). *Claquemurer, pour ainsi dire, tout l'univers*: la mise en exposition. Paris: Centre Georges Pompidou, 1986.

_____ (Dir.). *L'exposition à l'oeuvre*. Stratégie de communication et médiation symbolique. Paris: L'Harmattan, 1999. (Coletânea de textos escritos entre 1983 e 1998 que explora a teoria da exposição como meio de comunicação e determina suas especificidades.)

_____; LE MAREC, Joëlle. Exposition, représentation et communication. *Recherches en Communication*, n. 4, p. 15-36, 1995.

GLICENSTEIN, Jérôme. *L'art*: une histoire d'expositions. Paris: PUF, 2009.

HOOPER-GREENHILL, Eilean (Dir.). *Museum, media, message*. Londres; Nova York: Routledge, 1995.

JEUDY, Henri-Pierre (Dir.). *Exposer. Exhiber*. Paris: Éditions de La Villette, 1995.

KAVANAGH, Gaynor (Ed.). *Museum languages*: objects and texts. Leicester: Leicester University Press, 1991.

L'EXPOSITION, un média? Dossier. *Médiamorphoses*, n. 9, nov. 2003.

LE JORT, François (Dir.). *Projet d'exposition*. Guide des bonnes pratiques. s.l., 2014. Disponível em: <www.scenographes.fr>.

MERLEAU-PONTY, Claire; EZRATI, Jean-Jacques. *L'exposition, théorie et pratique*. Paris: L'Harmattan, 2005.

MONTPETIT, Raymond. Une logique d'exposition populaire: les images de la muséographie analogique. *Publics & Musées*, n. 9, p. 55-100, 1996.

SCHÄRER, Martin. La relation homme-objet exposée: théorie et pratique d'une expérience muséologique. *Publics & Musées*, n. 15, p. 31-43, 1999. (Artigo importante sobre o estatuto do objeto de museu.)

SZEEMANN, Harald. *Les expositions*. Bruxelas: La Lettre Volée, 1996.

Avaliação

DAIGNEAU, Lucie. *L'évaluation muséale.* Savoir et savoir-faire. Quebec: PUQ, 2011.

LE MAREC, Joëlle. Évaluation, marketing et muséologie. Com a colaboração de Sophie Deshayes. *Publics & Musées,* n. 11-12, p. 165-191, 1997.

SHETTEL, Harris; BITGOOD, Stephen. Les pratiques de l'évaluation des expositions: quelques études de cas. *Publics & Musées,* n. 4, p. 9-25, 1994.

TAYLOR, Samuel. *Essayer, modifier, comment améliorer des éléments d'exposition avec l'évaluation formative.* Dijon: Ocim, 1998. (Traduzido do inglês; adaptação e introdução da edição francesa, Daniel Jacobi e Joëlle Le Marec.).

Patrimônio

ASKERUD, Pernille; CLÉMENT, Étienne. *Preventing the illicit traffic in cultural property.* Paris: Unesco, 1997.

AUDRERIE, Dominique. *Questions sur le patrimoine.* Bordeaux: Confluences, 2003.

DAVALLON Jean. *Le don du patrimoine.* Une approche communicationnelle de la patrimonialisation. Paris: Hermès-Lavoisier, 2006.

DEBARY, Octave; TURGEON, Laurier (Dir.). *Objets & mémoires.* Paris; Quebec: Maison des Sciences de L'homme; Presses de l'Université Laval, 2007.

LE PATRIMOINE culturel immatériel. Lês enjeux, les problématiques, les pratiques. 2004, *Internationale de L'imaginaire,* nouvelle série, n. 17, Babel, Maison des cultures du monde, 2004.

RECHT, Roland. *Penser le patrimoine.* Paris: Hazan, 1999.

Conservação

BERGERON, André (Ed.). *L'éclairage dans les institutions muséales.* Quebec: Musée de la Civilisation; Montreal: Société des Musées Québécois, 1992.

BRANDI, Cesare. *Théorie de la restauration.* Paris: Allia, 2001. (1. ed. em italiano 1963).

CENTRE HISTORIQUE MINIER DE LEWARDE. La conservation du patrimoine technique et industriel. *Actes du Colloque National organisé par le Centre Historique Minier de Lewarde,* 6, 7 e 8 mar. 2002.

COPPENS, Marguerite (Dir.). *Vademecum du surveillant ou de l'agent de gardiennage de musée.* Bruxelas: Icom-Belgique, 2002.

EZRATI, Jean-Jacques. *Manuel d'éclairage muséographique.* 2. ed. Dijon: Ocim, 1999.

____. *Théorie, techniques et technologie de l'éclairage muséographique.* Paris: AS Scéno +, 2002.

GARCIA-GOMEZ, Isabel. *Le soclage dans l'exposition.* Dijon: Ocim, 2011.

GUIDE interactif de conservation préventive. Site na internet do Service du Patrimoine culturel du Ministère de la Communauté Française de Belgique: <www.conservationpreventive.be>.

GUILLEMARD, Denis; LAROQUE, Claude. *Manuel de conservation préventive*. Gestion et contrôle des collections. 2. ed. Dijon: Ocim, 1999.

HATCHFIELD, Pamela. *Pollutants in the museum environment*. Londres: Archetypes, 2002.

ILLES, Véronique. *Guide de manipulation des collections*. Com a colaboração de Derion Brigitte. Paris: Somogy, 2004.

KAIRIS, Pierre-Yves; SARRAZIN, Béatrice; TRÉMOLIÈRES, François (Dir.). *La restauration des peintures et des sculptures*. Connaissance et reconnaissance de l'oeuvre. Paris: Armand Colin, 2012.

KLEITZ, Marie-Odile. Les degradations biologiques: insectes et moisissures. Prévention et traitements. In: DE BARY, Marie-Odile; TOBELEM, Jean-Michel (Ed.). *Manuel de muséographie*. Petit guide à l'usage des responsables de musée. Biarritz: Séguier/Option Culture, 1998. p. 143-178.

LA CONSERVATION préventive. *Actes du 3ᵉ Colloque International de l'Association des Restaurateurs d'Art et d'Archéologie de Formation Universitaire*. Paris: Araafu, 1992.

LES RÉSERVES dans les musées. *Actes du colloque international*, Paris, 19-20 set. 1994.

LEVILLAIN, Agnès; MAIROT, Philippe (Dir.). *La conservation preventive des collections*. Fiches pratiques à l'usage des personnels des musées. Dijon: Ocim; Musées des Techniques et Cultures Comtoises, 2002.

MASSY, Laurence. *Le vol d'oeuvres d'art*. Une criminalité méconnue. Bruxelas: Bruylant, 2000.

MOHEN, Jean-Pierre. *Les sciences du patrimoine*. Identifier, conserver, restaurer. Paris: Odile Jacob, 1999.

MUSÉOFICHES de la Direction du Patrimoine. Secteur musées, Ministère de la Culture et de la Communication: <www.culturecommunication.gouv.fr/Disciplines-secteurs/Musees/Documentation/Museofiches>.

NOTES et Bulletins techniques de l'Institut canadien de conservation (ICC). Disponível em: <www.cciicc.ge.ca>.

PRÉSERV'ART. Base de dados do Centre de Conservation du Québec sobre os produtos e os equipementos utilizados no campo da conservação preventiva. Disponível em: <http://preservart.ccq.mcccf.gouv.qc.ca>.

PRÉSERVER les objets de son patrimoine, Précis de conservation préventive. SFIIC (seção francesa do Institut international de Conservation). Sprimont: Mardaga, 2001.

ROY, A.; SMITH, P. (Dir.). *Preventive conservation, practice, theory and research*. ICC Congress Proceedings. Ottawa: ICC, 1994.

STOLOW, N. *Conservation and exhibitions packing, transport, storage and environmental considerations*. Londres: Butterworth, 1987.

VADE-MECUM de la conservation préventive. Département de Conservation préventive du Centre de recherche et de restauration des musées de France (C2RMF), 2006. Disponível em: <www.c2rmf.fr/sites/c2rmf.fr/fi les/vade_mecum_conservprev.pdf>.

Animação, educação, ação cultural

ALLART, M.; BOUCHER, S. *Éduquer au musée*. Un modèle théorique de pédagogie muséale. Montreal: Hurtubise, 1999.

BECK, L.; CABLE, T. *Interpretation for the 21th century*: fifteen guiding principles for interpreting nature and culture. Champaign Il.: Sagamore Publications, 1998.

BLAIS, Jean-Marc (Ed.). *The languages of live interpretation*: animation in museums. Hull: Canadian Museum of Civilisation, 1997.

BUFFET, Françoise (Dir.). *Entre école et musée, le partenariat culturel d'éducation*. Lyon: PUL, 1998.

CAILLET, Élisabeth. *À l'approche du musée, la médiation culturelle*. CoM a colaboração de Évelyne Lehalle. Lyon: PUL, 1995.

CHAUMIER, Serge; MAIRESSE, François. *La médiation culturelle*. Paris: Armand Colin, 2013.

GALARD, Jean (Dir.). Le regard instruit. Action éducative et action culturelle dans les musées. *Actes du Colloque* organisé au musée du Louvre le 16 avril 1999. Paris: La Documentation Française, 2000.

GUICHARD, Jack. Adapter la muséologie aux enfants. In: SCHIELE, Bernard; KOSTER, Emlyn H. (Ed.). *La révolution de la muséologie des sciences*. Vers les musées du xxie siècle? Lyon: PUL; Sainte-Foy; Montreal: Éditions Multimondes, 1998. p. 207-247.

HOOPER-GREENHILL, Eilean (Ed.). *The educational role of the museum*. Londres; Nova York: Routledge, 1996.

L'ÉCOLE, le musée: croisement des savoirs? *Actes du Colloque*, 1995, Lille, Palais des Beaux-Arts.

MALONEY, Laura; HUGHES, Catherine (Ed.). *Case studies in museum, zoo and aquarium theater*. Washington: American Association of Museums, 1999. (Professional Practice Series).

TILDEN, Freeman. *Interpreting our heritage*. 3. ed. Chapel Hill: The University of North Carolina Press, 1977. (Obra fundadora da interpretação cultural.)

Novas tecnologias

ASTIC, Isabelle; AUNIS, Coline. Plug: les secrets du musée. Recherche d'une médiation entre virtualité et réalité. *La Lettre de l'Ocim*, n. 125, p. 5-11, 2009.

Bibliografia geral

ARNAUD, Michel. Apprendre par lês réseaux sociaux, qu'est-ce qui change? *Études de Communication*, n. 38, p. 101-115, 2012.

AZOULAY, Gérard. Des dispositifs interactifs sur l'Espace dans les musées. *La Lettre de l'Ocim*, n. 117, p. 27-33, 2008.

BUYDENS, Mireille. *Droits d'auteur et internet*. Problèmes et solutions pour la création d'une base de données en ligne contenant des images et/ou du texte. Bruxelas: SSTC, 1998.

DUFRÊNE, Bernadette; LHADJADENE, Madjid; BRUCKMANN, Denis (Ed.). *Numérisation du patrimoine*. Quelles médiations? Quels accès? Quelles cultures? Paris: Hermann, 2013.

GENTÈS, Annie; JUTANT, Camille. Nouveaux médias au musée: le visiteur équipé. *Culture et Musées*, n. 19, p. 76-91.

JAUMAIN, Serge. *Les musées en mouvement*. Nouvelles conceptions, nouveaux publics (Belgique, Canada). Bruxelas: Éditions de l'Université de Bruxelles, 2000.

KATZ, James; LABAR, Wayne; LYNCH, Ellen (Ed.). *Creativity and technology*. Social media, mobiles and museums. Museums, 2011.

KERNEIS, Jacques; COUTANT, Alexandre; ASSOGBA, Henri; STENGER, Thomas. Les matifs numériques profitent-ils de la convergence? Constat nuancés et pistes de réflexions pour les éducateurs. *Études de Communication*, n. 38, p. 53-68, 2012.

KRÄUTER, Hadwig (Ed.). *New strategies for communication in museums* (Proceedings of ICOM/CECA'96). Viena: WUV-Universitätsverlag, 1997.

LE MAREC, Joëlle. Le rôle des technologies dans les relations entre institutions et les publics: peut-on (vraiment) innover en matière de communication? *Ichim*, n. 3, set. 2003.

LES NOUVELLES de l'Icom, n. 3, 2004.

MUSÉOLOGIE et nouvelles technologies. N. conjunto de *La Lettre de l'Ocim*, n. 78 e *Musées*, v. 23, 2001.

TALLON, Loïc; WALKER, Kevin (Ed.). *Digital technologies and the museum experience*. Handheld guides and other medias. Lanham: Altamira Press, 2008.

VIGUÉ-CAMUS, Agnès. Une approche des usages et représentations des écrans multimédias dans leur contexte social de production *Publics & Musées*, n. 13, p. 43-65, 1998.

WELGER-BARBOZA, Corinne. *Du musée virtuel au musée médiathèque*. Lê patrimoine à l'ère du document numérique. Paris: L'Harmattan, 2001.

Formação em museologia

ALLARD, Michel; LEFEBVRE, Bernard (Dir.). *La formation en muséologie et en éducation muséale à travers le monde*. Montreal: Multimonde, 2001.

Arquitetura dos museus

Uma abundante bibliografia sobre a arquitetura dos museus poderá ser encontrada na obra de L. Basso Peressut.

ARCHITECTURE et musée. Actes du colloque organisé au Musée Royal de Mariemont les 15 et 16 janvier 1998. Tournai: La Renaissance du Livre, 2001.

ALLÉGRET, Laurence. *Musées*. Paris: Le Moniteur, 1987. t. 1.

_____. *Musées*. Paris: Le Moniteur, 1992. t. 2.

BASSO PERESSUT, Luca. *Musées. Architectures 1990-2000*. Milão: Motta; Arles: Actes Sud, 1999. (Obra notável, com uma excelente introdução histórica sobre a arquitetura dos museus desde o século XVIII.)

HAUTECOEUR Louis. *Architecture et aménagement des musées*. Introdução de André Desvalées. Paris: RMN, 1993. [1. ed. 1934].

HENDERSON, J. *Museum architecture*. Londres: Michael Beazley, 1998.

MONTANER Josep Maria. 1990, *Nouveaux musées*. Espaces pour l'art et la culture. Tradução para o francês de Valérie Bergeron. Barcelona: Gustavo Gili, 1990.

Gestão

BAYART, Denis; BENGHOZI, Pierre-Jean. *Le tournant commercial des musées en France et à l'étranger*. Paris: La Documentation Française, 1993.

BENHAMOU, Françoise. *L'économie de la culture*. Paris: La Découverte, 1996.

BYRNE-SUTTON, Q.; MARIÉTHOZ, F.; RENOLD, M.-A. (Ed.). *La dation d'oeuvres d'art en paiement d'impôts*. Zurique: 1996.

CHATELAIN, Jean. *Administration et gestion des musée*: textes et documents. Paris: La Documentation Française, 1984.

_____. (Dir.). *Droit et administration des musées*. Paris: La Documentation Française; École du Louvre, 1993.

CHATELAIN, Stéphanie. *Le controle de gestion dans les musées*. Paris: Economica, 1998.

FRIER, Pierre-Louis. *Droit du patrimoine culturel*. Paris: PUF, 1997.

GOEDLEVEN, Edgard. *Le fisc et le patrimoine culturel*. Liège: Mardaga, 1988.

ICOM-DEUTSCHLAND. *Museen unter Rentabilitätsdruck*. Engpässe – Sackgasse – Auswege. Munique: Icom-Deutschland, 1998.

KUYVENHOVEN, Fransje (Ed.). *Topics*. Developments in Dutch museum policy. Amsterdã: Instituut Collectie Nederland, 2001.

MAIRESSE, François. *Le muse hybride*. Paris: La Documentation Française, 2010.

MOULIN, Raymonde. *L'artiste, l'institution et le marché*. 2. ed. Paris: Flammarion, 1997.

QUENTIN, Christine (Ed.). *Musées & tourisme*. Clefs pour un partenariat. Paris: Direction des Musées de France, 1994.

RAPPORT sur la protection des trésors nationaux et les moyens d'acquisition d'oeuvres d'art par l'État. Paris: La Documentation Française, 2001.

TOBELEM, Jean-Michel. *Musées et culture, le fi nancement à l'américaine*. Macon: Éditions W; Savigny-le-Temple; MNES, 1990.

____ (Dir.). *Musées*. Gérer autrement. Paris: La Documentation Française, 1996.

____. *Le nouvel âge des musées*. Les institutions culturelles au défi de la gestion. 2. ed. Paris: Armand Colin, 2010. (1. ed. 2005).

Museologia norte-americana

ARPIN, Roland. *Des musées pour aujourd'hui*. Quebec: Musée de la Civilisation, 1997.

BERGERON Yves. *Un patrimoine commun*: les musées du Séminaire de Québec et de l'Université Laval. Quebec: Musée de la Civilisation, 2002.

____. La revolution du réseau des musées Québécois. *Musées. 50ᵉ anniversaire de la SMQ*, Montréal, Société des Musées Québécois; *Musées*, v. 28, p. 14-29, 2009.

COTTON DANA, John. *The new museum, by John Cotton Dana*. Woodstock, Vermont: ElmTree Press, 1917.

GAGNON, Hervé. *Divertir et instruire*. Les musées de Montréal au XIXᵉ siècle. Sherbrooke: GGC, 1999.

LORD, Gail Dexter; BARRY, Lord. *The manual of museum management*. Altima Press, 2009.

MACDONALD, George F.; STEPHEN, Alsford. *Un musée pour le village global*. Hull: Musée Canadien des Civilisations, 1989.

MONTPETIT, Raymond. Musées et muséologie: un champ de recherche dynamique en émergence. In: LEMIEUX, Denise (Dir.). *Traité de la culture*. Quebec: Éditions de l'IQRC; Les Presses de l'Université de Laval, 2002. p. 81-95.

PICHÉ, Claude-Armand. *La matière du passé*. Genèse, discours et professionnalisation des musées d'histoire au Québec. Sillery: Septentrion, 2012.

SCHWARZER, Marjorie. *Riches, rivals & radicals*. 100 years of museums in America. American Association of Museums, 2006.

SIMARD, Cyril (Dir.). *Des métiers... de la tradition à la création*. Anthologie en faveur d'un patrimoine qui gagne sa vie. Quebec: Les Éditions GID, 2003.

TEATHER, J. Lynne. *The Royal Ontario Museum*: a prehistory, 1830-1914. Toronto: Canada University Press, 2005.

TURGEON, Laurier; DUBUC, Élise (Dir.). Musées et premières nations. *Anthropologie et Sociétés*, v. 28, n. 2, 2004.

VIEL, Annette; DE GUISE, Céline (Dir.). *Muséo-séduction. Muséo-réflexion*. Quebec: Musée de la Civilisation; Environnement Canada Service des Parcs, 1992.

VODDEN, Christy; IAN, Dyck. *Un monde en soi*. 150 ans d'histoire du Musée Canadien des Civilisations. Gatineau: Musée Canadien des Civilisations, 2006. (O Musée Canadien des Civilisations se tornou em 2013 o Musée Canadien de l'Histoire.)

Publicações periódicas

Museum International é a revista de museologia publicada pela Unesco para o Icom em três línguas (francês, inglês, espanhol). Ela é editada duas vezes por ano. Alguns números duplos são edições temáticas.

Icom News (trimestral) e *Icom Studies* (anual) são os órgãos do Icom, além de outras publicações editadas pelos comitês nacionais e internacionais.

A revista *Publics & Musées*, criada em 1992, era a principal publicação francófona na área da museologia. Salvo exceção, cada edição era dedicada a uma temática particular; artigos alheios ao tema completam às vezes o volume. *Publics & Musées* deixou de ser publicada. A mesma equipe editorial lançou uma nova revista, com a mesma orientação, sob o título *Culture & Musées*, agora publicada pelas edições Actes Sud.

La Lettre de l'Ocim é publicada bimestralmente pelo Office de Coopération et d'Information Muséographiques (Ocim) em Dijon. Ainda que diga respeito mais particularmente aos museus das ciências e das técnicas, ela se dirige a todos os profissionais interessados na museologia e na museografia. Ela publica artigos de fundo, notícias, relatórios de publicações.

Musées et Collections Publiques de France é uma rervista trimestrial publicada pela Association des conservateurs de France. Seus artigos tratam prioritariamente do estudo e da gestão das coleções, mas encontramos também artigos relativos a outros aspectos da museologia e da museografia: públicos, montagem das exposições etc.

Vie des Musées é publicada anualmente pelo ramo francófono do Icom-Bélgica. Cada número é dedicado a um tema.

Muse é a revista da Association des Musées Canadiens.

Curator é a principal revista americana de museologia, que tem como editor científico a California Academy of Sciences. Publicação trimestral editada pela Altamira Press.

Museums Journal é publicado pela Museum Association britânica.

L'invitation au Musée. Courrier du Patrimoine Culturel de la Communauté Française é uma revista trimestral publicada desde 2003 pelo Ministère de la Communauté Française Wallonie-Bruxelles.

Muséologies. Les Cahiers d'études Supérieures. Pela difusão dos resultados de trabalhos de pesquisa inéditos de estudantes que concluem seus cursos de mestrado e doutorado, pela realização de entrevistas com atores importantes da museologia e pela sequência de acontecimentos importantes na área, *Muséologies* contribui para a criação de uma sinergia entre o ambiente universitário e museal.

Bibliografia geral

CeROArt. Revista eletrônica que trata da conservação, exposição, restauração de objetos de arte (dois números temáticos por ano). Disponível em: <http://ceroart.revues.org/>.

Thema. La revue des Musées de la Civilisation. Revista internacional e interdisciplinar da internet editada pelo Musée de la Civilisation em Quebec cujo primeiro número saiu em março de 2014. Disponível em: <http://thema.mcq.org>.

Relação de museus e recursos profissionais

ICOM. Disponível em: <http://icom.museum>.
O site na internet contém informações institucionais (estatutos, agenda, comunicados à imprensa), o código de deontologia, declarações e relatórios diversos, acesso aos recursos na internet dos comitês e grupos de trabalho, normas (conservação e documentação), publicações online.

Office de Coopération et d'Information Muséographiques. Disponível em: <www.ocim.fr>.
O Ocim é um organismo público a serviço dos museus que põe à disposição dos profissionais e dos estudantes de documentação publicações e informações. O site põe à disposição vários recursos, entre eles um florilégio dos artigos da *Lettre de l'OCim* e um anuário dos fornecedores de equipamento museal e de prestadores de serviços.

Association des Musées Suisses. Disponível em: <www.vms-ams.ch>.

Fédération des Écomusées et Musées de Société. Disponível em: <http://fems.asso.fr/>.

Musées et Société en Wallonie. Disponível em: <www.msw.be>.

Les Musées en Wallonie. Disponível em: <www.lesmuseesenwallonie.be>.

Portail des Musées Bruxellois. Disponível em: <www.brusselsmuseums.be>.

Observatoire des Musées de la Société des Musées Québécois. Disponível em: <www.smq.qc.ca/>.

Association des Muséographes. Disponível em: <http://les-museographes.org>.

Association des Scénographes. Disponível em: <www.scenographes.fr>.

Association Française des Régisseurs d'Oeuvres d'Art. Disponível em: <www.afroa.fr>.

Association Générale des Conservateurs des Collections Publiques de France. Disponível em: <www.agccpf.com>.

ÍNDICE

Os nomes em itálico designam os museus.

A

abordagem cognitiva, 144
abordagem comunicacional, 145-46, 201
abordagem estética, 143
abordagem situacional, 144-45, 170
ação cultural, 16, 83, 85, 113-15, 153, 258-59, 277, 279-86, 332-33, 336, 341, 342
accrochage, 221, 244-45, 308
acesso à cultura, 114, 124, 127, 142, 167, 174, 196, 280, 332-33
acolhimento, espaço de, 65, 67, 68, 125-26, 279, 305, 306-7, 336
acolhimento do público, 82, 84, 113-14, 123, 130-31, 276, 279, 303, 305, 332-33, 336
administração, 326, 334-35, 336-37
adolescente, 90, 115, 160, 273, 291, 293-95
África, 45n, 47, 49, 58, 94, 104n, 110, 173, 217
Aicim, Bélgica, 222, 265-66
Alimentarium (Vevey), 29, 273, 330
Altes Museum (Berlim), 298-99
Ambras, castelo de, 37, 38
American Museum of Natural History (Nova York), 48
amigos dos museus, 130-31, 220, 295, 339
Amsterdams Historisch Museum (Amsterdã), 303
Anacostia Neighborhood Museum (Washington), 69
Angiviller, conde de, 42
animação cultural, *ver* ação cultural
animação pedagógica, *ver* serviço educativo
apresentação ecológica, 150, 170
aquisição, política de, 55-56, 72, 85, 90, 130-31, 153, 210-11, 215-18, 220, 247, 258-59, 261-62, 266, 331, 344
Arpin, Roland, 22-23, 333

arqueossítio, 72-73
arte contemporânea, museu de, 72, 75-76, 98, 129-30, 312-14, 316
arte das novas mídias, 185
arte primitiva, 58n, 88n
arte sonora, 143
artes decorativas (museu das), 59-62
Ashmole, lorde Elias, 39
Ashmolean Museum (Oxford), 32, 39-40
Ásia, 45n, 47, 49, 94, 104n, 109
associação sem fins lucrativos, 53, 55, 325, 327-28
atividades comerciais, 54, 279, 307, 320, 328, 331, 336, 340
ATP, *ver* Musée des Arts et Traditions Populaires
audioguia, 169, 177-79, 198, 283
auxílio à visita, 126

B

Baartman, Saartjie, 110
Bazin, Germain, 33
Beaubourg, ver Centre Georges Pompidou
Belvedere (Vaticano), 35, 41
Berry, Jean de, *ver* Jean, duque de Berry
bilheteria, 125, 183, 253, 305-7, 331, 336, 339
Bioscope (Ungersheim), 70, 320
Bliesbruck (Reinheim), *ver* Parque Arqueológico de Bliesbruck-Reinheim
Blockbuster, 148
Bois du Cazier (Charleroi), 77
Bonnefanten Museum (Maastricht), 250
Breitweiser, Stéphane, 250-51
British Gallery (Londres), 46
British Museum (Londres), 14, 40, 45, 48-49, 62, 109-10, 246, 298
Buffon, Antoine conde de, 41, 45n, 262-63

363

C

C2RMF, *ver* Centre de Recherche et de Restauration des Musées de France

café, 125, 279, 305-7, 310, 318, 331, 332, 336, 340

Camoc, 61

campo museal, 13, 30, 116

campos de batalha, musealização dos, 78, 172n, 178-79

Capart, Jean, 49, 81

CAPC Musée d'Art Contemporain (Bordeaux), 302, 313n

Capital Europeia da Cultura, 94, 118

Carlos I, rei da Inglaterra, 38

Castelo de Versalhes (Versalhes), 88n, 95, 315, 326

catalogação, 44, 49, 82, 211, 261-64

catálogo, 148, 162, 198-99, 260-62, 265-66, 271, 341

catálogo de exposição, 148, 198-99, 266

CD-ROM, 266

cego, 115, 124

celofane, 243

cenários reconstituídos, 145, 169-70, 173-76

cenografia (definição), 29-32

Centrale Montemartini (Roma), 312-15

Centre de Recherche et de Restauration des Musées de France (C2RMF), 49, 246

Centre Georges Pompidou — Beaubourg (Paris), 38, 50, 58, 64, 91, 118, 302, 309, 314, 326

Centre Interactif de la Pré-histoire (Saint-Cézaire), 184

centro de arte contemporânea, 61, 75-76, 86, 270, 313-14

centro de ciências, 61, 74-75, 86, 90

centro de interpretação, 16, 63, 67-68, 77, 79, 105-6, 277

centros de cultura científica, técnica e industrial (CCCTI), 86

chantier des collections, 214

Chaptal, 44

cimalhas, paredes, divisórias, 31, 137, 159, 177, 190-91, 244, 307-8

Cité des Enfants em La Villette (Paris), 75, 288

Cité des Sciences et de l'Industrie de La Villette (Paris), 51, 54, 74-75, 118, 183, 273, 288

Cité-Ciné, 174

Clemente XIV, papa, 39, 41

climatização, 232, 234, 236, 239-40, 309, 318

CNAM — Conservatoire National des Arts et Métiers (Musée des Arts et Métiers), 46, 269, 309-11

Coalbrookedale, ver Ironbridge Gorge Museum

cobrança de entrada, 128-29, 331

coisas reais, *ver* coisas verdadeiras

coisas verdadeiras (definição), 139-40

Colbert, Jean Baptiste, 39, 41

coleção, e museu, 54, 65-66, 99-103, 215-16, 262-64, 269-71, 328

colecionador, 21, 34-37, 38-39, 41, 83, 98-101, 108-10, 113n, 135, 152, 174, 216-17, 220, 250, 258, 325, 329-30

colecionismo, 19, 33-40, 65, 319

colônia, e descolonização, 49-50, 84n, 94, 104, 108, 218, 312

Comenius, Johannes, 32

comunicação, 26, 81-83, 134-35, 137-38, 333, 335

concorrência, 91, 116, 277

conservação (definição), 82, 210

conservação curativa (definição), 211-12

conservação preventiva (definição), 210-12, 221-22

Conservatoire des Ocres et Pigments (Roussillon), 342

consolidação dos vestígios arqueológicos, 73, 79, 218

Convenção de Genebra, 254

Convenção Internacional da Haia (1954), 254

Convenção Unidroit (1991), 109, 217

Coremans, Paul, 49

criança, 73-74, 89, 103, 115, 117, 123, 127, 130, 151, 158, 160, 179-80, 182, 196, 199-200, 272, 273, 278, 284-90, 291-93, 332, 340

Cristina, rainha da Suécia, 38

crítico (espírito), 40-41, 77-78, 82-83, 102, 167-68, 175, 257-58

crowdfunding, ver microdoação

Crypta Balbi (Roma), 102

Crystal Palace (Londres), 299

Culturespaces S.A., 331

D

dação, 100, 219, 258
Darby, Abraham, 73
Daubenton, 41, 263
deaccessioning, 209-10
"Declaração de Calgary", 55
deficiente, *ver* situação de deficiência
deficiente visual, 115, 196
democratização cultural, 56, 114, 127-29,
148, 174-75, 275, 280
Denon, Dominique Vivant, 44
deontologia, código do Icom de, 26, 100,
111, 209, 216, 321, 341
depósito, *ver* empréstimo
descentralização, 129, 324, 327
descoberta, 37, 68, 86, 92, 123, 142, 145-46,
156, 162, 180, 195n, 196, 199, 285
descolonização, *ver* colônia, e descolonização
desenvolvimento durável, 279, 318
dessacralização, 42, 111
dessecação, 232, 235
digitalização, 178-79, 267-68
diorama, 22, 172, 195
Direction des Musées de France (DMF),
120, 248n, 320
dispositivo (de exposição), 137-38, 141-46,
172
diversidade cultural, 120, 127, 275, 287
diversões, *ver* parque de diversões
doação, 98-102, 129, 130-34, 218-19, 220,
260, 339, 341, 343-44
Dom-und Diözesanmuseum (Trier), 195n,
316
Duprat, Antoine, 32

E

ecomuseu, 27, 50, 69-71, 92, 96, 131, 132-33,
328
Ecomuseu da Alsácia (Ungersheim), 70,
113n, 293, 320
*Ecomuseu da Comunidade Urbana
Le Creusot-Montceau-les-Mines* (Le
Creusot), 69-70, 96
Ecomuseu de Fourmies-Trélon (Fourmies-
Trélon), 132, 313n
Ecomuseu du Fier Monde (Montréal), 71, 96

Ecomuseu du Pays des Collines (Ellezelles), 71
economuseu, 22, 342
EDF — Electropolis (Mulhouse), 330
Édito Pacca, 108
Ekarv, método de, 166
Elgin marbles, 109-10
Elgin, lorde, 109-10
embalagem, 243-44
emoção, 77, 86, 123, 140, 145, 157, 158, 162,
174-75, 200, 288, 303
empréstimo, 98, 100-1, 159, 220, 262, 335, 341n
Ename (Ypres), 178
Encyclopédie, 15, 32, 40, 42, 167
Endowment Funds, *ver* fundos de dotação
ensino (de museologia), 15, 19, 27, 29, 338
entretenimento, 18, 20-21, 52, 127, 175
Escola de Brno, 27-28, 81
escolar, *ver* criança, adolescente
escolarização (des-, para-), 290-91
Escritório Internacional dos Museus, 26, 299
Escudo Azul, Comitê Internacional do, 26,
254
Espace Gallo-Romain (Ath), 238
espaços diferenciados, 157
espécime vivo, 66
espetacular museal, 51-52
espoliação, 44-45, 61, 254
estabelecimento público, 326-27
estilo (das exposições), 27, 190, 194
ética do museu, 83, 110, 216, 247
etnografia, *ver* museus de etnografia
Europeana, 267
Eurospace Center de Redu (Libramont), 292
evento, 52, 148, 275, 341
experiência de visita, 22, 72-73, 89, 123, 145,
156-57, 291-92
Exploratorium (San Francisco), 74
expografia (definição), 29, 31
expologia, 139
exposição (definição), 137-38
exposição de imersão, *ver* imersão
exposição evolutiva, 147
exposição itinerante, 148-49
exposição prefigurativa, 273
exposição sem obras, 143
exposição temporária, 146-49, 159, 213, 215,
220, 243, 260, 273, 279, 280-81, 284, 285,
307, 332, 339

exposição universal, 47, 173, 174, 299
exposição-espetáculo, 174-75
Exposition Permanente Hydraulique du Rhin (Fessenheim), 330
expôt (definição), 138, 139-40

F

família, visitas em, 115, 116, 199, 282
Ferdinando II, arquiduque da Áustria, 37
fibra óptica, 192, 193, 230, 232, 233
fidelização dos públicos, 127
filantropia, 329, 344
financiamento dos museus, 258, 323, 324, 338-44
Fine Arts Museum (Filadélfia), 298n
flexibilidade dos espaços, 307-8
Flick, Friedrich (coleção), 98
Fondation Cartier pour l'Art Contemporain (Paris), 58
Fondation Folon (La Hulpe), 329
Fontainebleau, castelo de, 36
fotometria, 224-25
Fourneau Saint-Michel, ver Musées Provinciaux *Luxembourgeois*
Frac, 270n
Francken, Frans, 36
Frederico II Hohenstaufen, imperador, 34n
frequência dos museus, 114-18, 127, 332-33
Fridericianum, ver Museum Fridericianum
Fries Museum (Leeuwarden), 63, 172
funções do museu, 13, 65, 66, 81-83, 84, 85-86, 209, 275, 305, 324
fundação, 54, 91, 101, 219, 327-31
Fundação Calouste Gulbenkian (Lisboa), 91, 329-30
Fundação Oriente (Lisboa), 330
fundos de dotação, 321
Futuroscope (Poitiers), 76-77, 174

G

gabinete, 36-38, 188, 261, 268, 298
gabinete de curiosidades, 37-38
Gabinete do Rei, 39
Galleria degli Uffizi (Florença), 36, 40, 311n
Gemälde Galerie (Dresden), 41
Gemäldegalerie, Kulturforum (Berlim), 302
Genebra, Convenção de, 254

Geological Survey of Canada, 20
Germanisches National Museum (Nuremberg), 46, 62, 298
gestão cultural, 51-52, 322, 332, 333, 343
Getty Center (Los Angeles), 51
Giovio, Paolo, 32
Gipsoteca Museo Canoviana (Possigno), 311n
Glenbow Museum (Calgary), 107
Glyptothek (Munique), 298, 301
Goethe, Johan W., 34
Grand Curtius (Liège), 46, 88
Grand Palais (Paris), 181, 183, 194
Grande Halle de La Villette (Paris), 174n
Grand-Hornu, ver MAC's
gratuidade, 120, 128-30
Grégoire, abade Henri, 42n, 44n, 46
Groninger Museum (Groningen), 303
Guggenheim Museum (Bilbao), 50, 51, 95, 302
Guggenheim Museum (Nova York), 50, 300-1
guia multimídia, 78-79, 153, 165, 179-80, 198
Gulbenkian, *ver* Fundação Calouste Gulbenkian

H

Haia, Convenção Internacional da, 254
Hamburger Bahnhof, ver Museum für Gegenwart am Hamburger Bahnhof
Haus der Geschichte (Bonn), 68, 86
Haussmann, barão, 60
Hawas, Fekhri, 110
Hessenhuis (Antuérpia), 313
Het Huis van Alijn (Gand), 135
hierarquia dos textos, 164-66
hierarquização das funções museais, 83-86, 305
história, *ver* museu de história
história dos museus, 14, 17, 30, 33-52
Historial de la Grande Guerre (Péronne), 58, 86, 186, 187, 290n, 337
Historisches Museum Luzern (Lucerna), 152, 180, 269
Historiska Museet (Estocolmo), 155
Hopmuseum (Poperinge), 197
Hours, Madeleine, 49, 253

Hoving, Thomas, 109
humanismo, 35

I

Icmah, 61
Icofom, 55, 272-73
Icom, 26-27, 49, 50, 53, 55-57, 69n, 81, 111, 121n, 131, 209n, 270, 272, 299n, 321, 341
identidade (e museu), 21, 103-8, 111, 280-81
iluminação natural, 42, 188, 193-94, 225-26, 308-9n
imersão, 145, 174-76
In Flanders Fields (Ypres), 186
inalienabilidade, 209-10, 322, 324
incêndio, riscos ligados ao, 215, 254, 255-56
Insel Hombroich (Düsseldorf), 126n, 152, 163, 235
insetos, riscos ligados aos, 153, 212, 214, 221, 241, 242-43
Instagram, 183
instituição museal, 56
instituição sem fins lucrativos, 54, 55, 319-22, 331, 345
Institut National du Patrimoine (INP), 338
Institut Royal des Sciences Naturelles de Belgique (Bruxelas), 58, 84, 181, 327n
Institut Royal du Patrimoine Artistique — IRPA (Bruxelas), 49, 246, 248-49
interatividade, 74, 84, 134-35, 146, 168, 177-78, 181-83, 283, 291, 292n, 295
internet, 120, 124-25, 130, 134-35, 180-81, 184, 263, 265, 266-67, 335
Interpol, 26, 217, 252
interpretação (do patrimônio), 67-68, 78-79, 277-78, 281-84
Inventário Geral dos Monumentos e das Riquezas Artísticas da França, 264
inventário, *ver* catalogação
Ironbridge Gorge Museum (Coalbrookedale), 73
IV, *ver* raios infravermelhos

J

Jabach, Jacob, 39
Janssen (dação), 100
jardim botânico, 45, 57, 259, 263
Jaucourt, cavaleiro de, 40, 42

Jean, duque de Berry, 34n
Jouyet-Lévy, *ver* Relatório Jouyet-Lévy
Jüdisches Museum (Berlim), 77, 86

K

K20, K21, ver *Kunstsammlung Nordrhein-Westfalen*
Kalyna (Edmonton), 71
Kew Gardens (Londres), 259
Kircher, Athanase, 39
Kolumba (Colônia), 163
Kunst Museet (Copenhague), 315-16
Kunstsammlung Nordrhein-Westfalen (Dusseldorf), 88, 311, 315n

L

La Fonderie (Bruxelas), 313
La Font de Saint-Yenne, marquês de, 41n
La Villette, *ver* Cité des Sciences et de l'Industrie de La Villette
Laboratoire des Musées de France (Paris), 49, 246, 253n
lâmpada fluorescente, 227-28, 231
lâmpada halógena, 228-9, 230, 231
lâmpada incandescente, 226-27, 231
lâmpada LED, 229-30, 231
Laocoonte, 35
Laténium (Neuchâtel), 118, 151, 237-38, 303
Le Corbusier, 300, 303
Le Magasin, Centre National d'Art Contemporain (Grenoble), 302
Le Paige, Gustavo, 111
LED, ver lâmpada LED
Lenoir, Alexandre, 43-44, 170n
Librarium (Bruxelas), 152
Lille 2004 Capital Européenne de la Culture, 118, 295
Lineu (Carl von Linnée), 41, 262-63
linguagem da exposição, 139, 272
línguas no museu, *ver* multilinguismo
locação de obras, 149, 322, 340
locação de salas, 340
loja, 54, 68, 125, 174, 279, 305-7, 318, 331, 332, 336, 340, 342
London Zoo (Londres), 47, 259-60
Louisiana (Copenhague), 72n, 235
Lourenço de Médicis, *ver* Médicis

Louvre, ver Musée du Louvre
Louvre Abu Dhabi (Abu Dhabi), 52, 97, 304, 321, 341n
Louvre-Lens (Lens), 51, 96-97, 180, 269, 307
Ludwig Forum für Internationale Kunst (Aix-la-Chapelle), 302
luz (quantidade de), 224-25, 230
luz natural, *ver* iluminação natural

M

Maao — Musée des Arts d'Afrique et d'Océanie (Paris), 93-94
MAC/VAL (Vitry-sur-Seine), 76, 129-30
MAC's — *Musée des Arts Contemporains* (Mons), 316
Macro — *Museo d'Arte Contemporaneo di Roma* (Roma), 312
madeira, conservação da, 237
Maison de l'Histoire Européenne (Bruxelas), 106
Maison de la Métallurgie et de l'Industrie de Liège (Liège), 63
Maison de la Science et Archéoforum (Liège), 181
Maison des Canuts (Lyon), 342
Manip, *ver* interatividade
maquete, 67, 68, 139, 178, 181, 194-95
marcação, 264
marketing, 22, 77, 185, 275-76, 278, 343
Marselha (2013), 94
MAS, ver Museum aan de Stroom
Maxxi, Museo de l'Arte del XXI Secolo (Roma), 312
Mazarino, cardeal, 38
MDF (*medium-density fiberboard*), 241
mecenato, 23, 218-19, 328, 339, 341, 343-44
Mechel, Christian von, 41n
Médicis, 36, 38, 42n, 45n
memorial, 77-78, 186, 327
Mémorial da Shoah (Paris), 77
Mémorial de la Paix (Caen), 186, 327
Menil Collection (Houston), 329
mercado de arte: 29, 97-98, 191, 196-198
Mercedes-Benz Museum (Stuttgart), 330
Mesa-Redonda de Santiago do Chile, 55, 96, 106
metais, conservação dos, 233, 237, 241

metamuseologia, 28
Metropolitan Museum of Art (Nova York), 48, 62, 109, 170
microdoação (*crowdfunding*), 339
Middelheim (Antuérpia), 235
militaria, 186, 187
Mistral, Frédéric, 91, 103-4, 172, 270
modelo clássico do museu (definição), 65-66
modelo PRC, 81
mofo, 236-37, 241-42, 243-44
MoMA, ver Museum of Modern Art
Montebello, Philippe de, 109
MuCEM — *Musée des Civilisations de l'Europe et de la Méditerranée* (Marselha), 62, 87-88, 94, 95, 146-47, 273, 295, 297n, 306, 309
multilinguismo, 169, 198-99
multimídia, 22, 176, 180, 282
multissensorialidade, 196
Musaeum Kircherianum, 39
musealidade, 28
musealização, 29-30, 72, 73, 79, 85, 172n, 191, 238-39
Musée Alpin (Chamonix), 58
Musée Archéologique Henri-Prades de Lattes (Montpellier), 79
Musée Calvet (Avignon), 63
Musée Canadien de la Guerre (Ottawa), 175, 186
Musée Canadien des Civilisations (Gatineau), 288
Musée Canadien des Civilisations (Ottawa), 284
Musée Carnavalet (Paris), 60
Musée Curtius, ver Grand Curtius
Musée d'Aquitaine (Bordeaux), 63, 264
Musée d'Archéologie (Saint-Romain-en-Gal), 79, 194
Musée d'Art Contemporain (Saint-Étienne), 95-96
Musée d'Art et d'Archéologie (Besançon), 315
Musée d'Art et d'Histoire (Neuchâtel), 118, 152n
Musée d'Art Moderne et Contemporain (Strasbourg), 303

Índice

Musée d'Ethnographie de Neuchâtel (Neuchâtel), 118, 152, 154, 192, 273, 280

Musée d'Ethnographie du Trocadéro (Paris), 27, 47, 93

Musée d'Histoire de la Ville (Luxemburgo), 60, 91, 183

Musée d'Histoire de la Ville (Marselha), 179-80, 237

Musée d'Orsay (Paris), 58, 88, 254n, 309, 311, 315, 326

Musée Dauphinois (Grenoble), 87, 91-92, 280

Musée de Cluny, ver Musée National du Moyen Âge de Cluny

Musée de l'Histoire de France, ver Castelo de Versalhes

Musée de l'Homme (Paris), 27, 47, 70, 93-94

Musée de l'Olympisme (Lausanne), 68

Musée de la Civilisation (Quebec), 22, 51, 107, 118, 184, 257, 280-81, 333

Musée de la Civilisation Gallo-Romaine — Fourvière (Lyon), 79, 195

Musée de La Grande Guerre (Meaux), 99-100, 181, 187

Musée de la Légion d'Honneur (Paris), 58

Musée de la Lunette (Morez), 167-68, 230

Musée de la Mémoire Vivante (Saint-Jean-Port-Joli, Quebec), 133-34

Musée de la Mer (Biarritz), 58

Musée de la Moutarde Amora (Dijon), 330

Musée de la Photographie (Charleroi), 311

Musée de la Pierre (Sprimont), 58

Musée de la Préhistoire d'Île-de-France (Nemours), 63, 160-61, 268

Musée de la Tonnellerie (Chécy), 90

Musée de la Vie Bourguignonne Perrin-de-Puycousin (Dijon), 158, 171, 178, 271

Musée de la Vie Wallonne (Liège), 63, 258, 270-71, 294

Musée de Plein Air des Maisons Comtoises (Nancray), 71

Musée des Antiquités Nationales (Saint-Germain-en-Laye), 46, 58, 62

Musée des Arts et Métiers, ver CNAM

Musée des Arts et Traditions Populaires (Paris), 27, 50, 88, 93, 146, 160, 268, 272, 306, 317n

Musée des Beaux-Arts (Agen), 135

Musée des Beaux-Arts (Lille), 315

Musée des Beaux-Arts (Lyon), 45, 315

Musée des Beaux-Arts (Winterthur), 302

Musée des Civilisations de l'Europe et de la Méditerranée, ver MuCEM

Musée des Confluences (Lyon), 52, 182n

Musée des Instruments de Musique (Bruxelas), 311, 315

Musée des Monuments Français, 43-44, 170n

Musée du Chocolat Jacques (Eupen), 330

Musée du Circuit de Francorchamps (Stavelot), 182

Musée du Dialogue (Louvain-la-Neuve), 99, 152

Musée du Louvre (Paris), 33-34, 39, 40, 41-45, 48-49, 51-52, 58, 62-64, 91, 95, 152, 181, 193n, 253-55, 294n, 306, 308n, 309, 310, 326, 334, 339

Musée du Luxembourg (Paris), 42, 46

Musée du Parfum (Grasse), 58

Musée du Pont-du-Gard (Pont-du-Gard), 68, 79

Musée du Quai Branly (Paris), 52, 58n, 88, 94, 97, 156, 178, 304, 326

Musée du Septennat-de-François-Mitterrand (Château-Chinon), 90

Musée du Temps (Besançon), 273

Musée du Tire-Bouchon (Ménerbes), 88

Musée du Trocadéro, ver Musée d'Ethnographie du Trocadéro

Musée du Vin de Bourgogne (Beaune), 59

Musée Ducal (Bouillon), 321

Musée en Herbe (Paris), 288

Musée en Plein Air du Sart Tilman (Liège), 72, 235

Musée Gallo-Romain (Tongres), 175

Musée Grand Curtius, ver Grand Curtius

Musée Grévin (Paris), 320

Musée Guimet des Arts Asiatiques (Paris), 58, 94

Musée International de l'Horlogerie (La-Chaux-de-Fonds), 230n

Musée Jacquemart-André (Paris), 329, 331

Musée Magritte (Bruxelas), 341

Musée Matisse (Le Cateau-Cambrésis), 90

Musée Napoléon, 44, 95
Musée National d'Histoire d'Art
(Luxemburgo), 91, 258, 316
Musée National des Beaux-Arts (Quebec),
199
Musée National du Moyen Âge de Cluny
(Paris), 44
Musée Perrier (Vergèze), 330
Musée Peugeot (Sochaux), 330
Musée Picasso (Paris), 90, 219
Musée Québécois de Cultures Populaires
(Trois-Rivières), 88
Musée Royal de l'Afrique Centrale
(Tervuren), 189, 213n, 327n
Musée Tinguely (Basileia), 308
Musée Vesunna (Périgueux), 304
Musées Provinciaux Luxembourgeois
(Saint-Hubert), 71
Musées Royaux d'Art et d'Histoire
(Bruxelas), 49, 62, 81, 100, 194, 295, 299,
327n
Musées Royaux des Beaux-Arts (Bruxelas),
64, 99, 327n
Musei Vaticani (Vaticano), 39, 45, 102n
Museíon de Alexandria, 32
Museo Archeologico Nazionale (Nápoles),
238
Museo Arqueologico Gustavo Le Paige (San
Pedro de Atacama), 111
Museo Carmen Thyssen Málaga (Málaga),
101
Museo Civico di Castelvecchio (Verona),
310-11
Museo Correr (Veneza), 310-11n
Museo Dalí (Figueres), 90
Museo della Civilita Romana (Roma), 195
Museo Nacional de Antropología (Cidade
do México), 50, 104
Museo Nazionale di Tarquinia (Tarquínia),
238-39
Museo Nazionale Etrusco di Villa Giulia
(Roma), 64, 109, 151
Museo Nazionale Romano (Roma), 62,
102-3
Museo Reina Sofia (Madri), 304
Museo Thyssen-Bornemisza (Madri), 100-1
museografia (definição), 30-31

museografia analógica, 22, 144-45, 170, 175
museografia de evocação, 68, 170
museografia interativa, *ver* interatividade
museografia multissensorial, *ver* multissensorialidade
museografia topográfica, 151
museógrafo, 31, 154, 157, 169, 176n, 316-17,
335, 336
museologia (definição), 25, 29-30
museologia (história), 25-29, 346
museologia "da ideia", museologia "do objeto", 140-41
museologia especializada, 30
museólogo (definição), 30, 272
Museon Arlaten (Arles), 47, 91-92, 103-4,
172, 174n, 266n, 270-71
museu 2.0, *ver* museu participativo
Museu Arqueológico de Xanten (Xanten),
79-80
Museu BMW (Munique), 330
Museu d'Art de Catalunya (Barcelona), 238
museu da cidade, 62, 100, 101
Museu da Civilização Galo-Romana, *ver*
Musée d'Archéologie (Saint-Romain-en-
Gal)
Museu da Europa (Bruxelas), 105
*Museu das Antiguidades Nacionais do
Iraque* (Bagdá), 207, 253
museu das crianças, 74, 288
Museu das Práticas Funerárias (Frankfurt),
58
Museu de Arte e de História do Judaísmo
(Paris), 77
Museu de Bulaq, 45-46
Museu de História de Lucerna, *ver*
Historisches Museum Luzern
museu de história natural, 59-63, 110, 150,
270
museu de história, 59-63, 94-96, 99-100,
150-51
Museu de Oviedo (Oviedo), 258
Museu de Schengen (Schengen), 105
museu de sítio, 67-68, 72, 78-80, 102, 107,
179, 304
Museu de Tautavel (Tautavel), 124
Museu do Erotismo (Bonn), 58
museu e escola, 289-91, 293-94

Museu Marítimo (Barcelona), 313
Museu Nacional de Etnologia (Lisboa), 345
*Museu Nacional de História Natural e da
Ciência* (Lisboa), 37
museu participativo, 69-70, 131-35, 177,
293-95, 345
Museu Pio-Clementino (Vaticano), 41, 102,
297-98
museu privado, 65, 325, 330-31
Museu Pushkin (Moscou), 108n, 254
museu social, 59-62, 70, 135, 280
museu-depósito, 152-53
Museum aan de Stroom — MAS
(Antuérpia), 100, 183, 269, 273, 307
Muséum d'Histoire Naturelle (Dijon), 286
Muséum d'Histoire Naturelle (Neuchâtel),
63-64, 118, 152n
Muséum d'Histoire Naturelle (Toulouse), 135
Museum Fridericianum (Cassel), 297, 298
*Museum für Gegenwart am Hamburger
Bahnhof* (Berlim), 98, 311
Museum für Kunsthandwerk (Frankfurt),
302, 308
Muséum National d'Histoire Naturelle
(Paris), 43, 118, 294, 299
Museum of Modern Art — MoMA (Nova
York), 48, 76, 179, 300
museum studies, 15, 30
museus ao ar livre, 71-72, 234-35
museus de arqueologia industrial, 62, 72-
74, 77, 312, 314
museus de arqueologia, 59-60, 62, 78-80,
102-3, 150-51, 269
museus de arte, 26, 53, 58, 59-62, 75-76, 97,
98, 129-30, 143, 163, 312, 313, 316
museus de etnografia, 27, 47, 51, 59-62, 71,
92-94, 103-4, 151, 153, 270, 273
museus de etnologia, *ver* museus de etnografia
Museus do Capitólio (Roma), 34n, 102n, 234
Museus do Vaticano, ver Musei Vaticani

N
Nagpra, 111
naïfs, conhecimentos, 202
National Football Museum (Manchester),
58

National Gallery (Dublin), 279
*National Museum of Contemporary Art
Korea* (Seul), 97n
National Museum of Natural History
(Washington), 172
Nausicaa (Boulogne-sur-Mer), 158, 327
Nederlands Openluchtmuseum (Arnhem),
71, 153, 176
Neighborhood Museum, 69
Neue Museum (Berlim), 110
Neue Nationalgalerie (Berlim), 50, 300-1
Neue Pinakothek (Munique), 46
nível de texto, *ver* hierarquia dos textos
nocturama, 194
Nordiska Museet (Estocolmo), 47, 172
novas tecnologias, 57, 134-35, 175, 176-87
Ny Carlsberg Glyptotek (Copenhague), 315

O
observatório permanente dos públicos, 116,
119-20
Ocim, 338
odores, 176, 196-97, 312
Oiron, Castelo de, 38
Ontario Science Centre (Toronto), 74
open data, 268
organograma, 51, 287, 332, 333, 334
Oxford, Universidade de, 39

P
Pacca, *ver* Édito Pacca
Pairi Daiza (Cambron-Casteau), 38
Palais de la Découverte (Paris), 74, 181
Palais de Tokyo (Paris), 58, 76
Palais du Luxembourg, ver Musée du
Luxembourg (Paris)
Palazzo Abatelis (Palermo), 311n
Palazzo Altemps (Roma), 102
Palazzo Massimo (Roma), 102, 158, 238
Palazzo Pitti (Florença), 62
Palazzo Schifanoia (Ferrara), 238
panorama, 22, 172n
"para saber mais", espaços, 157, 165-66, 169,
180
Parlamentarium (Bruxelas), 106
*Parque Arqueológico de Bliesbruck-
Reinheim* (Bliesbruck, Reinheim), 79

parque arqueológico, 72-73, 78-80, 239
parque de animais, 37, 77, 259-60
parque de diversões, 51, 70, 75, 76-77, 174, 259, 320
Parque de Esculturas de Vassivière-en-Limousin, 72, 235
parque natural, 47-48, 66, 277
Partenon, mármores do, 40n, 108
Pass — Parc d'Aventures Scientifiques (Mons), 75, 96, 280, 288, 304, 313, 315
patrimônio, 78, 81-83, 207-9, 287, 332
patrimônio imaterial, 18, 53-55, 133-34, 208-9, 270-71, 324
patrimônio imobiliário, 55, 78-80, 208, 219
patrocínio, 95-96, 219, 324, 341, 343-44
Peale, Charles Willson, 20, 21
percurso, 104, 150-56, 157-58, 300
percursos-espetáculos, 57, 184
Pergamon Museum (Berlim), 48n
period rooms, 44, 170-72
pesquisa, 69-70, 118-20, 180, 202, 204, 218, 257, 258-61, 269-72, 293, 332-33
pesquisa etnográfica, 269-72
pessoa com mobilidade reduzida, 82n, 115, 124
Pio VI, papa, 41
Pio VII, papa, 108
plano de conservação preventiva, 210-13, 221, 222, 309
plástico, 233, 240-41, 242, 244
Plínio, o Antigo, 35n
PMR, *ver* pessoa com mobilidade reduzida
poderes públicos, 42, 64, 319-20, 323, 325-29, 330-31, 332, 338, 343, 344
polietileno, 237n, 241, 244
política (projeto museal), 94-98
política museal, 107, 114, 341
política tarifária, 129, 339
poluição atmosférica, 234, 240-41
Pompidou-Metz (Metz), 307
Pont-du-Gard, *ver* Musée du Pont-du-Gard
práticas culturais, 114, 118, 120, 125, 129
prazer, 86, 288
PRC, *ver* modelo PRC
Préhistomuséum (Flémalle), 73, 89, 182-83
Préhistosite de Ramioul, ver Préhistomuséum

preservação, 82-85; *ver também* conservação
Preussischer Kulturbesitz Stiftung, 91
Príamo, tesouro de, 108
primeiras nações, 20, 107-8, 281
privatização dos museus, 321, 326, 331, 340
profissionais do patrimônio, 96-97
profissionais dos museus, 131, 334-36
profissionalização, 63, 289, 328
programa museográfico, 149-50, 153, 154, 187-88, 317
projeto científico e cultural (PSC), *ver* projeto museal
projeto museal, 87-97, 98-99, 102, 184, 185, 213, 273, 280, 287, 303, 318
PS1 (Nova York), 76
público escolar, *ver* criança, adolescente
público familiar, *ver* família
público-alvo, 74, 89-90, 114-15, 282
PVC, 244

Q

QR, código, 179
Quatremère de Quincy, Antoine, 44
Quiccheberg, Samuel, 37n

R

raios infravermelhos, 223, 225-26, 227-33
raios ultravioletas, 226-33, 308
receitas próprias, 148, 279, 307, 326, 331, 339-40, 343-44
recepção da exposição, 156, 200-1
reconstituições, 103-5, 170-76, 178
reconstrução, 79-80, 218n
reconversão socioeconômica, 70, 75, 95-96
recursos financeiros dos museus, 85, 331-32, 338-44
rede de museus, 63, 69, 260, 276-77, 337
Reiss-Engelhorn Museum (Mannheim), 173
reivindicações autóctones, 107, 111
Relatório Jouyet-Lévy, 321-22
repatriamento, *ver* restituição
reservas técnicas, 159-60, 213-15, 305-6, 308-9, 317, 335
reservas visitáveis, 100, 160, 268-69
restauração dos objetos, 211-12, 246, 261
restauração dos prédios, 310-11, 315

Índice 373

restaurante de museu, 279, 307, 340
restituição dos bens culturais, 108-11, 217, 253-54
Revolução Francesa, 33-34, 40, 78, 147, 207
RFID, tecnologia de coleta de dados, 182
Rheinisches Landesmuseum (Trier), 181
Rijksmuseum (Amsterdã), 307
Rivet, Paul, 27, 93
Rivière, Georges Henri, 13, 27, 29-31, 48, 50, 59, 66n, 69, 81, 85, 88, 93, 132, 160, 162, 170, 191, 193n, 226, 248, 268, 272, 317
Roland, ministro, 43
roteiro, 142, 145, 150, 153, 188-90
roubo, 216, 248, 250-52
Rubenshuis (Antuérpia), 36

S
SA Deux Alpes, 320
Sainsbury Centre of University of East Anglia (Norwich), 302
Saxe, duque Augusto-Frederico de, 41
Scheepvaartmuseum (Antuérpia), *ver* Museum aan de Stroom
Schengen, *ver* Museu de Schengen
science centre, *ver* centro de ciências
Science Center (Glasgow), 74
Science Centre (Pequim), 74
Science Museum (Londres), 47
selo, 323-24, 338
serviço anexo dos museus, 279, 332, 336
serviço educativo, 84, 161, 284-85, 287, 288-91, 305, 333, 336
sheds, 226n
Simeonstift Museum (Trier), 284
sinalética interpretativa, 78-80
sinalética, 78, 80, 125-26, 158, 162, 164, 180n, 215
Sisto IV, papa, 34n
situação de deficiência, 82n, 115, 124, 278
Skansen Museet (Estocolmo), 47n, 71
Sloane, Hans, 40
smartphone, 79, 179-81, 198
Smashed Head Buffalo Jump Museum (Alberta), 107
Smithsonian Institution (Washington), 20-21, 69, 329
sociabilidade no museu, 123

sociologia dos públicos, 114-15
soclage, 178, 191-92, 244-45
som, 143, 196
South Kensington Museum (Londres), 46
Städtisches Museum Abteiberg (Mönchengladbach), 308
Stella Matutina (Piton-Saint-Leu, La Réunion), 313
Stichting De Pont (Tilburg), 302
Stransky, Zbynek, 28
streetscape, 173n

T
tablet, 79, 165, 177, 179, 181
tablet tátil, 179, 181
Tate Gallery (Liverpool), 313
Tate Gallery (Londres), 314
Tate Modern (Londres), 143, 302n, 313, 314
teatro no museu, 283-84
tecnologia nômade/portátil, 78-79, 177
tela tátil, 180-82
temperatura da luz, 224
terceirização das tarefas, 336-37
território, 69-70
têxteis, conservação dos, 225, 232-33, 235-38, 242-43, 246
textos, hierarquia dos, *ver* hierarquia dos textos
Thyssen-Bornemisza, Paul e Carmen, 100-1, 126n
tipologia dos museus, 59-62
tipologia dos visitantes, 114-15, 118-22
Tradescant, lorde John, 39
tráfico ilícito dos bens culturais, 26, 108-9, 217, 248n, 252n
Trocadéro, *ver* Musée d'Ethnographie du Trocadéro
Troppenmuseum (Amsterdã), 173, 288, 299
tubo fluorescente, *ver* lâmpada fluorescente
turismo, 51, 57, 70n, 79, 87, 95-96, 116, 119, 153, 320, 331, 338, 342
turísticas, atividades, 87, 338
tweets, 183

U
Unesco, 26, 73, 109, 208-9, 217, 270, 324
UV, *ver* raios ultravioletas

V

VanAbbemuseum (Eindhoven), 303
vandalismo, 40, 42-43, 78, 207, 218, 235, 249, 250-53
Vênus Hotentote, *ver* Saartjie Baartman
Victoria and Albert Museum (Londres), 46n, 298
vigilante, vigilância, 126, 163n, 247, 248-53, 336
Visconti, Giambattista, 41
visita guiada, 169, 179, 198, 269, 279, 281-83, 284, 287, 291
visitante-fotógrafo, 126
Vleeshuis (Antuérpia), *ver* Museum aan de Stroom
Völklingerhütte (Völklingen), 73, 315
Volkskundemuseum (Antuérpia), *ver* Museum aan de Stroom
voluntariado, 23, 129-31, 328, 344
Vulcania (Puits-de-Dôme), 77

W

Walraf-Richartz Museum (Colônia), 260

Wellington, duque de, 40
Westphalisches Industriemuseum (Dortmund), 313
Wiels, Centro de Arte Contemporânea (Bruxelas), 310

X

Xanten, *ver* Museu Arqueológico de Xanten

Y

Yellowstone Park (USA), 48, 66
York Castle Museum (York), 173n

Z

Zeche Zollverein Schacht XII (Essen), 313
zenital, iluminação, *ver* iluminação natural
ZKM — Zentrum für Kunst und Medientechnologie (Karlsruhe), 313n
Zoo d'Anvers (Antuérpia), 47, 259
Zoo de Vincennes (Paris), 47n, 259
zoológico, 45n, 47, 66, 259, 283

Esta obra foi produzida nas
oficinas da Imos Gráfica e Editora na
cidade do Rio de Janeiro